대진경교유행중국비
—대진경교문헌석의—

大秦景教流行中國碑 — 大秦景教文獻釋義

Daqin Nestorian Flourishment Chinese Monument — Daqin Nestorian Document Interpretation

【중】

대진경교유행중국비【중】─대진경교문헌석의─

大秦景教流行中國碑 ─ 大秦景教文獻釋義

Daqin Nestorian Flourishment Chinese Monument ─ Daqin Nestorian Document Interpretation

—

1판 1쇄 인쇄 2023년 9월 5일
1판 1쇄 발행 2023년 9월 12일

—

편주자 ┃ 吳昶興
역주자 ┃ 임영택
발행인 ┃ 이방원
발행처 ┃ 세창출판사
　　　　신고번호 제1990-000013호
　　　　주소 03736 서울시 서대문구 경기대로 58 경기빌딩 602호
　　　　전화 02-723-8660 팩스 02-720-4579
　　　　이메일 edit@sechangpub.co.kr 홈페이지 www.sechangpub.co.kr
　　　　블로그 blog.naver.com/scpc1992 페이스북 fb.me/Sechangofficial 인스타그램 @sechang_official

—

ISBN 979-11-6684-232-0 94230
　　　979-11-6684-230-6 (세트)

—

이 역주서는 2020년 대한민국 교육부와 한국연구재단의 지원을 받아 수행된 연구임.
(NRF-2020S1A5A7085239)

—

이 책은 한국연구재단의 지원으로 세창출판사가 출판, 유통합니다.
잘못 만들어진 책은 구입하신 서점에서 바꾸어 드립니다.

대진경교유행중국비

─대진경교문헌석의─

大秦景教流行中國碑 ─ 大秦景教文獻釋義

Daqin Nestorian Flourishment Chinese Monument ─ Daqin Nestorian Document Interpretation

【중】

吳昶興 편주

임영택 역주

세창출판사

제2부 경교도 묘지명(景敎徒 墓誌銘)

제3부 경교비 주술(景敎碑 注述)

총 차례

상권

제1부 경교 경전(景敎 經典)

편집 범례(編輯 凡例)

1. 본서가 수록한 경교문헌 연구집록의 배열 순서는 '碑, 寫本, 墓誌, 詮解'의 순이며, 각 문헌의 종류별로 다시 시간 순서에 따라 배열한다.
2. 각 부분의 앞에는 「소개」를 두어 관련된 역사적 배경과 개요 및 작자의 생애를 소개한다.
3. 매 작품마다 원서의 규범에 따라 異體字와 分段 사용 방식을 유지한다. 원서에 사용된 異體字는 처음 출현할 때 方括弧 [ ]로써 正體字를 명기한다.
4. 원문의 오탈자는 '□'로 표시하고 각주에 설명을 가하였다.
5. 매 작품마다 현대중국어의 규범에 따라 모두 새로이 標點하였고, 이는 원문에 표점이 없는 '詩, 詞, 銘, 賦'를 포함한다.
6. 본서의 편집자가 첨부한 註解는 모두 脚註로 표시한다.
7. 본서가 인용한 성경 經文 중 따로 명기하지 않은 것은 모두 《和合本》(1919) 國語 聖經 번역본이다. 만일 성경 經文이 다른 번역본을 인용하였다면, 그 판본의 명칭을 예시함으로써 참고할 수 있도록 하였다.
8. 고대 시리아어는 子音符號만 갖고 있을 뿐이므로, 본서가 표기한 音은 시간적, 공간적 배경을 참고하여 字句를 수정하였으며, 이에 단지 독자에게 참고로 제공한다.
9. 본서는 일반적인 사용 관례에 따라 「猶太」라는 호칭을 사용한다.

제2부

경교도 묘지명
(景教徒 墓誌銘)

제1장

당고좌무위병조참군상기도위 영무군화부군공신도지명
(唐故左武衛兵曹參軍上騎都尉 靈武郡花府君公神道誌銘)

문간(文簡)

당고안씨부인묘지명
(唐故安氏夫人墓誌銘)

문간(文簡)

소 개

「花氏夫婦神道墓誌銘」[1]이란 2010년 洛陽 동쪽 외곽에서 출토된《唐故左武衛兵曹參軍上騎都尉靈武郡花府君公神道誌銘》(이하 약칭「花府君公墓誌銘」)과《唐故安氏夫人墓誌銘》(이하 약칭「安氏夫人墓誌銘」) 두 墓誌를 말한다. 전자는 길이와 넓이가 각 53cm이고,「唐故花府君公墓誌銘」이라는 묘지 덮개가 있으며; 후자는 길이와 넓이가 각 30cm이고,「大唐故夫人安氏墓誌」라는 묘지 덮개가 있다.[2] 두 墓誌는 모두 洛陽 聖善寺의 승려 文簡이 撰하였으나, 두 墓誌銘의 글씨는 뚜렷하게 달라서, 전자는 비교적 수려하고 심원하며, 후자는 비교적 거칠고 투박한 모습을 보인다. 이 두 탁본은 현재 洛陽 碑誌拓片박물관에 소장되어 있으며, 2012년《洛陽出土鴛鴦志輯錄》[3]에 간행 공포되었다.

「花府君公墓誌銘」의 墓主는 花獻(756-827)으로서, 원적이 靈武郡이니, 오늘날 寧夏 回族자치구 靈武市의 서남쪽이다. 唐 敬宗 寶曆 3년 정월 8일(827년 2월 7일)에 향년 71세로 사망하였고, 이듬해 太和 2년 2월 16일(828년 3월 5일)에 비로소 안장되었다. 花獻이 출생하기 일 년 전 天寶 14년(755) 7월에 唐 肅宗이 靈武에서 즉위함과 동시에 靈武郡을 大都督府로 바꾸었

---

1   본서가 두 묘지명의 탁본을 사용할 수 있도록 허락해 주신 毛陽光 박사에게 감사를 드린다. 본 묘지명은 이 탁본에서 채록한 것이다. 毛陽光 編,《洛陽流散唐代墓誌彙編》(北京: 國家圖書館出版社, 2013), 544-545쪽(安氏墓誌 266號), 556-557쪽(花獻墓誌 272號).
2   毛陽光, 〈洛陽新出土唐代景教徒花獻及其妻安氏墓誌初探〉,《西域研究》, 2014年 第2期: 85-86쪽.
3   郭茂育, 趙水森 編,《洛陽出土鴛鴦誌輯錄》(北京: 國家圖書館出版社, 2012年), 211-214쪽. 다만《唐故左武衛兵曹參軍上騎都尉靈武郡花府君公神道誌銘》의 채록은 묘지 덮개 부분의 탁본이 없는 상태이다.

다.[4] 花氏라는 姓과 관련해서는, 대략 南北朝 시기에 '花'자 성씨가 출현한 것으로 알려졌으며, '華'자로부터 갈라져 나왔으니 두 성씨는 같은 음으로 통용되었다.[5] 원적과 성씨로 볼 때, 花獻은 漢人이었던 것으로 보인다.

「安氏夫人墓誌銘」은 즉 花獻의 처 安氏의 墓誌이다. 원적이 安定郡 사람이며, 평소에 아무런 질병이 없었으나, 唐 穆宗 長慶 元年 4월 5일(821년 5월 10일)에 58세를 일기로 돌연히 별세하였고, 동년 10월 22일(821년 11월 20일)에 안장되었다.

「花府君公墓誌銘」은 花獻의 세 가지 관직명이 기재되어 있다. 첫째는 '左武衛'로서, 唐朝의 16衛 중의 하나로 궁정의 侍衛軍에 속했다; 둘째는 '兵曹參軍'으로서, '武官의 선거, 兵甲 무기 관리, 宮門 관리, 봉화대와 역참 관리' 등의 일을 맡았으며, 그가 靈武郡에 있었기 때문에 직책은 정7품 이하였다;[6] 셋째는 '上騎都尉'로서, 唐 勳官 12轉 중의 제6轉인데, 직위는 정5품이었다.[7] 花獻의 관직은 높지 않아 기층 관원에 해당하였으니, 墓誌에서 말하는바「延及府君, 纂延素風, 有位而不登. 棄祿養和, 不爭名於朝.(이러한 뜻이 花獻에게 이르렀고, 이를 이어받아 지속하여 일관된 풍격이 되었으니, 고관의 지위에 오를 기회가 있었으나 출세의 기회를 버렸다. 봉록을 버리고 심신을 보양하였으며, 조정에서 명리를 다투지 않았다.)」와 서로 대조해 볼 수 있다. 墓誌는 또한 그의 종교 신앙에 관하여 이렇게 말하고 있다:「常洗心事景尊, 竭奉教理. 爲法中之柱礎, 作徒侶之笙簧. 而內修八景, 外備三常, 將證无元, 永祇

---

4   劉昫,《舊唐書·肅宗本紀》, 清 懼盈齋 刻本, 239쪽.
5   陳樹三, 郭宴村,《中國姓氏起源探討—從無姓氏到有姓氏》(上海: 上海三聯書店, 2007), 83쪽, 252-254.
6   邱樹森 編,《中國歷代職官辭典》(南昌: 江西教育出版社, 1991), 332쪽.
7   「凡勳十有二等: 十二轉爲上柱國, 比正二品 … 六轉爲上騎都尉, 比正五品.(무릇 공에는 열두 등급이 있다: 제12轉은 上柱國으로서, 正二品에 비할 수 있고 … 제6轉은 上騎都尉로서, 직위는 정5품이었다.)」[唐] 李林甫 等,《唐六典》, 陳仲夫 點校(北京: 中華書局, 1992), 40-41쪽, 卷二「司勳郎中員外郎」참조.

萬慮.(늘 정갈한 마음으로 예수를 섬기고, 진력으로 교리를 받들었다. 교내의 기둥이 되었고, 신자들의 소통자가 되었으며, 안으로는 八福을 수양하고, 밖으로는 믿음, 소망, 사랑의 三常을 구비하였으며, 하나님을 증거하고 온갖 염려에 늘 기도하였다.)」이로써 花獻은 신실한 景教徒였음을 알 수 있으며, 그중「景尊」,「八景」(八境),「三常」등의 단어는 또한《大秦景教流行中國碑》에서도 볼 수 있는 것들이다.

花獻의 祖父는 이름이「移恕」로서, 그 발음이《序聽迷詩所經》의「移鼠」그리고《一神論》의「翳數」와 유사하고, 의미는「耶穌(예수)」(시리아어로 ܝܫܘܥ, 독음은 yešū)이며,「約書亞(여호수아)」(Jesua/Joshua)와 같다; 부친의 이름은 蘇鄰이니, 시리아어로 ܫܠܝܡܘܢ, 독음은 šlimoun으로 추정해 볼 수 있어서, 오늘날의「所羅門(솔로몬)」으로 번역할 수 있다.[8]「獻」이라는 이름은 또한 아마도 시리아어 ܫܝܡ에서 유래한 듯하며, 독음은 šim이니, 오늘날「閃(셈)」으로 번역해 볼 수 있다. 墓誌에는 또한 花獻의 세 아들의 이름이 기록되어 있으니, 맏아들은 應元, 둘째 아들은 滿師, 그리고 셋째 아들 齊雅이다.

安氏夫人과 花獻은 모두 河南縣 修善坊 사저에서 생을 마감하였으며, 感德鄉 栢仁村에 안장되었으니, 대략 洛陽 외곽성 동남쪽이다. 주목해야 할 것은, 洛陽《大秦景教宣元本經經幢記》의 安國太夫人 또한 栢仁村에 묘지를 구입하고 안장되었으니, 이곳이 아마도 당시 경교도들의 집단 무덤지가 아니었을까 싶다. 그러나 이 세 사람이 모두 점을 치고 땅을 매입하여 묘지를 세웠으니, 이는 당시 중국의 풍수 습속을 따른 것이 아닌가 한다.

「花府君公墓誌銘」의 마지막 頌詞 부분이「景寺遺聲」을 언급하고 있는

---

8 경교도들이 教名으로 기록하는 현상은 원나라 때에 이르러서도 여전히 그 흔적을 찾을 수 있다. 張佳佳,〈元濟寧路景教世家考論 ─ 以按檀不花家族碑刻材料爲中心〉,《歷史研究》2010年 第5期, 44-46쪽.

데, 그중 「景寺」는 《大秦景教流行中國碑》의 기록 중 「於諸州各置景寺(여러 州에 각각 景教寺를 두었고)」라는 언급으로 볼 때, 高宗 시기에 이르러 洛陽에 경교 사원이 이미 확실히 있었음을 재차 증거하고 있다. 花氏 가족의 사저는 洛陽 修善坊에 지어졌는데, 당시 소그드인들이 집중 거주하던 洛陽 南市 중심의 '章善坊, 嘉善坊, 思順坊' 등과는 구별되었다.[9]

두 墓誌의 찬술자는 洛陽 聖善寺 승려 文簡이다. 《唐會要》의 기록에 의하면, 洛陽 聖善寺는 唐 中宗이 武后의 축복을 위해 지은 사원으로서,[10] 章善坊에 위치하며, 禪宗 北宗과 깊은 인연이 있고, 안사의 난 전후에 北宗의 중요한 도량이었다고 한다. 불교의 승려로서 외국 종교를 위해 墓誌를 쓴 것인데, 그 이유는 「久承顧眄, 眷撫情逾, 邀誌之.(본인이 오래도록 보살핌을 입었으니, 돌보고 보살피는 정이 더욱 깊어져, 본인을 청하여 이 墓誌를 짓게 하였다.)」이니, 文簡은 오랫동안 花獻의 보살핌을 받았을 뿐만 아니라, 또한 그 아내의 「沐恩頗深(꽤 깊은 은혜를 입다)」을 받았다는 것을 알 수 있다. 혹은 이 경교 가문과 깊은 관계가 있으며, 墓誌의 내용으로 보아 승려 文簡은 경교의 교리에 대해서도 어느 정도 이해가 있었던 것 같다.

墓誌에서 「景尊」 두 글자 앞에 빈칸이 하나 있는데, 빈칸이란 마음대로 아무렇게나 두는 것이 아니라 나름대로 특정한 함의를 가지고 있으니, 이를 일러 「闕」이라 한다. 唐代의 공문서나 사문서 중의 「闕」은 명확한 규정이 있으니, 특정한 칭호나 용어 앞에 칸을 띄움으로써 존경의 의미를 표현하는 것이다.[11]

---

9   毛陽光, 〈洛陽新出土唐代景教徒花獻及其妻安氏墓誌初探〉, 《西域研究》 2014年 第2期: 88
    쪽 수록.
10 [宋] 王溥 《唐會要·卷四八·議釋教下》, 「聖善寺」 條.
11 毛陽光, 〈洛陽新出土唐代景教徒花獻及其妻安氏墓誌初探〉, 《西域研究》 2014年 第2期: 87
    쪽 수록.

唐故花府君公墓誌銘, 묘지 덮개 탁본

唐故花府君公墓誌銘 탁본

大唐故夫人安氏墓誌, 묘지 덮개 탁본

唐故安氏夫人墓誌銘

夫人安氏曲爰之郡人也世
祖諱晟之女也繁衍扶女

彩鳳紋煥煜雄葉異若斯之盛也夫人
婉嫟金春玉振砕蘭茂荼守藏誠昭
以比也適花氏之門實奉晉好如琴
鳴錚有偕老之譽保金石固貞妻晉松之壽昼椿若柏和善无
乖達之洪奮頃頤西泉之駕時長慶元年四月五日終于修吉
之里春秋五十八荼何運有數極偹短矣哭气哀氣填其胃不可
為松之貞不可不折巷夫規规宗絢母儀夫哭气壙其胃不可

男哭血癀其地古之常制不久留卜挑川原以為堂
先塋別立松柏萬瞻萬安托洛急德鄉柏仁村於附
用其年十月廿二日癸抬洛陽縣子雁兀孓子滿師当
幼而不祿苗而不秀幼子賢雅克已復禮卿黨稱善
敬之後既折折須旁快侍棺叩絕道路属時多問苦

難廣谷西丁陵谿余誌一刊石作紀文簡不万者未多
月顧深敢不課愚抽毫乃為銘云
安氏之女花氏之妻　蘭蕙賚之戉　珠沉漢浦
不寳獨拙其一盂毋其妾　良夜盤暮　精粹色羅
徇萬古　　　　　　　如璋如珪　鳳同半折

土地豐饒　同姐之戉　男各之戉
不遂其三冊石刊日　宇宙之標　神騙其一　德音
地久天長　孫昌業　封乎枝其柔　慧其坤房　比相棲

大唐故夫人安氏墓誌 탁본

당고좌무위병조참군상기도위영무군화부군공신도지명(唐故左武衛兵曹參軍上騎都尉靈武郡花府君公神道誌銘)[12]

洛陽聖善寺[13]沙門[14]文簡[15]撰

낙양 성선사 승려 文簡이 찬술하다

---

12 「唐故左武衛兵曹參軍上騎都尉靈武郡花府君公神道誌銘(당나라 고인 좌무위 병조참군 상기도위 영무군 화부군공 신도지명)」: 唐 敬宗 寶曆 3년(827) 세상을 떠난 경교도 花獻의 墓誌銘이며, 그 위에 관직과 貫鄕이 첨부되어 있다. 「左武衛」: 唐나라는 隋의 제도를 이어받아 左右武衛를 설치하여, 궁정 侍衛軍의 통솔을 맡았으니, 大將軍 각 1인은 정3품이요, 將軍 각 2인은 종3품이었다. 邱樹森 編, 《中國歷代職官辭典》(南昌: 江西教育出版社, 1991), 175쪽. 「兵曹參軍」: 親王府에 설치되었으며, 관직은 정7품 이상이다; 京兆, 河南, 太原 등지의 府와 大都督府는 정7품 이하였고, '武官의 선거, 兵甲 무기 관리, 宮門 관리, 봉화대와 역참 관리' 등의 일을 관장하였다. 邱樹森 編, 《中國歷代職官辭典》, 332쪽. 「上騎都尉」: 관직의 등급에 속하며 정5품에 해당한다. 邱樹森 編, 《中國歷代職官辭典》, 44쪽. 「靈武郡」: 지금의 寧夏 回族자치구 寧武市 서남쪽 지역이다. 天寶 14년(755) 7월 唐 肅宗 李亨이 이곳에서 즉위하면서 靈武郡을 大都督府로 바꾸었다. 《舊唐書·肅宗本紀》. 「花府」: '花獻의 저택'. 「神道誌銘」: 「神道」는 즉 '墓道'이고, 「神道誌銘」과 「神道碑」는 의미가 같으니, 죽은 자를 대신하여 그의 생전의 여러 가지 언행과 사적을 기록하여 두는 것이다. 「神道誌銘」은 墓主를 따라 묘혈 안에 안치하는 것이고, 「神道碑」는 墓道 옆에 안치하여 사람들이 추모하고 참배할 수 있도록 하는 것이다..

13 「聖善寺」: 章善坊에 위치한다. 唐 中宗 神龍 元年 2월(705)에 中興寺로 건립하였다가, 이듬해(706) 中宗이 武后를 축복하기 위해 聖善寺로 개칭하였다. 경내의 報慈閣은 中宗이 武后를 위해 세운 것이다. 景龍 4년(710) 정월 28일 東都에 건립한 聖善寺가 50여 보를 다시 개척하여 僧房을 확장하면서 백성들의 집 수십 가구를 파손하였다. [宋] 王溥, 《唐會要》(北京: 中華書局, 1955), 848쪽, 卷四十八 「寺」條 참고.

14 「沙門」: 출가자에 대한 통칭으로서 안팎으로 모두 통한다. 또한 수염을 깎고, 여러 악업을 멈추며, 심신을 잘 다스리고, 선행을 부지런히 행하여 열반에 이르고자 하는 출가 수도자를 가리킨다. 慈怡 主編, 《佛光大辭典》(高雄: 佛光山, 1989), 2972쪽 「沙門」條.

15 「文簡」: 불교승이며 생몰 연대가 분명치 않다; 花獻과 그의 처 安氏의 墓誌로 볼 때, 文簡은 花獻 부부로부터 장기간의 보살핌과 은혜를 입었을 것으로 추정된다.

公諱16獻,17 字18獻, 靈武郡人也. 祖諱19移㤰,20 考諱21蘇鄴.22 咸嗜道偃

仰,23 浪心清閑, 以榮名爲怯24風25之花, 逍遙爲紺霜26之竹, 而乃高尚無屈

仕焉. 延及府君,27 纂28延素風, 有位而不登, 弃祿養和, 不爭名於朝; 澄心

16 「公諱」: 직접 이름을 부르는 것은 고대에 금기시했던 일이다. 「公」, 「花獻」을 가리킴.

17 「獻」: 아마도 시리아어 발음인 듯하며, 발음이 '閃'과 유사하다. 시리아어로 ﬞﬞ﮲, 독음
은 šim이니; 즉 노아의 장자 및 셈족의 조상이다.

18 「字」: 「字」를 지칭함; 고대의 남자들은 어른이 된 후에는 이름을 직접 부르지 않는 관습
이 있었으므로, 본명의 의미와 관련된 별명을 따로 지어 '字'라 칭하여 부르며 그 덕을
표현하는 데 사용하였다. 무릇 사람들이 서로 존중하며 부를 때, 그 사람의 덕을 표현
하는 글자(字)로 불렀으니, 후에 이를 일러 '字'라 한 것이다.《舊五代史·周書·王峻》:
「太祖雖登大位, 時以兄呼之, 有時呼表字, 不忘布衣之契也.(태조가 비록 황위에 올랐으
나, 어떤 때는 그를 형이라 부르고, 어떤 때는 字로 불렀으니, 어려운 시절 친구로서의
약속을 잊어버리지 않았다.)」

19 「祖諱」: '조부의 諱字'.

20 「移㤰」: 발음이《序聽迷詩所經》의「移鼠」그리고《一神論》의「翳數」와 유사함. 시리아
어로 ﬞﬞﬞ﮲, 독음은 yešū, 오늘날「耶穌(예수)」로 번역하며,「約書亞(여호수아)」(Jesua/
Joshua)로도 쓴다.

21 「考諱」: '부친의 諱字'.

22 「蘇鄴」: 아마도 시리아어의 ﬞﬞﬞ﮲ 일 것이며, 독음은 šlimoun, 오늘날「所羅門(솔로몬)」
(Solomon)으로 번역한다.「獻」,「移㤰」,「蘇鄴」이러한 이름들을 통해 볼 때 花獻은
이미 제3대의 경교도임을 알 수 있다.

23 「偃仰」: '편히 거하다, 즐겁게 놀다'.《詩經·小雅·北山》:「或不知叫號, 或慘慘劬勞. 或
棲遲偃仰, 或王事鞅掌.(어떤 이는 부역의 고통으로 부르짖어도 알지 못하고, 어떤 이는
몸이 수척해지도록 수고하는구나. 어떤 이는 느긋하게 놀며 눕거나 고개를 세우기도
하고, 또 어떤 이는 나라 일로 말고삐를 부여잡는구나.)」

24 「怯」: '무서워하고 두려워하다'.

25 「風」: '풍조(風潮)'.

26 「紺霜」: '시대가 바뀌면 세상이 바뀐다'는 의미를 말하는 듯하다. 짙푸르고 무성했던
잎으로부터 낙엽이 되어 붉게 날리다가 눈서리 되어 날리는 변화를 뜻한다.《靈寶無量
度人上品妙經》卷二十九:「說經四遍, 天隕紺霜, 地生紫柰, 供養降眞.(경전을 네 번 설파
하였으니, 하늘이 감색 서리를 내리고, 땅에서 자색 능금이 자라니, 신선의 강림을 공
양하였다.)」「紺」: '청홍색'. [漢] 劉熙,《釋名》:「紺, 含也, 靑而含赤色也.(紺은 含이다. 푸
르지만 붉은색을 가지고 있다.)」

27 「府君」: 이미 고인이 된 사람에게 붙이는 경칭으로서 碑版에 많이 사용하는 문자이다.
[漢] 蔡邕,《蔡中郎集》卷三〈朱公叔謚議〉:「以例言之, 則府君, 王室亞卿也.(예를 들어 설
명하니, 즉 돌아가신 이로서, 왕실의 亞卿이었다.)」

28 「纂」: '계승하다'. [漢] 蔡邕,《蔡中郎集》卷一〈朱公叔謚議〉:「今子寘纂襲前業, 不忘遺則,
孝旣至矣, 禮則宜之.(지금 자식이 진실로 전업을 계승하여, 남겨진 규범을 잊지 않았
고, 효성이 지극하였으며, 예에 걸맞았다.)」

履道,29 嘗隱逸於市. 布人信於戚属者, 公不顧嶮艱, 迎孀30姊於砂塞31之
外, 侍之中堂,32 聚食歡笑.

　선생의 이름은 '獻'이고, 字도 '獻'이며, 寧夏 靈武郡 사람이다. 조부의
휘는 '移恕'이고, 부친의 휘는 '蘇鄰'이다. 모두 景敎의 道를 좋아하여 편안
하게 거하였으며, 심령의 구속됨 없이 조용히 여유로웠다. 영예로운 이
름은 西風을 두려워하는 꽃으로 삼았고, 逍遙함으로 시절이 바뀌고 세상
이 변화하는 대나무로 삼았으니, 그리하여 도덕의 고상함이 벼슬길에 굽
혀 따르지 않았다. 이러한 뜻이 花獻에게 이르렀고, 이를 이어받아 지속
하여 일관된 풍격이 되었으니, 고관의 지위에 오를 기회가 있었으나 출
세의 기회를 버렸다. 봉록을 버리고 심신을 보양하였으며, 조정에서 명
리를 다투지 않았다; 마음을 가라앉히고 진실의 길을 몸소 행하였으며,
시끄러운 시장에 묻혀 사는 은둔자를 본받았다. 친척들 가운데에 신용을
수립하였고, 선생은 이를 위해 어려움을 피하지 않았으며, 변방 사막에
홀로 거하는 누님을 맞아들여, 어머니처럼 모셨고, 함께 식사하며 즐거
움을 나누었다.

　累歲傾歿, 祔葬33先塋, 哭泣過制,34 人皆嗟焉. 敷35言行於朋從,36 守直

29　「履道」: '몸소 正道를 행하다'. 《周易·履卦》:「履道坦坦, 幽人貞吉.(몸소 정도를 행함이
　　단단하니, 고독한 사람은 바르고 곧아야 길하리라.)」
30　「孀」: '남편이 이미 세상을 떠난 부녀자'. 《列子·湯問》:「鄰人京城氏之孀妻, 有遺男, 始
　　齔, 跳往助之.(이웃 사람 京城氏의 과부가 유복자가 있었는데, 막 이갈이를 할 때인데,
　　뛰어와서는 일을 도왔다.)」
31　「砂塞」:「沙塞」와 같음. '사막 지역 국경의 요새'. 《後漢書·南匈奴列傳》:「世祖以用事諸
　　華, 未遑沙塞之外, 忍愧思難, 徒報謝而已.(세조가 모든 중국 땅의 권력을 장악하였으나,
　　미처 국경 밖은 살피지 못하였으니, 부끄러움을 참고 어려움을 생각하여, 다만 감사의
　　뜻만을 표했을 뿐이다.)」
32　「中堂」: '모친'. [唐] 李賀, 〈題歸夢〉:「怡怡中堂笑, 小弟裁澗菉.(안방의 어머니 기쁘고도
　　환한 웃음, 동생은 개울에 조개풀 꺾으러 갔다.)」

道以度時. 不邪詔以矯媚,[37] 是以義聲溢於天下, 孝致盈於縉紳.[38] 常洗心事景尊,[39] 竭奉敎理, 爲法中之柱礎, 作徒侶之笙簧.[40] 而內修八景,[41] 外備

---

33 「祔葬」: '合葬하다'.

34 「哭泣過制」: '喪親의 고통이 극심하여 자신을 제어할 수 없게 하므로; 슬픔이 도를 넘어 마땅히 지켜야 할 喪禮의 예법을 넘어섰다'라는 의미를 말한다.

35 「敷」: '선양하다, 널리 알리다'. 《孔子家語・五儀解》: 「孔子曰: 『所謂聖者, …敷其大道, 而遂成情性.』(이른바 성인이라고 하는 사람은, …큰 道를 펼치고, 그리하여 사람의 뜻과 성품을 완수한다.)

36 「朋從」: '같은 또래의 벗'.

37 「矯媚」: 「矯情」과 같으며, '일반적인 상황에 위배되게 억지를 부리다'의 의미이다. 《列子・楊朱》: 「而欲尊禮義以夸人, 矯情性以招名, 吾以此爲弗若死矣.(그럼에도 불구하고 禮義를 존중하여 남에게 자랑하고, 타고난 본성을 억지로 바꾸어 명예를 얻으려 하니, 우리도 이와 같이 하여야 하는 것이라면 차라리 죽는 것이 낫겠소.)

38 「縉紳」: '士大夫'를 지칭함. 《史記・封禪書》: 「漢興已六十餘歲矣, 天下艾安, 搢紳之屬皆望天子封禪改正度也.(漢나라가 흥기한 지 이미 60년이 되자, 천하가 태평해졌고, 사대부들은 모두 천자가 하늘에 제사를 드리는 封禪을 행하고, 역법과 복장을 바꾸기를 희망하였다.)

39 「景尊」: 불교의 「天尊」의 개념을 빌려다 쓴 것이다. 涅槃經에서 '天中의 지존자에 속함'을 가리킨다. 「景」으로 「天」을 대체한 것은 '경교의 지존자'임을 표현한 것이다. 《大秦景敎流行中國碑》: 「我三一分身景尊彌施訶」의 내용으로 보자면, 여기서는 경교의 메시아(시리아어 ܡܫܝܚܐ, 독음은 məšīḥā)를 가리키니, 오늘날 일반적으로 「彌賽亞」(Messiah) 혹은 「默西亞」로 번역하며, '구세주'의 의미이다. 글자의 의미를 히브리어에서 직접 차용해 왔기 때문에 시리아어가 가리키는 「彌賽亞」이다.

40 「笙簧」: '笙의 음악 소리', 여기서는 '찬양 소리'를 가리킨다. 《禮記・樂記》: 「今夫古樂, 進旅退旅, 和正以廣. 弦匏笙簧, 會守拊鼓, 始奏以文, 復亂以武, 治亂以相, 訊疾以雅.(지금의 古樂은, 일제히 나아가고 일제히 물러나며, 화평 정대하여 넓고, '弦・匏・笙・簧' 같은 악기 소리가 함께 일어남에, '拊'와 '鼓'의 악기로 장단을 맞추며, 연주를 시작할 때는 북으로써 하고, 다시 악의 종장은 '金鐃'의 악기로써 하며, 악의 종장을 다스릴 때는 '相'의 악기로써 하고, 빠름을 다스릴 때는 '雅'의 악기로써 하는 것이다.)

41 「八景」: 「景」과 「境」은 《唐韻》에서 모두 '居'와 '影'의 合音에서 음을 따온 것이다; 따라서 묘지명의 작성자인 文簡이 서술한 것은 아마도 경교비 상의 「八境」을 말하는 듯하다. 내적 수양의 용도로서, 「八境」은 아마도 「산상보훈」 중의 「八福」을 의미하는 듯하다: 「심령이 가난한 자는 복이 있나니 천국이 그들의 것임이요. 애통하는 자는 복이 있나니 그들이 위로를 받을 것임이요. 온유한 자는 복이 있나니 그들이 땅을 기업으로 받을 것임이요. 의에 주리고 목이 목마른 자는 복이 있나니 그들이 배부를 것임이요. 긍휼히 여기는 자는 복이 있나니 그들이 긍휼히 여김을 받을 것임이요. 마음이 정결한 자는 복이 있나니 그들이 하나님을 볼 것임이요. 화평하게 하는 자는 복이 있나니 그들이 하나님의 아들이라 일컬음을 받을 것임이요. 의를 위하여 박해를 받을 자는 복이 있나니 천국이 그들의 것임이라. 나로 말미암아 너희를 욕하고 박해하고 거짓으로 너희를 거슬러 모든 악한 말을 할 때에는 너희에게 복이 있나니!」 마태복음 5장 3-12절.

三常,[42] 將證无元,[43] 永祗[44]萬慮. 哟噷![45] 日居月諸, 否来泰往. 忽遘[46]微疾, 未越一旬,[47] 有加無瘳,[48] 色沮神淬. 召醫上藥, 拱手無所施, 方知利劍先缺, 甘泉先竭, 乾道[49]變衰, 而精魂歸乎北斗. 以實曆三年正月八日[50]終於河南縣脩善里[51]之私第,[52] 享年七十一.

여러 해 뒤에 세상을 떠났고, 선영에 안장하였으며, 슬픔과 통곡이 禮制를 초월하였으니, 사람들이 모두 감탄해 마지않았다. 친구들 사이에서는 언행이 긍정적인 선양을 받았고, 정직한 道를 실천하면서 세월을 보냈다. 여태껏 다른 사람의 비위를 맞춰 아첨하지 않았으니, 그리하여 德

42 「三常」: '세 가지 영구불변의 현상'. 《管子·君臣上》: 「天有常象, 地有常形, 人有常禮, 一設而不更, 此謂三常.(하늘에는 변함없는 기상이 있고, 땅에는 변함없는 형태가 있으며, 사람에게는 변함없는 예의가 있다. 한번 설정되면 바뀌지 않으니, 이를 일러 '三常'이라 한다.)」 외재적인 덕행으로서, 「三常」의 의미는 아마도 기독교가 강조하는 「믿음, 소망, 사랑」 세 가지 미덕인 듯하다. 고린도전서 13장 13절: 「그런즉 믿음, 소망, 사랑, 이 세 가지는 항상 있을 것이니.」

43 「无元」: 경교가 말하는 '阿羅訶(上帝)'이며, '기원이 없고 스스로 영원히 존재하는 창조성과 지고의 의미'를 지칭한다. 출애굽기 3장 14절: 「하나님이 모세에게 이르시되: 『나는 스스로 있는 자니라.』」

44 「祗」: '공경하다', 또한 '마주하다'로도 볼 수 있다. [漢] 蔡邕 《蔡中郎集》〈太尉橋公廟碑〉: 「公拜稽首, 翼翼惟恭, 左右天子, 祗厥勳庸, 庶績既熙, 黎民時雍.(공이 절하여 머리를 조아리고, 엄숙히 공경하며, 천자를 보필하고, 그 공훈을 공경하니, 각종 사업이 흥성하고, 백성들이 화목하였다.)」

45 「哟噷」: 감탄의 의미.

46 「遘」: '마주치다'. 《爾雅·釋詁》: 「遘, 逢, 遇, 遌, 見也.(遘는 逢, 遇, 遌, 見과 같다.)」

47 「未越一旬」: '아직 10일을 초과하지 않았다'. 「一旬」, '10일'.

48 「瘳」: '병이 낫다'. 《禮記·祭義》: 「夫子之足瘳矣, 數月不出, 猶有憂色, 何也?(선생님의 발이 다 나았는데, 몇 달 동안 문밖에 나가지 않으시고, 여전히 근심의 기색이 있으시니, 어찌된 일입니까?)」

49 「乾道」: '하늘의 도, 강건한 도'. 《周易·乾卦》: 「乾道變化, 各正性命, 保合大和, 乃利貞.(하늘의 道가 변화하여, 각 생명의 타고난 성품이 바르게 길러지도록 하며, 크게 화합함을 보존하고 합하니, 이에 이롭고 곧게 됩니다.)」

50 「實曆三年正月八日」: 唐 敬宗의 재위 기간, 기원 827년 2월 7일.

51 「脩善里」: 즉 「脩善坊」을 말함. 長夏門 동쪽 첫 번째 거리, 남에서 북으로의 네 번째 坊. 徐松撰, 李健超 增訂, 《增訂唐兩京城坊考》(西安: 三秦出版社, 2006), 322쪽.

52 「私第」: '관원이 개인적으로 마련한 거주지'. 《後漢書·馮岑賈傳》: 「既還私第, 閉門養威重.(이미 사제로 돌아가게 되자, 閉門에서 위엄과 중후함을 길렀다.)」

義의 명성이 천하에 두루 퍼졌고, 효성의 명성 또한 사대부들 가운데에 가득하였다. 늘 마음을 정결히 하여 그리스도를 섬겼고, 교리를 극진히 받들었으며, 교회의 기둥이 되었고, 신앙 교법의 전파자가 되었다. 안으로는 八福에 따라 수행하였고, 밖으로는 항상 三常을 신망하였으며, 이로써 영원하신 하나님을 증거하고, 항상 공경하며 주야로 묵상하였다. 아아! 세월이 흘러, 불길함이 오고 평안이 떠나갔다. 갑자기 작은 병을 만났으나, 십 일을 넘기지 못하고, 병세가 심해져 호전되지 못하였으며, 얼굴이 침울하고 초췌해졌다. 의원을 모셔와 약을 드시게 하였지만, 속수무책이었다. 날카로운 검의 날이 먼저 무디어지고, 감미로운 샘물이 먼저 고갈되며, 하늘의 道도 쇠미하여져서, 영혼이 하늘의 집으로 돌아간다는 것을 이로써 알게 되었다. 寶曆 3년 정월 8일에, 河南縣 修善里의 사택에서 별세하셨으니, 향년 71세였다.

夫人安定郡[53]安氏,[54] 明潔宣慈, 酌仁怡愉. 好音韻, 爲絲竹,[55] 宮唱商和,[56] 禮翔樂優. 以溫恭而成妝, 非粉黛[57]爲顏色. 故穰穰[58]百福, 蓁蓁[59]成

---

53 「安定郡」: '지금의 寧夏 回族자치구, 감숙성 경계 지역'을 말한다.
54 「安氏」: '昭武 九姓 가운데 하나', 본래 葱嶺(오늘날의 감숙성, 신강성)에 정주했었다. 《新唐書·西域下》: 「康者 … 君姓溫, 本月氏人. 始居祁連北昭武城, 爲突厥所破, 稍南依葱嶺, 即有其地. 枝庶分王, 曰安, 曰曹, 曰石, 曰米, 曰何, 曰火尋, 曰戊地, 曰史, 世謂『九姓』, 皆氏昭武.(康은…. 왕의 성은 溫씨로서, 본래 月氏 사람이었다. 처음에 祁連의 북쪽 昭武城에 살았는데, 돌궐에게 패해, 약간 남쪽으로 葱嶺에 의지하여 살았으니, 곧 그 땅이다. 嫡長子 이외의 지계로 왕을 나누었으니, '安, 曹, 石, 米, 何, 火尋, 戊地, 史'로서, 세칭『九姓』이라 하고, 모두 昭武씨이다.)」
55 「絲竹」: 현악기와 竹管악기의 총칭이며, 또한 '음악'을 일컫기도 한다. 《禮記·樂記》: 「德者, 性之端也, 樂者, 德之華也, 金石絲竹, 樂之器也.(德은 성품의 단서이고, 樂은 德의 광채이며, 鐘과 磬, 현악기와 관악기들은 樂의 도구이다.)」
56 「宮唱商和」: '音韻이 조화롭다'. 《樂諱·動聲儀》: 「宮唱而商和, 是謂善本, 太平之樂也.('宮'으로 노래하고 '商'으로 화답하니, 이를 '善本'이라 하며, 태평지악이로다.)」
57 「粉黛」: '장식하다'. 《韓非子·顯學》: 「故善毛嗇, 西施之美, 無益吾面, 用脂澤粉黛則倍其初.(毛嗇이나 西施의 미모를 칭찬한다 하더라도, 자기의 얼굴이 예뻐지는 것은 아니며,

陰. 坤儀禍生, 先歸泉戸, 以長慶元年夏四月五日[60]終於舊里.[61] 孕子三人,
長曰應元, 次曰滿師, 皆爲人傑, 不及時禄, 芳而不榮, 具在前誌. 季子齊
雅, 行操松筠,[62] 爲席之珍. 招賢納士, 響慕從風, 江海之心, 罕議儔匹.[63]
泣血絕漿,[64] 有終天之恨, 哭無常聲, 毀形過制. 龜兆[65]從吉, 即以大和二
年二月十六日[66]歸葬於洛陽縣感德鄉柏仁村,[67] 啓夫人故墳, 禮及合祔.[68]
則龍劒合於下泉,[69] 琴瑟永沉萬里.[70] 終天之義, 從古如斯. 南顧萬安,[71] 北

연지나 머릿기름이나 분으로 화장을 하면 그 전보다는 아름다워진다.)」

58 「穰穰」: '농작물이 풍성한 모양'.《史記·滑稽列傳》:「見道傍有禳田者, 操一豚蹄, 酒一盂,
祝曰:『甌窶滿篝, 汙邪滿車, 五穀蕃熟, 穰穰滿家.』(길가에서 풍작을 비는 사람을 보았는
데, 돼지 족발 하나와 술 한 잔을 들고서 빌며 말하기를『높은 밭에서는 광주리에 넘
치고, 낮은 밭에서는 수레에 가득 차며, 오곡이 풍성하게 익어서 집안 가득 넘쳐나게
해 주십시오.』라고 했다.)

59 「蓁蓁」: '초목이 무성함'.《詩經·周南·桃夭》:「桃之夭夭, 其葉蓁蓁. 之子于歸, 宜其家
人.(복숭아나무 어리고 싱싱한 모습, 잎사귀가 무성하구나. 이 새악씨 시집가네, 그 시
집을 꽃피우리.)」

60 「長慶元年夏四月五日」: 唐 穆宗 재위 기간, 기원 821년 5월 10일.

61 「舊里」: '옛날 거처'라는 뜻, 여기서는 洛陽縣 感德鄉 栢仁村을 가리킴.

62 「松筠」: '지조가 올곧음'을 비유함. [南齊] 王融,〈奉和南海王殿下詠秋胡妻〉:「日月共爲
照, 松筠俱以貞.(해와 달이 함께 비추어 주고, 소나무와 대나무가 모두 충정하도다.)」

63 「儔匹」: '동반자, 반려자'를 비유하여 지칭함.《樂府詩集·傷歌行》:「悲聲命儔匹, 哀鳴傷
我腸.(슬픈 소리가 무리와 짝에게 알리고, 애통의 울음이 내 속을 아프게 한다.)」

64 「泣血絕漿」: '3년 간 피눈물을 흘리고 7일 동안 곡기를 끊다'.《陳書·孝行列傳》:「若乃
奉生盡養, 送終盡哀, 或泣血三年, 絕漿七日, 思蓼莪之慕切.(그대는 부모 살아실 제 받들
어 모셔 봉양을 다하고, 죽어 돌아가실 제 슬픔을 다하니, 어떤 이는 3년 간 피눈물 흘
리고 7일 동안 곡기를 끊는다 하여, 다북쑥 고사의 절절한 사모를 그리워한다.)」

65 「龜兆」: 점을 칠 때 龜甲을 뜨겁게 달군 후 드러나는 갈라진 문양. [漢] 王充,《論衡·指
瑞》:「龜兆著數, 常有吉凶, 吉人卜筮與吉相遇, 凶人與凶相逢, 非著龜神靈, 知人吉凶, 出兆
見數以告之也.(거북 배딱지를 달군 문양과 톱풀로 점을 치는 것은, 항상 길하고 흉한 것
이 있음을 예시한다. 길한 사람이 점치러 가면 길조와 만나게 되고, 불길한 사람이
점치면 흉조를 당하는 것이다. 거북 배딱지와 톱풀에 신령이 있는 것이 아니라, 사람
의 길흉을 알고 나서, 징조가 나타나서 사람들에게 알리는 것이다.)」

66 「大和二年二月十六日」: 唐 文宗 재위 기간, 기원 828년 3월 5일.

67 「洛陽縣感德鄉柏仁村」: 感德鄉이 위치한 곳은 洛陽 외곽성 동남쪽이다. 趙振華, 何漢儒,
〈唐代洛陽鄉里村方位初探〉, 趙振華 主編,《洛陽出土墓誌研究文集》(北京: 朝華出版社,
2002), 96쪽 참고.

68 「合祔」: '합장(合葬)'의 의미이다.

69 「下泉」: '지하', 혹은 '黃泉'을 가리킨다.《管子·宙合》:「宙合之意, 上通於天之上, 下泉於

背洛浂.[72] 左瞻少室孤峰,[73] 右占土圭[74]之墅. 文簡久承顧眄,[75] 眷撫情逾,

邀誌之. 性多拙直, 恐叙事不精, 握管抽毫, 記刻貞石, 用虞陵谷之變.[76] 其

詞曰:

　　선생의 부인은 安定郡 출신 安氏로서, 밝고 고결하여 뭇사람들을 사랑
하였고, 널리 인의를 베풀며 늘 기쁨이 충만하였다. 음악의 운율을 좋아
하였고, 악기를 잘 연주하여, 음률이 조화로웠으며, 예절이 섬세하고 음
악적 수양이 출중하였다. 온화와 공경으로 치장하였으며, 화장으로 얼굴
을 꾸미지 않았다. 따라서 여러 복의 기운이 임하였고, 온 집안이 번성하

地之下, 外出於四海之外, 合絡天地, 以爲一裏.('宙合'의 의미는, 위로는 하늘 위로 통하
고, 아래로는 땅 아래에 깊이 처하며, 밖으로는 사해의 바깥으로 나가게 되니, 천지를
둘러싸서, 하나의 큰 포용을 이루는 것이다.)」

70　「蒿里」: '墓地'를 가리킴; '저세상'. [漢] 焦贛,《焦氏易林・豐之》:「豫: 病篤難醫, 和不能治.
　　命終期訖, 下即蒿里.(豫: 병이 깊어 고치기 어렵고, 안정으로 다스릴 수 없다. 명이 다
　　하고 기한이 끝나니, 곧 묘지로 내려간다.)」

71　「萬安」: '洛陽 萬安山'을 가리킴. 동쪽으로는 嵩岳, 서쪽으로는 伊闕과 연결되어, 洛陽
　　남쪽의 장벽을 함께 형성하고 있다.

72　「洛浂」: '洛水'를 말함.《魏書・李騫傳》:「閒居同洛浂, 歸身款武城.(한적히 거하여 낙수
　　에 함께하고, 몸을 의탁하러 武城을 찾아간다.)」花獻의 처 安氏의 墓誌에는「洛汭」로
　　표기했으나, 의미는 같아서 '洛水가 黃河로 들어가는 곳'을 가리킨다.《漢書・地理志
　　上》:「東過洛汭, 至于大伾, 北過降水, 至于大陸, 又北播爲九河, 同爲逆河, 入于海.(동으로
　　洛汭를 지나면 大伾에 이르고, 북으로 降水를 지나면 大陸에 이르며, 또 북으로 아홉
　　강으로 나뉘었으니, 함께 거스르는 물이 되어 바다로 흘러 들어간다.)」참조.

73　「少室孤峰」: '少室山'을 가리키니, 嵩山의 일부분으로서, 산세가 가파르고 험준하며 기
　　이한 봉우리가 특이한 경관을 이룬다. 하남성 登封縣에 위치하며, 서쪽으로 洛陽에 접
　　해 있다.

74　「土圭」: 정오에 태양의 그림자의 길이를 측량함으로써 계절의 변화를 관찰하던 고대
　　의 기구.《周禮・地官司徒》:「以土圭之法測土深, 正日景, 以求地中.(土圭의 기준으로써
　　땅의 깊이를 측정하고, 태양이 가장 클 때를 기준으로 땅의 중심을 구한다.)」

75　「顧眄」: '돌보다'의 의미.《晉書・王敦傳》:「陛下未能少垂顧眄, 暢臣微懷.(폐하께서 보살
　　핌을 크게 베푸시어, 신하의 보잘것없는 마음을 거침없이 해 주셨다.)」

76　「虞陵谷之變」: 墓誌에서 많이 볼 수 있는「懼陵谷之遷變」,「恐虞陵谷」,「恐陵谷渝改」,
　　「懼陵谷之遷徙」등의 어구는, 왜 선조의 장례식에 변화가 있었는지에 대한 이유를 설
　　명함으로써 후손들이 나중에 비난받는 것을 피하기 위함이다. 胡可先,〈新出土《苑咸墓
　　志》及相關問題研究〉,《清華大學學報(哲學社會科學版)》, 第24卷 第4期(2009): 67쪽.

도록 잘 돌보셨다. 생각지 못하게 불행을 만나, 일찍이 세상을 뜨셨으니, 長慶 원년 여름 4월 5일에 옛 거처에서 돌아가셨다. 세 아들을 양육하셨으니, 장자는 應元이요; 차남은 滿師인데, 모두 재기가 출중한 사람이었으나, 제때에 녹을 구하지 않았고, 명성이 좋았어도 높은 지위를 구하지 않았으며, 모두 부모의 뜻에 따라 행하였다. 삼남 齊雅는 지조가 올곧았으니, 잔칫상의 산해진미와도 같았다. 선생은 현인과 선비들을 좋아하여 불러 모았으니, 그 품덕과 학식을 흠모하는 이가 바람처럼 몰려들었고, 마음이 너그럽기가 바다와 같았으며, 남다른 견해는 비할 바가 없었다. 자녀들의 통곡의 눈물이 극에 달했고, 영원한 이별의 한으로 인해, 애통함이 일상의 소리가 아닐 정도에 이르렀으며, 그 비통한 모습이 禮制의 규정을 넘어설 정도였다. 길일을 점쳐 정하였으니, 太和 2년 2월 16일에 洛陽縣 感德鄉 柏仁村으로 운구하여 매장하면서, 부인의 앞선 봉분을 열어, 禮制에 맞게 합장하였다. 이에 자웅의 보검처럼 황천에 합장되었으니, 부부의 금슬이 화하여 분묘에 영원히 안장되었다. 생명이 다하여 하늘로 돌아가는 의례는, 자고이래로 바로 이러하도다. 남쪽으로는 萬安山이 보이고, 북으로는 洛水 가에 닿았으며; 좌측으로는 少室山의 외로운 봉우리가 바라보이고, 우측은 본래 土圭로 시간을 재던 곳이다. 본인 文簡이 오래도록 보살핌을 입었으니, 돌보고 보살피는 정이 더욱 깊어져, 본인을 청하여 이 墓誌를 짓게 하였다. 본인의 성격이 질박하고 솔직하여, 서술하는 일이 정교하지 못할까 염려되나, 붓을 들어 글을 지어, 단단한 돌에 새김으로써, 세상일의 변화를 막고자 함이라. 이르기를:

靈武之氏, 代不乏賢. 謚物化洽,[77] 與時爲天. 置其葉□,[78] 松明竹鮮. 劍

---

[77] 「化洽」: '교화하여 널리 베풀다'.

合重泉, 琴瑟初掩. 永殄笙簧, 世歿餘念. 景寺遺聲, 芳塵罷占. 峨峨淑德, 克生休命. 履義蹈忠, 含清體正. 如玉之潔, 如金之鏡. 三光⁷⁹西沒, 百川東度. 天道運迴, 人随代故. 倏忽嗟歎, 凄涼薤露.⁸⁰ 安氏夫人, 祔葬終也. 水合蛟龍, 墳同松檟.⁸¹ 千載九原,⁸² 嗣子淚下.

靈武 땅의 사람들은, 예로부터 대대로 성현이 많았도다. 만물을 안온케 하고 교화하여 널리 베푸니, 때에 맞춰 늘 하늘을 공경하였다. 무성한 가지와 잎을 배치하니, 소나무가 명징하고 대나무가 신선하다. 구천에 쌍검을 합장하듯, 琴과 瑟을 함께 하여 흙으로 처음 덮는다. 아름다운 음악 소리 영원히 끊기니, 비록 세상을 떠나지만 사람에게 그리움을 남기노라. 景敎寺에 소리를 남겼을 뿐, 아름다운 발자국은 이미 보이지 않네. 장중하고 아름다운 품덕이여, 생명이 성장할 수 있음은 神의 명에 따른 것이라. 정의를 몸소 행하고 충성을 다하기를 원하며, 예의를 지키는 사람은 청렴하고 정직하다. 옥의 고결함 같고, 금으로 만든 거울 같도다. 해와 달과 별이 서쪽으로 졌고, 생명이 흐르는 물처럼 동쪽을 지나 돌아오지 않는다. 하늘의 道가 쉼 없이 반복하여 흐르고, 사람도 세대를 따라 지나간다. 인생이 속히 지나감에 감탄하니, 외롭고 쓸쓸함이 풀잎의 이

---

78 「□」: 이것은 비석이 침식된 결과로서 글자가 흐릿하게 된 것이다. 그러나 墓誌 서문에 「穰穰百福, 蓁蓁成陰.(여러 복의 기운이 임하였고, 온 집안이 번성하도록 잘 돌보셨다.)」이란 말이 있으니 여기 빠진 글자는 「蓁」으로 추측된다.

79 「三光」: '日, 月, 星'을 일컫는다. [漢] 班固,《白虎通 · 封公侯》:「天有三光, 日, 月, 星; 地有三形, 高, 下, 平.(하늘에는 '해 · 달 · 별' 세 가지 빛이 있고; 땅에는 '높고 · 낮고 · 평평함'의 세 가지 모습이 있다.)」

80 「薤露」: '樂府〈相合曲〉의 이름'이다. 고대에 장례를 치를 때 불렀던 만가(輓歌)로서, 그 내용은 인간의 생명이 염교(薤) 위의 이슬과 같아서 어느새 온데간데 흔적도 없이 사라짐을 한탄하는 내용이다.

81 「松檟」: '소나무와 가래나무'. 이는 '소나무와 개오동나무를 심어 자손에게 재산으로 물려줌'을 비유하고 있다.「檟」, '가래나무'의 별칭.

82 「九原」: '九泉, 黃泉'을 말한다.《舊唐書 · 李嗣業傳》:「忠誠未遂, 空恨於九原.(충성을 이루지 못하였으니, 구천의 한이로다.)」

슬과 같도다. 안씨 부인의 장사를 마쳤나니, 마치 물이 풍랑을 일으키는 용에 합하듯이, 무덤을 소나무와 가래나무처럼 자손에게 물려주노라. 천여 년의 황천에, 아버지의 유지를 받든 자식이 눈물을 흘리나이다.

당고안씨부인묘지명(唐故安氏夫人墓誌銘)⁸³

夫人安氏苗裔,⁸⁴ 安定郡人也. 世祖諱晟之女也. 繁衍淑女, 彩黛紛敷, 焜燿⁸⁵華葉, 若斯之盛也.⁸⁶ 夫人幼而韶⁸⁷異, 長而婉穆, 金聲玉振, 蕣榮⁸⁸ 蘭茂. 恭守箴誡,⁸⁹ 昭彰六姻,⁹⁰ 則賢班姜,⁹¹ 無以比也. 適花氏之門, 實秦

---

83 「唐故安氏夫人墓誌銘」: 花獻의 처 安氏의 墓誌銘이니, 花獻의 墓誌처럼 그 위에 貫鄕과
찬술자가 있지는 않다. 「安氏」: '昭武 九姓 중의 하나', 본래 葱嶺(오늘날의 감숙성, 신
강성)에 정주했었다. 《新唐書·西域列傳下》:「康者 … 君姓溫, 本月氏人. 始居祁連北昭
武城, 爲突厥所破, 稍南依葱嶺, 即有其地. 枝庶分王, 曰安, 曰曹, 曰石, 曰米, 曰何, 曰火尋,
曰戊地, 曰史, 世謂『九姓』, 皆氏昭武.(康은…. 왕의 성은 溫씨로서, 본래 月氏 사람이었
다. 처음에 祁連의 북쪽 昭武城에 살았는데, 돌궐에게 패해, 약간 남쪽으로 葱嶺에 의
지하여 살았으니, 곧 그 땅이다. 嫡長子 이외의 지계로 왕을 나누었으니, '安, 曹, 石, 米,
何, 火尋, 戊地, 史'로서, 세칭『九姓』이라 하고, 모두 昭武씨이다.)」
84 「苗裔」: '후대 자손'. 《史記·齊太公世家》:「夏商之時, 申, 呂或封枝庶子孫, 或爲庶人, 尚
其後苗裔也.(夏와 商 왕조 때에는 申과 呂 땅에 그 방계의 자손을 봉하였고, 혹은 평민
이 되기도 했으며, 尚은 그 후대의 자손이었다.)」
85 「焜燿」: '휘황하게 비추다'.
86 「彩黛 … 盛也」: 이 단락은 나중에 花獻의 墓誌에서 묘사한 安氏와는 약간의 차이가 보
인다.「以溫恭而成妝, 非粉黛爲顏色.(점잖고 공손하게 화장하여, 흰 분과 눈썹 먹이 아
닌 얼굴빛이라.)」 이것은 아마도 당나라 墓誌가 부녀자를 형용하는 이미 정해진 격식
인 듯하다. 예를 들어, [唐] 張說이 찬한 〈右豹韜衛大將軍贈益州大都督汝陽公獨孤公燕郡
夫人李氏墓銘〉에도「繁衍淑女, 彩黛紛敷, 焜燿華美, 若斯之盛也.(수많은 아름다운 여인
들이, 다채로운 먹으로 어지럽게 바르고, 화려한 미를 밝게 비침이, 이처럼 성하였
다.)」와 같은 구절이 보인다.
87 「韶」: '아름답다'. 《論語·八佾》:「子謂韶: 盡美矣, 又盡善也.(공자께서 아름다움에 대해
말씀하시기를: 더할 나위 없이 아름답고, 더할 나위 없이 선하도다.)」
88 「蕣榮」: '무궁화'인 것 같다.
89 「箴誡」: '훈계'의 언사. [隋] 蕭皇后, 〈述志賦〉:「綜箴誡以訓心, 觀女圖而作軌.(훈계의 말
을 모아 심성을 함양하고, 여인의 그림을 보고 규범으로 삼는다.)」
90 「六姻」: '六親'. '부(父)·모(母)·형(兄)·제(弟)·처(妻)·자(子)'. [唐] 劉長卿, 〈別李氏
女子〉:「念爾嫁猶近, 稚年那別親. 臨歧方敎誨, 所貴和六姻.(네가 시집가는 것이 아직 가
까운지 생각해 보니, 어린 나이에 어찌 다른 친척에게랴. 이별에 임해 비로소 깨우치
나니, 六親과 화하기를 중시해야 한다.)」
91 「班姜」: '班昭'와 '孟姜女'. 「班」: '班昭', 〈女誡〉를 저술했으며, 班氏 가문 여성들이 마땅

晉之好.[92] 如琴如瑟, 若塤若篪.[93] 和鳴鏘鏘, 有偕老之譽. 保金石齊固, 宜享椿[94]松之壽. 豈期素無乖違之疾, 奄傾西泉之駕. 時長慶元年四月五日[95] 終於修善之里,[96] 春秋五十八. 奈何運有數極, 脩短分定. 金之堅不可腐, 松之貞不可不折. 巷失規矩, 宗傾母儀. 夫哭氣塡其胸, 男哭血灑其地. 古之常制, 不可久留. 卜兆川原,[97] 以爲窀穸之所.[98] 用其年十月廿二日[99]葬於洛陽縣感德鄕栢仁村,[100] 不祔先塋, 別立松栢. 南瞻萬安, 北背洛汭.[101] 長子應元, 次子滿師皆幼而不祿, 苗而不秀.[102] 幼子齊雅, 克己復禮, 鄕黨稱善, 友朋敬之. 徒跣[103]茹蓼,[104] 折肝殞心, 扶杖侍棺, 叫絕道路, 属時多

히 행해야 할 도리를 가르친 내용이며, '卑弱, 夫婦, 敬愼, 婦行, 專心, 曲從, 叔妹'의 일곱 장으로 구성되어 있다. 「姜」: 孟姜女, 先秦 시기 齊나라 사람 杞梁의 처이다. 충실한 절개로 세상에 이름을 떨쳤다. 《列女傳·貞順·齊杞梁妻》에서 상세한 내용을 볼 수 있다.

92 「秦晉之好」: 春秋 시기에 秦과 晉 두 나라가 혼인 관계를 맺었는데, 후에 이 두 姓을 가리켜 '聯姻'이라 했다.

93 「若塤若篪」: '塤과 篪의 음악 소리가 조화롭다'. '화목함'을 비유하고 있다. 《詩經·大雅·板》: 「天之牖民, 如塤如篪.(하늘께서 백성을 이끄심에는, 塤과 篪가 조화로이 어울린다.)」

94 「椿」: '장수, 고령'을 비유한다. 《莊子·逍遙遊》: 「上古有大椿者, 以八千歲爲春, 八千歲爲秋.(오랜 옛날 大椿이란 나무가 있었으니, 8천 년을 봄으로 삼고, 8천 년을 가을로 삼았다.)」

95 「長慶元年四月五日」: 唐 穆宗 재위 기간, 기원 821년 5월 10일.

96 「修善之里」: 「修善坊」을 가리킨다; 長夏門 동쪽 첫 번째 거리에 위치해 있으며, 南에서 北으로 네 번째 坊이다. 徐松 撰, 李健超 增訂, 《增訂唐兩京城坊考》(西安: 三秦出版社, 2006), 322쪽.

97 「川原」: '강과 들'. [唐] 陳子昻, 〈晚次樂鄕縣〉: 「川原迷舊國, 道路入邊城.(강과 들 옛땅을 머뭇거리노니, 길은 외딴 마을로 이어진다.)」

98 「窀穸之所」: '埋葬한 장소'. 《舊唐書·呂才傳》: 「窀穸禮終, 永作魂神之宅.(매장한 곳에서 예를 마치면, 영원한 魂神의 집이 마련된다.)」

99 「其年十月廿二日」: 唐 穆宗 長慶 元年 10월 22일, 기원 821년 11월 20일.

100 「洛陽縣感德鄕栢仁村」: 感德鄕이 위치한 곳은 洛陽 외곽성 동남쪽이다. 趙振華, 何漢儒, 〈唐代洛陽鄕里村方位初探〉, 趙振華 主編, 《洛陽出土墓誌研究文集》(北京: 朝華出版社, 2002), 96쪽.

101 「南瞻 … 洛汭」: '남쪽으로 萬安을 바라보고, 북으로는 洛水를 마주하고 있다'.

102 「苗而不秀」: '좋은 자질을 가지고 있지만 성취는 없다'.

103 「徒跣」: '맨발'. 《禮記·問喪》: 「親始死, 雞斯徒跣, 扱上衽, 交手哭.(부모가 갓 돌아가셨으면, 비녀는 그냥 둔 채 맨발로 옷섶을 허리춤에 끼고, 두 손을 가슴에 엇갈려 얹고 통곡한다.)」

難, 慮谷遷于陵. 邀余誌之, 刊石作紀, 文簡不方者, 沐恩頗深, 敢不課愚.
抽毫[105]敍事, 乃爲銘云:[106]

安氏之女, 花氏之妻. 蘭馨芝茂, 如璋如珪. 鳳桐半折, 孤鸞獨棲. 其一 孟
母其萋, 珠沉漢浦. 精粹苞蘿, 參衡萬古. 奚爲奇靈, 長夜盤暮. 其二 伊洛之
郊, 土地豊饒. 周姬之□,[107] 宇宙之標,[108] 神歸其下, 德音不遙. 其三 册名
刊日, 封乎枝葉. 誌其坤房, 北邙[109]相接. 地久天長, 子孫昌業.

부인은 安氏의 후예로서, 安定郡 사람이다. 선조의 휘는 '晟之女(晟씨의
딸)'이다. 현숙한 여인을 많이 낳아 길렀고, 그 광채가 단정하고 왕성하였
으니, 마치 아름다운 나뭇가지와 잎사귀에 빛이 휘황하게 비치듯 번창하
였다. 부인은 어려서 그 아름다움이 남달랐고, 장성한 후 온순하고 단정
하였으며, 재기의 출중함이, 꽃처럼 아름답고 무성하였다. 잠언과 계명
을 준행하며, 六親을 빛내고, 그 어짊이 班昭와 孟姜女와 같아 비교할 데
없었다. 花氏 문중에 들어옴으로, 두 집안이 秦晉의 혼인을 맺었으니, 琴
(거문고)과 瑟(비파)의 조화요, 塤과 篪의 정다움이로다. 부부관계가 화목

---

104 「茹蔞」: '여뀌'류의 식물.
105 「抽毫」: '글 짓는 것'을 비유한 것이다. [唐] 吳融, 〈壬戌歲閣鄕卜居〉:「六載抽毫侍禁闈,
不堪多病決然歸.(6년 세월 궁궐에서 글을 지어 올렸고, 많은 병 감당키 어렵지만 기필
코 돌아가리라.)」
106 「邀余 … 銘云」: 文簡이 요청을 받아 비석에 글을 撰하게 된 일을 언급하고 있다. 그러
나 太和 2년(828) 花獻 墓誌의 문장 및 서법과 대조해 보면, 文簡은 長慶 元年에 아마도
아직 출가 이전이었던 것 같다. 花獻 墓誌의 내용 및 부록의 도판 참조.
107 「□」: 아마도 「末」자일 것이다. [漢] 張衡, 〈東京賦〉:「周姬之末, 不能厥政, 政用多僻.(周
나라 말기에는, 그러한 정치가 불가능하였고, 정사가 늘 편벽되었다.)」
108 「伊洛 … 之標」: 이 단락의 주요 내용은 이러하다: 周 武王 姬旦이 紂를 정벌하고 商을
멸망시킨 후, 동쪽에 새로운 도읍을 건설하여 나라의 정세를 안정시키려 하였으니, 伊
水와 洛水가 굽은 평원에 洛邑을 조성한 것이 바로 오늘날의 洛陽인 것이다. 《史記·周
本紀》참조.
109 「北邙」: '묘지와 분묘'를 일컫는다. [唐] 歐陽詹, 〈觀送葬〉:「何事悲酸淚滿巾, 浮生共是北
邙塵.(무슨 일로 애통한 눈물이 두건에 가득한가, 덧없는 인생이 모두 북망의 먼지인
것을.)」

하여, 백년해로의 찬사를 들었고, 정조가 굳세고 튼튼하여, 소나무와 같은 장수를 누릴 만하였다. 평소 엄중한 질병이 없었는데, 갑자기 세상을 저버리고 떠나실 줄 누가 알았으랴. 때는 長慶 원년 4월 5일로서 修善坊에서 삶을 마감하셨으니, 향년 58세였다. 어찌하랴 사람의 운명에는 한계가 있으니, 수명의 길고 짧음은 모두 운명에 의해 결정되는 것이다. 금은 단단하여 썩을 수 없지만, 소나무의 굳은 정조는 꺾이지 않을 리가 없다. 세간에서는 귀감을 잃었고, 종친은 어머니로서의 본보기를 잃었노라. 통곡과 슬픔이 가슴을 가득 메우고, 사내의 눈물이 땅에 피범벅이 되었다. 예로부터 통상적인 제도에 의하면, 시신은 오래 머물 수 없으니, 강가의 들녘을 점찍어, 안장처로 삼았다. 당해 11월 20일 洛陽縣 感德鄉 柏仁村에 안장하였으니, 安氏의 선영으로 돌아가 묻히지 않고, 별도로 새로운 분묘를 지었다. 남으로는 萬安山을 바라보고, 북으로는 洛水에 의지하였다. 장자의 이름은 應元이요, 둘째 아들의 이름은 滿師이니 모두 어려서부터 공명에 뜻을 두지 않았기에, 좋은 자질은 가지고 있으나 성취를 이룬 바는 없다. 어린 아들 齊雅는, 극기복례의 정신을 굳게 지켜서, 온 마을이 모두 그를 칭찬하였고, 친구들도 그를 존중하였다. 맨발로 걸어 다니며 나물을 먹고, 간장이 찢어질 듯 몹시 상심하며, 지팡이를 짚고 관을 따라다니고, 비명 소리가 길에 끊이지 않았으니, 친족들도 모두 슬픔이 많았고, 지세가 낮을 것을 염려하여 높은 곳으로 이장하였다. 본인을 청하여 墓誌를 짓고, 돌에 새겨 기념하기로 하였으니, 본인 文簡은 결코 전문가가 아니지만, 꽤 깊은 은혜를 입었기에, 붓을 들어 과거 일을 기억해 서술하고, 이에 碑銘의 詩를 지어 바치노라:

安氏 집안에서 온 여자로서, 花氏의 처가 되었노라. 난초처럼 향기롭고 줄기가 무성하며, 품행이 고상하여 옥처럼 순결하도다. 오동나무가 갑자기 부러졌으니, 외로운 새가 처량히 깃들도다. 하나, 맹모처럼 현명하신

분이 이제 돌아가셨나니, 밝은 구슬이 漢水 물가에 내려앉았고, 아름답고 순수함이 과실 같으며, 깨닫고 연결함이 만고에 이르니, 어찌 기이한 영이 되겠는가. 땅속에서의 긴 밤에 황혼이 도사리고 있도다. 둘, 伊洛이 둘러싼 교외 지역은, 땅이 부유하고 풍요로워, 멀리 周나라 말년에는, 우주 만물의 꼭대기에서, 하늘이 周나라 이름을 하사하셨으니, 인덕의 교화가 멀지 않았다. 셋, 이름을 남기고 날짜를 새기며, 친족이 함께 흙더미를 봉하고 묘지에 墓誌를 세웠으니, 북쪽으로 邙山이 잇닿아 있어, 오랫동안 공손히 기도하여, 자손들이 창성하여 공훈을 쌓으리라.

제3부

경교비 주술
(景教碑 注述)

제1장

당경교비송정전
(唐景教碑頌正詮),

독경교비서후
(讀景教碑書後)

소 개

　本文은 두 부분으로 구성되어 있으니, 첫째《唐景教碑頌正詮》, 그리고
또 한 가지는《讀景教碑書後》이다.

　《唐景教碑頌正詮》은 포르투갈 출신의 예수회 선교사 陽瑪諾(마누엘 디아
즈)[1]이 편찬한 것으로서《大秦景教流行中國碑》에 대한 최초의 중국어 註
疏이다. 明末에 예수회는 출판에 있어 매우 신중한 태도를 취하였으니,
《唐景教碑頌正詮》은 같은 예수회 소속의 Gaspar Ferreira,[2] Giulio Aleni,[3]
Monteiro[4]가 세 차례에 걸쳐 교정을 하고, 수도회 관리 장관인 Giulio
Aleni의 간행 허가를 거쳐, 崇禎 甲申년(1644) 武林(지금의 杭州)의 천주교당
에서 출판 간행되었다.

　《唐景教碑頌正詮》의 崇禎 甲申版은 〈序〉, 〈碑頌〉, 〈天學古蹟〉 그리고

1　陽瑪諾(Manuel Diaz Jr., 1574-1659), 字는 演西, 明末 연간에 중국으로 들어온 포르투갈
　출신의 천주교 예수회 선교사이다. 그는 대략 1610년에 중국에 와서 선교를 했으며,
　그의 족적은 마카오, 북경, 남경 및 복건 등지에까지 두루 미쳤다. 저서로는《聖經直
　解》,《十誡眞詮》,《聖若瑟法行實》,《天問略》,《唐景教碑頌正詮》 등이 있다. 중국에서는
　Emmanuel Diaz Jr.라고도 불린다.
2　費奇規(Gaspar Ferreira, 1571-1649), 포르투갈 출신의 천주교 예수회 선교사이다. 明 萬
　曆 32년(1604)에 중국에 들어왔으며, 利瑪竇(마테오 리치)와 陽瑪諾 등을 도와 선교를
　하였고, 淸 順治 6년(1649)에 사망하였으나 사망지는 알 수 없다. 저서로《振心諸經》,
　《周年主保聖人單》,《玫瑰經十五編》 등이 있다.
3　艾儒畧(Giulio Aleni, 1582-1649), 이탈리아 출신으로 천주교 예수회 선교사이다. 明 萬
　曆 38년(1610)에 마카오로 들어갔고, 3년 후 중국 내륙으로 진출하였다. 30여 년 간 중
　국에 살면서 중국인의 옷을 입고 중국의 예도를 따랐으며, 복건성 여러 곳에 교당을
　건립하였다. 저서로《職方外紀》,《西學發凡》 등이 있다.
4　孟儒望(Joao Monteiro, 1602-1648), 포르투갈 출신으로 천주교 예수회 선교사이다. 明
　崇禎 10년(1637)에 중국에 들어왔고, 淸 世祖 順治 5년(1648)에 인도에서 사망하였다.
　저서로는《天學略義》,《天學辨敬錄》,《炤迷鏡》 등이 있다.

〈景教流行中國碑頌正詮〉네 개의 부분으로 나뉘어져 있다.

〈序〉부분은 明 熹宗 天啟 연간《大秦景教流行中國碑》의 출토에 대해 서술하고 있으며, 또한 張賡虞와 李之藻가 경교비 발견의 경과를 예수회에 보고한 내용에 대해 설명하고 있다. 그리고 커다란 비석이 출토된 이후 金城寺 내에 안치되었음을 밝히고 있는데, 따라서 이에 근거하여 金城寺는 대략 당나라 大秦寺가 있던 자리였을 것으로 추정되며, 이는 곧 長安 義寧坊의 옛터인 것으로 보인다.

〈碑頌〉부분은《大秦景教流行中國碑》의 碑文을 수록하고 있다.

〈天學古蹟〉에는 복건성 晉江 사람 張賡(1570-?)[5]에 관한 기술이 있는데, 그는 지인으로부터「十字聖架」라고 새겨진 옛 돌들이 泉州에서 출토된 사실을 전해 들었다고 한다. 그러나 이는 경교비와는 상관없는 내용이고, 또한《唐景教碑頌正詮》의 완정성을 고려하여 본서에서는 삽화만을 첨부하였다.

《大秦景教流行中國碑》는 예수회 선교사들의 주목을 받았으니, 경교비에서 설명한 내용이 천주교에서 전해 내려오는「天學」과 유사하다는 것을 발견한 외에, 또한「天學」을 경교의 연속으로 여기기도 하였다. 陽瑪諾(마누엘 디아즈)은〈序〉에서 말하기를:「今而後中土弗得咎聖教來何暮矣!(지금 이후로는 보통의 사람들이 '聖教가 어찌 이리 늦게 왔는가'라고 탓할 수가 없노

---

5 張賡은 복건성 晉江 사람이며, 字는 夏詹, 號는 明皋이다. 萬曆 25년(1597)에 향시에 급제하였으며, 그와 교분을 나누었던 사람들은 그를 張孝廉, 張令公이라고 존칭하였다. 萬曆 41년(1613)에 嘉興 平湖縣의 教諭직을 맡았고, 開封府 原武縣 教諭와 連山縣, 知縣 등의 직을 역임하였다가 후에 사직하고 고향으로 돌아와 복건성 桃源에 거주하였다. 1630-1645년, 張賡은 천주교 선교 관련 번역과 저술, 출판 작업에 몰두하면서 타인의 저작에 서문을 써 주기도 하는 등 교단 내의 지인들과 교류를 활발히 하였다. 그 저작들은 대부분「溫陵張賡」이라고 서명이 되어 있는데, 어떤 경우는「晉江張賡」,「閩漳張賡」,「清源張賡」,「南國張賡」,「昭事生張賡」 등도 볼 수 있다. 邱詩雯,〈張賡簡譜〉,《中國文哲研究通訊》第20卷 第2期(2012年6月): 127쪽.

라!)」라 했으니, 이로써 天主聖教는 明 말에 비로소 들어온 것이 아니라 일찍이 唐나라 시기에 이미 중국에 들어왔음을 논박하고 있는 것이다.

마지막 부분은 陽瑪諾이 보편교회의 전통인「正詮」(정확한 해석)의 방식으로 경교비의 全文을 해석한 것이다. 그는《唐景教碑頌正詮》의 맨 뒷 부분에서:「諾不敏, 爲是詮也, 懼夫虛前賢之志, 錮後學之迷. 按碑弗辨, 撫入他門, 爰擧碑序實義, 乃他教不能解, 不能竊者, 表而出之, 考據聖教諸西來原本, 稍釋其下, 匪敢自任一斑.(승낙이 민첩하지 못했던 것은, 이 주석 때문이며, 자칫 선현들의 뜻을 허망하게 하고, 후학들의 미혹을 고착시킬까 두려웠기 때문이다. 비석에 근거하여 분별하지 않으면, 엉뚱한 곳으로 주워 들어가게 되나니, 그리하여 비석 서문의 실제적 의미를 제시한 것이고, 곧 다른 종교로는 풀이할 수 없고, 훔칠 수도 없는 것을, 밖으로 드러내었으니, 서양에서 온 聖教의 여러 원전들을 고증하여, 그 이하를 조금 해석하였으나, 감히 스스로 한 자리를 차지하기를 바라지는 않는다.)」이라 말하며, 비문을 왜 이렇게 주해하는가에 대해, 경교는 본래 서방에서 유래하였기 때문에 기타 다른 종교들이 해석해 낼 수가 없으며, 聖教에 있는 각종 서방의 고사에 근거해야만 비로소 약간의 명확한 해설을 할 수 있다고 주장하고 있다. 그러므로 陽瑪諾(마누엘 디아즈)은 天主教를 景教와 연결시키고, 또한 천주교의 教父 전통으로 경교 비문을 해석해 내는 이론을 제시하고 있다.

《讀景教碑書後》의 작자는「中國 天主教의 3대 중요 인물」가운데 하나인 李之藻(1565-1630)이다. 李之藻는 또한 경교비를 연구한 최초의 중국 천주교 신자이니, 이 글은 天啓 5년(1625)에 간행되었다. 이것은 長安의 발굴지에서《大秦景教流行中國碑》를 손에 넣게 되면서 시작되는데, 그는 張賡虞가 부쳐온 비문의 탁본 한 폭을 받아 읽어 본 후 비문의 내용이 利瑪竇(마테오 리치)가 전해 온 天學과 유사하다고 여겼으며,「天學」은 곧 경교의 전통을 받아 온 것이니 새로운 개념이 아니라 오래된 종교인「古教」

라고 생각하게 된 것이다. 李之藻는「景教」의「景」이 무슨 의미인지를 해석해 내며:「景者, 大也, 炤也, 光明也.(경은 '크다', '빛나다', '광명'이다.)」라고 말한 바 있다.

天啓 5년의 간행본은《大秦景教流行中國碑》의 碑文과《讀景教碑書後》두 부분으로 나뉘어 각각 간행되었고; 후에 淸 德宗 光緖 4년(1878)에 上海 慈母堂版은《讀景教碑書後》를《唐景教碑頌正詮》에 수록하였으니,《讀景教碑書後》는 현재 上海 慈母堂版에서 볼 수 있다.

본《唐景教碑頌正詮》은 주로 崇禎 甲申년(1644) 武林 天主堂版[6]을 사용하였으니, 光緖 4년(1878) 上海 慈母堂版과는 다른 판본이며, 두 판본의 차이는 아직 校勘하지 못했다.[7] 李之藻의《讀景教碑書後》[8]는 독립된 형태로 가장 뒷 부분에 부록으로 두었다.

6　《唐景教碑頌正詮》의 崇禎 甲申년(1644) 武林 天主堂 판본은 프랑스 국가도서관 소장본(藏本編號: Chinois1190)이지만, 다만 〈碑頌〉 및 〈景教流行中國碑頌正詮〉의 내용은 모두 발췌본이어서, 내용은 다른 판본으로 보충을 가하였다. 鐘鳴旦, 杜鼎克, 蒙曦 등 編,《法國國家圖書館明淸天主教文獻》第23冊(台北: 利氏學社, 2009), 1-22쪽.

7　光緖 4년 上海 慈母堂 소장판은 바티칸도서관 소장본으로서, 단지 〈景教流行中國碑頌正詮〉과 〈天學古蹟〉만을 수록하고 있다. 吳相湘 編,《天主教東傳文獻續編(二)》, 臺北: 臺灣學生, 1966), 653-754쪽.

8　바티칸도서관 소장본, 본래 南京 金陵大學 소유였음; 德禮賢 신부(Pasquale M. D'Elia, 1890-1963) 편집자 때문에 로마로 빌려 갔으나, 이후 중국 대륙의 정권이 바뀌면서 아직까지 金陵大學으로 반환할 기회가 없었다. 吳湘湘 編,《天學初函》, 冊一(臺北: 臺灣學生書局, 1965), 77-92쪽.

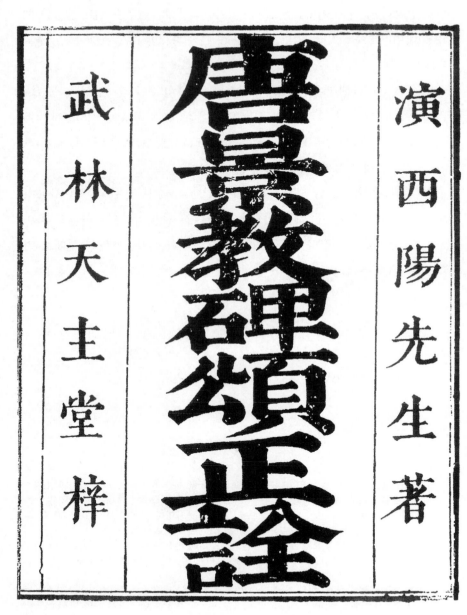

唐景教碑頌正詮 원서 표지

당경교비송정전(唐景教碑頌正詮)[9]

양마락(陽瑪諾)

遵敎規凡譯經典諸書必三次看詳方允付梓並鐫訂閱姓名于後

(교회의 규율을 받들어 경전과 여러 서적을 번역하며 세 차례의 상세한 교정을 거친 후, 출판 간행을 허락받아 판각하게 되었다. 교정한 이의 성명은 뒤에 표기한다.)

遠西耶穌會士　　　　陽瑪諾[10]著

서방 예수회 선교사　　마누엘 디아즈(Emmanuel Diaz) 저

　　　　　費奇規[11]

同會　　艾儒畧[12]　仝訂[13]

　　　　　孟儒望[14]

9　「唐景教碑頌正詮」: 본서의 판본, 그리고 「校訂 부분」, 〈序〉와 〈天學古蹟〉의 내용은 1644년 崇禎 甲申歲 武林 天主堂 판본을 참고하였음; 鐘鳴旦, 杜鼎克, 蒙曦 등이 編한 《法國國家圖書館明淸天主敎文獻》第二十三冊(臺北: 利氏學社, 2009), 1-22쪽에 수록되었음. 〈景敎流行中國碑頌正詮〉 문장의 내용은 1644년 光緖 4년 上海 慈母堂 판본을 참고하였음; 吳相湘 編, 《天主敎東傳文獻續編(二)》, 臺北: 臺灣學生, 1966), 653-754쪽에 수록되었음.

10　陽瑪諾(Emmanuel Diaz Jr., 1574-1659), 38쪽 '소개' 각주1 참고.

11　費奇規(Gaspar Ferreira, S.J., 1571-1649), 38쪽 '소개' 각주2 참고.

12　艾儒畧(Giulio Aleni, S.J.'1582-1649), 38쪽 '소개' 각주3 참고.

13　「仝」: 「同」과 같음.

14　孟儒望(Joao Monteiro, S.J., 1602-1648), 38쪽 '소개' 각주4 참고.

Gaspar Ferreira

동 선교회　　Giulio Aleni　　　공동 교정

Monteiro

値會[15]　　艾儒畧　　准

崇禎甲申歲[16]武林[17]天主堂梓

관리 장관　　Giulio Aleni　　　　허가

숭정 갑신년 항주 천주당 판각

15　「値會」: '수도회를 관리 감독하는 장관'.

16　「崇禎甲申歲」: 明朝 崇禎 연간.「崇禎」, 明나라 황제 明思宗 朱由檢의 연호(1628~1644
　　년).「甲申歲」는 1644년.

17　「武林」: 옛날 杭州의 별칭, 武林山으로 인해 이름을 얻었음. [宋] 周密이 저술한《武林舊
　　事》가 杭州의 옛 사적을 기록하고 있다.

워서 삽화

서(序)

旅人偕同志覲[18] 中朝[19]也, 幾周甲子于茲矣,[20] 一切賢者樂與[21]遊. 所著
諸篇, 詳哉其述之也. 乃問者迂迂[22]以諾輩[23]弗遠九萬梯航備歷,[24] 至卽如
歸,[25] 不能無惑, 因嘗具述.[26] 天主宏慈, 惠茲士民, 默牖[27]至是; 導正闢邪,
宜頌宜[28]感. 客謂默牖遠來, 訓正吾士若民, 洵足頌感,[29] 然曷弗[30]于數代
以前, 俾[31]吾先人咸蒙接引, 延迨[32]今茲, 誠所未解. 諾輩時爲太息[33]曰: 淺

18　「覲」: '왕을 조견하거나 성지를 참배하다'.

19　「中朝」: '중원의 왕조', 또한 '중국'을 가리킨다. [宋] 文瑩,《玉壺淸話》:「契丹主曰:『中朝
黨進者眞驍將也. 如進輩有幾?』(거란의 수령이 말하기를:『중원 왕조의 黨進이라는 자
는 정말 용맹한 장수로다. 黨進과 같은 무리가 몇이나 되는가?』)」

20　「幾周甲子于茲矣」:「幾」, 정해지지 않은 수를 표시함.「一周甲子」는 '60년'. 중국 고대
의 연대 기록은 10일을 '干'으로 하여, 12地支와 서로 짝을 이루는데, '甲'이 天干의 첫
번째이고, '子'는 地支의 처음이다. '一甲子'는 天干과 地支가 60개의 짝을 이룬 후, 다시
처음으로 돌아와 '甲子年'이 되니, 바로 60년이 지났다는 의미이다. 따라서 '一周甲子'
는 '60년'의 의미이다.

21　「與」: '함께, 같이'.

22　「迂」: '가다'.

23　「諾輩」: 陽瑪諾(마누엘 디아즈) 등의 사람.「諾」: 본문 중 작은 글자는 陽瑪諾 자신을
가리킨다는 뜻이다.「輩」: '같은 등급, 유형'. 예를 들면: '吾等', '我輩'.

24　「備歷」: '겪다, 경과하다'.

25　「至卽如歸」: '중국에 도착한 후 평상시처럼 안정되어 마치 집에 있는 것 같다'.

26　「具述」: '온전히 전파되다'.「具」는 '俱'와 통함. '완정하다, 완전하다'의 의미이다.

27　「默牖」: '암암리에 계도하고 유도하다'.「牖」: '유도하다'.《詩經·大雅·板》:「天之牖民,
如壎如箎.(하늘께서 백성을 이끄심에는, 壎과 箎가 조화로이 어울린다.)」

28　「宜」: '적합하다, 응당하다'.

29　「洵」: '진실로'.《詩經·陳風·宛丘》:「洵有情兮.(진실로 풍치는 있구나.)」「感」: '은혜
에 감사하다'.

30　「曷」: '어찌, 왜'.「弗」: '不'과 같음.

31　「俾」: '하게 하다, 시키다'.

32　「延」: '연기하다, 늦추다'.「迨」: '~때에 이르다'.

33　「太息」: '탄식하다'.《漢書·賈誼傳》:「臣竊惟事勢, 可爲痛哭者一, 可爲流涕者二, 可爲長
太息者六.(신이 삼가 지금의 정세를 생각하건대, 통곡할 만한 일이 한 가지요, 눈물을

哉智慧, 乃妄議天主意如是乎. 雖然, 疑而思問, 請容進其說. 西聖奧斯定[34]云:「富者濟貧, 凡幾何遲速, 提衡在彼, 貧者不得預之, 受濟頌恩乃其分也.」今茲天主祐中土, 俾聖教遠來弗頌受, 乃怨而責其後至也. 借如有鰥升聞,[35] 登庸三錫,[36] 顧責君寵奚遲, 誠哉狂悖莫甚焉.[37] 且中賢旣言之矣, 孰先傳, 孰後倦. 賢師教其弟子, 與天主率厥下民, 亦若是焉爾. 天主教人, 先性教,[38] 繼寵教.[39] 性教者, 吾人因性光[40]也; 寵教者, 天主超性

흘릴 만한 일이 두 가지요, 길게 탄식할 만한 일이 여섯 가지입니다.)」

34 「奧斯定」:'Hippo의 어거스틴(Aurelius Augustine, 354-430)', 초기의 저명한 신학자, 가톨릭과 기독교 모두에 '삼위일체론', '죄론', '구원론' 등 매우 깊은 영향을 미쳤음. 일찍이 북아프리카 Hippo의 주교를 역임했으며, 저작으로는 《하나님의 성》과 《참회록》이 후세에 알려져 있다.

35 「借如有鰥升聞」:'가령 아내를 잃은 자가 상위자에게 알려지다'. 「借如」, '만약'. 「鰥」, '홀아비'. 「升聞」:'상위자에게 알려지다'.

36 「登庸三錫」:'높은 관직과 후한 봉록을 얻다'. 「登庸」, '선발하여 임용하다'. [晉] 應貞 《晉武帝華林園集詩》:「登庸以德, 明試以功.(인재를 등용함은 德으로써 하고, 시험은 공로로써 명확히 한다.)」「三錫」, 고대의 제왕이 신하에게 준 세 가지 기물, 여기서는 '높은 지위'라는 파생의미로 사용되었다.

37 「狂悖莫甚」:'오만무도함이 극치에 이르다'.

38 「性教」:人性의 본질을 탐색함으로써 善을 추론해 내는 논설. 明나라 시기 중국에 들어온 예수회 선교사들은 모두 선교 과정 중에, 先秦 시기 「古儒」의 설을 채택하여 하나님이 그 본성을 인간성 속에 숨겨 둔 것이라고 해석하였다. 「性」은 즉 「人性」을 가리키며, 인간은 하나님이 그 형상대로 만드셨기 때문에 다른 동식물들과 구별되며, 따라서 하나님의 본성을 내포하고 있다는 것이다. 또한 다른 동식물들과 다르기 때문에 능히 추론을 할 수 있고, 「理」에 도달할 수 있는 것이다. 마테오 리치(Matteo Ricci, 1552-1610),《天主實義》:「夫『性』也者, 非他, 乃各物類之本體耳. 曰各物類也, 則同類同性, 異類異性. …西儒說『人』云, 是乃『生覺者』, 能推論理也.…若論厥性之『體』及『情』, 均爲天主所化生. 以理爲主則俱善, 而以『理』爲主則俱可愛可欲, 而本善無惡矣.(무릇 '본성'이라고 하는 것은, 다른 것이 아니라, 각 사물 부류의 본체일 뿐이다. 개개의 사물들을 부류로 말하자면, 부류가 같으면 본성이 같고, 부류가 다르면 본성 또한 다른 것이다. … 서양의 철학자가 '인간'에 대해 말하기를, 그것은 바로 '살아 있으면서 지각하는 존재'이니, 그 이치를 추론해 볼 수 있다. …만일 그 본성의 몸체와 情으로 논한다면, 모두 하나님께서 만들어 내신 것이다. 理로써 주를 삼는다면 모두가 선한 것이고, 모두가 사랑스럽고 소망할 만한 것이니, 근본이 선하여 악이 없는 것이다.)」참고.

39 「寵教」:'하나님의 은혜로 가르침을 받다'. 「寵」:'하나님의 은총'.

40 「性光」:'가르침을 받음으로써 얻게 된 깨달음'. 「光」, '비추다'. 마테오 리치,《天主實義》:「夫吾天主所授工夫, 匪佛老空無寂寞之教, 乃悉以誠實引心於仁道之妙. 故初使掃去心惡, 次乃光其暗惑, 卒至合之於天主之旨, 俾之化爲一心, 而與天神無異.(무릇 우리의 하나

光[41]也. 未能盡厥因性, 頓冀[42]超性, 是未步先望趨也. 前此中士, 若性教弗遑,[43] 尚超性云乎哉[44]! 抑聖經喩聖教如日, 其初出未曜普地, 繇[45]近逮遠, 漸被[46]厥光. 被早固忻,[47] 被遲勿憎, 旋[48]至旋被矣. 西方距中土幾九萬, 聖教來滋遲固也. 理論至此, 必不復惑. 矧[49]遡厥繇, 又弗惟自今始. 邇歲幸獲古碑, 額[50]題景教, 粤天主開闢迄降臨.[51] 悉[52]著厥端, 時唐太宗九年,[53] 爲天主降生後六百三十五年, 至西鎬[54]廣行[55]十道.[56] 聖教之來, 蓋千有餘歲矣. 是碑也, 大明天啓三年,[57] 關中[58]官命啓土, 于敗墻基下獲之,

---

님께서 내려 주신 工夫는, 부처나 노자가 말하는 空과 無의 적막한 가르침이 아니라, 모든 참된 정성과 사실로써 사람의 마음을 어진 道의 오묘함으로 이끄는 것이니, 그러므로 먼저 우리들로 하여금 마음의 악을 제거해 버리고, 다음으로 그 어두운 미혹을 밝게 비추어서, 마침내 그것을 하나님의 뜻에 합당하도록 하고, 하나의 마음으로 변화시켜서, 하늘 신과 다름이 없도록 하는 것이다.) 참고.

41 「超性光」: '인간의 이성으로 이해할 수 없는 은총'을 비유함.
42 「頓」: '즉시, 돌연'. 「冀」: '기대하다, 희망하다'.
43 「弗遑」: '불안정하다'. 「遑」: 「惶」과 같음, '무서워하다, 두려워하다'. 《中論·譴交》: 「心存於職業而不遑也.(마음이 직책과 업에 있으니 불안정하지 않다.)」
44 「尙 … 云乎哉」: '말할 필요가 있는가?' 「尙」, '아직'.
45 「繇」: 독음이 「由」와 같으며, '~로부터'의 의미이다. 「逮」: '도달하다, 이르다'. 예를 들어: 力有未逮(힘이 아직 이르지 못하다).
46 「被」: '덮다, 가리다'.
47 「忻」: 「欣」과 통함, '기쁘다'.
48 「旋」: '즉시'.
49 「矧」: '하물며'. 「遡」: 「溯」과 같음. '근원을 추적하다'. 「厥」: '그'.
50 「額」: 현판과 같은 액자.
51 「粤」: 「曰」, 「於」와 통함. 《爾雅》: 「粤, 曰也. 又, 於也.(粤는 曰이고, 또 於이다.)」 「迄」: '이르다, 도달하다'. 「降臨」: '주예수 그리스도께서 육신으로 화하심'.
52 「悉」: '전부'.
53 「唐太宗九年」: '貞觀 9년(635)'을 가리킴. 貞觀은 唐 太宗 집정 초기의 연호이다.
54 「西鎬」: 西周 시기의 수도 '鎬京'을 말한다. 대략 오늘날 섬서성 西安市에 있으며, 여기서는 당연히 唐나라 長安을 가리킨다.
55 「廣行」: '널리 유행하다'.
56 「十道」: '貞觀 十道'를 가리킨다. 貞觀 元年, 당나라 정부는 산천의 형세에 따라 열 개의 교통 요지를 설정하여 중국 각지가 통왕하도록 하였다. '關內道, 河南道, 河東道, 河北道, 山南道, 隴右道, 淮南道, 江南道, 劍南道, 嶺南道'가 있다.
57 「大明天啓三年」: 明나라 제15位 황제인 熹宗 朱由校의 재위 시기로 약 1623년경이다. 陽瑪諾(마누엘 디아즈)이 기록한 시간은 아마도 오류가 있는 듯하며, 李之藻가 동료 張

奇文古篆, 度越近代.[59] 置廓[60]外金城寺中, 岐陽[61]張公虞虞[62]搨[63]得一紙, 讀竟踴躍. 卽遣同志我存李公之藻,[64] 云長安掘地所得, 名景教流行中國碑頌, 殆[65]與西學弗異乎? 李公披勘,[66] 良然, 色喜曰:「今而後中士弗得咎聖教來何暮[67]矣!」古先英辟顯輔,[68] 朝野共欽,[69] 昭燭特甚, 尚矣有今之人也! 繼而玄扈徐公光啟,[70] 愛其載道之文, 幷愛其紀文字畵, 復鎸金石, 楷

虞虞로부터 唐碑 한 폭을 받아《讀景敎碑書後》를 저술한 바에 의하면 시기는 天啟 5년이 맞다.

58 「關中」: '關中 평원'을 가리키며, '渭河 평원'이라고도 부른다. 중국 섬서성 중부와 秦嶺北麓에 위치한다; 그 북부 지역은 陜北 黃土고원이며, 남쪽으로는 陜南 산지와 秦巴산맥이다. 江南 지역이 아직 완전히 개발되기 전, 이 땅은 줄곧 중국의 정치, 경제, 군사의 요충지였다.

59 「度越近代」: '문체의 규범과 풍격이 결코 근대의 것이 아님'을 말한다. 「度」, '규범, 풍격'. 「越」, '뛰어넘다'.

60 「廓」: 「郭」과 통함. '성곽'을 말한다.

61 「岐陽」: '岐山의 남쪽', '岐山 남부 지역'을 가리키며, 지금의 '西安市 서쪽'에 해당한다.

62 「張公虞虞」: '張虞虞'를 말하며, 李之藻의《讀景敎碑書後》에서는 「岐陽同志張虞虞」라 칭하고 있다.

63 「搨」: 「拓」과 같음. 비석 위에 먹물을 바르고 다시 종이로 비석 위 글자의 자국을 흡착하는 기법.

64 「我存李公之藻」: 李之藻(1571-1630), 字는 '我存', '振之'. 萬曆 29년(1601) 마테오 리치를 스승으로 서양과학을 공부하였으며, 萬曆 38년(1610)에 한 차례 중병을 앓았을 때, 마테오 리치가 「朝夕於床第間, 躬爲調護(조석으로 침대 곁에서 몸을 굽혀 간병하였다)」하자 마침내 천주교에 귀의하였다. 그는 일찍이 '대포, 지구의' 등과 같은 과학기구를 제작하면서 서양과학 분야에 재능을 드러내었다.

65 「殆」: '거의', '거의 ~할 뻔하다'.

66 「披勘」: '개봉 후 자세히 교정하고 조사하다'.

67 「來何暮」: 「왜 이렇게 늦게 왔는가」의 의미이다. 「暮」, '늦다, 더디다'.

68 「英辟顯輔」: '영명한 군주와 당시 권력이 막강한 신하'를 말한다. 「辟」, '군주'.《尙書·洪範》:「惟辟作福, 惟辟作威, 惟辟玉食.(오직 군주만이 복을 누릴 수 있고, 오직 군주만이 위세를 부릴 수 있으며, 오직 군주만이 진귀한 음식을 먹을 수 있다.)」「輔」, '보좌하다'; 여기서는 '관원'이란 파생의미로 사용되었음.

69 「朝野共欽」: '임금과 신하 위 아래 모두의 숭앙을 받다'라는 의미이다. 「欽」, '공경하다'.

70 「玄扈徐公光啟」: 徐光啟(1562-1633), 字는 '子先', 號는 '玄扈', 大明 南直隷 淞江府 上海縣 (지금의 上海市) 사람. 관직이 明 崇禎朝 禮部尙書 겸 文淵閣 大學士 등의 직에 이르렀다. 中西 문화 교류에 매진하였으며, 서양의 天文學과 數學 그리고 중국의 農學과 水利學 등에 정통하였고, 저서로는《農政全書》등의 전문서적이 있으며, 마테오 리치와 함께《幾何原本》을 번역하였다. 그는 또한 독실한 천주교 신자였으며 세례명은 바울이었다; 그는 明나라 연간에 외국에서 중국으로 건너온 천주교 예수회 선교사들에게 많

摹千古. 夫鴻碑較著, 朗鑒有三, 似勿更贅. 惟碑旨淵義古,[71] 不敏慮覽者
未辨,[72] 或猶託其詞以固前惑[73]也. 因弗避膚拙, 詮厥概, 爲來者孚券云.
　　大明崇禎辛巳[74]孟春之望[75]陽瑪諾題

　　나그네가 동지들과 함께 중원 왕조의 군주를 알현하였고, 이에 몇 甲
子가 흘렀으니, 모든 어진 이들이 기꺼이 함께 동행하였다. 저술한 여러
편의 글들로, 그것을 상세히 기술하였다. 즉 묻는 이는 왕왕 마누엘 디아
즈의 무리들이 구만 리 멀고도 험한 여정을 마다하지 않았고, 도착하자
마자 평소처럼 평안하였으니, 의혹이 없을 수는 없어, 이에 따라 시험 삼
아 상세히 기술하고자 한다. 하나님께서는 널리 자애하셔서, 이 백성들
에게 은혜를 베푸셨나니, 은밀히 교화하심이 여기에 이르렀다; 올바른
길로 인도하시고 그릇된 일을 타개하셨으니, 그분을 송축하고 은혜에 감
사함이 마땅하도다. 나그네가 이르기를 은밀히 교화하고자 먼 곳에서 왔
고, 우리 선비들을 백성과 같이 가르쳤으니, 참으로 송축하며 은혜에 감
사한 일이지만, 그러나 어찌 수 대 이전보다도 못한 바가 있어, 우리 선
조들로 하여금 모두 인도를 받게 하였으나, 지금에 이르기까지, 정말로
풀지 못한 바가 있다. 마누엘 디아즈 무리들이 그때에 탄식하여 말하였
다: 천박한 지혜는 하나님의 생각이 이와 같다고 망령되이 의논하는 것

은 도움을 주었다.
71 「旨淵義古」: '글의 취지가 심원하고, 글의 의미가 심오하다'라는 의미이다.
72 「不敏慮覽者未辨」: '사려가 기민하지 않은 사람은 그 뜻을 분별할 수 없다'. 「敏」, '총명
하다'.
73 「或猶託其詞以固前惑」: '아마도 여전히 옛 뜻을 분별할 수 없다는 핑계로 자신의 견해
를 고수하는 사람이 있다'. 「固」, '견지하다, 결연하다'.
74 「崇禎辛巳」: 明 思宗 朱由檢 崇禎 14년(1641).
75 「孟春之望」: '봄이 시작되는 1월 15일'을 가리킨다. '孟春'은 음력 1월을 말한다. '一季'
는 3개월이며, '孟, 仲, 季'의 순서에 따라 이름을 짓는다. '望'은 음력 15일을 말하며, 달
이 가득 참을 의미한다.

이다. 비록 그러하여도, 의심이 들어 묻고 싶으니, 그 말씀을 받아들여 주십시오. 서양의 聖 어거스틴이 말하였다:「부자가 가난한 사람을 구제함에 있어서, 무릇 얼마나 느리고 빠른지는, 다른 한편에 균형을 맞추어야 하며, 가난한 사람은 그것을 예상할 수 없으니, 도움을 받고 은혜를 칭송하는 것이 그 본분이다.」이제 하나님께서 중원 땅을 보우하셔서, 성스러운 종교를 멀리서부터 오게 하셨으나 송축하여 받지 아니하였고, 즉 원망을 하면서 그 나중에 옴을 책망하였다. 만일 아내를 잃은 자가 윗사람에게 인정을 받아, 높은 지위와 녹봉을 받았는데, 임금의 총애가 왜 이리 늦었냐고 불평한다면, 진실로 오만방자하고 불경스럽기가 이보다 심함이 없는 것이다. 또한 보통의 현인들이 이미 그것을 말한 바 있으니, 누가 먼저 전하였고, 누가 나중에 싫다 하였는가? 현명한 스승이 그 제자를 가르치는 것과, 하나님께서 그 백성을 다스리시는 것도, 또한 이와 같을 뿐이다. 하나님이 인간을 가르치심은, 먼저 '性敎'를 가르치시고, 계속해서 '寵敎'를 하시는 것이다. '性敎'는 우리 인간이 人性의 본질을 깨우쳐 깨달음을 얻는 것이며; '寵敎'는 하나님의 인도대로 가르침을 받아 깨달음을 얻는 것이다. 그 자신의 본성을 다하지도 못하고, 즉시 하나님의 인도와 가르침을 희망하는 것은, 먼저 나아가기를 바라지 않는 것과 같다. 앞서 보통의 현인들에게 있어, 이 '性敎'가 불안정하다면, 하나님의 인도와 가르침을 말할 필요가 있겠는가! 그러나 성경은 거룩한 敎理가 해와 같다고 비유하는데, 해가 처음에 나와서는 대지를 널리 비추지 못하지만, 가까운 곳으로부터 먼 곳으로, 점차 그 빛에 의해 덮이는 것이다. 그 빛의 비춤이 이르면 당연히 기쁜 것이고, 비춤이 늦어도 미워하지 말지니, 곧 빛에 덮이게 될지라. 西方은 중원 땅에서 구만여 리 떨어져 있으나, 거룩한 교리가 들어와서 번영하였고 천천히 강화되었다. 이론이 여기에까지 이르렀으니, 반드시 다시 미혹되지는 않을 것이다. 더군다나 그 유래를 거슬러 올라가는 것은, 또한 단지 지금에서야 시작하는 것은 아니다. 근년에 다행히도 옛 비석을 얻었으니, 편액에 景敎라 이름이 붙어 있으며, 하나님께서 예수 그리스도의 광림 때까지 개척하셨음을 말씀하고 계신다. 모두가 그 연유를 알았고, 때는 당나라 태종 9년(635)이었으며, 그리스도 강생 후 육백삼십오 년이었으니, 당나라 長安에 이르러 '貞觀 十道'를 널리 행하였다. 聖敎가 들어온 지도, 대략 천 년이 넘었다. 이 비석은, 大明 天啓 3년, 關中 평원 지역의 관리가 땅을 파라 명하여, 무너진 담장 밑에서 그것을 얻은 것인데, 기묘한 문장과 옛 글자들은, 문체의 규범과 풍격이 결코 근대의 것이 아니다. 성곽 외곽 지역 金城寺에 보관하였는바, 岐山 남쪽 張賡虞 公이 한 장을 탁본하여 얻었고, 읽으면서 기뻐 펄쩍펄쩍 뛰었다. 곧 동지 我存 李之藻 公에게 넘겨주면서, 長安에서 발굴하여 얻은 것이고, 이름이 '景敎流行中國碑頌'이며, '거의 西學과 다르지 않은가'라고 말하였다. 李之藻 公이 개봉하여 자세히 교정하고 조사해보니, 과연 그러하였고, 기뻐하며 말하기를: 「지금 이후로는 보통의 사람들이 '聖敎가 어찌 이리 늦게 왔는가'라고 탓할 수가 없노라!」하였다. 옛 선조들 중 영명한 군주와 당시 권세를 가진 조신들은, 군신의 상하로부터 공히 숭경을 받았고, 그 드러남이 특히 심하였지만, 또한 어찌 오늘날의 사람이 있다 하겠는가! 뒤이어 玄扈 徐光啓 公이, 道가 실린 그 글월을 사랑하고, 기록된 문장의 글씨와 그림을 사랑하여, 금석에 다시 새기고, 千古의 것을 모사하여 모범으로 삼았다. 무릇 큰 비석을 비교해 보니, 확연히 세 가지를 자세히 관찰해 볼 수 있었고, 거의 더 이상의 군더더기가 없는 것 같다. 오로지 비석 문장의 의미가 심원하고 글자의 뜻이 심오하여, 사려가 민첩하지 못한 사람은 그 뜻을 분별할 수가 없고, 혹은 여전히 옛 의미를 분별하지 못하고 자신의 견해를 굳게 고수하는 사람이 있다. 그러나 천박하고 미숙함을 피하지 않고, 그 개괄적인 내용을 해석하였으니, 오신 분에게 신뢰의 증표로 말씀드리는 바이다.

大 명나라 숭정 신사년(1641) 봄 1월 15일에 마누엘 디아즈가 쓰다.

경교유행중국비송병서
(景教流行中國碑頌幷序)

대진사 승 경정 술(大秦寺僧景淨述)

粤若. 常然眞寂. 先先而无元. 窅然靈虛. 後後而妙有. 總玄樞而造化.
妙衆聖以元尊者. 其唯我三一妙身. 无元眞主阿羅訶歟. 判十字以定四方.
鼓元風而生二氣. 暗空易而天地開. 日月運而晝夜作. 匠成萬物. 然立初
人. 別賜良和. 令鎭化海. 渾元之性. 虛而不盈. 素蕩之心. 本無希嗜. 洎
乎娑殫施妄. 鈿飾純精. 閒平大於此是之中. 隟冥同于彼非之內. 是以三
百六十五種. 肩隨結轍. 競織法羅. 或指物以託宗. 或空有以淪二. 或禱祀
以邀福. 或伐善以矯人. 智慮營營. 恩情役役. 茫然無得. 煎迫轉燒. 積昧
亡途. 久迷休復. 于是

我三一分身. 景尊彌施訶. 戢隱眞威. 同人出代. 神天宣慶. 室女誕聖于
大秦. 景宿告祥. 波斯覩耀以来貢. 圓廿四聖有說之舊法. 理家國于大猷.
設三一淨風無言之新教. 陶良用于正信. 制八境之度. 鍊塵成眞. 啟三常
之門. 開生滅死. 懸景日以破暗府. 魔妄于是乎悉摧. 棹慈航以登明宮. 含
靈于是乎旣濟. 能事斯畢. 亭午昇眞. 經留廿七部. 張元化以發靈關. 法浴
水風. 滌浮華而潔虛白. 印持十字. 融四炤以合無拘. 擊木震仁惠之音. 東
禮趣生榮之路. 存鬚所以有外行. 削頂所以無內情. 不畜臧獲. 均貴賤于
人. 不聚貨財. 示罄遺于我. 齋以伏識而成. 戒以靜愼爲固. 七時禮讚. 大

庇存亡. 七日一薦. 洗心反素. 眞常之道. 妙而難名. 功用昭彰. 強稱景教.
惟道非聖不弘. 聖非道不大. 道聖符契. 天下文明. 太宗文皇帝. 光華啓
運. 明聖臨人. 大秦國有上德. 曰阿羅本. 占青雲而載眞經. 望風律以馳艱
險. 貞觀九祀. 至于長安. 帝使宰臣房公玄齡. 總仗西郊. 賓迎入內. 翻經
書殿. 問道禁闈. 深知正眞. 特令傳授. 貞觀十有二年. 秋七月. 詔曰. 道
無常名. 聖無常體. 隨方設教. 密濟羣生. 大秦國大德阿羅本. 遠將經像.
來獻上京. 詳其教旨. 玄妙無爲. 觀其元宗. 生成立要. 詞無繁說. 理有忘
筌. 濟物利人. 宜行天下所司. 即于京義寧坊. 造大秦寺一所. 度僧廿一
人. 宗周德喪. 青駕西昇. 巨唐道光. 景風東扇. 旋令有司. 將帝寫眞. 轉
摸寺壁. 天姿汎彩. 英朗景門. 聖迹騰祥. 永輝法界. 案西域圖記. 及漢魏
史策. 大秦國南統珊瑚之海. 北極衆寶之山. 西望仙境花林. 東接長風弱
水. 其土出火綄布. 返魂香. 明月珠. 夜光璧. 俗無寇盜. 人有樂康. 法非
景不行. 主非德不立. 土宇廣闊. 文物昌明. 高宗大帝. 克恭纘祖. 潤色眞
宗. 而于諸州. 各置景寺. 仍崇阿羅本爲鎭國大法主. 法流十道. 國富元
休. 寺滿百城. 家殷景福. 聖曆年. 釋子用壯. 騰口於東周. 先天末. 下士
大笑. 訕謗于西鎬. 有若僧首羅含. 大德及烈. 並金方貴緒. 物外高僧. 共
振玄綱. 俱維絕紐. 玄宗至道皇帝. 令寧國等五王. 親臨福宇. 建立壇場.
法棟暫撓而更崇. 道石時傾而復正. 天寶初. 令大將軍高力士. 送五聖寫
眞. 寺內安置. 賜絹百匹. 奉慶睿圖. 龍髯雖遠. 弓劍可攀. 日角舒光. 天
顏咫尺. 三載. 大秦國有僧佶和瞻星向化. 望日朝尊. 詔僧羅含. 僧普論
等. 一七人. 與大德佶和. 于興慶宮修功德. 于是天題寺牓額戴龍書. 寶裝
璀翠. 灼爍丹霞. 睿扎宏空. 騰凌激日. 寵賚比南山峻極. 沛澤與東海齊
深. 道無不可. 所可可名. 聖無不作. 所作可述. 肅宗文明皇帝. 於靈武等
五郡. 重立景寺. 元善資而福祚開. 大慶臨而皇業建. 代宗文武皇帝. 恢張
聖運. 從事無爲. 每于降誕之辰. 錫天香以告成功. 頒御饌以光景衆. 且乾

以美利. 故能廣生. 聖以體元. 故能亭毒. 我建中聖神文武皇帝. 披八政以
黜陟幽明. 闡九疇以唯新景命. 化通玄理. 祝無愧心. 至于方大而虛. 專靜
而恕. 廣慈救衆苦. 善貸被羣生者. 我修行之大猷. 汲引之階漸也. 若使風
雨時. 天下靜. 人能理. 物能清. 存能昌. 沒能樂. 念生響應. 情發自誠者.
我景力能事之功用也. 大施主金紫光祿大夫. 同朔方節度副使. 試殿中監.
賜紫袈裟僧伊斯. 和而好惠. 聞道勤行. 遠自王舍之城. 聿來中夏. 術高三
代. 藝博十全. 始効節于丹庭. 乃策名于王帳. 中書令汾陽郡王. 郭公子
儀. 初總戎于朔方也. 肅宗俾之從邁. 雖見親于臥內. 不自異于行閒. 爲公
爪牙. 作軍耳目. 能散祿賜. 不積于家. 獻臨恩之頗黎. 布辭憩之金罽. 或
仍其舊寺. 或重廣法堂. 崇飾廊宇. 如翬斯飛. 更効景門. 依仁施利. 每歲
集四寺僧徒. 虔事精供. 備諸五旬. 餧者來而飯之. 寒者來而衣之. 病者療
而起之. 死者葬而安之. 清節達娑. 未聞斯美. 白衣景士. 今見其人. 願刻
洪碑. 以揚休烈. 詞曰.

眞主无元. 湛寂常然. 權輿匠化. 起地立天. 分身出代. 救度無邊. 日昇
暗滅. 咸證眞玄. 赫赫文皇. 道冠前王. 乘時撥亂. 乾廓坤張. 明明景教.
言歸我唐. 翻經建寺. 存歿舟航. 百福偕作. 萬邦之康. 高宗纂祖. 更築精
宇. 和宮敞朗. 遍滿中土. 眞道宣明. 式封法主. 人有樂康. 物無災苦. 玄
宗啟聖. 克修眞正. 御牓揚輝. 天書蔚映. 皇圖璀璨. 率土高敬. 庶績咸熙.
人賴其慶. 肅宗來復. 天威引駕. 聖日舒晶. 祥風掃夜. 祚歸皇室. 祆氛永
謝. 止沸定塵. 造我區夏. 代宗孝義. 德合天地. 開貸生成. 物資美利. 香
以報功. 仁以作施. 暘谷來威. 月窟畢萃. 建中統極. 聿修明德. 武肅四溟.
文清萬域. 燭臨人隱. 鏡觀物色. 六合昭蘇. 百蠻取則. 道惟廣兮應惟密.
強名言兮演三一. 主能作兮臣能述. 建豐碑兮頌元吉.

大唐建中二年歲在作噩太簇月七日大耀森文日建立 時法主僧寧恕知東
方之景衆也

朝議郎前行台州司士參軍呂秀巖書

오! 영원불변의 참 고요함이시여, 태초보다 앞서 시작도 없는 이시고; 심원한 우주의 본체이시니, 만세 이후까지 존재하시는 無 가운데의 有이시라. 현묘한 이치를 모아 만물을 창조하시고, 뭇 성인들을 깨우치시는 至高의 존재로서, 우리의 유일하신 三位一體의 신묘하신 분, 스스로 영원하신 참된 주 여호와시라! 十字로 구별하여 四方을 정하시고, 聖靈을 일으키시어 陰과 陽 두 기운을 만드셨으니; 어둠의 공간이 변하여 천지가 열리고, 해와 달이 운행하여 낮과 밤이 만들어졌다. 만물을 빚어내시고, 이대로 첫 사람을 세우셨으며; 특별히 어질고 온화한 성품을 내리시사, 땅을 다스려 온 세상을 교화하게 하셨다. 천지 기운의 본성은 비어 있어 차오르지 않으며; 순박하고 평온한 마음은 본래 다른 망상이 없다.

사탄이 망령을 부리게 되어, 간교함으로 순수하고 정결한 마음을 꾸며 더럽혔으니, 그 간격이 작으면 하나님의 진리 가운데 있는 것보다도 크고, 그 간극이 깊으면 저 사탄의 악행 가운데 있는 것과 같다. 이로써 수많은 종파들이 앞다투어 일어나, 경쟁하듯 敎法의 그물을 짜내었다. 어떤 이는 사물에 기탁하여 종교로 삼고, 어떤 이는 法性과 幻相으로써 異論에 빠져 버렸으며, 어떤 이는 기도와 제사로써 복을 구하기만 하고, 또 어떤 이는 자기 능력을 과시함으로 뭇사람들을 기만하였다. 지혜와 마음이 급급하고 분주하며, 생각과 감정이 수고로우나, 망연하여 아무런 소득이 없고, 시달리고 핍박받아 불에 타는 듯하며, 우매함이 날로 쌓여 멸망의 길에 이르게 되고, 오래도록 迷妄하여 다시는 돌이킬 수가 없다.

이에 우리의 삼위일체 되신 존귀하신 메시아께서는 참된 위엄을 감추시고, 인간과 같은 모습으로 세상에 나셨으니, 하늘 천사가 예수 탄생의 기쁜 소식을 선포하였고, 동정녀가 大秦에서 성자 예수를 낳으셨으니,

크고 밝은 별이 기쁜 소식을 알렸으며, 페르시아인들이 밝은 빛을 보고 와서 예물을 바쳤다. 24 성인이 말씀하신 구약의 율법을 완성하시고, 하늘의 道로 가정과 나라를 다스리시며, 삼위일체 성령의, 말로 할 수 없는 새로운 종교를 세우셨다. 양심을 도야하여 바른 믿음에 쓰게 하시고, 천하가 준수할 법칙을 제정하셨으며, 세속의 장애를 연단하여 본성을 얻게 하셨고, 영원불변 三常의 문을 여셨다. 생명을 여시고 죽음을 멸하셨으며, 큰 빛을 비추시어 어둠을 깨뜨리셨으니, 마귀의 망령됨이 여기에서 모두 부숴져 버렸다. 자비의 배를 저어 밝은 궁전으로 올랐으니, 영성을 가진 인류가 여기서 이미 구원을 얻었다. 권능의 일을 이에 마치시고, 정오에 참 神으로 승천하셨으니, 경전 27部가 세상에 남겨졌다.

대자연 운행의 지혜를 밝혀 인간의 영성을 발하였고, 물과 성령으로 세례의식을 행하고, 헛된 부귀영화를 씻어 죄악을 정결케 하였다. 십자가를 손에 표지로 지니고, 널리 사방을 비춤으로써 온전케 하기에 구애됨이 없다. 목판을 두드려 인애와 자비의 소리를 떨치고, 동쪽으로 예배하여 생명과 번영의 길로 달려간다. 수염을 보존하는 까닭은 겉으로 품격을 표현하기 위함이요, 정수리를 삭발함은 정욕과 감정을 없애기 위함이라. 종을 두지 않음은 사람에게 귀천 없이 균등히 하려는 것이요, 재물을 모으지 않음은 자신에게 남은 재물을 모두 소진토록 가르치는 것이라. 재계함으로써 잡념을 굴복시키고, 계율로써 정숙하고 신중함이 습관되도록 한다. 매일 일곱 번 숭경의 예를 드리고, 산 자와 죽은 자를 크게 보살핀다. 칠일마다 예배를 거행하고, 마음을 씻어내어 본래 자연의 상태로 되돌린다.

참되고 영원한 道는 현묘하여 이름하기 어렵지만, 그 공과 쓰임이 뚜렷하니, 景敎라 칭함이 마땅하다. 오로지 道는 성현이 아니면 떨쳐 일으킬 수 없고, 성현은 道가 아니면 위대해질 수 없으니, 道와 성현이 서로 부합하면 천하가 밝아진다.

太宗 文皇帝는 나라를 빛내고 국운을 열었으며, 밝은 聖德으로 인재를 등용하였다. 大秦國에 아라본(阿羅本)이라 하는 大德이 있었으니, 창공의 구름을 바라보며 진리의 경전을 가지고, 풍속과 율령을 바라며 곤란과 위험을 무릅쓰고 내달아, 貞觀 9년 長安에 도착하였다. 황제는 재상 房玄齡으로 하여금 의장대를 거느리고 서쪽 교외로 나가 영접하여 들이도록 하였다. 궁중 장서각에서 경전을 번역하게 하고, 내전에서 道를 물었으며, 바른 진리를 깊이 깨달아, 경교의 전파를 특별히 명하시었다. 貞觀 12년 가을 7월에 조칙을 내려 말씀하시기를: 「道에는 영원한 이름이 없고, 聖人에게도 평소 일정한 몸이 없다. 어디에서나 교화를 시행하여, 중생들을 면밀히 제도하나니, 大秦國의 大德 아라본(阿羅本, Alopen)이 멀리서 경전과 형상을 가지고 수도에 와 헌상하였다. 그 敎旨를 자세히 살펴보니, 심오하고 미묘한 자연의 이치이더라; 그 근본 宗旨를 관찰하니, 생명이 이루어지는 데에 긴요하고, 말씀에 번잡한 설명이 없고, '비움'과 '놓음'의 이치가 들어 있으며, 만물을 제도하고 인간을 이롭게 하니, 마땅히 천하에 널리 시행하도록 하라.」 관장할 곳으로 長安 부근 義寧坊에 大秦寺 사원 한 곳을 지었으니, 승려가 21인에 이르렀다. 周나라 종실의 덕이 쇠퇴하니, 老子가 청우거(靑牛車)를 타고 서쪽으로 올라가 버렸고, 다시 大唐의 고상한 품성이 멀리까지 전해지니, 景敎의 바람이 동쪽으로 불어왔다. 즉시 관리에게 명하여 황제의 모습을 묘사하고, 대진사 벽에 초상을 옮겨 그리게 하였으니, 天子의 풍채가 광채를 발하고, 맑고 투명한 모습이 景門에 가득하였으며, 거룩한 자취가 상서롭게 일어나고, 온 세상에 영원히 밝게 비추었다.

《西域圖記》와 漢, 魏의 역사서에 의하면, 大秦國은 남으로는 산호의 바다를 거느리고, 북으로는 여러 보배로운 산들에 끝닿아 있으며, 서쪽으로는 仙境花林을 바라보고 있고, 동으로는 長風弱水와 맞닿아 있다. 그 땅에서는 火浣布와 返魂香, 明月珠, 夜光璧이 나온다. 도적질하는 풍습이 없고, 사람들은 안락하고 행복하다. 세상의 도리는 景敎가 아니면 행하지 아니하며, 군주는 爲政의 德으로써 나라를 세운다. 대지와 가옥이 광활하고, 문물이 번영하고 발달하였다.

高宗大帝는 선조의 대업을 공손히 계승하여, 진리의 종교에 광채를 더하였으니, 그리하여 여러 주에 각각 경교 사원을 설치하였고, 아라본(阿羅本)을 나라를 안정시키는 大法主로 여전히 추앙하였다. 경교의 법이 十道에 퍼져, 나라는 부유해지고 백성은 편안해졌으며, 사원들이 수많은 성읍에 충만하여, 집집마다 커다란 복이 가득하였다. 則天武后 聖曆 연간에, 불교 승려들이 힘을 과시하며, 洛陽에서 제멋대로 지껄였으며, 玄宗 先天 말에는 천민들이 長安에서 경교를 비방하였다. 사제의 수장 羅含과 大德 及烈, 그리고 서방에서 온 존귀한 인물, 속세를 벗어난 경교 지도자들이 있어, 현묘한 도리를 함께 진작하고, 단절된 경교의 유대를 모두 지켜 나갔다.

玄宗 至道황제는 寧國 등 다섯 왕에게 명하여, 친히 大秦寺를 방문하고 제단을 건립하도록 하였으니, 경교의 大道가 잠시 좌절되었다가 다시 숭경을 받게 되었고, 道法의 기틀이 일시 기울었으나 다시 바로 세워졌다. 天寶 초에는 대장군 高力士에게 명하여, 다섯 황제의 초상을 보내, 사원에 안치토록 하였고, 비단 백 필을 하사하시었다. 선조 황제들의 웅대한 계획을 받들어 경하하니, 龍顔이 비록 멀리 있다 하여도, 활과 검을 잡을 만하시고, 황제의 이마에서 발하는 광채로, 천자의 얼굴이 바로 눈앞에 있는 것과 같다. 天寶 3년에 대진국 경교승 佶和(게오르기스)가 별을 보고 찾아와, 해를 바라보듯 황제를 알현하였다. 황제는 조서를 내려 사제 羅含과 普論 등 17명에게 대덕 佶和와 함께 興慶宮에서 공덕을 닦게 하였

다. 이에 황제는 大秦寺 문의 게시비(揭示碑)를 친히 題하였고, 현판에 천자의 글씨를 받들어, 빛나는 비취로 장식한 보배인듯, 선명한 광채가 붉은 노을처럼 환히 비추었으니, 황제의 묵적이 강한 필세를 드러내고, 하늘 높이 솟아올라 태양과 견줄 만하도다. 그 베푸신 은총이 남산의 지극히 높음에 비견되고, 성대한 은택은 동해와 같이 가지런히 깊었다. 道는 할 수 없는 일이 없고, 할 수 있는 바는 이름 지을 수가 있으니; 황제는 할 수 없는 바가 없고, 행한 바는 기록으로 남길 만하니라.

肅宗 文明황제가 靈武 등 다섯 郡에 景敎寺를 중건하였는데, 황제가 큰 선덕과 재물로써 도와 복의 문을 열었으니, 큰 경사가 임하였고 황제의 대업이 이루어졌다.

代宗 文武황제는 성스러운 운세를 크게 확장하였고, 無爲의 道를 따랐다. 매번 황제 탄신일에 天香을 하사하여 治國의 공훈을 알렸고, 御饌을 베풀어 경교도들을 빛내 주었다. 또한 하늘이 풍성한 이익으로 백성들을 복되게 하였고, 황제는 하늘의 뜻을 체득함으로써 천지만물을 화육시켰다.

建中 연간 우리 德宗 聖神文武황제께서는 '여덟 가지 政事'를 펴시어 공적이 좋은 관리는 승진시키고 나쁜 관리는 내쫓았으며, '아홉 가지 大法'을 열어 帝位를 주신 天命을 새롭게 하셨다. 현묘한 이치에 통달하고, 신께 기원함에 부끄러움이 없었다. 正大하고 겸허하며, 순박 돈후하고 자애로우셨다. 광대한 자비심으로 중생을 고통에서 구하셨고, 백성들에게 풍족히 베푸셨으니, 우리 수행의 大道가 그들을 점차 일깨우게 되었다. 만일 危難이 찾아와도, 천하가 안정되고; 사람들이 사리를 분별하게 되고, 만물이 청정해지며; 산 자들이 창성해지고, 죽은 자들은 안락을 누린다. 관념이 생겨 서로 호응하고, 정서가 발하여 스스로 성실해지니, 모두 우리 景敎가 할 수 있는 효용인 것이다.

大施主 金紫光祿大夫이며 북방 節度副使이자 試殿中監으로서 자색 袈裟

를 하사받은 사제 伊斯는, 사람됨이 온화하여 은혜 베풀기를 좋아하고, 경교의 道를 따라 부지런히 잘 행하였다. 멀리 王舍之城(Balka)으로부터 마침내 중국에 왔고, 박학다재하여 재능이 3대 朝代에 걸쳐 높았으니 많은 칭송을 받았다. 그는 처음에 肅宗의 조정에서 진력을 다하였고, 곧 전쟁터에서 이름을 떨쳤으니, 中書令 겸 汾陽郡王인 郭子儀가 처음 북방으로 군대를 통솔할 때, 肅宗께서 伊斯로 하여금 副使로서 그를 수행하게 하셨으니, 그는 비록 郭公의 침실에 빈번히 드나들 정도였으나 결코 특별한 신분으로 행동하지 않았고, 郭公의 무신으로서 군대의 눈과 귀가 되었다. 그는 비록 작위와 봉록을 뿌릴 권한이 있었으나 결코 자신의 주머니를 채우지 않았고, 심지어 황제가 하사한 玻璃 예물과 노령으로 퇴직할 때 받은 금 담요까지도 사원에 헌납하였다. 그는 무너져 가는 옛 사원을 重修하기도 하고, 본래의 법당을 넓혀 주기도 하였는데, 행랑과 건물을 아름답게 장식하니, 처마 귀퉁이에 오색의 신비로운 새가 날개를 펴고 나는 듯하였다. 그는 또한 경교를 본받아서 많은 사람들을 구제하는 선행을 널리 행하였다. 매년 도처 사원의 경교 사제와 신도들을 모아 경건히 예배하고 정성으로 50일 동안 공양하였다. 주린 자가 오면 먹여 주고, 추위에 떠는 자가 오면 입혀 주며, 병자는 치료하여 일어서게 하였으며, 죽은 자는 장사지내 안장해 주었다. 고상한 절개를 지닌 경교도로서 이렇게 아름다운 일은 들어 보지 못하였으니, 지금 백의를 입은 경교 사제를 보고 있노라니, 이에 큰 비석을 세워 그의 성대한 업적을 드날리고자 함이라.

말하기를:

참된 主는 시작이 없으시며, 고요하고 영원 불변하시도다. 시초부터 교화하시며, 땅을 일으키고 하늘을 세우셨도다. 삼위일체로 세상에 나셨으며, 구원하심에 끝이 없어 믿음이 있으면 모두 구원을 얻을 수 있도다.

태양이 떠오르면 어둠이 멸하여지듯, 모든 진리가 참되고 현묘하도다.

혁혁하신 태종 文황제는 道가 이전 황제들보다 으뜸이시니, 때를 맞춰 난을 평정하시어, 황제의 功業을 확대하셨다. 밝고 밝은 景敎가 우리 당나라에 들어왔으니, 경전을 번역하고 교회를 건립하시어, 산 자와 죽은 자가 세상을 구원하는 道를 얻었다. 온갖 복이 모두 이루어져 만방이 강녕을 얻었다.

高宗이 선대를 계승하여 다시 교회를 건축하였고, 화평한 궁궐이 찬란히 밝아서, 중국 땅에 가득하였다. 진리의 도를 명백히 선포하고, 법식대로 주교를 봉하였으니, 사람들은 안락과 행복을 누리고, 물산에는 재난과 고통이 없었다.

玄宗이 현명하고 비범하여, 참되고 바른 道를 능히 완성하셨다. 황제의 편액은 휘황히 날리었고, 천자의 글씨는 문채가 아름답게 비친다. 황제의 초상은 옥구슬처럼 빛나니, 온 나라에서 높이 공경하였다. 수많은 공적이 모두 흥성하니, 백성들이 그 행복에 의지하였다.

肅宗이 나라를 다시 회복하고, 천자의 위엄으로 수레를 이끄니, 성스러운 태양 빛이 수정처럼 펼쳐지고, 상서로운 바람이 어둠을 몰아냈다. 하늘의 복이 황실로 돌아오니, 불길한 기운이 영원히 물러났다. 소란을 잠재우고 세속을 안정시켜서, 우리 중국을 창조하셨다.

代宗은 효성스럽고 의로우셨으니, 그 德이 천지에 부합하였고, 은혜 베푸심이 선천적으로 타고나서, 물자가 풍부하였다. 향으로써 공로를 알렸고, 仁으로써 호의를 베풀었다. 해 뜨는 곳으로 위엄이 찾아왔고, 달 뜨는 곳으로 모두가 모여들었다.

建中에 황위에 등극하시어, 밝은 덕을 닦으셨으며, 武로써 온 세상을 일소하고, 文으로써 만방을 깨끗이 하셨다. 백성들의 고통을 환히 비추었으며, 만물의 모양을 거울처럼 살피셨다. 우주 전체가 생기를 되찾았고, 많은 오랑캐들이 이를 규범으로 삼았다.

진리의 道는 넓고 그 반응은 치밀하며, 억지로 이름 지어 말하노니 이는 삼위일체시라.

주님은 지으실 수 있으시며 신하는 기록할 수 있으니, 크고 높은 비석을 세워 큰 복을 송축하노라.

大唐 建中 2년, 신유년, 정월 초이레, 예배일에 건립하다.

당시 총주교 寧恕는 동방의 경교도 무리를 알고 있었다.

朝議郞 前行 台州司士參軍 呂秀巖이 쓰다.

天學古蹟(一), 張賡

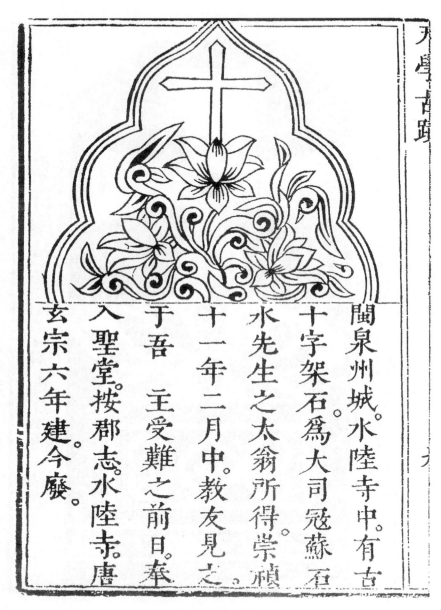

閩泉州城。水陸寺中。有古
十字架石爲大司寇蘇石
水先生之太翁所得崇禎
十一年二月中。教友見之。
于吾 主受難之前日。奉
入聖堂按郡志水陸寺唐
玄宗六年建今廢。

天學古蹟(二), 張賡

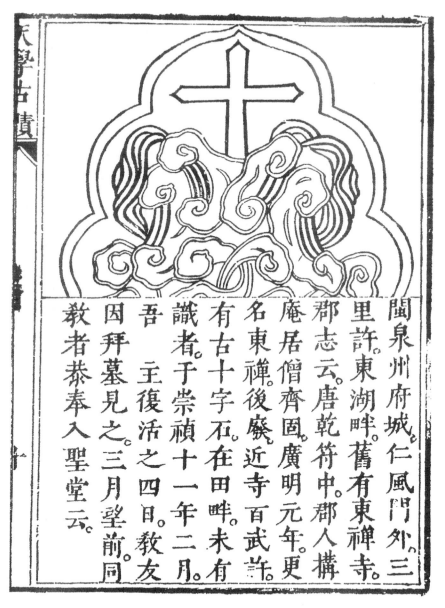

閩泉州府城仁風門外、三
里許。東湖畔、舊有東禪寺。
郡志云。唐乾符中郡人構
庵居僧齊固廣明元年。更
名東禪後廢近寺百武許。
有古十字石。在田畔。未有
識者。于崇禎十一年二月。
吾　王復活之四日。教友
因拜墓見之三月堲前同
教者恭奉入聖堂云。

天學古蹟(三), 張賡

聖架茲古石置溫陵東郊畔年代罔知往來無覩

崇禎戊寅春因余興懷

帝心鑒格貽示郡朋護之爰請鐸德豎桃源堂中

張賡記

天學古蹟(四), 張賡

경교유행중국비송정전
(景教流行中國碑頌正詮)

泰西耶穌會士陽瑪諾 註

서양 예수회 선교사 마누엘 디아즈 註

「景教」: 경교

性家[76]曰: 物名指解物性. 名義旣明, 物性瞭然. 因性家欲明解某物之意, 立符物意之名首務也. 景淨士將述聖教, 首立可名曰: 聖教, 景教也. 識景之義, 聖教之妙明矣. 景者, 光明廣大之義.

사상가들이 말하기를: 사물의 이름은 사물의 성질을 가리키고 설명해 준다. 이름의 의미가 밝혀지면, 사물의 성질도 분명해진다. 사상가는 어떤 사물의 뜻을 분명히 이해하고자 하기 때문에, 사물의 의미에 부합하

---

[76] 「性家」: 여기서의 '性家'는 어떤 사상가를 특별히 지칭하는 것이 아니라, 범용적으로 중국 사상이 先秦 兩漢으로부터 시작된다는 것을 가리킨다. 즉 이름에 따라 책임을 지고, 실제에 근거하여 명명하는 사상을 말한다. 후자의 경우는 荀子의 말씀: 「知異實者之異名也, 故使異實者莫不異名也.(실체가 다른 것은 명칭을 달리하는 것을 아나니, 따라서 실체를 달리하는 것은 다른 명칭을 부여하지 않는 것이 없다.)」와 같으니, 이름은 대상과 다른 사물과의 차이를 밝히는 데에 사용한다; 전자의 경우는 [漢] 董仲舒의 말처럼: 「今世闇於性, 言之者不同, 胡不試反性之名? 性之名, 非生與?(지금의 세상 사람들은 본성의 이치에 어두우므로 명명하는 것이 그의 본성과 맞지 않다. 어찌 본성으로 돌아가는 명명 방식을 시도해 보지 않는가? 본성에 부합하는 이름은 타고나는 것이 아니겠는가?)」 당초에 이 이름을 세운 연유를 통하여, 이 이름이 적용 가능한 범위를 정하였으니, 둘은 서로 겉과 속이 되었다고 말할 수 있는 것이다.

는 이름을 세우는 것이 가장 중요한 일이다. 景淨 선교사는 聖敎를 기술하려 하면서, 먼저 적당한 이름을 세워 말하였다: 거룩한 종교는 景敎이다. '景'의 의미를 알면, 聖敎의 신묘한 이치가 명확해진다. '景'이라는 것은, '광명처럼 광대하다'는 의미이다.

古時人多迷謬, 背忘眞主, 妄事土神, 或認天象, 日, 月, 星辰等無靈之物, 從而祭之. 不知天象, 日, 月, 星辰等類, 統惟天主所造, 用之以炤[77]臨下土者耳. 本無生, 無覺, 無靈, 不祭其造之者, 而祭其受造者. 正道不明, 厥[78]黯至矣. 經曰: 若太陽西沉, 地昏入寐. 夜行者, 槩[79]多陷仆. 旭日旣旦, 地昭人寤, 出作盡利.[80] 昔先知聖人, 仰求天主降臨, 乃曰: 主來鑒茲, 下民可憫. 久若幽囚, 死于冥而弗覺. 主敎光明, 祈主躬臨. 解縛昭昏, 俾[81]履正道, 以肇善行.[82]

옛사람들은 대부분 잘못된 것에 빠져 있었으니, 참된 주님을 잊고, 토지신을 망령되이 섬기거나, 기후 현상, 해, 달, 별 등 영혼이 없는 것들을 인식하고, 그것들에 제사를 지냈다. 기후 현상, 해, 달, 별 등은 모두 오로지 하나님께서 창조하신 것인데, 하나님이 그것들을 사용하여 명확하게

---

77 「炤」: 「昭」와 같음. '뚜렷하다, 명백하다'. 《廣韻》: 「明也(밝다)」에서는 《詩》: 「亦孔之炤 (또한 심히 밝게 보이도다)」라고 인용했으나 《詩經 · 小雅》에는 「昭」로 되어 있다.

78 「厥」: '그래서, 그리하여'. [漢] 司馬遷, 《報任安書》: 「左丘失明, 厥有《國語》.(좌구명이 실명하였고, 그리하여 《國語》를 저술하였다.)」

79 「槩」: '대개, 대체로'. [漢] 張衡, 《東京賦》: 「粗爲賓言其梗槩此.(대략 그 줄거리가 이와 같다고 말하였다.)」

80 「經曰 … 盡利」: 이 단락은 요한복음 11장 9-10절을 전하고 있다: 「예수께서 대답하시되 낮이 열두 시간이 아니냐. 사람이 낮에 다니면 이 세상의 빛을 봄으로 실족하지 아니하고, 밤에 다니면 빛이 그 사람 안에 없는 고로 실족하느니라.」

81 「俾」: '~을 하게 하다, ~을 시키다'. 《爾雅 · 釋詁》: 「俾, 使也.(俾는 使이다.)」

82 「以肇善行」: '선행으로 말미암아 좋은 출발을 할 수 있게 하다.' 「肇」, 《廣韻》: 「始也. ('시작하다'이다.)」

천하에 임하심을 모르고 있는 것이다. 본래 생명이 없고 지각이 없으며 영혼이 없는 것들인데, 그 창조주에게는 제사하지 않고, 피조물들에게 제사 지내는 것이다. 바른 道가 세워지지 않았으니, 그리하여 어둠이 이른 것이다. 경전에 이르기를:「해가 서쪽으로 지면, 땅이 혼미하여 잠들고, 밤에 다니는 자는 대부분 실족하느니라. 아침 해가 이미 밝아 오면, 땅이 밝아 오고 사람이 깨어나서, 밖에 나와 모든 이익을 도모하느니라.」 옛날 선지자들이, 하나님의 강림을 간절히 빌면서, 말하였다:「주께서 오셔서 우리를 감찰하소서, 우리 백성들은 불쌍하나니, 오랫동안 깊은 감옥에 갇혀 있어, 어둠 속에서 죽어도 느끼지를 못하나이다. 주께서 광명으로 교화하시나니, 주께서 몸소 오시기를 간구하나이다. 속박을 풀어 주시고 어둠을 밝히시사, 올바른 길을 걷게 하시며, 선행을 시작하게 하소서.」

又主謂宗徒曰: 廣遊普地, 敷吾教. 從者登, 逆者墜.[83] 宗徒奉命流行, 聖教始周遐遠.[84] 經美宗徒曰: 厥聲啟口, 周地舉充; 教通八極, 罔少滯壅.[85] 主又喻曰: 吾教猶網布海, 漁諸鱗, 迨[86]充牣. 厥[87]容廣哉, 靡鱗弗存.[88] 經

---

83 「又主 … 者墜」: 이 단락은 마가복음 16장 15-17절에서 나왔다:「예수께서 또 가라사대:『너희는 온 천하에 다니며 만민에게 복음을 전파하라. 믿고 세례를 받는 사람은 구원을 얻을 것이요, 믿지 않는 사람은 정죄를 받으리라』.」

84 「流行」: '전달하다, 운행하다'. [宋] 蘇軾,《與王定國書》:「使氣流行體中, 癢痛安能近人也.(氣로 하여금 몸속에서 운행하게 하면, 가렵고 아프니 어찌 사람을 가까이할 수 있겠는가.)」「周」: '두루 미치다'. [唐] 杜牧,《阿房宮賦》:「周身之帛縷.(몸에 걸친 비단옷실 자국에 두루 미치다.)」

85 「經美 … 滯壅」: 이 단락은 사도행전 28장 31절을 참고해야 한다:「(바울이)하나님의 나라를 전파하며 주 예수 그리스도에 관한 모든 것을 담대하게 거침없이 가르치더라.」

86 「迨」: '~에 이르다'.《爾雅·釋訓》:「迨, 及也.(迨는 及이다.)」

87 「厥」: '그'의 의미.《爾雅·釋言》에서「厥」을 해석하여:「其也.('그'이다.)」라 했다.

88 「主又 … 弗存」: 마태복음 13장 47-48절 참조:「또 하늘의 왕국은 마치 바다에 던져 각종 물고기를 모으는 그물과 같으니라. 그물이 가득 차매 그들이 그것을 물가로 끌어내고 앉아서 좋은 것은 모아 그릇에 담고 나쁜 것은 버렸느니라.」

云: 主國, 遠總東西之海, 廣涵南北之極, 靡弗徧焉. 旣光明, 且廣大, 名之
景故.

또한 주께서 사도에게 일러 말씀하시기를: 「온 천하에 널리 다니며, 내
복음을 전파하라. 믿고 따르는 자는 구원받을 것이요, 거역하는 자는 지
옥에 떨어지리라.」 사도들이 명을 받들어 복음을 전하니, 聖敎가 비로소
두루 멀리에까지 미쳤다. 사도가 가로되: 「그의 소리가 입을 열어 말하
니, 온 땅에 가득하였고; 가르침이 천지간에 통하고, 담대하여 거침이 없
더라.」 주께서 또 비유하시어 가로되: 「나의 가르침은 바다에 그물을 던
짐과 같으니, 여러 물고기들을 잡아서, 충분한 수확을 얻었도다. 그 모습
이 여러 가지였으니, 비늘이 없는 것이 없느니라.」 하셨다. 경전에 이르
기를: 「주의 나라는, 멀리 동쪽과 서쪽의 바다까지 아우르고, 남과 북의
끝에까지를 포함하여, 두루 미치지 않는 곳이 없도다. 광명하시며, 광대
하시니, '景'이라 이름 짓는 까닭이라.」라고 하였다.

「流行中國」: 중국에 전파되다

據碑考年, 當時聖敎在唐, 約二百載. 累朝欽崇,[89] 聖堂星布. 緜宰官,
洎[90]都人士, 莫不順旨從風, 爰立碑記, 用垂永休.[91] 迨大明萬曆[92]崇禎[93]
間, 于閩之泉州,[94] 掘土得石, 上勒十字聖架之形, 又于近地得石亦然. 今

---

89 「欽崇」: '숭배하고 존경하다'. 《尚書 · 仲虺之誥》: 「**欽崇**天道, 永保天命.(하늘의 道를 숭
    배하고, 하늘의 命을 길이 간직한다.)」
90 「洎」: '이르다, 미치다'. 《漢 · 張衡 · 東京賦》: 「百僚師師, 於斯胥**洎**.(백관이 공손하고 엄
    숙한 모양을 취하고, 관료들이 모두 여기에 이르렀다.)」 《文選 · 六臣注》: 「百官於此相
    連及, 而來朝賀也.(백관들이 이곳에서 서로 잇닿아, 조정에 나와서 하례하였다.)」
91 「休」: '아름답다, 훌륭하다'.
92 「萬曆」: 明 神宗의 연호, 1573-1620년.
93 「崇禎」: 明 思宗의 연호, 1628-1644년.
94 「泉州」: 대략 오늘날의 泉州市이며, 福建省에 속해 있다.

並竪溫陵堂內, 自唐距明, 旣閱今古; 繇閩去陝,[95] 又極西東, 乃碑刻多証.
流行惟舊, 于玆益信.

　비석에 근거하여 연대를 고찰해 보니, 당시 聖教는 당나라 시기였으며,
약 2백 년 간이었다. 수 대에 걸쳐 경교를 숭앙하였고, 예배당이 각지에
산재하였다. 관리들로부터, 도시의 명망 있는 사람들에게까지 이르렀고,
뜻을 따라 이에 호응하지 않는 이가 없었으니, 그리하여 비석을 세우고
기록하여, 영원히 그 아름다움을 후대에 베풀어 주도록 하였다. 明나라
萬曆 崇禎 연간에 이르러, 복건성 泉州 지역에서, 땅을 발굴하여 비석을
얻었으니, 윗부분에 십자가의 형상이 있었고, 근처에서 발굴한 비석도
또한 이러하였다. 이제 또한 溫陵堂 안에 세워 두었으니, 唐나라에서 明
나라에 이르기까지, 이미 고금을 살필 수 있고; 福建에서 陝西까지, 또한
서쪽 끝에서 동쪽 끝까지 닿았음이, 碑刻으로 충분히 증명이 되었다. 그
리하여 경교가 오래전 널리 확산되었음은, 이에 더욱 확신이 서게 되었다.

「碑頌」: 비송

　碑文體具二端, 先序後頌. 序者, 序聖教之宗: 自初入華邦, 以迄周彌方
域, 修士冊名, 列宗顯號,[96] 都邑著方; 頌者, 頌聖教之奧, 紀累朝弘獎, 用
玆傳徽[97]不朽, 太平[98]有本, 協和[99]有原, 盛美有自.[100]

95　「繇閩去陝」: '福建에서 陝西까지'. 「閩」, 福建省의 별칭. 「陝」, 오늘날의 陝西省이며, 현
　　재의 寧夏자치구와 甘肅省 동쪽을 포함한다. 譚其驤: 《中國歷史地圖集‧明清篇》(北京:
　　地圖出版社, 1982年), 40-41쪽 참고.
96　「顯號」: '높고 귀한 명예와 지위'. 《漢書‧司馬相如傳》: 「終則遺顯號於後世, 傳土地於子
　　孫.(마침내 빛나는 이름을 후세에 남기고, 토지를 자손에게 전한다.)」
97　「徽」: '아름다운, 훌륭한'. 《爾雅‧釋詁》: 「徽, 善也.(徽는 善이다.)」
98　「太平」: '시대의 안녕과 평화'를 말함. 《呂氏春秋‧大樂》: 「天下太平, 萬物安寧.(천하가
　　태평하고, 만물이 평안하다.)」「本」, '근원'.
99　「協和」: '조화, 화해'. 《三國志‧蜀志‧後主傳》: 「上下交暢, 然後萬物協和, 庶類獲乂.(상

비문의 문체는 두 부분으로 나눌 수 있는데, 앞 부분은 '序'이고 뒷 부분은 '頌'이다. '序'는 경교의 宗旨를 서술하고 있다: 처음 중국 땅에 들어와서부터, 국내 각 지역에 두루 미치기까지의 내용이 설명되어 있고, 선교사들과 책명(冊名), 역대 황제들의 높고 귀한 명예와 지위에 대한 서술이 있으며, 도시 각 지역에 현저히 전파되었음이 소개되어 있다; '頌'은, 경교의 오묘함을 송축하고, 역대 왕조의 장려를 기술하였으며, 이로써 아름답고 영원함을 전하고, 시대의 평화와 화해에 본원이 되며, 아름다움이 이로부터 시작됨을 말하고 있다.

「大秦寺僧景淨述」: 대진사 승 경정이 찬술하다

建碑之士, 以厥名, 厥國, 厥職, 首著其信. 大秦者, 中西一邦也, 乃天主降生救世之地, 距中土三萬餘里. 景淨[101]來玆, 緣以厥邦名, 名其寺, 其職傳景敎.

비석을 건립한 사람이며, 그 이름과 나라와 직위로써 처음에 그 신의를 드러낸다. '大秦'이란, 중국 서쪽의 국가이며, 하나님께서 구세주를 강생시키신 땅이고, 중토에서 3만여 리 떨어져 있다. 景淨이 여기에서 왔으니, 그 나라 이름에서 연유하여, 사원의 이름을 지었고, 그 직무는 경교를 전하는 것이다.

하가 서로 교류하며 통하면, 만물이 서로 화합하고, 백성들이 보호받아 안정된다.)」; 「原」: '근본'.

100 「盛美」: '훌륭하다, 아름답다'. 《史記 · 循吏列傳》:「世俗**盛美**, 政緩禁止, 吏無奸邪, 盜賊不起.(세상의 풍속이 아름다워지면, 정치가 금하는 일이 느슨하여지고, 관리는 간사함이 없으며, 도적이 일어나지 않는다.)」「自」: '유래'.

101 「景淨」: 생졸 연대가 분명치 않음. 페르시아인으로서 唐代 景敎의 大德僧(오늘날 일반적으로 「主敎」라 칭함)이며, 《大秦景敎流行中國碑》의 찬술자이다. 景敎 寫本《尊經》의 평어(評語) 부분에 번역 저작이 35부 있다고 언급하고 있다.

或疑寺, 僧爲釋,[102] 不知寺本官制得名, 如大理,[103] 太僕,[104] 光祿,[105] 鴻
臚[106]之類, 當蒙朝廷崇奬, 因以名焉.

어떤 이들은 '寺'와 '僧'이 불교의 사람을 지칭하는 것이 아닌가 하는데,
이는 '寺'가 본래 관에서 제정하여 이름을 얻은 것임을 몰라서 그런 것이
니, 가령 '大理, 太僕, 光祿, 鴻臚' 같은 관명들은 조정의 보호와 장려를 받
아, 그 이름이 생겨난 것이다.

景士名僧者, 當時之士. 削頂存鬚, 碑中顯擧. 旣離塵俗修道, 通稱亦謂
曰僧, 就當時所名而名之耳, 猶今以所居之宇, 而謂之堂; 我輩之名, 而稱
之曰士, 曰儒, 皆學士家所推重, 而別凡俗云爾. 若用西文, 衆誰能解? 試
詳碑義所云: 无元眞主, 三一妙身. 開闢人物之始生, 邪魔人慝[107]之原委;
三一分身之慈, 室女誕聖之異.[108] 景宿告祥, 波斯來貢;[109] 無言新教, 開生

---

102 「釋」: 불교가 중국에 전래된 이후, 외래 승려들의 성씨는 대개 그가 온 지역의 이름을
    따서 짓곤 했다. 예를 들면: 竺法濟는 天竺에서 온 것이다. 그러나 중국인들이 출가할
    때의 법호는 종종 스승의 성씨를 이어받았다. 釋道安(312-385)이: 「佛以釋迦爲氏, 今爲
    佛子者, 宜從釋之氏, 即姓釋.(부처의 성은 석가이니 오늘날의 불자들은 마땅히 부처의
    성을 따라야 하므로 석씨가 되어야 한다.)」을 제창한 후, 점차 성씨를 통일하게 되었
    으며, 이에 따라 서로 동일 신앙공동체를 표현하게 되었으니, 「釋氏」는 곧 불교의 또
    다른 하나의 대명사가 된 것이다.
103 「大理」: 관명,《甘石星經》:「大理二星, 在宮門內, 主刑獄事也.(大理 별 두 개 자리는, 궁
    문 내에 거하며, 형벌과 감옥의 일을 담당한다.)」
104 「太僕」: 관직명. 周代에 왕명을 전하던 벼슬이었는데, 후에 수레와 말, 목축을 관장하
    는 벼슬이 되었고, 황제가 외출할 때 필요한 말을 관리하였다.
105 「光祿」: 관명, 天子를 위해 궁궐을 관리하는 관직. 궁전을 관리하고 출입 관리를 도왔다.
106 「鴻臚」: 관명, 唐나라 때 오랑캐와 종교에 관한 일을 관리하였다.
107 「慝」: '재해(災害)'.《國語 · 晉語》:「蠱之慝, 穀之飛實生之.(蠱의 사특함은, 곡물을 파먹
    다가 그것이 날아 먼지 속에서 생겨난다.)」
108 「室女誕聖之異」: 이는 '마리아가 성령을 받아 임신하고 예수를 낳은 신비한 일'을 가리
    키는 것이다.
109 「景宿 … 來貢」: 이 두 구절은 마태복음 2장 1절에서 온 것이다.「헤롯왕 때에 예수께
    서 유대 베들레헴에서 나시매 동방으로부터 박사들이 예루살렘에 이르러 말하되: 유
    대인의 왕으로 나신 이가 어디 계시뇨. 우리가 동방에서 그의 별을 보고 그에게 경배

滅死; 七時禮讚, 七日一薦;[110] 削頂存鬚, 白衣示淨; 法浴水風,[111] 印持十字; 同人出代, 亭午昇眞[112]等. 種種實迹, 釋敎悉無; 繇斯以觀, 衆疑昭釋; 緣擧原文, 明詮如左.[113]

　　경교 선교사의 이름을 '僧'이라 한 것은, 당시의 선비임을 뜻하는 것이며, 정수리를 삭발하고 수염을 길렀다는 것이, 비석에 명백히 드러나 있다. 이미 속세를 떠나 道를 닦는 사람들을, 통칭하여 '僧'이라 하였고, 당시에 부르던 대로 명명한 것일 뿐이니, 현재 그들이 기거하는 집을 '堂'이라 부르는 것과 같다; 우리들의 이름을, '士'라 하고 '儒'라 부르는 것은, 모두 학인들의 존중을 받는 것으로서, 무릇 세속적으로 말하는 것과는 다른 것이다. 만일 서양 문자를 사용하여 부른다면, 사람들 중 누가 이해할 수 있겠는가? 비석에서 말하는 의미를 잠시 상세히 소개한다: 스스로 영원하신 참된 주 여호와시요, 三位一體의 신묘하신 분이시라. 사람과 사물의 첫 시작을 여셨으니, 사악한 마귀와 간악해진 사람들의 경위가 이러하다; 삼위일체 되신 존귀하신 몸의 자비로, 동정녀가 성자를 낳는 이적이 일어났다. 크고 밝은 별이 기쁜 소식을 알렸으며, 페르시아인들이 밝은 빛을 보고 와서 예물을 바쳤다; 말로 할 수 없는 새로운 신앙을 세우셨고, 생명을 여시고 죽음을 멸하셨다; 매일 일곱 번 숭경의 예를 드리고, 칠일마다 예배를 거행하였다; 정수리를 삭발하고 수염을 보존하였

───────────

하러 왔노라.」 당시의 동방교회는 이 「東方」을 페르시아로 생각했다.

110　「薦」: '헌제(獻祭)', 일주일에 한 번의 예배를 가리킨다. 뒷 문장에 더욱 상세한 설명이 나와 있다.

111　「法浴水風」: '물과 성령으로 다시 태어나는 정결한 세례의식'. 요한복음 3장 5절:「예수께서 대답하시되『진실로 진실로 네게 이르노니 사람이 물과 성령으로 나지 아니하면 하나님의 나라에 들어갈 수 없느니라.』」

112　「亭午升眞」: 사도행전 1장 참고. '예수 부활 후 40일, 제자들에게 복음을 전하라고 지시한 후 정오에 승천한 일'을 가리킨다.

113　「左」: '다음 문장'을 가리킨다.

다; 물과 성령으로 세례 의식을 행하고, 십자가를 손에 표지로 지녔다; 인간과 같은 모습으로 세상에 나섰다가, 정오에 참 神으로 승천하셨다. 이러한 여러 가지 실제 행적들은, 불교에서는 찾아볼 수 없는 것이다; 이로써 알 수 있고, 많은 의혹들을 명백히 풀고자; 원문을 예로 제시하여, 아래와 같이 명확하게 주석을 가하기로 한다.

「粵若」: 오!

> 造端發語之辭也.

시작을 여는 '발어사'이다.

「常然眞寂」: 영원불변의 참 고요함이시여

> 景淨起詮天主之妙. 曰眞者, 蓋眞, 天主之本德也; 寂者, 天主之本情[114]也; 常然者, 恒永而無變也.

景淨이 하나님의 오묘하심을 설명하기 시작하는 것이다. '眞'이라고 말하는 것은, 무릇 '참됨'을 뜻하니, 하나님께서 가지고 계신 본래의 德이다; '寂'은 하나님의 본성이다; '常然'은 영원히 변함이 없는 것이다.

> 聖經每稱天主, 曰:「其眞實, 厥言眞實, 確宜篤信」; 又云:「永永眞實, 厥言恒固」; 又云:「眞實乃天主束儀, 言約束吾人, 無容妄動.」主言爲眞實約, 旣發厥口, 永永弗爽. 伯鐸羅宗徒,[115] 語其徒曰:「汝未入聖敎前, 攸

---

114 「情」: '본질, 본성'. 《荀子·正名》:「情者, 性之質也.(情은 性의 본질이다.)」
115 「伯鐸羅宗徒」:「베드로」, 思高聖經에서는「伯多祿」,「伯鐸」으로 음역하였다; 오늘날 일반적으로「彼得」(Peter)이라 한다. 그는 예수의 열두 제자 중 하나이며, 천주교회는 그를 초대 敎宗으로 인정한다.

奉神悉偽妄. 旣入後易心, 從眞實主.[116]」奧斯定聖人曰:「眞與妄, 如光與暗, 直與曲. 弗信天主聖言之眞者, 如求光于暗, 求直于曲, 其將能乎?」天主之知: 全知, 因無欺于己其善. 全善: 因無欺于人, 是乃其眞實之緣. 人旣信天主惟眞, 斯信厥教並眞, 從事尤易.

　성경은 매번 하나님을 칭하여 말하기를:「그 진실하심이여, 그의 말씀은 진실하시니, 확실히 굳게 믿어야 하느니라.」; 또 말하기를:「영원토록 진실하시니, 그의 말씀은 항상 견고하도다.」또 말하기를:「진실은 곧 하나님께서 법도로서 약속하신 것이니, 우리에게 약속으로 말씀하신 것이므로, 망동을 허용하지 않으신다.」라 했다. 주의 말씀은 진실된 약속이니, 그의 입에서 이미 나온 말씀은, 영원토록 어긋남이 없다. 사도 베드로가 그 제자에게 말하였다:「네가 聖教에 들어가기 전에는, 하나님을 섬김이 거짓이라 여겼도다. 이미 들어갔으니 마음을 바꾸고, 진실하신 하나님을 따르라.」성 어거스틴이 말하였다:「참됨과 망령됨은, 빛과 어둠, 그리고 곧은 것과 굽은 것과 같으니라. 하나님의 거룩한 말씀의 진실됨을 믿지 않으면, 어둠 속에서 빛을 구함과 같고, 굽은 것들 가운데서 곧은 것을 구하는 것과 같으니, 그것이 장차 가능한 일이겠는가?」하나님의 지혜는: 모든 것을 통찰하시므로, 자기 자신의 선함에 속임이 없다. 완전히 선하시므로: 사람을 속이지도 아니하시나니, 이것이 곧 그 진실하심의 기원이다. 사람이 하나님의 진실하심을 믿고, 그리하여 그 종교를 믿고 진실해지면, 일하는 모든 것이 특히 용이해진다.

---

116 「語其 … 實主」: 이 단락의 인용문은 베드로전서 4장 3-11절을 참고해야 함:「너희가 음란과 정욕과 술 취함과 방탕과 향락과 무법한 우상 숭배를 하여 이방인의 뜻을 따라 행한 것은 지나간 때에 족하도다. 이러므로 너희가 그들과 함께 그런 극한 방탕에 달음질하지 아니하는 것을 그들이 이상히 여겨 비방하나….」

恒行恒寂, 又惟天主; 厥御萬有, 若視微蟲, 靡有能焚[117]厥寂. 雅各伯宗
徒曰: 天主無變動, 倂無微影變動.[118] 經紀天主曰: 惟吾眞實, 惟吾無變.
聖人謂天主: 猶石柱砥江流, 厥流弗息. 或越柱, 或方逮柱, 或猶未底柱,
惟柱恒寂弗動, 世物于天主亦然.

늘 운행하시고 늘 고요하시니, 또한 오로지 하나님이시라; 만유를 다
스리시나니, 만일 작은 벌레가 보인다 할지라도, 그의 고요함을 어지럽
힐 수 있는 것이 없다. 사도 야고보가 말하였다:「하나님은 변함이 없으
시고, 변화의 미세한 그림자도 없으시다.」경전이 하나님의 말씀을 기록
하여 말하였다:「나는 오로지 참되고, 나는 오로지 변함이 없도다.」성인
이 하나님에 대하여 말하였다:「돌기둥이 강물의 흐름에 지탱하는 것과
같으니, 그 물결이 그치지 않아서, 기둥을 넘기도 하고, 뗏목이 기둥을
붙잡기도 하며, 기둥에 정체하지 않기도 하나, 기둥은 단지 항시 고요하
여 움직임이 없으니, 세상 만물이 하나님께 있어서도 또한 이러하니라.」

或疑: 天主因厥人有罪, 怒欲加罰; 厥人旣悔, 天主息怒旋宥, 曷云蔑[119]
變? 曰: 非然. 天主自無始之始, 早見厥人罪; 旣自無始之始, 並早見厥人
悔. 怒罰, 矜宥, 無始悉定, 未之少易; 第厥人攸爲有先後,[120] 而天主應隨
之現耳. 可悟人爲之變, 主自無變.

---

117 「焚」:「焚」과 독음이 같음. '어지럽히다'.《左傳・隱公四年》:「臣聞以德和民, 不聞以亂,
    以亂, 猶治絲而焚之也.(신은 덕으로써 백성을 화합시킨다는 말을 들었으나, 어지러운
    일로써 한다는 것은 듣지 못하였습니다. 어지러운 일로 한다는 것은, 실을 풀다가 엉
    키게 하는 것과 같습니다.)」
118 「天主 … 變動」: 이 두 구절은 야고보서 1장 17절 참고:「그는 변함도 없으시고 회전하
    는 그림자도 없으시니라.」
119 「蔑」: '無'의 의미.《小爾雅・廣詁》:「蔑, 無也.(蔑은 無이다.)」
120 「第」: '얼마든지, 마음 놓고'.《史記・孫子吳起列傳》:「君第重射, 臣能令君勝.(당신은 얼
    마든지 걸고 내기를 하십시오. 저는 당신이 이기도록 할 수 있습니다.)」「攸」:《爾雅》:
    「攸, 所也.(攸는 所이다.)」

어떤 이가 의심하였다: 「하나님께서 사람이 죄를 지으니, 노하시어 벌을 가하려 하셨는데; 그 사람이 이미 회개하자, 하나님께서는 노여움을 가라앉히시고 돌아서시어 용서해 주셨으니, 어찌 변화가 없다 할 수 있겠는가?」 대답하기를: 「그렇지 아니하다. 하나님은 시작이 없을 때부터 이미 시작이 되신 분이시니, 일찍이 그 사람의 죄를 보셨고; 시작이 없을 때부터 이미 시작이 되셨으니, 그 사람이 회개하는 것도 이미 보신 것이다. 노하여 벌하시려다가, 긍휼히 여겨 용서하셨나니, 처음부터 모두 정해진 바는 없는 것이고, 적은 변화조차도 없는 것이다; 사람에게는 하는 바에 있어 얼마든지 앞과 뒤가 있으나, 하나님께서는 마땅히 때에 따라 나타나실 뿐이라. 사람이 하는 변화는 깨달을 수 있으나, 하나님께서는 처음부터 변화가 없느니라.」라고 하였다.

「先先而无元」: 태초보다 앞서 시작도 없는 이시여

无元者, 天主無始之始也. 是妙惟天主自有, 厥妙靡窮, 曷徵于物, 如天神性, 洎人性, 亦肖天主之靈. 第厥無始之始, 縱天神薎有, 矧人于物乎? 經曰: 天主萬物始, 是也. 奧斯定聖人詮曰: 物有三倫, 下倫有始有終, 如草木, 禽獸, 魚蟲之屬, 以逮[121]人之形軀. 斯厥存時, 謂曰流時, 不免先後, 修短,[122] 久暫之殊; 中倫有始靡終, 如天神以逮人之靈性, 厥存謂曰永存弗斁, 縱無先後, 修短, 久暫之殊, 第厥始旣受賦于天主, 是厥存減, 薎弗[123]繇主. 上倫薎始薎終, 厥存弗第靡先後, 修短, 久暫之殊. 更薎他物獲斁厥存,[124] 斯惟屬天主自存, 是厥存也. 全體渾焉, 純一靡竟, 永恒薎限,

---

121 「以逮」: '이르다'. 「逮」, '이르다, 미치다'. 《說文解字》: 「逮, 及也.(逮는 及이다.)」
122 「修短」: '장단(長短)'. 《廣雅》: 「修, 長也.(修는 長이다.)」
123 「薎弗」: '無不(아닌 것이 없다)'과 같음. 「弗」은 '不'과 같음. 《公羊傳·桓公十年》: 「弗, 不之深也.(弗은 不보다 깊은 뜻이다.)」

絶無往來現在之別, 洎出入加減之分, 永自成一.

'无元'이란, 하나님께서는 시작도 없는 가운데에서의 시작이라는 것이다. 이 신묘함은 오로지 하나님 스스로만 가지고 계신 것이니, 그 신묘함이 무궁하며, 대략 사물 가운데서 증명이 되나니, 가령 천사의 본성이 인간의 본성에 미쳐서, 또한 하나님의 영을 닮는 것이다. 단지 그 시작도 없는 가운데에서의 시작이라는 것은, 설사 하늘신이 갖고 있지 않다 할지라도, 하물며 사람이 사물에 있어서랴? 경전에서 말하였다: 「'하나님은 만물의 시작이다'라는 것이 바로 이것이니라.」 성 어거스틴이 주석하여 말하였다: 「사물에는 '三倫'이 있나니, '下倫'은 시작도 있고 끝도 있는 것으로서, 가령 초목, 금수, 물고기와 벌레 등속이며, 사람의 형체에까지 이른다. 즉 그가 살아 있을 때를, '流時'라고 부르니, 앞과 뒤, 길고 짧음, 오래되고 짧음의 차이를 피할 수 없다; '中倫'은 시작은 있으되 끝이 없는 것이니, 가령 천사가 사람의 영성에 이르는 것이며, 그 존재를 '영원히 존재하여 상하지 않는다'라고 이르고, 설령 앞과 뒤, 길고 짧음, 오래되고 짧음의 차이가 없다 할지라도, 단지 그 시작은 이미 하나님께로부터 부여받은 것이니, 이것이 그의 존재와 멸망으로서, 하나님으로부터 말미암지 않은 것이 없다. '上倫'은 시작도 없고 끝도 없으니, 그의 존재는 차례가 없고 앞과 뒤, 길고 짧음, 오래되고 짧음의 차이도 없다. 더욱이 외부 사물에 의지하지 않고는 그의 존재를 상하게 할 수 있으니, 이것이 하나님의 스스로 존재하심에 속하는 것이고, 이것이 그의 존재이시다. 전체가 여기서 혼미해지며, 순수한 것이 완성되지 못하고, 영원히 한계가 없으며, 절대로 현재와 왕래하는 구별, 출입 가감의 구분이 없으니, 영원히

---

124 「上倫 … 厥存」: '외적인 변화의 존재에 의지하지 않는 것이 없다'의 의미이며, 따라서 아랫단에서 「天主自存」이라고 말했다.

스스로 하나가 된다.」

「窅然靈虛」: 심원한 우주의 본체이시다

詮天主之知. 窅, 深也; 虛, 純無錯雜也. 言天主之靈, 靡所弗知, 自徹厥
體, 蔑始, 蔑終, 蔑量, 幷徹厥化萬物之諸蘊, 斯天主之至靈. 人非下質, 疇
容疑貳,[125] 昔有矇者曰: 主座高遠, 詎[126]獲睹知人事. 經責之云: 斯狂人言
哉, 天主生人俾克[127]覩聞, 己顧弗克覩聞; 生人, 俾厥克知, 己顧弗克知.
藉厥蔑知, 烏[128]克經造萬有, 而護存,[129] 而賞罰各盡, 而救持灾患, 聆人禱
祈, 悉遂[130]之. 今人奉神, 弗辨眞僞, 卽推以至靈, 恪稟莫遑,[131] 獨萬物眞
主而疑之乎! 藉厥蔑知, 罔殊盲瞽,[132] 胡爲天主. 奧斯定聖人曰: 凡悖理之
念, 莫甚于認有眞主貌若冥頑. 則旣爲天主, 靡所弗知, 信矣.

---

125 「疇」: '누구'. 《爾雅·釋詁》:「疇, 誰也.(疇는 誰이다.)」「貳」: '마음속에 두 개의 속뜻이
   있음'. 《爾雅·釋詁》:「貳, 疑也.(貳는 疑이다.)」

126 「詎」: '어찌, 어떤', 반문 표시 어기사. 《說文解字》:「詎, 猶豈也.(詎는 豈와 같다.)」

127 「俾克」: '할 수 있게 하다'. 《爾雅·釋詁》:「俾, 使也.(俾는 使이다.)」《爾雅·釋言》:「克,
   能也.(克은 能이다.)」

128 「烏」: 감탄사. 《說文解字》:「孔子曰:『烏旰呼也, 取其助氣故以爲烏呼.』(공자께서 말씀하
   시기를:『烏』는 감탄사 '旰呼'이다. 그 語氣를 돕는 것을 취했기 때문에 '烏呼'의 '烏'로
   삼았다.)」

129 「藉厥 … 護存」: 이 단락은 '하나님은 만물을 창조할 뿐만 아니라 만물의 운행을 더욱
   잘 관리하여 그들이 통제력을 잃지 않도록 하신다'라는 의미를 표현한다. 히브리서 1
   장 2-3절은 예수 그리스도의 말씀을 언급하고 있다:「이 모든 날 마지막에는 아들을 통
   하여 우리에게 말씀하셨으니, 이 아들을 만유의 상속자로 세우시고 또 그로 말미암아
   모든 세계를 지으셨느니라. 이는 하나님의 영광의 광채시요, 그 본체의 형상이시라.
   그의 능력의 말씀으로 만물을 붙드시며.」

130 「遂」: '가다'.

131 「恪稟莫遑」: '공손히 대접하고, 두려워할 필요 없다'.「恪」, '공경하다'. [晉] 呂忱, 《字
   林》:「恪, 恭也.(恪은 恭이다.)」「稟」, '주다'.《廣雅》:「稟, 予也.(稟은 予이다.)」「遑」,
   「惶」과 통함. '두려워하다'.《列子·楊朱》:「戚戚然以至於死, 此天民之遑遽者也.(근심하
   고 두려워하는 모습으로 죽음에 이르렀으니, 이는 천하 사람들 중에서도 황급함을 겪
   은 사람이다.)」

132 「瞽」: '눈이 멀다'의 의미.《荀子·解蔽》:「瞽者仰視而不見星.(눈이 먼 자가 하늘을 우러
   러보나 별을 볼 수 없다.)」

하나님의 지혜를 설명한다. '賓'는 '깊다'의 의미이다; '虛'는 순수하여 복잡하게 뒤섞인 것이 없는 것이다. 하나님의 영을 말하자면, 알지 못하는 바가 없으시고, 스스로 그의 몸을 꿰뚫어, 시작이 없고, 끝도 없으며, 한계도 없으시니, 또한 그가 변화시키신 만물의 모든 심오함도 꿰뚫으시므로, 이것이 하나님의 지극한 영이시다. 사람은 저급하지 않으므로, 누군가 의심을 품어 마음속에 두 개의 속뜻이 있었으니, 옛날에 어떤 우매한 자가 말하였다:「주께서는 높고 먼 곳에 앉아 계시는데, 어찌 사람의 일을 보고 아실 수 있는가?」경전이 그를 꾸짖어 말하였다:「이것은 미친 사람의 말이로다. 하나님께서 사람을 나게 하시고 보고 듣게 하셨으며, 보고 들을 수 없는 자도 이미 돌보셨다; 사람을 만드시고, 그로 하여금 알게 하셨고, 알지 못하는 자도 이미 돌보셨다. 설령 그가 알지 못한다 하여도, 만유를 창조하고 다스릴 수 있는 분이시니, 보호하시고, 상벌을 다 하시며, 재난과 환란에서 구하시고, 사람들의 기도를 들으시니, 모두가 그를 따른다. 지금 사람들이 신을 받들지만, 참과 거짓을 구별하지 못하는데, 지극한 영으로 숭배하고, 공경히 받들면 두려워할 필요가 없으니, 홀로 되신 만물의 참 主이심을 의심하는가! 설령 그가 알지 못하여, 맹인과 다름이 없다면, 어찌 하나님이시랴.」성 어거스틴이 말하였다:「무릇 도리에 어긋나는 생각은, 참되신 주가 아득히 어리석고 완고함과 같다고 인식하는 것보다 심한 것이 없다. 즉 이미 하나님이심으로, 알지 못하는 바가 없으시니, 믿는 것이다.」

聖人譬吾人智, 如人坐平地, 止覩目前; 天主智, 如登崇臺,[133] 弗界遍遐,[134] 一覽悉具. 物之流勢, 有已往, 未來, 現在之判; 天主至知, 恒一現

---

133 「崇臺」: '높은 곳'.《說文解字》:「崇, 嵬高也.(崇은 '우뚝 솟다'의 의미이다.)」

今, 永蔑判別. 聖人又解天主之精知, 曰: 吾人之知, 有時倦息差謬, 莫能一覽洞物之情, 必先知其一, 漸測其二, 緣物之固然, 因推其所以然, 弗免勞思焦心. 主之精知, 無時停息, 無不昭視, 凡人念慮, 語言, 行事. 皆在其目, 了無暗冥怠忘差謬, 因能準人善惡之賞懲. 其昭視也, 安安[135]而無微勞, 無少倦, 一炤而物之當然, 及所以然, 了然洞徹, 弗慮微謬.

성인이 우리 사람들의 지혜를 비유하였으니, 가령 사람은 평지에 앉아, 단지 눈앞만을 보지만; 하나님의 지혜는 높은 곳에 오르는 것과 같아서, 경계선이 가려져 있지 않고, 한눈에 모든 것을 볼 수 있다. 사물의 흐르는 기세는, 과거와 미래와 현재의 구별이 있으나; 하나님의 지극하신 지혜는, 늘 지금처럼 한결같아서, 영원히 구별이 없다. 성인이 또 하나님의 뛰어나신 지혜를 해석하여 말하였다.「우리들의 지혜는, 때때로 지치고 오류를 범하므로, 동굴 속 사물의 정황을 한눈에 볼 수 없고, 반드시 먼저 그 하나를 알고서야, 점차 그 다음을 추측할 수 있으며, 사물 본래의 모습으로부터, 그 까닭을 추측할 수 있기 때문에, 노심초사를 면할 수가 없다. 하나님의 뛰어나신 지혜는, 멈출 때가 없으며, 무릇 사람의 염려와 언어, 행사까지 명백히 보지 않는 것이 없으시다. 모두가 그 눈 안에 있어서, 어둠, 나태와 망각, 오류가 전혀 없으시니, 그리하여 인간의 선악에 대한 상벌을 허가할 수 있다. 그 확실히 보심이, 평안하고 지치지 않으며 조금의 피로도 없으시니, 한번 비추기만 하면 사물의 당연한 모습과 그 까닭이 보이고, 분명하게 통찰이 되어, 사소한 오류도 염려하지 않으신다.」

---

134 「弗累邇遐」: '경계선이 가려져 있지 않고, 원근의 차이도 없다'.《説文解字》:「邇, 近也. (邇는 近이다.)」
135 「安安」: '평온하다, 평안하다'.《雲笈七籤》:「九眞安安, 七神寧寧.(九眞이 평온하고, 七神이 편안하다.)」

「後後而妙有」: 만세 이후까지 존재하시는 無 가운데의 有이시라

右晰[136]蔑始者, 惟一天主爲萬有先先; 斯晰[137]蔑終者, 惟一天主自爲萬有後後矣. 厥性自有, 靡他倚賴, 永永恒有, 絶異萬有之有, 謂爲妙有. 性家攸論: 弗係于物以始, 卽弗係于物以存, 靡物獲竟厥終,[138] 斯理至昭, 罔勞苦索.

앞 주석에서 '시작이 없다'는 것은, 유일하신 하나님께서 태초의 만유보다도 앞서신다는 것이다; 여기서의 '끝이 없다'는 것은, 유일하신 하나님께서 스스로 만유의 끝보다도 후에 계신다는 것이다. 그 본성은 스스로 있는 것이요, 다른 의지하는 것이 없고, 영원토록 존재하시며, 세상만물의 '有'와는 절대적으로 다른 것이니, 이름하여 '妙有'라 한다. 사상가가 논한 바가 있다: 시작으로서 사물에 관계되지 않음은, 즉 존재로서 사물에 얽매이지 않음이고, 사물의 도움 없이 그 생각의 종점까지 깊이 연구할 수 있으므로, 이러한 이치는 지극히 명백하니, 힘들고 고된 탐색을 하지 말라.

「總玄樞而造化」: 현묘한 이치를 모아 만물을 창조하시었다

斯示吾人宜信, 天主以厥全能, 于全無化有萬有, 萬有胥應命[139]立顯. 經曰: 天主發命, 萬有咸出, 順命而顯, 弗延須臾.[140] 旣晰天主爲萬物主,

---

136 「右晰」: '오른쪽 주석', 이 문장들은 원래 모두 직렬로 쓰기 때문에 이 문장의 오른쪽은 바로 앞 구절의 주해이다. 「晰」은 「晢」과 같으며, '순결하다'의 의미이고, 여기서는 형용사로 사용되어 「선명하다」의 의미이다. 「蔑始」: '시작이 없다'.

137 「斯晰」: '여기에서 뚜렷하다'. 《爾雅·釋詁》: 「斯, 此也.(斯는 此이다.)」 「蔑終」: '끝이 없다'.

138 「靡物獲竟厥終」: '영원히 자급 자립하다'. 「靡」, '없다'. 「竟」, '깊이 연구하다'.

139 「胥」: '모두'. 「應」: '남을 따르다'. 「命」: '명령하다'.

140 「經曰 … 須臾」: 이 단락은 시편 33편 9절에 근거한다: 「그가 말씀하시매 이루어졌으

斯晰萬物莫之違矣.

或疑: 全無曷[141]能生有. 祭利聖人[142]曰: 物未有前, 無物, 則全無者, 厥
本名也. 斯地無草木昆蟲諸物, 惟全無獲稱. 克造物者, 非人非神, 第天主
全能俾萬有出于全無, 斯謂總[143]玄樞, 而造化萬有.

이것은 우리에게 합당한 믿음을 보여 주는데, 하나님께서는 그의 전능
으로, 완전한 '無'에서 만유를 있게 하셨으니, 만유는 모두 명령하심에 부
합하여 자신을 드러낸다. 경전에서 말씀하시기를:「하나님께서 명령하
시니, 만유가 모두 나왔고, 그 명에 따라 드러내었으니, 잠시의 지체도
없었더라. 하나님께서는 이미 명백히도 만물의 주인이시니, 이는 분명히
만물이 하나님을 위배하지 않는 것이다.」라 하였다.

어떤 이가 의심하였다:「완전한 '無'에서 어찌 '有'가 생겨날 수 있는
가?」대주교 키릴이 말하였다:「만물이 있기 전에는, 사물이 없는 것이
니, 즉 '全無'라는 것이, 그 본래의 이름이다. 이 땅에 풀과 나무와 곤충 등
여러 사물이 없어야, 비로소 '全無'라는 이름을 얻는다. 사물을 만들어 낼
수 있는 이는, 사람이 아니고 신도 아니며, 단지 하나님의 전능만이 만유
로 하여금 '全無'에서 나게 하는 것이니, 이를 일러 '總玄樞'라 하는 것이
고, 바로 '만유를 창조하는 것'이라.」

며 명령하시매 견고히 섰도다.」「延」, '연기하다, 미루다'. 「須臾」, '짧은 시간'. 「咸」,
'모두, 전부'.
141 「曷」: '왜, 어찌'.
142 「祭利聖人」: '키릴(Cyril of Alexandria, 376-444)'을 지칭함. 본서의〈導論〉부분에서 지
적한「亞歷山大主教區利羅(알렉산드리아의 주교 키릴)」이다. 기원 431년 에베소공의
회 상에서 네스토리우스(Nestorius of Constantinople, 381-451)의 그리스도론을 비난
하였다.
143 「總」: '전체적으로 모이다'. 「玄」: '검정색', '심오함'을 상징한다.《說文解字》:「幽遠也.
黑而有赤色者爲玄.('깊숙하고 고요하다'이다. 검으면서 붉은색이 있는 것을 '玄'이라 한
다.) [淸] 段玉裁,《說文解字注》:「樞」:「戸樞也. 戸所以轉動開閉之樞機也.('사물의 바탕'
이다. 戸는 회전하면서 열고 닫는 중심 기구인 까닭이다.)」

「妙衆聖以元尊」: 뭇 성인들을 깨우치시는 至高의 존재이시다

妙, 美餙也; 元尊, 天主貴體也. 旣信天主全能, 厥始生物于全無, 各俾本性諸[144]恩, 斯可信厥性至尊莫尚,[145] 備美諸聖. 凡諸聖人超性明德, 蔑弗繇之.[146] 葆祿聖徒[147]抑[148]傲者曰: 爾形神攸受恩, 咸天主授爾. 爾宜俯謝, 弗得自驕, 妄云繇己, 宜法古聖識己貧乏曰: 吾善悉天主寵, 吾行善, 惟主導; 吾言善, 惟主啟; 吾念善, 惟主興. 主聖祐先予, 偕予, 隨予, 予乃善.

'妙'는 '아름답게 꾸미다'이다; '元尊'은 하나님의 귀한 몸이시다. 하나님의 전능을 믿었으니, 그가 처음으로 완전한 '無'에서 사물을 창조하셨고, 각각 본성을 은혜에 있게 하셨으니, 그의 본성은 지극히 존귀하여서 누구도 초월할 수 없음을 믿을 수가 있고, 여러 성인들을 충분히 아름답게 하셨다. 무릇 여러 성인들의 빼어난 본성과 밝은 덕은, 모두 그로부터 오지 않은 것이 없다. 사도 바울이 거만한 자를 억제하여 말하기를: 「그대의 외양과 정신은 은혜로 받은 것이니, 모두 하나님께서 주신 것이라. 그대는 마땅히 몸을 굽혀 감사해야 하고, 스스로 교만하지 말지니, 망령된 말을 그치고, 마땅히 옛 성인을 본받아, 식견이 부족함을 알고 말하되: 내가 하나님의 총애하심을 잘 아니, 나의 행동이 선함은, 오로지 주께서 인도하심이며; 내 말이 선한 것은, 오로지 주께서 일깨우심이고; 내 생각이 선한 것도, 오직 주께서 일으키심이다. 하나님의 거룩한 도우심이 나를 인도하시고, 나와 함께 해 주시며, 나를 따르게 하시니, 내가 곧 선하도다.」

---

144 「諸」: '之'와 '於' 두 글자가 합쳐진 의미.《廣雅》: 「之也, 於也.(之이자 於이다.)」
145 「尚」: '초과하다, 빼어나다'.《廣雅》: 「尚, 上也.(尚은 上이다.)」
146 「蔑弗繇之」: '그로부터 오지 않은 것이 없다'.
147 「葆祿聖徒」: 思高聖經에는 「保祿」으로 되어 있음. 오늘날 일반적으로 「保羅(바울)」로 번역한다.
148 「抑」: '억제하다, 압제하다'.

「其維我三一妙身，無元眞主阿羅訶」: 우리의 유일하신 三位一體의 신묘하신 분이시며, 스스로 영원하신 참된 주 여호와시라!

斯詮天主三位一體[149]難名之妙. 三者, 三位[150]也; 一者, 一體[151]也; 妙身者, 天主全體也.[152] 聖經恒用人身之名以解其全體, 試解罪人之靈及身盡敗以罪, 曰:「罪人, 盡敗其身」, 是也. 阿羅訶者, 如德亞國,[153] 天主降生救世之地, 主本號也. 斯示人識天主何等: 謂厥位三, 厥體一, 實乃眞主, 本號阿羅訶. 天主三位一體, 厥義淵深, 蔑容名狀,[154] 天主降世躬昭斯示, 宗

---

149 「三位一體」:《天主教要理》(Catechism Of The Catholic Church, 이하 C.C.C로 약칭함) 266條:「가톨릭교회의 신앙은 성삼위 안에서 유일하신 하나님(天主)을 존숭하는 데 있고, 유일하신 하나님 안에서 성삼위를 공경하는 데 있으니, 위격(位格)의 혼동도 없고 실체의 분리 또한 없다: 사실상 성부, 성자, 성령의 위격(位格)은 각각 다르지만 하나님으로서의 속성은 동일한 것이고 영광 또한 같으며, 위엄도 동일하게 영원한 것이다.」C.C.C 232-267쪽 참고.

150 「位」: '위격(位格)'. 라틴어 persona('역할, 개인, 인물'의 의미)에서 나왔으며, 神은 서로 다른 세 개의 주체(personality)를 가지고 있고, 神의 구원의 역사 속에 각기 다른 임무가 있음을 표명하고 있다.

151 「體」: '본체', '모든 현상의 진실된 근원'을 말함. '一體'는 만물의 유일하고 진실된 근원을 표현한다. 비록 '성부, 성자, 성령' 세 위격이 있으나, 만물은 단지 유일한 근원을 가지고 있을 뿐, 결코 세 개의 근원을 가지고 있지 않다.

152 「妙身 … 體也」: 불교에는 「眞空妙有」라는 말이 있다. 이 말은 이 세상의 만사 만물이 모두 일시적인 변동 상태에 처해 있으며, 변하지 않는 본질은 결코 없다는 것을 설명하는데, 이것이 바로 「空」이다. 그러나 결코 이것이 이 세계가 텅 비어 있는 상태라는 것을 의미하지는 않으며, 다만 끊임없이 그 모습을 전환한다는 것인데, 이것이 바로 「有」이다. 「空」 중에 「有」가 있고, 「有」 중에 「空」이 있으니, 고로 「眞空妙有」인 것이다. 「妙」자는 고문 중에서 항상 서로 배치되는 것 같은 두 관념을 통합하는 데에 사용되는데, 여기서는 즉 '하나이면서 셋이고, 셋이면서 하나'인 개념을 말하고 있다.

153 「如德亞國」: 고대의 국가명이다. 성경에 기록된 예수는 나사렛 사람이며, 이곳은 지금의 이스라엘 북부로서, 당시에는 로마제국에 속해 있었다. [淸] 魏源,《海國圖志》卷二六:「西印度之**如德亞國**沿革(古拂菻國, 非大秦也. 唐時爲隔海之大秦所並, 故亦名大秦.)(서인도의 루띠아국 연혁－옛날의 拂菻國은 大秦이 아니다. 당나라 때 바다 건너 大秦이 병합하였으므로, 또한 大秦이라고 한다.)」

154 「蔑容名狀」: 이는 삼위일체의 개념을 가리키며, 사람이 이해할 수 있는 문자 부호로는 완전히 명확하게 묘사할 방법이 없다. 「容」,《說文解字》:「**容**, 盛也.(容은 盛이다.)」「名」, '명칭, 호칭'. '사람이 이해할 수 있는 기호 문자로 개념을 개괄하다'.《道德經》:「有物混成, 先天地生. 寂兮寥兮, 獨立不改, 周行而不殆, 可以爲天下母. 吾不知其**名**, 強字

徒獲厥親承, 累葉[155]聖人, 翼翼詮厥奧, 本論具《聖經直解》,[156] 茲弗贅.

이것은 '삼위일체' 되신 하나님의 어려운 이름에 대한 풀이이다. '三'은 하나님의 세 위격이며; '一'이라는 것은 '하나의 본체'를 뜻한다; '妙身'은 '하나님의 전체 몸체'이다. 성경은 항상 사람 몸의 이름으로 그 전체를 해석하는데, 죄로 인하여 죄인의 영과 육이 다하여 죽는 것을 말하여: 「죄인은 그 몸을 모두 잃는다.」라고 하였는데, 바로 이것이다. '阿羅訶'는, 如德亞國(대진국) 즉 하나님이 메시아를 강생시키신 땅으로서, 하나님의 본래 이름이다. 이것은 인간이 하나님을 어떠한 본체로 여기고 있는가를 보여 주고 있다: 그의 위격이 셋이고, 그의 몸체가 하나라고 일컬으니, 실로 참되신 주이시며, 본래 이름이 阿羅訶인 것이다. 삼위일체 하나님이란, 그 의미가 심연하여, 사람의 문자로는 명확히 묘사할 방법이 없고, 하나님이 강림하셔서 몸소 이와 같은 지시를 하심으로, 사도가 하나님이 내리신 승인을 얻었고, 역대 대대로 성인들이, 모두 그 오묘함을 수없이 설명하였으니, 이에 대한 언급은 《성경직해》에 설명하였으므로, 여기서는 더 논하지 않는다.

「判十字以定四方」: 十字로 구별하여 四方을 정하시었다

判, 分也; 十字者, 四極交羅之義也. 天主化造坤輿,[157] 肖[158]十字四端

之曰道, 強爲之名曰大.(어떤 사물이 있어 혼돈스럽게 이루어졌으나, 천지보다 앞서 생겨났다. 아무 소리도 없고 모양도 없이, 홀로 서서 변함이 없으나, 두루 운행하면서도 어그러지지 않으니, 천하의 어머니가 될 수 있다. 나는 그것의 이름을 모르나니, 억지로 글자를 붙여 '道'라 하고, 억지로 이름을 붙여 '크다'고 말한다.)」

155 「累葉」: '역대 대대로'. '葉', '세대, 대대'. 《詩經・商頌・長發》:「昔在中葉, 有震且業.(옛날 中葉에, 나라가 동요되고 위급하였다.)」 [宋] 朱熹, 《詩集傳》:「葉, 世; 震, 懼; 業, 危也.(葉은 世이고; 震은 懼이며; 業은 危이다.)」

156 「《聖經直解》」: 陽瑪諾(마누엘 디아즈)이 번역한 사복음서로서, 明 崇禎 9년(1636)에 출간되었으며, 내용 외에 사복음서의 주해가 첨부되어 있다.

形, 緣斯獲晰[159]異敎立說大謬. 彼謂多主造地, 某主山, 某主海, 故茲以十字詮天主化造之公. 大地四極, 統惟一主, 是生是存, 詎獲有他.

'判'은 '구분하다'이며; '十字'는 '사방이 교차한다'는 의미이다. 하나님이 대지와 강역을 만드심에, 십자의 네 끝 모양을 본땄으니, 이로 인하여 이교(異敎)의 이론에 큰 오류가 있음이 명백해졌다. 그들은 여러 主가 땅을 만들었고, 어떤 主는 산, 어떤 主는 바다를 만들었다고 하는데, 그러므로 여기서는 십자가로 하나님이 창조의 주인이심을 설명한다. 대지의 네 끝단은, 유일하신 主만이 다스리시는 것이니, 이것이 생명이고 이것이 존재인데, 어찌 다른 것이 있을 수 있겠는가.

「鼓元風而生二氣」: 聖靈을 일으키시어 陰과 陽 두 기운을 만드셨다

鼓, 動也; 元風者, 萬物未分之前, 其元料, 中史所謂渾淪是也.[160] 經紀:「天主厥始, 將造萬物.[161] 最先造天, 次造水地二行, 用之而鑄形有之萬有. 二氣者, 中儒所謂陰陽[162]是也. 氣居空際, 分上, 中, 下. 上分逼日故

---

157 「坤」: '대지'. 「輿」: '지역, 강역'. 예를 들어: 「輿地(땅, 토지)」.

158 「肖」: '모방하다, 닮다'.

159 「獲晰」: '알 수 있다'.

160 「鼓, 動 … 是也」: 이 단락에서 언급한 원초적 바람이란 만물이 아직 출현하기 전 천지의 상황을 가리킨다; 그 성질은 바로 宇宙의 洪荒으로 천지가 혼미해지는 상태와 같다. '元風'은 성령을 비유한다. 창세기 1장 1-2절 참고: 「태초에 하나님이 천지를 창조하시니라. 땅이 혼돈하고 공허하며 흑암이 깊음 위에 있고 하나님의 영은 수면 위에 운행하시니라.」 그리고 성경은 바람으로 성령의 헤아릴 수 없는 기운을 비유한 바 있다. 요한복음 3장 8절: 「바람이 임의로 불매 네가 그 소리는 들어도 어디서 와서 어디로 가는지 알지 못하나니 성령으로 난 사람도 다 그러하니라.」

161 「天主 … 萬物」: 창세기 1장 1절 참고: 「태초에 하나님이 천지를 창조하시니라.」

162 「中儒所謂陰陽」: '중국 유학자들이 말하는 陰陽 두 기운'. 先秦 시기에 사실상 중국 유학자들은 陰陽을 결코 말한 적이 없다. 음양은 諸子百家 중의 陰陽家들이 제기한 것으로서, 훗날 戰國시대에는 儒家가 음양의 우주관을 받아들여 그들 저작 중의 논술을 해석함으로써 음양은 곧 중국의 각 사상가들이 공유하는 이론으로 변화하게 된 것이다. 따라서 여기서 말하는 '中儒'는 '중국의 지식인'을 통칭하는 것으로서, 엄격한 의미의

熱, 下分返炤亦熱, 中分遠于上下故冷, 因其雖本特一, 原蔑能二, 但因含熱冷二情, 有二氣, 有陰陽之稱.[163]

'皷'는 '움직이다'이며; '元風'은 만물이 구분되기 전의, 그 근본적인 상태로서, 중국 역사에서 소위 '渾淪(혼돈한 모양)'이라 하는 것이 이것이다. 경전에 기록되었다:「하나님께서 그 시초에, 천지 만물을 창조하셨다.」가장 먼저 하늘을 만드시고, 다음으로 물과 땅 두 가지 운행을 만드셨나니, 그것으로 만물을 빚어내셨다. '두 가지 기운'이란, 중국 유학(儒學)에서 말하는 '음과 양'이다. '氣'는 하늘에 있으며, 상, 중, 하로 나뉜다. 위는 태양과 근접하므로 덥고, 아래는 반사되어 비추니 또한 더우며, 중간은 위아래와 멀어서 차가우니, 그러한 까닭에 비록 본래는 특별히 하나였을지라도, 본래 둘일 수가 없는데, 그러나 더움과 차가움의 두 상황을 담고 있기에, '두 기운'이 있는 것이며, '陰陽'이라는 명칭이 있는 것이다.

「暗空易而天地開, 日月運而晝夜作, 匠成萬物」: 어둠의 공간이 변하여 천지가 열리고, 해와 달이 운행하여 낮과 밤이 만들어졌으며, 만물을 빚어내셨다

時始蔑光, 天地蒙昧; 天主生光, 易晦成昭, 乾坤乃曜.[164] 古昔天主默啟古聖每瑟:[165]「命紀創闢, 貽示來茲. 厥典[166]備載天地物始, 洎歷代人族統

儒家학파를 말하는 것은 아니다.

163 「氣居 … 之稱」: 이 단락은 주로 「氣」의 개념적 차이점을 설명하고 있다. 중국의 陰陽은 처음에 山의 陰과 陽 두 면을 가리켰고, 따라서 차갑고 더움과 관련이 있었다. 그러나 이것이 단지 우주 생성의 맥락에 놓였을 때는 창조와 응집이라는 두 개의 동적 지향점으로 뻗어 나가게 된다. 陽瑪諾(마누엘 디아즈)가 이해한 陰陽은 실존적인 氣이며, 후에 발전한 개념성이 비교적 강한 陰陽은 아니다.

164 「乾坤乃曜」: '하늘과 땅의 구분이 뚜렷하게 나타나기 시작하다'. 「曜」: '밝다, 뚜렷하다'. 여기서는 '현현하다'의 의미로 파생되었다.

165 「每瑟」: 思高聖經에는 「梅瑟」로 쓰여 있으며, 일반적으로 「모세」로 번역한다.

系.」玆譯本《寰有詮》,[167] 《寰宇始末》,[168] 《萬物眞原》[169]等書, 悉準聖典, 業詳厥槪, 玆弗贅.

그때 처음에는 빛이 없으므로, 하늘과 땅이 어두웠으니; 하나님께서 빛을 만드시고, 어둠을 바꾸어 밝게 하시자, 하늘과 땅의 구분이 뚜렷하게 나타나기 시작하였다. 오랜 옛날 하나님께서 모세를 조용히 깨우쳐 주셨다: 「태초의 창조를 명으로 기록하여, 후세에게 전하여 주었다. 창세기가 천지 만물의 시작을 모두 기록하였으니, 역대 사람들의 계통에까지 미쳤다.」이 번역본《寰有詮(환유전)》,《寰宇始末(환우시말)》,《萬物眞原(만물진원)》등의 책들이, 거룩한 경전을 좋은 본보기로 삼아, 그 업적의 개략을 상세히 밝혔으니, 여기서는 더 논하지 않는다.

「然立初人, 別賜良和, 令鎭化海. 渾元之性, 虛而不盈. 素蕩之心, 本無希嗜」: 이대로 첫 사람을 세우셨으며; 특별히 어질고 온화한 성품을 내리시사, 땅을 다스려 온 세상을 교화하게 하셨다. 천지 기운의 본성은 비어 있어 차오르지 않으며; 순박하고 평온한 마음은 본래 다른 망상이 없다

前詮天主肇[170]造無靈之物, 玆[171]詮天主始生有靈之人, 厥貴越物. 初人,

---

166 「厥典」: '성경 창세기'를 가리킴.
167 「《寰有詮》」: 중국의 첫 번째 우주론 번역본이며, 傅汎際와 李之藻가 번역하였다. 저본은 포르투갈 코임브라 대학 아리스토텔레스의《論天講義》(천체에 관하여)(Commentarii Collegii Conimbricensis Societatis Lesv. In qvatvorlibros de coelo Aristotelis Stagiritae) 이며, 崇禎 元年(1628)에 杭州에서 출판되었다.
168 「《寰有始末》」: 예수회 선교사 알폰소 바뇨니(Alfonso Vagnoni, 1566-1640)의 저작이다. 《寰有始末》은 상·하 두 권이 있으며, 간행 연도와 장소는 없고, 일찍이 여러 사람에 의해 수정되었다. 陽瑪諾, 傅汎際, 羅雅谷 세 명의 신부가 간행을 심사 비준하였다. 내용은 아마도 토마스 아퀴나스《神學大全》중의 만물원시론과 형질창조론에서 번역해 온 듯하다.
169 「《萬物眞原》」: 예수회 선교사 줄리오 알레니(Giulio Aleni, 1582-1649)의 저작으로서, 하나님은 만유무원의 근원이라는 11편의 내용이 있다.

爲人類始祖, 厥名亞黨, 譯言受生于土, 受生于赤, 蓋天主用赤土以成, 因名之如是.[172] 天主賦之靈性, 上下二分之平, 是曰良和; 畀之獲御庶有,[173] 寰海宇內, 統惟厥鎭, 是曰令鎭化海.[174] 厥性本謙而弗溢, 渾焉純白, 是名曰素;[175] 其容宏洪, 是名曰蕩;[176] 無邪可閑,[177] 是名曰本無希嗜.[178] 聖經約擧厥性之精, 曰: 首人受造成時, 正直性生. 夫正直者, 原義也. 天主用

---

170 「肇」: '최초, 시작하다'. [晉] 張華,《大會歌》:「肇建帝業, 開國有晉.(처음으로 帝業을 열어, 晉나라를 개국하였다.)」

171 「茲」: '이것, 여기, 이'.

172 「初人 … 如是」: 이 단락은 하나님이 창조하신 인류 시조의 이름과 그 명칭의 이유를 묘사하고 있다. 「亞黨」은 '아담'. 아담은 히브리어로 「붉은 흙」이라는 뜻이며, 창세기가 말하는 아담은 흙으로 빚은 것이므로 陽瑪諾(마누엘 디아즈)은 곧 하나님이 붉은 흙으로 그를 지었고, 따라서 이러한 이름을 취했다고 추측하였다. 그러나 성경에서는 하나님이 무슨 연고로 아담이라는 이름을 붙였는지는 언급하지 않았다.

173 「畀之獲御庶有」: '그에게 만물을 다스릴 권리를 주었다'. 「畀」는 「必」과 독음이 같음, '주다'의 의미. 《左傳 · 僖公二十八年》:「分曹, 衛之田以畀宋人.(曹나라와 衛나라의 땅을 나누어 宋나라에게 주었다.)」「獲」, '~할 수 있다'. [漢] 王粲《從軍詩五首》之一:「歌舞入鄴城, 所願獲無違.(노래와 춤이 鄴城으로 들어갔으니, 바라는 바에 어긋남이 없을 수 있었다.)」「御」, '다스리다'. [漢] 賈誼,《新書 · 過秦上》:「振長策而御宇內, 吞二周而亡諸侯.(긴 채찍을 휘둘러 말을 몰 듯 천하를 제압하여, 東周와 西周를 병탄하고 제후들을 멸망시켰다.)」「庶有」, '만물'.

174 「畀之 … 化海」: 창세기 1장 28절에서 하나님이 인간에게 온 땅을 관리할 권한을 주었음을 언급하고 있다:「하나님이 그들에게 복을 주시며 하나님이 그들에게 이르시되 생육하고 번성하여 땅에 충만하라, 땅을 정복하라, 바다의 물고기와 하늘의 새와 땅에 움직이는 모든 생물을 다스리라 하시니라.」

175 「素」: '염색하지 않은 천'. 先秦 시기의 道家는 「純白」, 「素」, 「渾沌」 등을 사용하여 세상 만물과 인간의 마음이 파괴되기 전의 본질적인 상태를 형용하였다. 파괴는 타인의 본질에 대한 불명확함이 불러오는 제한일 수 있으며, 혹은 타인의 본질에 아랑곳 않고 상대방을 자신의 목적을 완성하는 수단으로 삼는 것에서 기인할 수 있는 것이다. 《莊子 · 天地》:「機心存於胸中, 則純白不備.(욕심이 가슴속에 존재하면, 순수 결백함이 갖추어지지 못한다.)」《莊子 · 應帝王》:「日鑿一竅, 七日而渾沌死.(하루에 한 구멍씩 뚫었더니, 7일 만에 혼돈이 죽어 버렸다.)」《道德經》十九章:「見素抱樸, 少私寡欲.(소박하게 살며, 사욕을 줄이라.)」 여기서는 아마도 '죄성에 오염되지 않은 순수한 상태'를 빌려 표현하려는 것으로 보인다.

176 「容」: '포용할 수 있는 공간'. 「蕩」: '광대한 모습'. 《史記 · 五帝本紀》:「湯湯洪水滔天.(넘실거리듯 도도한 물이 넘쳐 하늘에 가득 차다.)」

177 「閑」: 「閒」과 통하며, 「間」과 같다. '간격, 틈'으로 파생된 의미이다.

178 「希嗜」: '탐욕을 추구하다'.

聖寵,[179] 前[180]滿厥靈, 主寵特至, 俾護原義, 譬之國君將出, 有衆先導, 有臣扈從, 有相陪奉. 聖寵者, 原義之先導也. 有原義, 而美利咸集,[181] 繇是擧世猛毒諸物, 悉供[182]厥命, 無敢或侵. 且厥天時恒霽[183]恒平, 罔見祁寒[184]暑雨, 地蔑荊棘; 人弗汗勞, 莫煩胼胝;[185] 百穀時成, 食飮充贍;[186] 人生厥際, 莫病莫虞;[187] 生世多期, 恬然假寐;[188] 活克登天, 多幸矣甚. 迨扈從之貴, 諸德是萃, 厥受明悟, 恒具巨光. 備本性超性大智—不學, 能; 不慮, 知; 神敏洞燭,[189] 上天文, 下地理, 中庶彙.[190] 靡弗精極, 且陪奉之貴. 厥愛欲罔礙,[191] 循善避惡, 悉如厥意; 攸受諸恩, 悉以羽翼原義,[192] 如相臣

---

179 「用聖寵」: '은혜를 베풀다'. 「用」, '시행하다'. 「聖寵」, '은혜', 천주교 용어.
180 「前」: '인도하다'. 《儀禮 · 特牲禮》: 「尸謖祝前.(제사를 받는 사람(神主)이 일어나면 귀신에게 기도하고 인도한다.)」[漢] 鄭玄注: 「猶導也.('導'와 같다.)」
181 「咸集」: '완전하고 가득 차다'. 「咸」, '전부, 모두'. 《詩經 · 大雅 · 崧高》: 「周邦咸喜.(周나라가 모두 기뻐하였다.)」「集」은「輯」과 통함. '조화롭고 안정되다'의 의미. 《史記 · 曹相國世家》: 「問所以安集百姓.(백성을 편안하고 안정되게 하는 방법을 물었다.)」《左傳 · 襄公十九年》: 「其天下輯睦.(온 천하가 안정되고 화목하였다.)」
182 「供」: '공급하다, 도와주다'의 의미.
183 「霽」: '날씨가 개다'.
184 「祁寒」: '혹한 추위'. 《禮記 · 緇衣》: 「資冬祁寒.(겨울철에 빌 때 날이 춥다.)」
185 「莫煩胼胝」: '고생을 두려워하지 않음'을 비유한다. 「煩」, '번뇌'. 「胼胝」, '손발이 오랜 노동의 마찰로 굳은살이 생기다'.
186 「百穀 … 充贍」: '농작물이 시절에 맞추어 생장하고, 물자는 풍부하고 백성은 풍족함'을 비유한다. 「時成」, '적당한 시기에 성장하다'. 「贍」, '충족하다, 충분하다'.
187 「虞」: '우려(하다)'. [唐] 韓愈, 《與鳳翔邢尙書書》: 「戎狄棄甲而遠遁, 朝廷高枕而不虞.(오랑캐들이 무기를 버리고 멀리 도망친 뒤, 조정에서는 베개를 높이 하고 걱정 없이 잘 자게 되었다.)」
188 「生世 … 假寐」: '사람이 장수를 누리고 만족스러워하는 상태'를 표시한다. 「假寐」는 '졸다'의 의미. '假'는 古文에서 종종「~에 의하다」의 의미로 사용되므로, 따라서 '假寢'은 '잠깐 조는 틈을 타다'의 의미로 해석할 수 있다. 여기서는 당시 세상의 자연이 조화로워 스트레스가 없음을 표시하는 데 사용되고 있다.
189 「神敏洞燭」: '배우지 않고도 능통하며 세상 물정을 통찰하다'의 의미이다. 「神敏」, '귀신처럼 민첩하다'. 《周易 · 繫辭上》: 「唯神也, 故不疾而速, 不行而至.(오로지 신령하여, 서두르지 않아도 빠르고, 가지 않아도 그곳에 이르게 된다.)」
190 「中庶彙」: '여러 종류를 중화하고 조절하다'. 「庶」, '많다'. 「彙」, '유형별로 모으다'.
191 「愛欲罔礙」: '감정의 발산이 도리에 맞다'. 「愛欲」, '애정과 탐욕'. 《六祖壇經 · 懺悔品》: 「自心歸依淨, 一切塵勞愛欲境界, 自性皆不染著.(자기 마음이 정결함에 귀의하여, 모든 번뇌와 애욕의 경계에, 자기 성품이 모두 물들지 않는다.)」「罔」, '없다'. 「礙」, '방해'.

陪大君然耳.

　앞에서는 하나님이 최초로 영혼이 없는 사물을 만드셨음을 설명하였고, 여기서는 하나님이 영혼이 있는 사람을 만들기 시작하심을 설명하고 있으니, 그 귀함은 사물을 초월한다. '初人'이란 인류의 시조로서, 그의 이름은 '아담'이며, 번역하여 말하면 '흙에서 생명을 받고, 붉은색에서 생명을 받은 것'이므로, 그리고 하나님께서 붉은 흙으로 만드셨기에, 그에 따라 이름이 이렇게 된 것이다. 하나님이 부여해 주신 영성(靈性)은, 상・하 둘로 나뉘며, 이를 일러 '良和'라 한다; 그에게 만물을 다스릴 권리를 주셨고, 온 세상 전 세계가, 모두 오직 그의 통제하에 있으니, 이를 일러 '令鎭化海(땅을 다스려 온 세상을 교화하게 하다)'라 한다. 그 본성이 겸손하여 지나침이 없고, 죄성에 오염되지 않고 꾸밈없이 순수하면, 이를 일러 '素'라 한다; 그 포용할 수 있는 공간이 웅장하고 광대하면, '蕩'이라 한다; 사악함이 없이 고요하면, 이를 일러 '本無希嗜(순박하고 평온한 마음은 본래 다른 망상이 없다)'라고 한다. 성경은 그 본성의 정수를 대략 제시하여 말하였다: 태초에 사람이 지음을 받았을 때는, 정직한 본성이 생겨났다. 무릇 '정직'이라는 것이 본래의 의미이다. 하나님께서는 거룩한 은총을 베푸시어, 그 영혼을 인도하여 채워 주셨고, 주께서 특별한 은총을 베풀어, 본래의 의미를 지키게 하셨으니, 예를 들면 나라의 군주가 나올 때, 많은 선도자들이 있고, 수행하는 신하들이 있어서, 서로 함께 모시고 받드는 것이다. 거룩한 은총이란, 본래의 의미가 선도하는 것이다. 본래의 의미

---

192 「悉以羽翼原義」: '모두 초기의 정도에 맞게 성심성의껏 보좌할 수 있다'. 「羽翼」, '보좌하다'. 《呂氏春秋・舉難》: 「以私勝公, 衰國之政也. 然而名號顯榮者, 三士羽之也.(사적인 것이 공적인 것을 누르는 것은 국가를 쇠망시키는 정치이다. 그러고도 이름이 알려져 영화로울 수 있었던 것은, 세 사람이 보좌하였기 때문이다.)」 [漢] 高誘注: 「羽翼, 佐之.(羽翼은 '보좌하다'의 의미이다.)」

대로, 아름답고 이로운 것들이 완전하게 가득 차서, 이로부터 온 세상의 맹렬하고 악랄한 것들이, 모두 그의 명대로 도와주어, 감히 침범할 수 없었다. 또한 그때의 하늘은 항상 맑고 평온하였으니, 혹한의 추위와 혹서의 비를 만나지 않으면, 땅에는 고난이 없고, 사람이 땀 흘려 일하지 않으며, 고생을 두려워하지 않았고; 오곡백과가 때에 따라 무르익고, 먹고 마실 것이 풍족하였으며; 인생이 끝날 즈음까지, 병도 없고 걱정도 없으며; 살아서는 장수를 누리고, 조금의 걱정도 없이 잠을 자는 듯하며, 살아서 하늘에 오를 수 있으니, 풍족한 행복이 이루 다할 수 있으랴. 이르러 귀하게 따르니, 모든 덕이 여기에 모이고, 비로소 밝은 깨달음을 받았으니, 영원히 큰 빛을 가지게 되었다. 본래의 성질과 초월적인 성질 그리고 큰 지혜를 구비하면 — 배우지 않아도, 할 수 있으며; 생각하지 않아도, 알 수 있고; 신이한 총명함으로 능통하게 세상 물정을 통찰할 수 있으니, 위로는 천문이요, 아래로는 지리이며, 여러 종류를 중화하고 조절할 수 있다. 훌륭한 극치에 다다르지 않은 것이 없고, 또한 귀하게 받들어 모시게 된다. 그 감정의 발산이 도리에 맞으며, 선을 따르고 악을 피하는 것이, 모두 그의 뜻과 같다; 수많은 은혜를 입은 바가, 모두 초기의 정도에 맞게 성심성의껏 보좌할 수 있어서, 재상과 신하가 대군을 모시는 것과 같다.

或問: 原義何? 曰: 渾焉內外之平, 是也. 人有上分[193]悉和天主義令行禁止, 欣欣樂受, 罔微礙焉. 天主緣報厥順命之善,[194] 錫[195]厥下分亦悉和厥

---

193 「分」: 「份」과 같음. '직책, 본분'.
194 「緣報厥順命之善」: '명령에 순종하는 아름다운 행위에 보답하기 때문에'. 「緣」, '~로 인하여, ~ 때문에'.
195 「錫」: 「賜」와 통함. 고문에서는 자주 「錫」으로 「賜」의 의미를 표현한다.

上分, 纖微罔逆, 斯原義之謂.

어떤 이가 물었다:「'본래의 의미'란 것이 무엇입니까?」대답하였다:
「죄성이 없이 순수하여 안팎으로 평온한 것이, 바로 이것이라. 사람에게
는 위에서의 직분이 있어서 모두가 하나님의 의에 화합하여 명령은 지키
고 금지된 것은 행하지 말아야 하며, 기쁘고 즐겁게 받아들여, 조금도 방
해가 되지 않는 것이다. 하나님은 명령에 순종하는 아름다운 행위에 보
답하시기 때문에, 그의 아래에서의 직분도 하사하시어 또한 모두 그 위
에서의 직분에 화답하게 하시니, 미세하게라도 거역함이 없으면, 이것이
'본래의 의미'를 이르는 것이다.」

經攸曰: 主造首人, 賦厥巨智, 錫厥心明, 天地物性, 精微咸徹, 蓋天主
之光盛貯厥靈是也.

경전에서 말씀하신 바는 이렇다: 하나님께서 첫 사람을 지으시고, 그
에게 커다란 지혜를 부여하셨으며, 그에게 밝은 마음을 하사하셨고, 천
지의 물성을, 정교하고 오묘하게 모두 꿰뚫으시니, 무릇 하나님의 빛은
성대하여 그 영을 담아내느니라.

「泊乎娑殫妄施, 鈿餙眞精,[196] 閒平大於此是之中, 隙冥同於彼非
之內」: 사탄이 망령을 부리게 되어, 간교함으로 순수하고 정결한 마음을
꾸며 더럽혔으니, 그 간격이 작으면 하나님의 진리 가운데 있는 것보다도
크고, 그 간극이 깊으면 저 사탄의 악행 가운데 있는 것과 같다

泊, 及也. 娑殫者, 邪魔本稱, 譯言讐[197]也. 鈿餙, 妝點之意. 閒字, 古書

---

196 「泊乎 … 眞精」: 본래 비문에서는「泊乎娑殫施妄, 鈿餙純精.(사탄이 망령을 부리게 되
어, 간교함으로 순수하고 정결한 마음을 꾸며 더럽혔다.)」으로 되어 있다.

與間字同用, 謂間隔也. 玆詮元祖亞黨厥性粹精, 緣聽魔妄, 掩飾本美, 與平大之眞性間隔, 與冥[198]同之眞愛仇隙也.

'洎'는 '미치다, 이르다'이다. '사탄'이란 사악한 마귀에 대한 본래의 칭호이니, 번역하면 '원수'이다. '鈿飾'는 '멋부리다, 모양내다'의 의미이다. '閒'자는 고서에서 '間'자와 같은 의미로 사용되었고, '간격, 사이'라는 뜻이다. 이것은 '시조 아담 자신의 본성이 순수하고 훌륭하였지만, 마귀의 망령된 말을 들었기 때문에, 본래의 아름다움을 덮어 숨기는 바람에, 커다랗고 참된 본성과 간극이 벌어졌고, 어둠과 같아져 참된 사랑과 원한으로 틈이 벌어졌다.'는 내용을 설명하고 있다.

或疑: 天主厥初生人, 旣予[199]性美, 欣欣樂生, 何今吾皆不然. 曰: 邪魔妄施厥計, 誑[200]元祖獲罪于天主, 吾人咸屬厥枝, 厥根旣敝,[201] 枝並弗榮. 人方[202]主命, 庶物緣遂方人, 世難並集.[203] 咸人自招,[204] 弗足云[205]異.

---

197 「讐」: '원수'. 성경에서는 마귀의 별칭으로 「원수」를 사용한다. 베드로전서 5장 8절 참고: 「근신하라 깨어라 너희 대적 마귀가 우는 사자같이 두루 다니며 삼킬 자를 찾나니.」

198 「冥」: '어두움, 혼돈의 상태'. 여기서는 동사로 사용되어 '차이를 원상태로 돌리다'의 의미이다.

199 「予」: '주다'.

200 「誑」: '속이다'.

201 「敝」: '파괴시키다'. 여기서는 '죄를 범하다'의 의미로 파생되었음.

202 「方」: '위배하다'. 「方命」, '명령을 거역하다'. 《尚書‧堯典》: 「帝曰:『吁, 咈哉! 方命圮族.』(황제가 말씀하시기를: 아니, 그렇지 않도다! 왕명을 거역하여 종족에게 폐를 끼쳤다.) 屈萬里(1907-1979), 《尚書集釋》: 「方, 逆也(方은 '거역하다'이다.)」

203 「世難並集」: '세상의 모든 재난이 끊임없이 발생하다'. 「世難」, '시대의 재난과 변란'. 《三國志‧蜀志‧劉焉傳》: 「焉內求交阯牧, 欲避世難.(劉焉이 내심 交阯牧이 되기를 바라면서, 난세를 피하고자 하였다.)」 「集」, '한데 모이다'. 《國語‧晉語》: 「不其集亡.(멸망에까지 이르지는 않다.)」 [漢] 韋昭注: 「至也.('이르다'이다.)」

204 「自招」: '스스로 초래하다'. 《後漢書‧譙玄》: 「君高節已著, 朝廷垂意, 誠不宜復辭, 自招凶禍.(당신의 높은 풍모와 절개가 이미 원근에 뚜렷하니, 조정에서 당신을 선택한 이상, 더 이상 사양하지 마십시오. 그렇지 않으면 화를 초래할 것입니다.)」

어떤 이가 의심하였다: 「하나님께서 처음에 사람을 지으실 때는, 본성을 아름답게 해 주셔서, 기쁘고 즐겁게 살았는데, 지금 우리들은 어찌하여 모두 그렇지 않은가?」 대답하기를: 「사악한 마귀가 그의 간계를 망령되이 부려서, 시조가 하나님께 죄를 짓도록 속였고, 우리들은 모두 그 가지에 속해 있으니, 그 뿌리가 이미 파괴되었으므로, 가지 또한 무성할 수가 없는 것이다. 인간이 하나님의 명령을 거역하였고, 수많은 사물이 따라서 인간을 거역하였으므로, 세상의 모든 재난들이 끊임없이 발생하였다. 모든 사람들이 스스로 초래한 일이니, 이상할 것이 없다.」

經曰: 天主旣造無靈庶物, 繼造男女兩人, 締以夫婦禮, 命廣厥類, 用滿八埏.[206] 先置極樂之境, 俾享厥福; 備諸草木, 百卉觀美; 果實旨甘, 一以試厥順. 一以示厥福之繇, 匪出于人, 咸繇天主, 緣禁一樹之實, 戒云: 勿食, 食則死, 並喪攸受諸恩, 斯吾嚴命. 無何, 魔嫉人福, 誑乃妻云: 視某樹實甘美, 盍取食? 渠[207]云: 主誠予食必死, 無敢輒動, 矧食之. 魔云: 汝誠愚甚, 弗識斯實之能, 食之能洞萬有, 等天主. 主言弗誠, 弗願汝夫婦輩與齊, 斯戒食故. 渠緣魔誘, 遂摘食, 用一授厥夫. 夫暗妻柔,[208] 弗克忍而亦

---

205 「云」: '있다'. 《荀子·法行》: 「其云益乎?(그 이익이 되는 것이 있겠는가?)」「異」: '다른 것'. 《禮記·儒行》: 「同弗與, 異弗非也.(같더라도 좇지는 않으며, 다르더라도 어기지 않는다.)」여기서는 '예외'의 의미로 사용됨.

206 「經曰 … 八埏」: 이 단락은 성경 창세기 1장 27-28절에 나온다: 「하나님이 자기 형상 곧 하나님의 형상대로 사람을 창조하시되 남자와 여자를 창조하시고, 하나님이 그들에게 복을 주시며 하나님이 그들에게 이르시되 생육하고 번성하여 땅에 충만하라, 땅을 정복하라, 바다의 물고기와 하늘의 새와 땅에 움직이는 모든 생물을 다스리라 하시니라.」; 또한 창세기 2장 22-24절: 「여호와 하나님이 아담에게서 취하신 그 갈빗대로 여자를 만드시고 그를 아담에게로 이끌어 오시니, 아담이 가로되 이는 내 뼈 중의 뼈요 살 중의 살이라. 이것을 남자에게서 취하였은즉 여자라 칭하리라 하니라. 이러므로 남자가 부모를 떠나 그 아내와 연합하여 둘이 한 몸을 이룰찌로다.」「締」, '맺다, 체결하다'. 「埏」, '땅의 경계'.

207 「渠」: 인칭대명사 '그'. 《金史·歡都》: 「君相之位, 皆渠輩爲之.(임금과 재상의 자리를, 모두 그들이 차지했다.)」

食, 緣並方命. 受厥約刑, 吾人厥苗裔, 並受遺累, 斯邪魔施妄, 世苦之繇.

　경전에서 말하였다: 하나님께서 영혼이 없는 수많은 사물들을 만드셨고, 뒤이어 남자와 여자 두 사람을 만드셨으며, 이들을 부부의 예로 맺어 주셨고, 그들에게 널리 번성하고, 온 땅에 충만하라 명하셨다. 먼저 지극한 복락의 경계를 두시어, 그 복을 누리게 하셨다; 모든 초목을 구비하셨으니, 온갖 풀들이 보기에 아름다웠다; 과실이 맛있고 달았는데, 그중 하나는 그들의 순종을 시험하는 것이었다. 그 하나는 그들이 누리는 복의 연유를 보여 주는 것이었으며, 그것이 사람에게서 나온 것이 아니라, 모두 하나님으로부터 기인한 것이었으므로, 한 나무의 열매를 금지한 까닭이었고, 경계하여 말하였다: 「먹지 말라, 먹으면 곧 죽을 것이요, 또한 받은 바 모든 은혜를 잃게 되리니, 이것은 나의 엄중한 명령이니라.」 머지 않아, 마귀가 인간의 복을 질투하여, 그의 아내를 속여 말하였다: 「어떤 나무의 열매가 달고 맛있는 것을 보았을 텐데, 어찌하여 먹지 아니하는가?」 그녀가 대답하였다: 「주께서 먹으면 반드시 죽으리라고 경계해 주셨으니, 감히 움직일 수가 없는데, 더군다나 그것을 먹겠습니까?」 마귀가 말하였다: 「그대는 진실로 어리석음이 심하여, 이 과실의 능력을 알지 못하는데, 그것을 먹으면 만유를 통찰할 수가 있고, 하나님과 같아지리라. 주의 말씀은 진실되지 아니하나니, 너희 부부가 한평생 함께하기를 원치 않는 것이니, 이것이 먹지 말라고 한 까닭이다.」 그녀가 마귀의 유혹 때문에, 곧 따서 먹었고, 하나를 그의 지아비에게 주었다. 남편은 친

---

208 「曤」: '속인 것이 있다'. [南朝 宋] 劉義慶, 《世說新語 · 文學》: 「聞崔烈集門生講傳, 遂匿姓名, 爲烈名人質作食.(崔烈이라는 사람이 문생들을 모아놓고 〈춘추전〉을 강해한다는 소문을 듣고, 이름을 감춘 채, 먼저 崔烈의 집에 고용인이 되어 밥짓는 일을 맡았다.)」
「柔」: '부드럽고 아름답다'. [三國魏] 曹植, 《洛神賦》: 「柔情綽態, 媚於語言.(부드러운 마음과 가냘픈 자태에, 말투 또한 아름답도다.)」

근하고 아내는 부드러웠으니, 참지 못하고 먹어 버렸고, 또한 명령을 어
긴 까닭이 되었다. 그들은 약속된 형벌을 받았고, 우리들은 그의 후예이
니, 남겨진 수고를 받은 것이고, 이는 사악한 마귀가 망령을 부린 것으로
서, 세상의 고통이 된 까닭이다.

或疑: 一果實至微, 食過甚細,[209] 主刑太嚴, 未見厥慈. 曰: 非也, 厥罪至
重, 約擧四焉: 一, 斯戒易守, 故犯甚重. 奧斯定聖人曰: 元祖迷甚. 樂境諸
果, 儘甘任食. 主禁只一, 厥戒胡[210]輕, 守斯匪難. 試詰[211]犯緣, 克辭乏食?
克云[212]難從? 弗欽故[213]犯, 誠乃實辭. 厥辭醜,[214] 厥愆[215]至矣. 二, 大負主
恩. 繞受多寵, 弘慈擊目,[216] 方宜心感守令,[217] 顧倏受倏方,[218] 宜晰厥重.

---

209 「食過甚細」: '식용의 잘못이 매우 미미하다'. 「過」, '잘못, 과실'. 「細」, '미미하다'.
210 「胡」: '어떤, 얼마나'. 《廣雅·釋詁三》: 「胡, 何也.(胡는 何이다.)」
211 「詰」: '질문하다, 문책하다'. 《廣雅》: 「詰, 責也.(詰은 責이다.)」
212 「克辭」, 「克云」: '어떤 사물이라고 말할 수 있을까요?'.
213 「欽」: '존경하다'. 「故」: '고의로'.
214 「厥辭醜」: '쟁론에 능한 그의 교활함'. 「辭」, '논쟁하다, 쟁론하다'. 《說文解字》: 「訟, 辭
   也.(訟은 辭이다.)」「醜」, '악하다'. 《說文解字》: 「醜, 可惡也.(醜는 '악하다'이다.)」
215 「愆」: '죄악, 과실'의 의미이다.
216 「弘慈擊目」: '넓은 자혜로움이 역력히 보이다'의 의미. 「弘」, '크다'. 「擊目」, '목도하다,
   눈으로 직접 보다'. 《五燈會元》: 「問: 『尊者撥眉擊目, 視育王時如何?』師曰: 『即今也恁
   麼.』」(묻기를: 『존자가 눈썹을 헤쳐 열고 눈으로 직접 보았다는데, 阿育王을 보았을 때
   어땠습니까?』스승이 말씀하시기를: 『지금까지도 그러하다.』)
217 「方宜心感守令」: '비로소 마음속으로 은혜를 느껴야 하며, 그 명령을 굳게 지켜야 한
   다'. 「方」, '막, 비로소'. [宋] 沈括, 《夢溪筆談·雜志一》: 「伐山取材, 方有人見之.(산중의
   나무를 벌목하여 건축 재료를 얻었으니, 사람들이 비로소 모두 볼 수 있었다.)」「宜」,
   '응당'. 《史記·魏公子列傳》: 「不宜有所過.(응당 지나야 할 곳은 아니다.)」「心感」, '사람
   의 마음이 감화됨'을 말한다. [唐] 白居易, 《王澤流人心感策》: 「澤流心感, 而天下不太平
   者, 未之有也.(왕의 은택이 널리 퍼져 마음이 감화되니, 온 천하에 태평하지 않은 이가
   없었다.)」
218 「顧倏受倏方」: '오히려 막 분부를 받자마자 곧 그 규율을 어기다'. 「顧」, '도리어, 오히
   려'. [漢] 劉向, 《新序·善謀》: 「今三川, 周室, 天下之朝市也, 而王不爭焉, 顧爭於戎狄.(지
   금 三川과 周나라 왕실은 천하의 조정이자 시장인데, 왕께서는 거기서 다투시지 않고,
   도리어 오랑캐와 싸우고자 하십니다.)」「倏」, '몹시 빠르다'. 《魏書·崔挺傳》: 「別卿以
   來, 倏焉二載.(그대와 헤어진 이래로, 어느덧 2년이 지났다.)」「受」: '입다, 받다'. 《史

三, 天主旣戒云: 食之必死. 邪魔縱云: 食之無害, 乃弗以主命爲誡, 而信魔妄, 甚辱主命, 詎謂輕科? 可貸[219]嚴刑? 四, 厥罪匪一. 卽方一端, 兼有多辟.[220] 一曰: 厥心疑主, 二曰: 徇婦慢[221]主, 三曰: 妄驗果實之能, 欲試主與魔言孰確,[222] 四曰: 貪食踰節,[223] 五曰: 害巳又害厥後,[224] 六曰: 希與主並, 斯端極傲, 允[225]屬罪魁. 惡首惟傲, 緣一果冀齊天主, 奚傲如之.[226] 奧斯定聖人曰: 元祖多智, 厥智猶暗. 又, 厥攸知, 增減存滅, 惟主是繇, 乃自憎厥知, 自厭厥下, 冀俾無所弗知, 至尊罔匹,[227] 致慢主命. 厥心傲, 厥迷哀, 希擬[228]主福, 喪現福焉. 迨若魔計,[229] 抑又陋哉, 罔巳以傲, 罔人以傲, 並莫逃厥傲刑.

어떤 이가 물었다: 「과실 하나는 극히 미미한 것이며, 그것을 먹은 잘못은 매우 작은 것인데, 주의 형벌은 너무 엄중하였으니, 그분의 자비를

記·屈原賈生列傳》:「人又誰能以身之察察, 受物之汶汶者乎?(사람이라면 또 누가 자신의 희고 흰 깨끗함으로, 세상의 더러운 것들을 받아들일 수 있겠습니까?)」

219 「貸」: '너그러이 용서하다, 관용하다'.

220 「辟」: '형벌'. 《後漢書·宣張二王杜郭吳承鄭趙列傳》:「古之明王, 深識遠慮, 動居其厚, 不務多辟; 周之五刑, 不過三千.(옛날 명철한 군주는, 깊이 인식하고 멀리 사려하였으며, 움직임에 돈후함이 있었고, 여러 형벌에 힘쓰지 않았으니; 周나라의 다섯 가지 형벌은, 삼천을 넘지 않았다.)」

221 「徇」: '순종하다, 굴종하다'. 「慢」: '경외하지 않고, 예의가 없다'. 《說文解字》:「慢, 一曰不畏也.('慢'은 일설에는 '경외하지 않다'의 의미이다.)」

222 「孰確」: '누가 정확한가?'.

223 「踰節」: '응분의 구분을 뛰어넘었다'. 「踰」, '넘다, 초과하다'. 《論語·爲政》:「七十而從心所欲不踰矩.(칠십에 마음이 하고자 하는 바를 쫓아가더라도 절대 규칙을 넘지 않았다.)」「節」, '절도, 예절'. '한계', 심지어 '규칙'의 파생의미로 볼 수 있다.

224 「害厥後」: '후대의 자자손손에게 화를 남기다'. 「後」, '후대'. 이것은 '아담 이후의 인류가 아담이 범한 원죄를 반드시 져야 함'을 가리킨다.

225 「允」: '실제로, 과연'. 《說文解字》:「允, 信也.(允은 信이다.)」 '信'은 '확실한, 실제의'의 의미가 있다.

226 「如之」: '이 일과 같다'.

227 「罔匹」: '비교할 수 있는 것이 없다'.

228 「擬」: '하려고 하다'. [宋] 李淸照, 《武陵春》:「聞說雙溪春尙好, 也擬泛輕舟.(雙溪의 봄이 좋다고들 하니, 조각배나 띄워 뱃놀이나 해볼까.)」

229 「迨若魔計」: '마귀가 간계를 부릴 때까지 기다리다'. 「迨」, '~까지 기다리다, 도달하다'.

보지 못하였다.」 대답하기를: 아니다, 그의 죄는 지극히 중한 것으로서, 대략 네 가지로 얘기할 수 있다: 첫째, 이 계율은 쉽게 지킬 수 있었으나, 죄를 범함이 심히 중하다. 성 어거스틴이 말하였다: 시조의 미혹됨이 심하였다. 낙원의 경계에 있는 모든 과실은, 모두 달고 맛있어서 마음대로 먹을 수 있었다. 주께서는 단지 하나만을 금하셨는데, 그의 계율은 얼마나 가벼웠는지, 이것을 지키는 일은 어렵지 않았다. 죄를 범한 연유를 따져 보니, 먹을 것이 부족하다고 말할 수 있는가? 계율을 따르기 어렵다고 말할 수 있는가? 고의로 범한 것을 존중하지 말지니, 실로 이는 진실된 말이로다. 그의 말은 추했고, 그의 잘못은 너무도 심하였다. 둘째, 하나님의 은혜를 크게 저버렸다. 이제 막 많은 총애를 받았고, 크신 자비를 목격하였으니, 바로 마음속으로 마땅히 그 은혜를 느끼고 명령을 굳게 지켜야 하나, 도리어 명령을 받자마자 그 규율을 저버렸으니, 그 중대함을 마땅히 명백히 해야 한다. 셋째, 하나님은 이미 훈계하여 말씀하셨다: 「그것을 먹으면 반드시 죽을 것이다.」 사악한 마귀가 제멋대로 말하였다: 「그것을 먹어도 해가 없으니, 주의 명령을 진실되이 여기지 말라.」 그러나 마귀의 망령된 말을 믿고, 주의 명령을 심히 욕되게 하였으니, 어찌 가벼운 규율이라 할 수 있겠는가? 엄한 형벌을 용서할 수 있겠는가? 넷째, 그의 죄는 한 가지가 아니다. 한쪽 면이 있을 뿐만 아니라, 동시에 여러 가지 형벌의 책임이 있다. 하나: 그의 마음이 하나님을 의심하였고, 둘: 아내를 좇아 하나님을 기만하였으며, 셋: 열매의 능력을 망령되이 검증하여, 하나님과 마귀의 말 중 누가 정확한지를 시험하고자 하였고, 넷: 먹을 것을 탐하여 분수를 넘어섰으며, 다섯: 자신뿐 아니라 후대의 자손들에게도 화를 남겼고, 여섯: 하나님과 같아지기를 희망하였으니, 이는 극단적으로 교만해진 것이며, 정말로 가장 큰 죄에 속한다. 죄악의 으뜸은 오로지 오만한 것인데, 하나의 열매로 인하여 하나님과 동등해지기를

바랐으니, 오만함이 어찌 이와 같을 수 있는가. 성 어거스틴이 말하였다:
「시조 아담은 많은 지혜를 가졌으나, 그의 지혜는 여전히 우매하였다.
또한, 그가 아는 바는, 늘고 줄고 존재하고 소멸하는 것으로서, 유일하신
주께서 하시는 것인데, 이내 스스로 그분의 지식을 미워하고, 스스로 그
분의 아래인 것을 싫어하여, 모르는 바가 없게 되기를 바랐으며, 지고하
고 존귀하기가 비할 바 없기를 원했으니, 결국 하나님의 명령을 경시하
기에 이르렀다. 그의 마음이 오만하고, 그의 우매함이 애통하니, 주의 복
을 얻기를 바랐으나, 이에 지금 가진 복을 잃어버렸다. 만일 사탄이 간계
를 펼칠 때를 기다린다면, 오히려 또한 초라해질지라, 교만함으로 자신
을 가리고, 오만함으로 남을 기만하였으니, 또한 그 자신의 오만에 대한
형벌을 피하지 말라.」

  或問: 傲惡奚居首? 曰: 緣貪而食, 緣魔誘而貪, 緣喪主寵被誘, 緣慢主
致喪主寵, 緣自尊輕主. 傲惡存乎自尊, 一入元祖心, 天主疾惡棄絶, 斯晰
傲誠惡首. 故經曰: 傲矜居萬罪首.[230] 昔上古多彼亞聖人訓厥子云: 戒之
戒之, 毋容傲氣入乃心, 毋得自尊入乃心, 喪乃心.[231] 而諸喪之首, 斯罪之

---

230 「故經曰: 傲矜居萬罪首」: 성경은 여호와 앞에 교만한 자를 여러 차례 맹비난하였다. 야
   고보서 4장 6절:「하나님이 교만한 자를 물리치시고 겸손한 자에게 은혜를 주신다.」
   잠언 16장 5절:「무릇 마음이 교만한 자를 여호와께서 미워하시나니 피차 손을 잡을지
   라도 벌을 면치 못하리라.」 그러나 주 예수 그리스도를 언급하면 그의 겸손함을 특히
   강조한다. 빌립보서 2장 6-7절:「그는 근본 하나님의 본체시니 하나님과 동등됨을 취
   할 것으로 여기지 아니하시고; 오히려 자기를 비워 종의 형체를 가지사 사람들과 같이
   되셨고.」
231 「昔上 … 乃心」: 이 단락은 思高聖經 토비트서(Book of Tobias) 4장 13절에서 유래했
   다:「애야! 네 친족을 사랑하여라. 네 친족에 대하여나 네 동포의 자녀들에 대하여 교
   만한 마음을 품지 말아라. 너는 그들 중에서 네 아내를 택해야 한다. 교만은 파멸과 많
   은 혼란을 가져오는 법이다. 태만은 집안을 망치고 큰 가난을 몰고 온다. 태만은 기근
   의 어미이다.」 이 책은 천주교와 동방정교회 성경의 구약 부분에 수록되어 있지만, 개
   신교에서는 이것을「외경」으로 분류한다.

狀, 莫克勝數.[232] 天主嚴刑奚異, 矧主用罰之際, 旋[233]施厥慈. 經曰: 元祖
方命, 天主旋示良方. 俾獲起. 時主語魔曰: 毒龍毋自妄誇, 毋昂傲首, 我
于來時, 將生一女, 踏汝首, 厥女之子大克汝, 汝輩乃大敗.[234] 良聖人[235]詮
曰: 毒龍乃邪魔, 女乃聖母瑪利亞, 子其旣降世, 以攻以勝以破魔計爲職.
聖經紀厥勝云: 逆賊勤守厥寨, 安享厥財, 忽巨勇突入, 攻而勝之, 必奪厥
兵, 抄厥輜重, 以散本兵. 解曰: 逆賊, 指邪魔; 厥寨, 指普地; 厥兵, 指惡
謀; 巨勇, 指吾主, 吾主降世敵邪魔, 殺厥力, 破厥謀, 削厥權, 制厥勢, 于
是俾人棄魔而向主.[236]

어떤 이가 물었다: 「오만의 죄악이 어찌하여 가장 큰 것인가?」 가로되:
「욕심 때문에 먹고, 마귀의 유혹으로 인하여 욕심을 내며, 하나님의 은총
을 잃음으로 유혹을 받고, 하나님을 경시함으로 주의 은총을 상실하기에
이르며, 스스로 존귀하고자 하여 주를 경시하였다. 오만의 죄악은 자신
을 높이 받들고자 함에 있으니, 시조 아담의 마음으로 한번 들어가기만
하면, 하나님께서는 악을 미워하시어 우리를 버리시나니, 이것은 오만이
진실로 악의 으뜸임을 명백히 알려 주는 것이다.」 그리하여 경전에서 말
씀하시었다: 오만하여 스스로 잘난 체하는 것은 만 가지 죄 가운데 으뜸

---

232 「莫克勝數」: '끝을 헤아릴 방법이 없다'. 「莫」은 '不'과 같음. 「勝」, '다하다'. 《孟子‧梁惠
王上》: 「斧斤以時入山林, 材木不可**勝**用也.(도끼로 제철에만 산림의 나무를 베게 하면,
재목을 이루 다 쓸 수 없게 된다.)」 「數」, '계산하다'.

233 「旋」: '즉시, 곧'.

234 「時主 … 大敗」: 이 단락은 창세기 3장 15절에서 유래한다. 「내가 너로 여자와 원수가
되게 하고 네 후손도 여자의 후손과 원수가 되게 하리니, 여자의 후손은 네 머리를 상
하게 할 것이요, 너는 그의 발꿈치를 상하게 할 것이니라 하시고.」

235 천주교에서는 사람이 죽은 후 승천하는 것을 확인하면 「聖人」이 된다고 여겼다. 여기
서는 로마 교황인 '성 대 레오(Saint Leo the Great, 400-461)'를 가리킨다. 이 부분의 논
술은 그의 설교집 22에서 볼 수 있다. 〈On the Feast of the Nativity, Ⅱ〉.

236 「解曰: 逆賊 … 向主」: 이 단락은 마태복음 12장 29절 장사 결박에 대한 예수의 비유에
근거하고 있다: 「사람이 먼저 강한 자를 결박하지 않고야 어떻게 그 강한 자의 집에 들
어가 그 세간을 늑탈하겠느냐. 결박한 후에야 그 집을 늑탈하리라.」

이라. 오랜 옛날 토비아 성인이 그의 아들을 훈계하며 말하였다:「경계하고 또 경계하여, 오만한 기운이 마음에 들어오는 것을 허용치 말고, 스스로를 높이고자 함이 마음에 들어오지 못하게 하라. 마음을 상하게 하는 것이, 모든 상함의 으뜸이며, 이것이 죄악의 모습으로서, 그 끝을 헤아릴 방법이 없다. 하나님의 엄한 형벌은 어찌나 기이한지, 더구나 주가 벌을 하실 때는, 즉시 그의 자비도 베푸시니라.」경전에서 말씀하시었다: 시조 아담이 명을 어기자, 하나님은 즉시 좋은 처방을 보여 주셔서, 일어설 수 있게 하셨다. 그때 주께서 사탄에게 말씀하셨다:「간교한 용아 스스로 망령되이 자랑하지 말고, 교만한 머리를 쳐들지 말라. 내가 올 때에, 딸 하나를 낳으리니, 너의 머리를 밟을 것이고, 그 여자의 아들이 너를 크게 정복하리니, 너희들은 모두 크게 상하리라.」李之藻가 이를 설명하였다:「간교한 용이란 곧 사악한 마귀이며, 여자는 곧 성모 마리아이고, 아들이 세상에 내려오심은, 마귀의 간계를 공격하여 승리하고 파괴하기 위함이다.」성경은 그의 승리를 기록하여 말씀하셨다: 역적이 그의 요새를 부지런히 지키면서, 그의 재물을 편안히 누렸으나, 갑자기 거대한 용기가 돌입하여, 그를 공격하여 승리하였으며, 기필코 그의 병사를 빼앗고, 그의 군수품을 탈취하여, 본병을 분산시켰다. 해석하여 말하였다:「역적은 사탄을 가리키며; 그의 요새란 일반적인 땅을 가리키고; 그의 병사란 사악한 모략이며; 거대한 용기란 나의 주님을 가리키니, 나의 주께서 강림하시어 사악한 마귀를 적대하시고, 그의 힘을 분쇄시키시며, 그의 모략을 파괴하시고, 그의 권세를 빼앗으시며, 그의 세력을 제압해서서, 이리하여 인간으로 하여금 마귀를 버리고 하나님을 향하도록 하셨다.」

奧斯定聖人嘆曰: 幸哉人罪, 緣主降世, 成人贖人, 大施靡竟[237]之慈. 昔魔妄施, 俾人離地堂樂境; 玆主降世, 俾人登天上福堂. 爾徒異主罰, 弗念

主慈者, 謬238也.

성 어거스틴이 탄식하며 말하였다:「다행이로다. 인간의 죄는, 주께서 강림하셨기에, 인간의 몸이 되신 분이 인간을 속죄하였고, 끝이 없는 자비를 크게 베푸셨다. 옛날 마귀의 망령됨이, 인간을 땅 위 아름다운 경지에서 벗어나게 하였으나; 주께서 세상에 오셔서, 인간으로 하여금 하늘 위 복락의 집에 오르게 하셨다. 너희들이 주의 벌을 기이하게 여기고, 주의 자비를 사모하지 않음은, 착오적이고 사리에 맞지 않는 일이라.」

奧斯定及多瑪239兩聖人, 評元祖夫婦罪, 誰首誰從,240 云: 罪首屬妻, 緣彼嫉主福, 疑主言, 推厥夫同陷者故. 又有聖人云: 罪首在夫, 以亞黨躬承主戒, 厥妻轉受于夫. 夫爲妻首, 首受主戒, 首方主命, 首招萬民之苦, 緣彼方命, 世染原罪, 無與厥妻. 重罪歸夫, 斯評較切.

어거스틴과 토마스 아퀴나스 두 성인은, 시조 아담 부부의 죄가, 누가 먼저이고 누가 나중이냐를 평하여 말하였다:「죄는 우선 아내의 탓이니, 저로 말미암아 주의 복을 증오하고, 주의 말씀을 의심하여, 그의 지아비가 함께 타락한 까닭이라 추론할 수 있다.」 또 한 성인이 말하였다:「죄의 첫째는 남편에게 있으니, 아담이 주의 계율을 몸소 받들었으며, 그의 아내가 남편에게서 돌려받은 것이다. 지아비는 아내의 머리가 되니, 머리가 주의 계율을 받고, 그 머리가 주의 명령을 어겼으며, 그 머리가 만민의 고통을 불러일으켰으니, 그의 명령 어김으로 인하여, 세상이 원죄

---

237 「靡竟」: '끝이 없다'.
238 「謬」: '착오적이고 사리에 맞지 않는'.
239 「多瑪」: '토마스 아퀴나스(Thomas Aquinas, 1225-1274)'를 가리킴. 중세기 스콜라 철학자이자 신학자로서《哲學大全》,《神學大全》등의 저술이 있다.
240 「從」: '부속, 부차적'.

로 물들었으며, 이는 그의 아내와는 관계가 없는 것이다. 중한 범죄는 남편의 탓이니, 이러한 평가가 비교적 적절한 것이다.」

或問: 元祖獲罪, 受罰宜矣, 後人何與? 曰: 泉濁, 流濁; 本傷, 枝傷; 元祖獲罪, 厥裔共之胡異?[241] 譬之發麵酵, 合時味甘, 踰時味酸, 麵緣並酸. 元祖乃吾人同類之首, 始生未犯, 厥性本美, 方命之後, 大改厥性, 吾人爲彼傳生, 生際必共厥污, 是名原罪.

어떤 이가 물었다:「시조가 죄를 범했으니, 벌을 받음이 마땅한 것이지만, 후대 사람들은 어찌 된 것인가?」말하기를:「샘물이 흐린 것은, 그 흐름이 탁한 때문이고; 뿌리가 상하면, 가지도 상하는 것이며; 시조가 죄를 범했으면, 그 후예도 그와 함께하는 것이 어찌 다른 것인가? 가령 효모를 발효시키면, 적당한 때에 그 맛이 달아지지만, 때를 넘기면 맛이 시어지는데, 밀가루 반죽이 모두 시큼한 것은 이 까닭이다. 시조 아담은 곧 우리와 같은 인류의 시조이니, 막 태어나서는 죄를 범치 않았고, 그의 본성이 아름다웠으나, 명을 어긴 이후로, 그의 본성이 크게 바뀌었으니, 우리들은 그로부터 물려받은 생명이고, 천생 지간에 반드시 그의 부정과 함께하게 되나니, 이를 일러 '원죄'라 하는 것이다.」

聖賢又紀曰:「天主初造人, 與約誡云:『雖汝罔功, 吾徒手賜汝本性超性多恩, 汝必盡忠奉命. 如是, 汝乃安享厥賜, 汝子若孫咸享厥賜, 吾甚愛之, 視若忠裔. 不然, 汝或心迷方予命, 汝乃蒙叛逆惡名, 吾必甚怒, 降罰萬苦, 以迄[242]于死, 汝子若孫, 並同汝罰, 汝宜警戒切識.』」噫![243] 元祖弗戒, 倏

---

241 「胡異」: '무엇이 다른가'. '앞의 샘물의 흐름의 비유와 무엇이 다른가'.
242 「迄」: '도달하다, ~에 이르다'.《詩經‧大雅‧生民》:「以迄於今.(지금에 이르다.)」
243 「噫」: 古文에서 자주 보이는 감탄사.

忽忘命, 昏迷負約而犯誡焉. 天主如約始降多罰, 用懲厥罪, 先失靈性之聖寵, 後罹種種世殃, 幷吾子孫輩同厥累焉. 斯晰天主罰元祖, 並罰吾輩之大義.

성현이 또 기록하여 말씀하셨다: 「하나님께서 태초에 사람을 창조하시고, 약속의 계율을 주시며 말씀하셨다:『네가 비록 공이 없을지라도, 내가 너에게 본성과 초월성과 많은 은혜를 거저 내렸나니, 너는 반드시 충성을 다하여 명을 받들지라. 이리하면, 너는 곧 그 은혜 내리심을 편안히 누릴 것이요, 너의 자식과 손자도 모두 그 복을 누릴 것이니, 내가 그들을 심히 사랑하여, 충성된 후손으로 여길 것이라. 그렇지 않고, 네가 혹시 마음이 미혹되어 나의 명을 어기면, 너는 곧 반역의 오명을 입게 될 것이고, 내가 반드시 심히 분노함으로, 만고에까지 벌을 내려서, 죽음에 이르도록 할 것이며, 너의 자손들도, 너와 함께 벌을 받을지니, 너는 마땅히 경계하고 절박하게 인식할지라.』」 아아! 시조가 경계하지 못하여, 갑자기 명을 잊어버렸고, 혼미하여져 약속을 위반하고 계율을 범하였도다. 하나님께서는 약속대로 처음으로 많은 벌을 내리셨고, 그의 죄를 징벌하셨는데, 먼저는 영성을 주신 거룩한 은총을 잃어버렸고, 후에는 갖가지 세상의 재앙을 당했으며, 내 자손들이 그의 수고와 함께하게 되었다. 이것이 하나님께서 시조 아담에게 벌하심과 우리들을 벌하신 크신 뜻을 밝힌 것이다.

聖賢又設喩曰:「今有臣, 未建尺寸功,[244] 其君先予以高爵厚祿,[245] 旋戒曰:『予奪[246]繇我, 兹特徒手[247]賜汝, 汝能遵命, 乃終[248]厥享, 汝裔世食汝

---

244 「尺寸功」: 크기가 작은 측량 단위. '尺寸功'은 즉 '小功'이라는 뜻이다.
245 「爵」: 고대에 귀족이나 공신에게 봉해주던 '관리의 등급'이 후에 '관직'의 의미로 파생되었다. 「祿」: 고대 관리의 봉록으로서 현대의 봉급과 유사하다.

享,249 不然, 爲叛逆, 吾奪汝而罰至重, 凡汝子孫恒是逆裔.』君命如是,
設250其臣弗戒, 而遂251叛焉, 自取放置. 爲厥子孫, 視252無祿爵, 煩苦如
民, 宜異厥先之于憲253乎, 抑異其君之法譴254乎?」用是推之, 可無疑義,
是故人生帶有原罪, 不可少疑.

　성현이 또 비유를 들어 말씀하셨다:「지금 신하가 한 사람 있어, 아직
작은 공도 세우지 못했으나, 그의 군자가 먼저 높은 작위와 후한 녹봉을
하사하면서, 곧 경계하여 말하였다:『주는 것과 빼앗는 것은 나로 말미암
음이나, 이에 특별히 너에게 거저 하사하였으니, 네가 명령을 준행하면,
너는 끝까지 그것을 누릴 수가 있고, 너의 후손도 대대로 너의 모든 작록
을 받을 수 있으나, 그렇지 않고, 반역을 하면, 내가 너에게서 빼앗을 것
이고 엄중한 벌을 가할 것이니, 무릇 너의 자손들이 영원히 반역자의 후
예가 될 것이라.』군주의 명령이 이러하였으니, 만일 그 신하가 경계하
지 않으면, 그리하여 이에 반역하는 것이니, 스스로 그것을 놓게 하였다.
그의 자손으로서, 작록이 없는 것으로 간주되면, 백성과 같이 괴로움을
당할 것이니, 마땅히 그 선조의 본받음을 따져 책망할 것이요, 오히려 그

---

246 「予奪」: '주는 것과 뺏는 것', '하사하는 것과 거두어들이는 것'.
247 「徒手」: 본래 '빈손', 즉 수중에 어떠한 물건도 없는 상태를 가리킨다. '徒'는 '헛되이'의
　　의미를 가지고 있으니, 여기서의 '徒手'는 마땅히 '거저 주다'가 될 것이다.
248 「終」: '시작부터 끝까지의 일정한 시간', 예를 들면: '終年(일년 내내)'. 여기서는 '처음
　　부터 끝까지 이것을 향유할 수 있다'는 의미로, 다음 문장에 비추어 볼 때 '후예까지도
　　끊임없이 향유할 수 있다'의 뜻이다.
249 「汝裔世食汝享」: '너의 자손이 대대로 너의 모든 작록을 받을 수 있다'. 「裔」, '후예'.
　　「世」, '대대, 여러 대'.
250 「設」: '가설, 설문(設問)'.
251 「遂」: '그래서'.
252 「視」: '~로 간주되다'.
253 「憲」: '본받다'. 《周禮·天官》:「憲禁于玉宮.(황궁을 본받다.)」
254 「異」: '이상하게 생각하다', 여기서는 '따져 비난하다'의 의미로 파생되었다. 「法譴」:
　　'법에 따라 비난하다'.

군주의 법을 비난하여 책망할 것인가?」 이로써 추론해 보면, 의심의 여지가 없으니, 이런 까닭에 인간의 생은 원죄를 가지고 있으므로, 조금도 의심해서는 아니 된다.

    昔異教人不信小兒初胎皆有原罪, 乃曰: 父授[255]子以生, 無罪; 子受之父而生, 亦無罪, 原罪何隙入之? 奧斯定聖人答曰: 今有人偶[256]陷深坑, 見者不速救, 而徐[257]責其陷坑之人, 必怪之曰: 汝宜速援吾出, 弗宜徐責吾入也, 然則人旣偕[258]入原罪深坑, 汝怪其入, 奚益哉? 宜求天主施救, 乃利[259]矣. 嗚乎! 久哉巨門大闢[260]已入, 汝何求小隙耶? 葆祿聖徒明厥門曰: 元祖之罪, 引罪入世, 罪旣入, 死輒隨之.[261] 罪在彼謂之本罪, 在我, 謂之原罪. 欲晰其流毒之遠, 當知後人原係[262]元祖之身, 如肢體係元首然, 彼代吾人首領主命, 幷代吾人首肯[263]主約, 則彼領, 卽吾領; 彼守與犯, 卽吾守吾犯; 彼受供命[264]之賞, 吾與共之; 則彼受犯命之罰, 吾亦與之共之矣. 原罪之流, 不益信[265]乎.

---

255 「授」: '주다'.
256 「偶」: '우연히'.
257 「徐」: '천천히'. 《孫子·軍爭》:「故其疾如風, 其徐如林.(그 빠르기는 질풍과 같고, 느리기는 숲처럼 고요하다.)」
258 「偕」: '함께'. 《說文解字》:「偕, 俱也(偕는 俱이다.)」「益」: '좋은 점'.
259 「利」: '유리하다'.
260 「闢」: '배제하다'. [宋] 王安石, 《答司馬諫議書》:「闢邪說, 難壬人, 不爲拒諫.(잘못된 말을 물리치고, 간사한 사람을 질책한 것은, 권고를 거절한 것이 아니다.)」
261 「元祖 … 隨之」: 이 부분은 로마서 5장 14절에 나오는 내용이다:「그러나 아담으로부터 모세까지 아담의 범죄와 같은 죄를 짓지 아니한 자들까지도 사망이 왕 노릇 하였나니 아담은 오실 자의 모형이라.」
262 「係」: '관련되다'.「繫」와 통함.
263 「肯」: '동의하다'.
264 「供命」: '명령을 집행하고 부름을 따르다'. 《孔子家語·王言解》:「有土之君, 修此三者, 則四海之內, 共命而已矣.(땅을 가진 임금으로서, 이 세 가지를 닦는다면, 사해의 안이, 모두 명령을 따를 뿐이다.)」
265 「信」: '진정, 참으로'. 《說文解字》:「信, 誠也.(信은 誠이다.)」

옛날 이교도들은 어린아이가 처음 태 속에 있을 때부터 모두 원죄를 가지고 있다는 것을 믿지 않았으며, 이렇게 말하였다: 「아비는 자식에게 생명을 주었으니, 죄가 없고; 자식은 아비로부터 생명을 받았으니, 또한 죄가 없는데, 원죄란 것이 어찌 그 속으로 틈입할 수 있는가?」 성 어거스틴이 답하여 말했다: 「지금 어떤 사람이 우연히 깊은 구덩이에 빠졌는데, 이를 본 사람이 속히 구조하지 않고, 도리어 천천히 그 함정에 빠진 사람을 비난한다면, 필시 그를 꾸짖으며 말하길: 당신은 속히 나를 구해 주어야 마땅한데, 내가 빠진 것만을 천천히 비난하고 있으니 마땅치 않고, 그런즉 사람이 이미 함께 원죄의 깊은 구덩이에 빠졌는데, 당신은 그 빠진 것만을 책망하고 있으니, 이것이 어찌 이익이 되리요? 마땅히 하나님의 구원하심을 간구하는 것이, 곧 이로울 것이다. 오호통재라! 오래도록 커다란 문이 크게 열려 이미 들어갈 수 있는데, 그대는 어찌하여 작은 틈새만을 구하는가?」 사도 바울이 그의 제자들에게 밝혀 말하였다: 「시조 아담의 죄는, 죄를 가져와 세상에 넣은 것이고, 죄가 이미 들어왔으니, 죽음이 곧 그를 따르리라. 죄가 저들에게 있는 것을 일러 '본죄'라 하고, 나에게 있으면, '원죄'라 한다. 그 해독의 근원을 분명히 하려면, 후세 사람들이 본래 시조의 몸과 관련되어 있음을 알아야 하니, 사지와 몸통이 머리와 달려 있는 것과 같고, 저가 우리 인간을 대신하여 처음으로 하나님의 명령을 받았으며, 또한 우리 인간을 대신하여 처음으로 하나님의 언약에 동의하였으니, 즉 저가 받고, 우리도 받은 것이라; 저가 범죄를 지켜 주었고, 즉 우리는 우리의 범죄를 지킨 것이며; 저가 명령을 집행하고 부름에 따른 상을 받았고, 우리도 그것을 함께하였으니; 즉 저는 명을 어긴 벌을 받았고, 우리 또한 그와 그것을 함께 나눈 것이라. 원죄의 흐름을 믿을 수 없단 말인가?」

或問: 原罪招致多難, 請示厥詳. 曰: 厥患屈指莫罄.[266] 第言其畧, 則先敝內靈, 繼延厥身. 原罪在靈, 不容聖寵, 故厥靈其醜穢,[267] 天主甚讐惡之, 苟弗求聖教善法以潔除, 終弗能升天. 斯一患爲最, 別有四患, 聖賢謂之四傷: 一, 傷明司;[268] 二, 傷愛司; 三, 傷下分[269]之嗜; 四, 傷下分之怒.

어떤 이가 물었다: 「원죄가 여러 어려움을 불러일으킨다는데, 그 상세함을 보여 주십시오.」 대답하였다: 「그 화는 매우 큰 것이다. 단지 그 대략을 말하자면, 먼저 내면의 영을 망가뜨리고, 뒤이어 그 몸에까지 미친다. 원죄는 영에 있어서, 거룩한 은총을 허락지 않으니, 그리하여 그 영이 추해지는 것이고, 하나님께서 그것을 심히 미워하시나니, 만일 거룩한 가르침과 선한 법을 구하여 정결히 제거하지 않으면, 종국에 하늘로 올라갈 수가 없는 것이다. 이것이 첫 번째 화로서 가장 큰 것이며, 그 외에 네 가지 화가 있으니, 성현들은 그것을 일러 '사상(四傷)'이라 한다: 첫째, '明司(명철한 주관)'를 상하게 함이요; 둘째, '愛司(사랑의 주관)'를 상하게 함이고; 셋째, '下分之嗜(저열한 욕망)'를 상하게 함이며; 넷째, '下分之怒(저열한 분노)'를 상하게 하는 것이다.」

傷明司何? 奧斯定聖人詮曰: 無喻可喻[270]吾人之愚. 夫羽禽雖愚, 人殆甚[271]焉. 羽禽弗學而認厥母, 弗携而識就哺,[272] 人顧不然, 生時弗知其母,

---

266 「屈指莫罄」: '화는 홀로 오지 않고, 매우 크다'의 의미이다. 「罄」, 본뜻은 '그릇이 텅 비다'이고, 후에 '다하다'의 의미로 파생되었다.
267 「穢」: '추하다, 더럽다'.
268 「司」: '주관하다'. 《廣雅》: 「司, 主也.(司는 主이다.)」
269 「下分」: '낮다, 저열하다'. 《優陀夷因緣品下》: 「或時唯現上分之身下分不現.(어떤 때는 유독 윗부분은 드러나고 아랫부분은 드러나지 않는다.)」
270 「喻」: 앞의 '喻'는 '비유하다'의 의미이고, 뒤의 '喻'는 '알려 주다, 설명하다'의 뜻이다. 예를 들면: '曉諭, 告喻'.
271 「殆」: '대개, 대체로, 아마도'. 《孟子・梁惠王上》: 「殆有甚焉, 緣木求魚, 雖不得魚, 無後災.(대체로 심합니다. 나무에 올라가 물고기를 구하는 것은, 비록 물고기를 얻지는 못

餒[273]時弗知就乳, 長而無師, 弗能辨生死之向, 與形神[274]貴賤諸理. 雖有大智, 師心矢論,[275] 尚多謬雜; 學士雖勤, 弗能悉準.[276] 經曰: 天主造世, 物類森森,[277] 人雖殫思, 弗罄[278]厥理. 夫物旣至賾,[279] 學宜至長, 而年壽甚促, 或誇周知, 不亦過妄? 寧謂無知, 庶乎允當,[280] 又況生命本促, 人更爲之促其促,[281] 宴息居半, 飮食閒暇居半, 務學之時, 僅惟半晷,[282] 可識甚淺. 且天主生人形軀, 俾得盡力于善學, 人反厥用, 先身後性, 五官爲性學門, 徇五官而性學喪焉. 古賢嘆曰:「物質咸助厥模, 用修厥職, 特人質宜助厥靈, 而反敗厥職.」聖經曰:「肉軀重土, 勢本墜落, 牽靈偕落.」[283], 是

하나, 뒤따르는 재앙이 없습니다.)」「甚」: '넘다, 초과하다'.《論語 · 衛靈公》:「民之於仁也, 甚於水火.(백성의 仁에 대한 관계는 물과 불보다도 중하다.)」[梁] 皇侃,《論語義疏》:「猶勝也.('勝'의 의미와 같다.)」

272 「弗攜而識就哺」: '끌어당기지 않아도 가까이 먹여 길러야 함을 안다'「攜」, '잡아당기기, 끌다'.「識」, '알다, 이해하다'.「就」, '가까이하다, 접근하다'.

273 「餒」: '배고프다'.《說文解字》:「餒, 饑也.(餒는 饑이다.)」

274 「形神」: 중국의 독특한 인간관에서 '形'은 신체, 육체를 가리키고 '神'은 정신 활동을 말한다. 그러나 이것은 영혼이라는 개념에서의 불변하는 정신적 주체와는 다른 것이다. 인간의 '神'은 육체의 소멸에 따라 우주로 흩어져 떠돌아다니고, 육체와의 결합에 따라 다시 한 사람의 정신으로 응집되어지는 것이다. 莊子는 〈養生主〉 편에서 '形'을 나무에, '神'을 불에 비유했는데, 사람은 횃불이며 불이 꺼졌을지라도 불의 존재는 다음 나무 위에 나타난다고 했다. 여기서는 육체와 영혼을 차용하여 표현한 것이다.

275 「師心矢論」: '완전히 자아의식과 감각으로 사물의 판단 준칙을 삼다'.「師心」, '자신의 마음을 스승으로 삼다'.《莊子 · 人間世》 편에 나옴.「矢論」, '단정한 비판'.

276 「準」: '정확하다, 확실하다'.

277 「森森」: '매우 많은'. [晉] 張協,《雜詩》之四:「翳翳結繁雲, 森森散雨足.(짙게 드리운 구름이 여러 겹 구름을 맺고, 큰비가 뿌리니 땅 위의 빗방울이 풍족하다.)」

278 「罄」: '다 쓰다'.《爾雅》:「罄, 盡也.(罄은 盡이다.)」

279 「至」: '가장, 극도'.《荀子 · 正論》:「罪至重而刑至輕, 庸人不知惡矣.(죄가 아무리 중해도 형벌이 그렇게 가벼우면 보통 사람들은 악을 알지 못한다.)」「賾」: '則'과 독음이 같으며 '심오하다'의 의미.《周易 · 繫辭傳》:「聖人有以見天下之賾.(성인이 천하의 심오함을 보았다.)」[唐] 孔穎達 疏,《周易正義》:「謂幽深難見.('그윽하고 깊어 보기 어려움'을 말한다.)」

280 「庶乎允當」: '거의 타당하고 적합하다'.「允當」, '공평하고 적당하다'.

281 「促」: '시간이 긴박하고 촉급하다'.

282 「晷」: '태양의 그림자'. 여기서는 '태양'을 가리킨다.

283 이 구절의 본뜻은 시편 146편 4절과 유사하다.「그의 영이 나가면 그는 자기 땅으로 돌아가리니; 그날에 그의 계획들은 사라질 것이다.」

也. 明司固迷, 斯傷至劇; 若元祖未犯命時, 明司受有大光, 用燭[284]物理, 靡弗確當, 旣犯命後, 明司被傷忒差莫計.

'明司'를 상하게 한다는 것이 무엇인가? 성 어거스틴이 설명하였다: 우리들의 우매함을 설명할 만한 비유가 없다. 무릇 날개 달린 짐승이 비록 우매하다 하여도, 사람이 아마도 그보다 심할 것이다. 날짐승은 배우지 않고도 그 어미를 알며, 끌어당기지 않아도 가까이 먹여 길러야 함을 알지만, 그러나 사람은 그렇지 않아서, 태어날 때 그 어미를 알지 못하고, 배가 고플 때에도 젖을 먹을 줄 모르니, 성장하여 스승이 없으면, 생사의 방향과 신체, 정신 활동, 귀하고 천한 것에 대한 모든 이치들을 분별하지 못한다. 비록 큰 지혜가 있어서, 완전한 자아의식과 감각으로 사물의 판단 준칙을 삼더라도, 아직 잡다한 잘못들이 많고; 배우는 이가 비록 부지런하다 하여도, 정확히 알 수는 없는 것이다. 경전에서 말씀하셨다: 하나님께서 세상을 창조하셨고, 사물의 종류가 매우 많으므로, 사람이 비록 생각을 다할지라도, 그 이치를 다 쓸 수가 없다. 무릇 사물이 이미 극도로 심오해졌으니, 배움도 마땅히 최고로 길어져야 하는데, 나이가 너무 들었거나, 혹은 두루 안다고 과장을 하니, 이 또한 지나치게 터무니없는 것 아닌가? 차라리 무지하다고 말하면, 거의 공평하고 적당할 텐데, 또한 하물며 생명이란 본래 촉박하고, 사람은 그로 인해 시간이 더더욱 촉박하니, 잔치하고 쉬는 것이 절반이요, 마시고 먹고 여가를 보내는 것이 절반이므로, 학문에 힘쓸 때는, 겨우 반나절밖에 되지 않으니, 식견이 매우 얕음을 알 수 있다. 또한 하나님께서는 인간의 형체를 만드시고, 최선을 다해 학문에 힘쓰게 하셨는데, 인간이 그 쓰임을 거꾸로 하여, 먼저 몸을 생각하고 후에 본성을 생각하니, 오관(五官)은 본성의 학문의 문인데, 오

---

284 「燭」: '통찰하다'. 예를 들어: 洞燭機先(일이 일어나기 전에 똑똑히 알아내다).

관에만 얽매이면 본성의 학문이 상실되고 만다. 옛 성현이 탄식하여 말하였다: 「사물의 본질은 모두 그 모양을 돕고, 그 직분을 수양하는 데에 쓰이니, 특별한 사람의 본질은 마땅히 그의 영을 돕는 데에 써야 하나, 도리어 그 직분을 망치기만 한다.」 성경에서 말씀하셨다: 「육신이 다시 흙으로 돌아가고, 위세의 근본이 추락하면, 영혼까지 끌어 함께 떨어진다.」 옳도다. '明司'가 단단히 미혹되면, 이 상함이 지극해지는데; 만일 시조 아담이 명령을 어기지 않았을 때, '明司'가 큰 빛을 받아서, 사물의 이치를 통찰하는 데 사용되었다면, 확실하고 적당하지 않은 것이 없을 텐데, 명령을 어긴 후로는, '明司'가 상하게 되어 잘못된 것이 헤아릴 수가 없게 된다.

傷愛司何? 曰: 愛之偏, 如毒涎惡酖,[285] 首害人心, 俾偏愛巳私. 弗同未方命時, 厥愛咸正恒和[286]天主, 愛憎順主, 今輒忘主, 弗審當否, 第狥厥貪. 奧斯定聖人, 悉厥害曰: 凡囓靈之思, 焦心之念, 平生之愁懼淫忿, 背公, 失信, 妄証, 邪謀, 詐佞,[287] 盜竊, 妬上, 慢下, 憎惡同儕, 尊巳卑人, 種種之偏, 皆歸愛巳, 而愛司至傷.

'愛司'를 상하게 한다는 것은 무엇인가? 가로되: 사랑의 편향됨은, 달콤한 말과 독한 술처럼, 처음에 사람의 마음을 상하게 하여, 이기적이고 편향된 사랑만을 하게 한다. 명령을 거역했을 때와 같지 않아서, 그의 사랑은 모두 하나님께 항상 조화로웠고, 애증으로 순종하였으나, 오늘에 와

---

285 「毒涎惡酖」: '진실되지 못한 달콤한 말과 사람을 취하게 할 만한 독한 술'; '사람이 그 속에 빠져 헤어나지 못하는 것'을 비유한다. 「涎」, '침, 타액'. 「酖」, 보통 「鴆」로 쓰며, 일종의 독주를 말한다; '~에 빠지다'로 파생되었다.
286 「和」: '협조하다, 조화하다'.
287 「佞」: '교묘한 말로 아첨하다'. 《韓詩外傳》: 「佞, 諂也.(佞은 諂이다.)」

서는 곧 주님을 잊어버리고, 옳고 그름을 따지지 않으며, 단지 정실에 얽매여 탐내기만 한다. 성 어거스틴이 그 폐해를 알고 말하였다: 무릇 영혼을 갉아먹는 생각, 초조한 생각, 평생의 근심과 두려움, 음란한 분노, 공중 이익 배반, 신용 상실, 거짓 증거, 사악한 모략, 교묘한 아첨, 도적질, 윗사람 시기하기, 아랫사람 업신여기기, 동료 증오하기, 자기 높이고 남 낮추기 등등, 온갖 비뚤어진 생각들은, 모두 자기만을 사랑함으로 귀결되니, 바로 '愛司'가 극도로 상한 것이라.

愛司旣傷, 循善避惡弗啻其難. 葆祿聖徒曰: 異哉吾愛司, 愛善, 而行之則難; 惡惡, 而避之弗易. 奈何愛惡互爭, 難易相敵, 勝負莫辨, 甚哉愛司之劣.[288] 詮曰: 人性含理, 惡者, 理之反也, 今人趣惡若馳,[289] 就理如負,[290] 猶病者愛生惡疾, 顧辭瘳疾[291]之劑, 而甘發疾之食也.[292]

'愛司'가 이미 상했다면, 선을 따르고 악을 피하는 것은 그저 어려운 일인 것이다. 사도 바울이 말하였다:「기이하도다. 나의 사랑의 주관과 사랑의 선은, 그것을 행하기가 어렵고; 악하고 악한 것은, 피하려 하나 쉽

---

288 「葆祿 … 之劣」: 이 단락은 로마서 7장 19절에서 인용하였다:「내가 원하는 바 선은 하지 아니하고 도리어 원치 아니하는 바 악은 행하는도다.」 또한 로마서 7장 21-24절:「그러므로 내가 한 법을 깨달았노니 곧 선을 행하기 원하는 나에게 악이 함께 있는 것이로다. 내 속 사람으로는 하나님의 법을 즐거워하되 내 지체 속에서 한 다른 법이 내 마음의 법과 싸워 내 지체 속에 있는 죄의 법 아래로 나를 사로잡아 오는 것을 보는도다. 오호라 나는 곤고한 사람이로다. 이 사망의 몸에서 누가 나를 건져내랴?」

289 「趣惡若馳」: '악을 행하는 데 급급하다'의 의미. '조금이라도 지연될까 두렵다'와 비슷하다. 「趣」: '~로 쏠리다', 「趨」와 통함. [晉] 王羲之,《蘭亭詩序》:「雖趣舍萬殊, 靜躁不同.(비록 나아가고 멈춤이 만 가지로 다르지만, 고요함과 시끄러움은 같지 않다.)」

290 「負」: '책임을 지다, 담당하다'. 여기서는 '무거운 짐'의 의미로 파생되었다.

291 「辭」: '받지 않다, 거절하다'. 가령: 辭職. 「瘳疾」: '瘳'는 '병이 낫다'. '瘳疾'은 '병을 낫게 하다'.

292 「甘」: 여기서는 동사로 사용되었다. '좋아하다, 애호하다'의 의미. 「發」: '일으키다, 야기하다'.

지가 않다. 어찌하여 사랑과 악은 서로 경쟁하여, 어렵고 쉬움이 서로 적
대적이어서, 승과 패를 분별할 수 없나니, 심하도다 '愛司'의 어리석음이
여.」해석하여 말하였다:「사람의 본성은 '理'를 내포하고 있으며, '惡'이
라는 것은 '理'와 반대되는 것인데, 지금 사람들이 악을 행하는 데 급급하
는 것은, 바로 '理'가 무거운 짐과도 같아서, 병자가 독한 질병 생기기를
좋아하여, 도리어 병을 낫게 하는 약을 거절하고, 질병을 일으키는 음식
을 좋아하는 것과 같은 것이다.」

又人當幼時, 向善甫[293]始, 厥行弗定, 倏忽更變. 惟逡巡[294]惡習, 固持難
釋. 故經曰:「幼童錯履, 迄耄弗知返」, 此之謂也, 皆明驗愛司之傷. 奧斯
定聖人嘆曰: 靈使百肢, 或作或止, 速順靡違, 及使循善卒難, 時順時否,
來去弗定, 可以弗定名厥定, 亦可晰愛司之重傷.

또 사람이 어릴 적에는, 선을 추구하기를 막 시작하여, 그 행동이 정해
지지 않으며, 별안간 변해 버리곤 한다. 오로지 악한 습관에 갇혀 있어,
고집불통이 되어 버린다. 그리하여 경전에서는 말씀하셨다:「어린아이
가 걸음을 잘못 걸어, 늙을 때까지 돌아올 줄 모른다.」는 것은 바로 이것
을 이르는 것이며, 모두가 '愛司의 상함'을 명백히 증명해 주는 것이다.
성 어거스틴이 탄식하여 말하였다:「영혼이 백 개의 팔다리를 움직이거
나 멈추거나 하는 것은, 빨리 순종하여 어긋나지 않게 하고, 선을 따라서
어려움을 끝내게 하며, 때에 따라 순종하거나 거부하고, 오고 가는 것이
일정하지 않으며, 그 정함을 이름짓지 않을 수 있으니, 이 또한 '愛司'의
중대한 상함임을 밝힐 수 있다.」

---

293 「甫」: '방금, 막'. 예를 들어: 年甫二十(나이가 막 20세가 되다).
294 「逡巡」: '주저되어 앞으로 나아가지 못하다'. 여기서는 '죄악 속에 유배된 상태'의 의미
로 파생되었다.

傷下分之嗜何? 曰: 靈性之下分, 嗜欲之敗也. 嗜欲無度,[295] 以人行獸. 元祖未方命時, 原義克制逆萌, 方命後, 則如駁馬跳梁,[296] 羈之弗得.[297] 葆祿聖徒自異曰: 吾不幸人也, 嗜欲頻攻吾心, 吾身作吾勍敵, 吾奚敢寐? 謹屬吾兵, 迎敵接戰, 齋素鞭撻, 以苦吾身, 敵鋒速挫而伏命.[298] 噫! 聖如聖徒, 尚患嗜欲之攻, 必習苦以勝之; 哀哉吾人, 不聖不德, 乃安意逸樂, 藏賊于靈, 不用微勞, 妄希克敵, 能乎? 蓋嗜欲者, 悍僕也. 逸之益悍, 撻[299]之斯降. 又, 炎火也. 世味之薪,[300] 益增其炎; 勞之以苦, 如水斯滅. 又, 劇病也. 縱口增病, 戒口則瘳, 聖徒之法. 後聖皆倣傚[301]焉. 吾人舍是, 奚法可師?

  '下分之嗜'를 상하게 한다는 것은 무엇인가? 가로되:「영성에서 가장 저열한 것은, 정도를 넘어선 욕망의 패배이다. 잘못된 욕망은 법칙이 없으

---

295 「度」: '법칙, 표준'. 예를 들어: 法度.
296 「駁馬」: '털 색이 알록달록한 말'.《周書 · 齊煬王憲傳》:「太祖嘗賜諸子良馬, 惟其所擇, 憲獨取**駁馬**.(太祖가 시험삼아 여러 아들들에게 좋은 말을 하사하였으니, 그 선택함에 있어, 憲은 홀로 알록달록한 말을 골랐다.)」「跳梁」: '발호하다, 제멋대로 날뛰다'.《新唐書 · 劉仁軌傳》:「雖孽豎**跳梁**, 士力未完, 宜厲兵秣馬, 乘無備, 擊不意, 百下百全.(비록 나쁜 사람들이 발호하고, 병사의 힘이 완전치 못해도, 마땅히 병기를 갈고 말을 살찌워서, 준비되지 않은 이를 사로잡고, 뜻하지 않은 공격을 하여, 만에 하나의 실수도 없게 해야 한다.)」
297 「羈之弗得」: '비록 묶어 두고는 싶었지만 소원을 이룰 수는 없었다'.「羈」, '속박하다, 구속하다'.
298 「葆祿 … 伏命」: 이 부분은 고린도전서 9장 25-27절에 나온다:「이기기를 다투는 자마다 모든 일에 절제하나니 그들은 썩을 승리자의 관을 얻고자 하되 우리는 썩지 아니할 것을 얻고자 하노라. 그러므로 나는 달음질하기를 향방 없는 것같이 아니하고 싸우기를 허공을 치는 것같이 아니하며 내가 내 몸을 쳐 복종하게 함은 내가 남에게 전파한 후에 자신이 도리어 버림을 당할까 두려워함이로다.」
299 「逸」: '놓아주다, 편하게 해 주다'.「撻」: 본래 의미는 '채찍질하다'였으나 후에 '공격하다', '징벌하다'로 파생되었다.
300 「世味之薪」: 말하고자 하는 것은, 여기서 세상의 유혹을 일종의 좋은 맛에 비유하고 있지만, 열화와 같은 욕망에 대해서는 마치 타오르도록 재촉하는 장작과 같다고 말하고 있다.
301 「倣傚」:「倣」은「仿」과 같음. '본받다'의 의미.「傚」는「效」와 같음. '모방하다'의 의미.

니, 인간이 짐승의 행위를 하는 것이다. 시조 아담이 아직 명을 어기지 않았을 때는, 본래의 정의가 잘못된 싹을 제압할 수 있었으나, 명령을 어긴 후로는, 얼룩말이 제멋대로 날뛰는 듯하여, 묶어 두려 했지만 그리하지 못하였다.」 사도 바울이 스스로 기이히 여기며 말하였다: 「나는 불행한 사람이라, 향락적인 욕심이 나의 마음을 자주 공격하였고, 내 몸이 나의 적수가 되었으니, 내가 어찌 감히 잠들 수 있었겠는가? 삼가 우리의 병사를 엄하게 하여, 적을 맞받아 싸우게 하고, 계율을 준수하고 채식을 하며 채찍질을 가하여, 우리의 몸을 괴롭혔으니, 적이 재빨리 좌절하여 복명하였다. 아아! 거룩하기가 성도와 같아서, 아직 잘못된 욕망의 공격을 염려하므로, 반드시 고생을 익혀서 이겨 내야 한다; 슬프도다, 우리는 성스럽지 못하고 덕도 없으나, 곧 안락해하고 즐거워서, 영혼 속에 도적을 숨기고, 작은 수고도 하지 않으며, 적을 이기기를 망령되이 바라나니, 이것이 가능한 일인가? 무릇 잘못된 욕망이란 것은, 사나운 종이니라. 편하게 해 주면 더욱 사나워지고, 채찍질하면 이내 항복해 버린다. 또한, 뜨거운 불이니라. 세상의 유혹에 대한 열화와 같은 욕망은, 그 불꽃을 더욱 증진시키지만; 고생하며 애쓰면, 물처럼 이내 사라져 버린다. 또한 몹시 아픈 것이라. 입을 멋대로 하면 병을 늘리고, 입을 단속하면 즉 치료되는 것이, 바로 성도의 법이다. 뒤에 오는 성도들은 모두 본받을지라. 우리가 이것을 버리면, 어찌 본받아 배울 수 있겠는가?」

　傷下分之怒何? 曰: 斯忿, 怒踰節也. 巴西畧聖人曰: 天主畀人以怒者, 將防患而衛生也.[302] 如勇士防寇, 如筋節防身. 何方命後, 顧以怒情傷人

---

302 「巴西 … 生也」: 이 단락은 성 바실리오(St. Basil the Great, 330-379)의 강론 〈反對易於發怒之人(쉽게 화내는 사람을 반대하다)〉에서 나왔다. 「巴西畧」은 '성 바실리오'. 「衛」, '방위하다'의 의미.

之命? 卸仁德之慈, 襲[303]猛獸之暴, 忿怒所發, 噬人如犬, 牴[304]如牛, 吼如獅, 殘如虎, 靡所弗至, 悉怒情之傷.

'下分之怒'를 상하게 한다는 것은 무엇인가? 가로되: 「이것은 분노가 도를 지나치는 것이라.」바실리오 성인이 말하였다: 「하나님께서 인간에게 분노를 주신 것은, 우환을 막아서 생명을 지키게 하심이라. 가령 용사가 도적을 막고, 근육과 관절이 몸을 지키는 것과 같다. 어찌 명령을 어긴 후에, 단지 분노의 감정으로 사람의 생명을 상하게 한단 말인가? 仁德의 자비를 벗고, 맹수의 흉포함을 입고서, 분노를 발하는 것은, 사람을 개처럼 물고, 소처럼 들이받으며, 사자처럼 으르렁거리고, 호랑이처럼 잔인함이, 미치지 않는 곳이 없으니, 모두가 분노의 상함인 것이다.」

怒, 害人多, 自害弗少. 緣怒而致重疾, 弗計其數. 厥苦弗堪, 種種怒病, 人概目擊奚煩更悉.

분노는, 사람을 많이 해하며, 스스로 해함도 적지 않다. 분노로 인하여 중병에 이르는 이가, 부지기수이다. 그 고통이 감당할 수가 없어서, 여러 가지 분노의 병이 되며, 사람들이 모두 이를 주시하지만 어찌하여 고통이 더욱 상세해진단 말인가.

又飢渴之害, 人所莫免. 士攻業, 農力田, 商經遠, 工動作, 多難之故, 咸以飢渴. 天主欲罰元祖之罪, 謂之曰:「自玆以後, 弗能坐食, 腹餒必勤耕, 汗力反土, 耘籽穡事, 食飲粗足, 斯乃汝罪之刑」,[305] 是也.

---

303 「襲」: '입다, 걸치다'.《禮記 · 內則》:「寒不敢襲, 癢不敢搔.(추워도 감히 옷을 껴입지 않으며, 가려워도 감히 긁지 않는다.)」
304 「牴」: 본래 의미는 '뿔이 있는 동물이 이것으로 서로 부딪히다'이며, 후에 '위반하다, 충돌하다'의 의미로 파생되었다.

또한 배고프고 목마른 해악은, 인간이 피할 수 없는 바이다. 선비가 학문을 연구하고, 농부가 힘들여 밭을 갈며, 장삿꾼이 먼 곳까지 경영을 하고, 장인이 열심히 만들어 내는 것들은, 여러 가지 어려움이 있는 것이니, 모두가 주리고 목마름 때문이다. 하나님께서 시조 아담의 죄를 벌하려 하시면서, 말씀하셨다: 「지금 이후로, 가만히 앉아서 밥을 먹을 수 없으니, 배가 고프면 반드시 열심히 밭을 갈고, 땀 흘려 일해야 흙으로 돌아갈 것이니, 김을 매고 밭을 일구며 농사를 지어야, 먹고 마시는 것이 대략 족하리요, 이것이 곧 네 죄에 대한 형벌이니라.」 바로 이 말씀이라.

又, 多禽獸之害. 元祖未方命時, 禽獸百物, 咸順人命. 方命後, 物亦方人, 爪, 牙, 蹄, 角之屬, 皆若共盟, 利器毒人, 職[306]是之故. 又, 多寒暑旱澇[307]之害. 元祖未方命, 終歲和平, 雨暘時若,[308] 百物長春. 方命而後, 水旱疊興, 呼而弗應; 嚴冬酷暑, 相迭[309]難人. 經曰: 諸天之變, 四時之乖, 雷霆孛彗, 災異駭人, 空中諸象, 皆如主兵, 用征逆然. 又, 生命之促, 必臻[310]于死, 厥初天主化成長生樹, 人啖其實, 年延無損, 安度世期, 活能升天,

---

305 「天主 … 之刑」: 창세기 3장 17-19절에서 유래한다: 「아담에게 이르시되 네가 네 아내의 말을 듣고 내가 네게 먹지 말라 한 나무의 열매를 먹었은즉 땅은 너로 말미암아 저주를 받고 너는 네 평생에 수고하여야 그 소산을 먹으리라. 땅이 네게 가시덤불과 엉겅퀴를 낼 것이라. 네가 먹을 것은 밭의 채소인즉 네가 흙으로 돌아갈 때까지 얼굴에 땀을 흘려야 먹을 것을 먹으리니, 네가 그것에서 취함을 입었음이라. 너는 흙이니 흙으로 돌아갈 것이니라 하시니라.」 「籽」, '식물의 뿌리에 흙을 쌓다'. 「穡」, '곡물을 수확하다'에서 '경작하다'로 파생되었다.

306 「職」: '~로 인하여'. [唐] 柳宗元, 《天爵論》: 「然則聖賢之異愚也, 職此而已.(그런즉 성현의 기이한 어리석음은, 이로 인할 뿐이로다.)」

307 「澇」: '비가 많이 내리다', '수재(水災)'.

308 「雨暘時若」: '맑은 비가 적기에 내려 날씨가 알맞다'. [明] 沉德符, 《野獲編補遺・畿輔・元夕放燈》: 「雨暘時若, 年穀遂成.(비 오는 날과 맑은 날이 시의적절하니, 그해의 곡식이 잘 여물었다.)」

309 「迭」: '교체하다'. 《說文解字》: 「迭, 更迭也.(迭은 '번갈아 교체하다'이다.)」

310 「臻」: '도달하다'. 《說文解字》: 「臻, 至也.(臻은 至이다.)」

弗經死苦.[311] 元祖方命, 主謂之曰: 識之識之, 爲人爲灰, 昨出于灰, 來歸于灰, 必迨死亡, 斯罰, 爲人世終罰, 重罰也.[312] 夫人莫不愛生怖死, 今卒弗克, 斯刑誠極. 經釋人命之短, 設多喻曰: 人生如牧者之蓬, 朝成暮毀; 如織者之經, 未就悉斷; 如驛者之倏至, 如順風之發舟; 如罩斯飛, 如矢去弦, 如朝榮夕枯之草.

或聞而異之曰: 嘗覲多人至耄期, 曷云甚短? 曰: 若是人幾何? 千伯一二[313]耳. 餘[314]或幼亡, 或壯逝, 或鋒鏑[315]橫暴, 莫可勝舉. 又況耄期, 雖云齡久, 較擬[316]身後永時, 弗啻殀焉.[317] 特如俄頃, 俄頃既過, 死期速臨, 原罪之罰, 卒莫能避.

또, 여러 짐승의 해악이 있다. 시조 아담이 아직 명을 어기지 않았을 때는, 짐승과 만물들이, 모두 사람의 명령에 순종하였다. 명을 어긴 후, 사물이 또한 사람을 거역하였으니, 발톱, 이빨, 발굽, 뿔 등속이, 마치 모두 함께 맹약을 한 듯, 날카로운 무기처럼 사람을 해친 것이, 이로 인한 까닭이다. 또, 추위와 더위, 가뭄과 수재의 해악이 많다. 시조 아담이 아

---

311 「經曰 … 死苦」: 이 단락은 성경 창세기에서 말한 바에서 인용되었다. 하나님이 에덴 동산에 두 그루의 특별한 나무를 두었으니, 하나는 생명수요 또 하나는 먹지 말라고 분부하신 선악나무였다. 그러나 아담과 하와가 계명을 어겼고, 3장 22절에서는: 「여호와 하나님이 이르시되: 보라 이 사람이 선악을 아는 일에 우리 중 하나같이 되었으니; 그가 그의 손을 들어 생명나무 열매도 따먹고 영생할까 하노라 하시고.」 라 하였으니, 그러므로 원래는 아담과 하와가 생명나무 열매를 먹고 장수할 수 있었음을 알 수 있다.

312 「元祖 … 罰也」: 창세기 3장 19절에 나오는 내용임.「네가 흙으로 돌아갈 때까지 얼굴에 땀을 흘려야 먹을 것을 먹으리니 네가 그것에서 취함을 입었음이라. 너는 흙이니 흙으로 돌아갈 것이니라 하시니라.」

313 「一二」: '10분의 1, 10분의 2'.

314 「餘」: '나머지 사람'을 말하며, '장수하는 사람들'의 의미가 아니다.

315 「鏑」: '화살촉'. '화살'을 가리키기도 한다.

316 「擬」: '비교하다, 비유하다'.

317 「弗啻殀焉」: '요절하여 죽은 것'과 같다.「弗啻」는「不啻」와 같으며, '~에 불과하다, 마치 ~와 같다'의 의미이다.「殀」, '요절하다', 즉 '젊어서 죽다'.《孟子·盡心上》:「殀壽不貳, 修身以俟之.(일찍 죽고 오래 사는 것에 개의치 않고, 다만 자신의 몸을 닦는다.)」

직 명을 어기지 않았을 때는, 일 년 내내 평화로웠고, 맑은 비가 적기에 내려 날씨가 알맞았으며, 만물이 봄날의 초목처럼 푸르고 싱싱하였다. 명을 어긴 후로는, 수재와 가뭄이 겹쳐 일어났으니, 큰 소리로 외쳐 불러도 대답이 없었다; 엄동과 혹서가, 서로 교대로 인간을 괴롭혔다. 경전에서 말씀하셨다: 모든 하늘의 변화와, 사계절의 어긋남, 격렬한 천둥과 거센 비, 재앙과 이변이 사람들을 놀라게 하였고, 공중의 여러 징조들이, 모두 하나님의 병사처럼, 정벌로써 거스르는 모습이었다. 또, 생명의 촉박함으로, 반드시 죽음에 이르게 되나니, 태초에 하나님께서는 생명나무로 변화시키셨는데, 인간이 그 과실을 먹으면, 세월이 오래되어도 손상이 없고, 세상을 평화롭게 살며, 살아서 하늘로 올라갈 수 있고, 죽음의 고통을 겪지 않아도 되었다. 그러나 시조 아담이 명령을 어기자, 하나님께서 그에게 일러 말씀하셨다: 「그것을 알라. 사람이 되고 재가 되나니, 과거에 재에서 나왔으므로, 나중에 재로 돌아가며, 반드시 죽음에 이를 것이고, 이 벌은, 인간이 세상 끝날 때에 벌을 받는 것으로, 무거운 벌이니라. 무릇 인간은 모두 생을 사랑하고 죽음을 두려워하는 것이니, 지금 죽는다 해도 이겨 낼 수 없고, 이 형벌이 진실로 가장 심한 것이니라.」 경전이 인간 생명의 짧음을 풀이하였는바, 여러 비유를 들어 말하였다: 인생은 목자의 풀과 같아서, 아침에 생겼다가 저녁에 사그라지며; 베 짜는 이의 날줄과 같아서, 다 짜기도 전에 끊어질 것을 알고; 역참의 손님이 갑자기 당도하듯 하고, 순풍에 배를 띄운 것과도 같으며; 꿩이 즉시 날아가듯, 화살이 활줄을 떠나듯, 아침에 영화로웠다가 저녁에 지고 마는 풀과도 같다.

　어떤 이가 듣고는 그것을 기이하게 여겨 말하였다: 「일찍이 여러 사람이 노년기에 이르는 것을 보았는데, 어찌 심히 짧다고 말하는가?」 가로되: 「이와 같은 사람이 몇이나 되는가? 십분지 일, 이쯤 될 것이라. 나머지 사람들은 어려서 죽거나, 장성하여 세상을 떠나고, 창끝과 살촉에 맞거나 난폭함과 포악함에 죽는 이는, 이루 다 헤아릴 수가 없다. 하물며 노년에는, 비록 연령이 오래되었다고 말할 수는 있으나, 뒤에 영원히 있을 때와 비교해 보면, 그야말로 요절에 불과할 뿐이다. 단지 일순간의 시간과 같고, 짧은 시간이 이미 지나가면, 죽을 시기가 속히 임하나니, 원죄의 벌이란, 마침내 피할 수가 없는 것이다.」

昔主以原罪之患規[318]衆曰, 譬之旅者, 下山遭寇, 罄刦, 斫傷, 瀕死.[319]
詮曰: 旅從山下, 乃人性也. 天主造時, 並錫多寵. 先旣高矣, 方命自招諸罰. 後乃下焉, 如自上而下者然. 異教之人, 弗解世患奚自, 弗識原罪之故.

옛날 하나님께서는 원죄에 대한 걱정으로 사람들에게 권고하여 말씀하셨는데, 여행자에 비유하셨으니, 하산하여 도적을 만나, 모조리 강탈당하고, 찍혀 상처 입어, 죽음에 임박하였다고 하셨다. 해석하여 가로되: 여행자가 산에서 내려온다는 것은, 곧 인간의 본성을 말하는 것이라. 하나님께서 창조하셨을 때는, 많은 은총을 하사하셨는데, 먼저 높은 곳에 이르자, 명령을 어겨서 여러 가지 벌을 자초한 것이다. 후에 곧 거기서 내려왔으니, 스스로 올라갔다가 내려온 자의 모습과 같은 것이다. 이교

318 「規」: ‘권고하다’. [淸] 劉開, 《問說》: 「朋友之交, 至於勸善規過足矣.(친구와의 사귐은 선을 권하고 과실을 권고할 정도에 이르면 족하다.)」

319 「昔主 … 瀕死」: 이 인용은 누가복음 10장 30-36절에서 예수가 말씀하신 「선한 사마리아인」의 비유를 참고하고 있다: 「예수께서 대답하여 가라사대: 어떤 사람이 예루살렘에서 여리고로 내려가다가 강도를 만나매 강도들이 그 옷을 벗기고 때려 거반 죽은 것을 버리고 갔더라. 마침 한 제사장이 그 길로 내려가다가 그를 보고 피하여 지나가고, 또 이와 같이 한 레위인도 그곳에 이르러 그를 보고 피하여 지나가되, 어떤 사마리아인은 여행하는 중 거기 이르러 그를 보고 불쌍히 여겨 가까이 가서 기름과 포도주를 그 상처에 붓고 싸매고 자기 짐승에 태워 주막으로 데리고 가서 돌보아 주고 이튿날에 데나리온 둘을 내어 주막 주인에게 주며 가로되 이 사람을 돌보아 주라. 부비가 더 들면 내가 돌아올 때에 갚으리라 하였으니, 네 의견에는 이 세 사람 중에 누가 강도 만난 자의 이웃이 되겠느냐?」

도들은, 세상의 환난이 어디서 온 것인지를 알지 못하나니, 원죄를 알지 못하는 까닭이다.

或疑原罪染人, 未有實證, 故弗之信. 不知聖教教人, 不敢以難信者誣人, 姑舉三條, 用証厥眞.

어떤 이들은 원죄가 인간을 더럽혔다고 의심하나, 아직 실제적인 증거는 없으며, 따라서 그것을 믿지 않는다. 거룩한 종교의 가르침을 알지 못하면서, 감히 믿기 어려운 것으로써 사람을 속이지 못하니, 우선 세 가지를 예로 들어, 그 진실을 증명해 보고자 한다.

一, 證聖經. 葆祿聖徒曰: 元祖一人, 招罪入世. 厥流綿延相染, 斯罪爲吾世父遺産. 吾子輩咸承受焉, 如今之人子, 承乃考之産然.[320] 弟斯[321]産也, 陋矣哉. 而斯承也, 哀矣哉. 又曰: 元祖于吾主互反, 兩行甚懸, 元祖方命, 玁[322]巳性, 幷玁厥後之性, 驅人悉供魔役. 吾主承聖父命, 俾之咸脫魔繩, 復爲天主子. 元祖害巳性, 自致死罰, 幷害吾輩, 咸懼于死. 吾主降世, 以身受死, 緣救萬民之死, 俾吾靈性, 仍獲厥生. 經曰: 疇無罪, 疇能自誇厥靈至潔無汚, 彼初生之嬰, 厥靈尚弗免垢.[323] 達未聖王[324]嘆曰:「異哉!

---

320 「葆祿 … 産然」: 로마서 5장 12절 참고:「그러므로 한 사람으로 말미암아 죄가 세상에 들어오고 죄로 말미암아 사망이 들어왔나니 이와 같이 모든 사람이 죄를 지었으므로 사망이 모든 사람에게 이르렀느니라.」「人子」, '자녀'를 가리키며, 여기서는 '전 인류'로 파생되었다.「考」, 본래 의미는 '부친', 후에는 '이미 돌아가신 부친'을 일컫게 되었으며, 여기서는 '元祖'의 의미를 표시한다.「産」, '발생하다'.《說文解字》:「産, 生也.(産은 生이다.)」

321 「弟」: '얼마든지, 마음 놓고'.《史記·孫子吳起列傳》:「君弟重射, 臣能令君勝.(당신은 얼마든지 걸고 내기를 하십시오. 저는 당신이 이기도록 할 수 있습니다.)」「斯」: '이것'.《爾雅·釋詁》:「斯, 此也.(斯는 此이다.)」

322 「玁」: 본래 의미는 '더러운 피'이며, '죄명을 날조하고 남을 모함하는 사람'으로 파생되었다. 여기서는 '자신을 불의에 빠뜨리다'의 의미이다.

予始胎, 吾靈卽穢; 吾母受孕, 吾始有罪」, 斯罪非厥本罪, 爲原罪明矣.

첫째, 성경을 증명하다. 사도 바울이 말하였다:「시조 아담 한 사람이, 세상에 죄를 불러들였고, 그 흐름이 길게 이어져 서로가 더럽혔으니, 이 죄는 우리 세상 아버지들의 유산인 것이다. 우리의 자식뻘들이 모두 그 것을 이어받았고, 지금의 전 인류가, 먼저 가신 아버지들의 유산을 물려 받았음이라. 얼마든지 이런 일이 생길 수 있으나, 추하도다. 이것이 계승 되다니, 슬프도다.」 또 가로되:「시조 아담이 우리 주님을 거역하였고, 두 길이 심히 차이가 크므로, 아담이 명을 거역하여, 자기의 본성을 불의 에 빠뜨리고, 자기 후대의 본성마저도 불의에 빠뜨렸으며, 사람을 몰아 마귀의 사역에 제공해 주었다. 우리 주께서는 성부 하나님의 명령을 받 으시고, 그들을 모두 마귀의 끈으로부터 벗어나게 하셨으니, 다시 하나 님의 아들이 되셨다. 아담은 자기의 본성을 해하여, 스스로 죽음의 벌에 이르렀고, 또한 우리 세대를 해하여, 모두 죽음의 재난을 당하게 하였다. 우리 주께서 강림하셔서, 몸으로 죽음을 받으시고, 이로써 만민의 죽음 을 구하셨으며, 우리의 영성이 생명을 얻을 수 있도록 하셨다.」 경전에 서 가로되:「누가 죄가 없으며, 누가 능히 자신의 영성이 지극히 깨끗하 여 더럽지 않다고 자랑할 수 있겠는가? 저가 갓난아이로서, 그 영혼이 아 직 때를 벗어나지 못하였다.」 다윗왕이 탄식하며 말하였다:「기이하도 다! 나는 태어날 때부터, 내 영혼이 더럽혀졌도다; 나의 어머니가 수태하 면서부터, 나의 죄가 시작되었다.」 이 죄는 그 자신의 죄가 아니며, 원죄 인 것이 명백하다.

---

323 「彼初 … 免垢」: 시편 51편 5절에서 인용하고 있다:「내가 죄악 중에서 출생하였음이 여. 어머니가 죄 중에서 나를 잉태하였나이다.」

324 「達未聖王」:「다윗왕」(King David), 성경에서 이스라엘을 통일한 사람이며, 이새의 아 들로서 유대 지파이다.

二, 証聖人之言. 聖人僉[325]曰: 天主降世, 受生, 受洗, 受死, 曷以故? 蓋主受人性, 緣[326]痊吾人之性; 受洗, 緣洗潔吾人之靈; 受死, 緣去吾人原罪之死. 又曰: 元祖食禁樹之實以方命, 吾人均屬方命, 均屬負欠者, 厥券懸于禁樹之枝.[327] 吾主緣自懸于十字木架之上, 用厥釘勾免, 用厥聖血塗抹, 乃獲聖父之釋貰.[328] 又曰: 最初夫婦二人, 旣方主命, 旣出地堂,[329] 如發配人徙[330]厥本鄉然. 彼乃敗根, 吾皆敗枝; 彼敗曰本罪, 吾敗曰原罪. 哀哉! 吾性不幸, 未出胎, 而靈已汚; 未覩光, 而靈先暗, 信哉世人不幸之甚.

둘째, 성인들의 말씀을 증명하다. 성인들이 모두 가로되:「하나님께서 강림하시고, 생명을 받으시고, 세례를 받으시며, 죽음을 받으시는 것은 어찌 된 까닭입니까? 무릇 주께서 사람의 본성을 받으신 것은, 우리 인간의 본성을 치유하심이고; 세례를 받으심은, 우리 인간의 영혼을 깨끗이 씻으려 함이시며; 죽음을 받으신 것은, 우리 인간이 원죄로 죽음에 이르는 것을 물리치시려는 까닭이라.」 또 가로되:「시조 아담이 금지된 과실나무의 열매를 먹음으로 하나님의 명령을 어겼으니, 우리 인간도 모두 명령을 어긴 것에 속하고, 모두가 빚진 자에 속하니, 그 증표가 금지된

---

325 「僉」:「簽」과 독음이 같음. '모두, 전부'의 의미이다. 《尚書 · 堯典》:「僉曰:『於! 鯀哉.』(모두 말하기를: 아! 곤입니다.)

326 「緣」: '왜냐하면'.

327 「元祖 … 之枝」: 이 단락은 우리가 죄를 지었을 때 하나님께 빚을 진 것과 같다는 내용을 말하고 있다. 성경 복음서에서는 빚짐을 인용하여 우리와 하나님과의 관계를 형용하는 내용을 자주 볼 수 있다. 마태복음 18장 23-35절 참고. 「券」: 고대의 계약서나 차용증. 보통 나무조각 하나를 둘로 나누어 채권자와 채무자가 각각 하나씩을 가지며, 빚을 갚을 때 두 조각이 서로 맞물리는지 아닌지를 보고 상대가 정말로 자신의 채권자인지를 확인한다. 현대의 어음이나 증빙서류를 가리킨다. 이 나무 조각을 「契」라 부르는 것이다.

328 「貰」: '방임하다, 사면하다'.《漢書 · 蘇建傳》:「陵雖駑怯, 令漢且貰陵罪, 全其老母.(제가 비록 노둔하고 겁이 많으나, 漢且에게 명하여 저의 죄를 사면하시고, 노모를 온전케 하셨습니다.)」

329 「地堂」: '천당에 상대적인 지상낙원', 즉 '에덴동산'을 가리킨다.

330 「徙」: '이사하다, 이전하다'.《廣雅》:「徙, 移也.(徙는 移이다.)」

과실 나무의 가지에 걸려 있도다. 우리 주님께서 스스로 십자가 위에 매달리심으로, 그 못으로 면함을 받고, 그 거룩한 피로 바르셔서, 성부 하나님의 사면을 얻었노라.」 또 가로되:「최초의 부부 두 사람은, 이미 하나님의 명령을 어겼으므로, 에덴동산을 나왔으니, 사람을 보내시어 그 본래의 고향으로 옮기게 하신 것과 같다. 저들은 곧 실패한 뿌리요, 우리는 모두 패배한 가지이니; 저들의 어긋남을 '본죄'라 하고, 우리의 잘못됨을 '원죄'라 한다. 슬프도다! 내 본성의 불행함이여. 아직 태에서 나오기도 전에, 영혼이 이미 더럽혀졌도다; 아직 빛을 보기도 전에, 영혼이 먼저 어두워졌으니, 세상 사람들의 불행이 얼마나 심한가를 믿으라.」

三, 証眞理.

진리를 증명하다.

一, 爲天主攸造之物, 必全無缺. 造天全, 造地全, 造昆蟲草木, 咸罔弗全. 備物凡以爲人, 是故造人. 獨畀靈性, 超越萬物. 造物旣能各極厥妙, 詎造人顧弗粹精. 達未聖王謂主曰: 主造人時, 大彰厥智.[331] 我思厥營人身, 及賦以人性之精, 極殫思, 厥造精妙, 益精益微. 乃今人性多缺, 明悟多謬, 愛欲多偏, 身多穢行多醜, 人亦甚拙矣, 曷造之云工? 可明斯拙, 非繇天主手, 特壞于吾人轉手也, 緣知自作其拙, 乃原罪故.

첫째, 하나님께서 창조하신 사물은, 반드시 완전무결하다. 하늘을 완전하게 창조하시고, 땅을 완전하게 만드셨으며, 곤충과 초목을 지으셨으니, 모두가 완전무결하지 않은 것이 없다. 온갖 사물을 갖추심은 무릇 인

---

331 이 단락은 성경 시편 104편에 나오는 내용으로서, 여호와께서 만물을 창조하여 중생을 기르심을 송축하고 있다.

간을 위한 것이니, 이런 까닭에 인간을 창조하신 것이다. 오직 영성을 주
시어, 만물을 초월하게 하셨다. 만물을 창조하심에도 이미 각각의 그 오
묘함을 다하셨는데, 어찌 인간을 창조하심에 정수를 다하지 않으셨겠는
가? 다윗왕이 주께 고하여 말하였다: 「주께서 사람을 만드실 때, 그 지혜
를 크게 드러내셨나이다. 하나님이 사람의 몸을 꾀하심을 내가 생각하노
니, 인간 본성의 정교함을 부여하시고, 온갖 생각을 다하시어, 정교하고
오묘함을 창조하셨으니, 더욱 정밀하고 더욱 세밀하셨나이다. 그러나 오
늘날 인간의 본성이 많이 부족하고, 깨달음에 오류가 많으며, 애욕이 많
이 편향되어 있고, 몸이 더럽고 추악한 짓을 많이 하며, 인간이 또한 심
히 졸렬하나니, 어찌 그 만드심이 정교하다 할 수 있겠습니까? 이 졸렬함
의 유래를 명백히 알 수 있으니, 하나님의 손에서 비롯된 것이 아니요,
단지 우리 인간의 손으로 옮겨져 망가진 것으로, 스스로 그 졸렬함을 만
든 줄을 앎으로, 이것이 곧 '원죄'인 까닭입니다.」

　二, 爲天主之義, 至公無私, 賞罰悉中. 惡不累[332]善, 善不混惡, 定法不
易. 昔古敎人, 時有穢行, 主亦時降厥罰, 衆心執迷弗知厥非, 相顧異曰:
異乎天主之義, 先人獲罪, 而吾被[333]其刑, 如父嘗醯,[334] 子齒得酸, 義乎
哉? 天主甚惡斯喩, 責之曰: 悖義之徒, 爲是悖義之喩, 盛吾怒而用擊劇
罰. 吾造先人, 吾造厥裔, 彼此之靈, 吾造也, 吾義惟公, 視厥行美惡, 隨賞
罰之, 弗問厥父與子.[335] 奧斯定聖人詮曰: 主言顯示世人咸有原罪. 今吾

332 「累」: '연루되다, 상해하다'.
333 「被」: '입다, 받다'.
334 「醯」: '초, 식초'.
335 「如父嘗醯 … 與子」: 에스겔서 18장 2, 20절을 인용하고 있다: 「너희가 어찌하여 이스
라엘 땅에서 속담으로 이르기를 '아비가 신 포도를 먹으면 아들의 이가 시다' 하느
냐?」, 「죄지은 영혼, 그 사람은 죽을 것이다. 아들은 아비의 죄값을 나눠 지지 않고, 아
비도 그 아들의 죄를 분담하지 않을 것이다. 의로운 사람의 의로움은 그 자신이 돌려

目覩世罰, 多苦, 多病, 多逆, 多難, 以趨于死, 明皆天主之刑, 如使元祖方命, 罔與吾人, 混同彼罰, 必傷主義, 茲視吾罰, 幷視吾有原罪矣.[336]

둘째, 하나님의 의는, 지극히 공평무사하나니, 상과 벌이 모두 그에 들어맞는다. 악이 선에 연루되지 않고, 선은 악에 섞여 있지 않으며, 법은 정하기가 쉽지 않다. 옛날 고대의 종교인들은, 때로 악행을 저지르면, 주께서 또한 때마다 응분의 벌을 내리셨으나, 사람들의 마음이 잘못에 집착하여 그 잘못됨을 알지 못하였으므로, 서로 기이하다고 여기며 말하였다:「하나님의 의는 기이하도다. 선인들이 저지른 죄로, 우리가 그 형벌을 받으니, 아버지가 초를 맛보고, 아들의 이가 신맛을 느끼는 것과 같으니, 이를 의롭다 하겠는가?」하나님께서 이러한 비유를 심히 악하다고 여기시며, 질타하여 말씀하셨다:「의에 어긋나는 무리들이, 의에 어긋나는 비유를 들고 있으니, 나의 분노를 자극하여 극한 벌을 부르는도다. 내가 너희의 선조를 만들었고, 그 후손도 만들었으니, 그 영혼들은 모두, 내가 만든 것이라. 나의 의는 오직 공평하며, 그 행함의 선과 악을 봄으로, 그에 따른 상과 벌을 내리는 것이니, 그 아버지와 아들을 논하지 말라.」성 어거스틴이 설명하였다: 하나님의 말씀은 세상 사람들 모두 원죄가 있음을 드러내신 것이다. 지금 내가 세상의 벌을 보자면, 수많은 고통과, 질병, 불순, 어려움 등으로, 죽음에 이르는 것은, 모두가 하나님이 내리신 형벌임을 밝히는 것이니, 예를 들어 시조 아담으로 하여금 명령을 거역하게 하고, 그 벌을 우리들과 함께 섞이게 하면, 반드시 하나님의 의를 상하게 할 것이니, 이에 우리의 벌로 여기고, 또한 우리에게 원죄가 있다고 여기는 것이다.

받고, 사악한 자들의 사악함은 그들의 빚으로 남으리라.」
[336] 「主言 … 罪矣」: 이 단락은 아우구스티누스의《원죄론》(On Original Sin)에서 나왔다.

或問: 據聖賢喻, 原罪染世, 若洪水淹人, 弟按經紀, 洪水之時, 尚有八人, 幸免厥害, 則茲原罪之害, 亦有幸免者乎? 曰: 獲免斯者鮮矣, 僅有二人, 餘無一免. 其一爲吾主, 以人性締天主性,[337] 降世成人. 本無原罪, 本莫克染. 蓋凡緣人道生者, 斯有其染, 吾主弗然, 降世咸出天主之工, 絕非干于人道者故. 其一爲聖母, 論其始胎于母, 宜染如眾, 弟緣天主原選爲吾主降生之母, 愛之特甚, 緣獲脫免, 異于凡人. 如將溺者, 幸賴有力, 先提幸免, 故聖母始胎, 天主以聖寵大滿厥靈,[338] 罔使微隙, 原罪無自可入, 緣脫斯染. 聖賢廣徵斯理: 一曰: 母勢貴賤榮辱, 咸係厥子, 孰有子而弗顯榮貴厥母, 天主自能脫免聖母于原罪, 即弗染矣. 二曰: 元祖夫婦二人之位, 與萬萬天神之位, 擬較聖母, 弗及萬一, 彼輩皆爲使役, 其位有限, 聖母則天主母皇,[339] 厥位靡對.[340] 元祖, 天神, 受造之時, 尚皆無染, 聖母之益當

---

337 「以人性締天主性」: 즉「二位一性」의 그리스도론을 가리킨다. 그리스도는 완벽한 神性과 人性을 가지고 있지만, 단지 하나의 位格만을 가지고 있다는 의미이다. 칼케돈공의회(Council of Chalcedon, 451)에서 이에 대한 신조를 발표하였다:「두 본성의 구별은 연합함으로 인해 사라지는 것이 아니며, 각 본성의 특징이 오히려 보존될 수 있다. 하나의 위격과 하나의 실질 안에 합쳐질 수 있지만, 결코 두 개의 위격으로 분리되는 것이 아니라 오히려 동일한 위치로서 독특하게 태어나신 분이시요, 하나님인 주 예수 그리스도이다.」

338 「其一 … 厥靈」: 이 단락은 마리아가 성령으로 잉태한 사적을 가리킨다. 누가복음 1장 35절 참조. 또한 훗날 천주교가 선포한「聖母始胎無染原罪(성모 마리아 무원죄 잉태)」신조 참고. 교황 비오 9세(Pope Pius IX, 1792-1878)의 'Bulla Ineffabilis Deus(1854) 선포' 참고.

339 「彼輩 … 母皇」: 이 부분은 예수의 어머니 마리아의 특별한 위격을 언급하고 있다.「하나님의 어머니」에 관한 교리는 431년 에베소공의회(Council of Ephesus)에서 공포되었다. C.C.C.495:「복음에서 마리아는『예수의 어머니』(요한복음 2장 1절, 19장 25절)로 불렸다. 그녀의 아들이 탄생하기 전, 성령의 감동하에 그녀도『내 주의 모친』(누가복음 1장 43절)으로 불렸다. 왜냐하면 마리아는 성령의 작용으로 임신한 것이고, 또한 육신으로 말하자면 진실로 그녀의 아들인 그분이 되셨으니, 즉 성부의 영원한 아들이자 성삼위의 두 번째 분인 것이다. 교회는 마리아가 확실히 천주의 어머니라고 인정한다.」

340 「靡對」: '상대가 없다'. 원래는 '無雙, 無敵, 絕對'라는 의미이지만, 여기서는 '그와 동일한 지위를 가진 자가 없다'의 의미로 사용되었다.

無染, 信矣. 諳德肋宗徒[341]曰: 天主選至淨之土造首人, 選聖母至淨無罪之胎, 造厥至淨之身是也. 三曰: 聖經多喻聖母之淨云:「聖母之美, 完全之美; 厥光, 太陽之光.[342]」全美者, 言其無時得蒙罪汚也; 太陽之光者, 言其無時得蒙罪影也. 四曰: 衆聖人之言皆云: 聖母始胎, 天主聖寵先貯厥靈, 後來原罪莫得侵之, 又云: 聖母聖靈, 乃天主聖殿, 無纖芥[343]可掃, 無半塵可拂, 無微灰可除, 至潔至淨, 卒世全精者也. 綜覽諸條, 可無餘惑.

　어떤 이가 물었다:「성현의 비유에 따르면, 원죄가 세상을 더럽혔고, 홍수가 인간을 잠기게 한 것에 이르러, 단지 성경의 기록에 따르면, 홍수의 때에는, 아직 여덟 명의 사람이 있었으며, 다행히도 그 화를 면했다고 했는데, 즉 이것이 원죄의 해라면, 다행히 화를 면한 사람은 또 무엇이란 말인가?」 가로되:「이 원죄의 해를 면할 수 있었던 사람은 매우 드물어서, 단지 두 사람뿐이고, 나머지는 한 명도 구제받지 못하였다. 그중 한 분은 우리 주이시며, 사람의 본성으로 하나님의 본성에 맺어져 있어, 세상에 내려와 사람이 되셨다. 본시 원죄가 없으니, 본래 더럽혀질 것도 없다. 무릇 인간의 길로 태어났다는 것은, 더럽혀짐이 있는 것이지만, 우리 주님은 그렇지 않아서, 세상에 내려오심이 모두 하나님이 하신 일에서 나온 것이며, 절대로 인간의 길에 관여하여 된 것이 아니다. 또 한 분은 성모이시니, 그가 어머니의 태에서 시작되셨음을 말하는 것으로서, 마땅히 일반 사람들처럼 더럽혀질 수 있지만, 단지 하나님께서 본래 우리 주

---

341 「諳德肋宗徒」: 思高本 聖經에서는「安德勒」으로 기록되어 있으며, 오늘날 일반적으로 「안드레아」(Andrew)로 번역하니, 예수의 열두 제자 중 하나이고, 시몬 베드로의 동생이다.

342 「聖母 … 之光」: 이 부분은 思高聖經 지혜편 7장 29-30절을 인용하고 있다:「태양보다도 아름답고 모든 별자리를 압도하니; 그녀는 광명보다도 더한 빛을 발하느니라; 광명은 또한 어두움에 자리를 내어 주어야 하지만, 사악함은 결코 지혜를 이길 수 없기 때문이니라.」

343 「纖芥」: '하찮은 결점'. '纖'와 '芥'는 모두 '작다'의 의미이다. 「芥」, '작은 풀'.

강생의 어머니로 선택하신 까닭에, 그를 특별히도 사랑하셔서, 원죄의 해를 면할 수 있었으니, 보통의 사람들과는 다른 것이다. 만일 물에 빠진 자가 있어, 다행히도 힘이 있어서, 먼저 들어 올려 다행히 구조하듯이, 따라서 성모도 처음 잉태하여, 하나님께서 거룩한 은총으로 그 영혼을 가득 채우시고, 조그마한 틈새도 없게 하면, 원죄가 스스로 들어갈 수가 없나니, 이러한 더러움을 벗어날 수 있는 까닭이다.」 성현이 이 이치를 널리 증거하였다: 첫째: 어머니의 귀천과 영욕은, 모두 그 자식에게 연결된 것인데, 누가 자식이 있어도 그 어머니를 영화롭게 드러내지 않겠는가, 하나님께서는 스스로 성모를 원죄에서 벗어나게 하실 수 있으니, 더럽혀지지 않도록 한 것이라. 둘째: 아담 부부 두 사람의 위격과, 수많은 천사들의 위격은, 성모와 비교해 보면, 만분의 일에도 미치지 못하니, 저들은 모두 사역을 위함이고, 그 위격도 유한하지만, 성모는 하나님의 어머니로서, 그 위격은 비할 바가 없는 것이다. 시조 아담과 천사들이 창조되었을 때에는, 모두 아직 더럽혀지지 않았고, 성모의 유익도 당연히 물들지 않았음을, 믿어야 한다. 사도 안드레아가 말했다: 「하나님께서 지극히 정결한 사람을 택하여 첫 사람을 만드셨고, 지극히 깨끗하고 죄 없는 성모의 태를 선택하셔서, 그 지극히 정결한 몸을 만드신 것이 이것이라.」 셋째: 성경은 성모의 정결함을 여러 차례 비유하여 말하고 있다: 「성모의 아름다움, 완전한 아름다움; 그 빛은, 태양의 빛이라.」 온전히 아름답다는 것은, 죄악의 더러움을 입은 적이 없다는 것이다; 태양의 빛이라는 것은, 죄의 그림자를 입은 때가 없음을 말하는 것이다. 넷째: 뭇 성인들의 말이 모두 가로되: 성모가 처음으로 잉태함은, 하나님의 거룩한 은총이 그 영에 먼저 쌓인 것이니, 후에 원죄가 침범할 수 없는 것이다. 또 가로되: 성모와 성령은, 곧 하나님의 거룩한 전이니, 소제해야 할 작은 티끌이 없고, 털어 낼 먼지도 없으며, 제거할 작은 재도 없이, 지극히 정결하나니, 마침내 세상 전체가 정밀한 것이라. 여러 조항을 종합해 보면, 남은 의혹이 없을 것이다.

元祖夫婦二人, 謂本罪, 不謂原罪者, 以厥始生爲天主親造, 弗同于衆, 弗屬罪人子, 特惟自作之辜,[344] 故也.

아담 부부 두 사람은, '본죄'를 말한 것이지, '원죄자'라 일컫지 않았으니, 그 첫 생명으로써 하나님께서 친히 만드신 것으로 삼았으니, 일반 무리들과 같지 아니하며, 죄인의 자식에 속하지도 않고, 단지 스스로 지은 죄인 것이, 이러하다.

「是以三百六十五種, 肩隨結轍, 競織法羅」: 이로써 수많은 종파들이 앞다투어 일어나, 경쟁하듯 敎法의 그물을 짜내었다

言異敎之衆, 爭立門戶, 若人悉力織網羅[345]禽也. 斯晰世人明悟之傷, 迷惑之至, 蓋敎之眞, 路之正, 必有一而無二, 奈何世人順從多岐,[346] 緣是其種愈久而愈紛矣.

이교의 무리들을 말하자면, 앞다투어 파벌을 세우는 것이, 마치 사람들이 온 힘을 다하여 그물을 짜서 짐승을 포획하는 것과 같다. 이것은 세상 사람들이 깨달은 상처와 극에 달한 미혹을 똑똑히 밝혀 주는 것이니, 무릇 종교의 진리와 그 길의 올바름은, 반드시 하나일 뿐 둘이 아닐진대, 어찌하여 세상 사람들은 여러 갈라진 길을 순종하는가. 이로 말미암아 그 씨앗이 오랠수록 분란 또한 많아진다.

---

344 「辜」: '죄(罪)'. 《說文解字》:「辜, 罪也.(辜는 罪이다.)」
345 「羅」: '그물을 쳐서 포획하다'.
346 「岐」:「歧」와 통함. '엇갈리다, 갈라지다'의 의미.

「或指物以託宗」: 어떤 이는 사물에 기탁하여 종교로 삼는다

人昧[347]正道, 錯認諸物, 尊之若主, 或奉日月, 或奉斗星, 弗悟斯皆天主攸造之物, 用以炤臨吾人, 緣[348]引吾人推徵厥造眞主, 乃俱瞢然指物爲宗,[349] 不蘄惑歟?[350] 經曰: 天主生日月星辰, 布列于天, 光美炫目燿心,[351] 人宜以爲梯, 漸引使上而識造之之主. 不知緣物以徵主, 反用物以自附, 大負天主生物之意, 惜哉!

인간은 올바른 길에 어둡고, 모든 사물을 잘못 인식하여, 그것을 主처럼 존숭하거나, 해와 달을 신봉하거나, 별을 신봉하거나 하지만, 이 모든 것이 하나님께서 만드신 사물이라는 것을 깨닫지 못하니, 우리를 가깝게 비추는 데에 사용하심은, 우리를 이끄시어 그가 참된 주를 만드셨음을 미루어 증거케 하시려는 것이니, 곧 모두 무지몽매하여 사물을 가리켜 근본으로 삼는 것은, 심히 미혹되지 아니한가? 경전에서 가로되: 하나님께서 해와 달과 별을 만드시고, 하늘에 배치하셨으니, 빛의 아름다움이 눈을 부시게 하고 마음을 밝게 비추므로, 사람은 마땅히 그것을 사다리

---

347 「昧」: 원뜻은 '어둡다, 캄캄하다'. '가려지고 속임을 당해서 진실을 보지 못했다'의 의미로 파생되었다.

348 「緣」: '~에 따르다'. [晉] 陶淵明,《桃花源記》:「緣溪行, 忘路之遠近.(시내를 따라가다가, 길의 멀고 가까운 것을 잊어버렸다.)」

349 「瞢」: 원뜻은 '어두컴컴한 모습'이며 '멍청하고 무지몽매하다'의 의미로 사용되었다. 「宗」: '근본으로 기울다'.

350 「蘄」: 독음은 '期'와 같으며, '최고의, 대단히'의 의미이다.《荀子 · 王霸》:「目欲蘄色, 耳欲蘄聲.(눈으로는 지극히 여색을 탐내고, 귀로는 지극히 음악을 탐낸다.)」「歟」: 의문 표시 어기조사.

351 「天主 … 燿心」: 이 단락은 창세기 1장 14-18절을 인용하고 있다:「하나님이 이르시되: 하늘의 궁창에 광체들이 있어 낮과 밤으로 나뉘게 하고, 그것들로 징조와 계절과 날과 해를 이루게 하라, 또 광체들이 하늘의 궁창에 있어 땅을 비추라 하시니 그대로 되니라. 하나님이 두 큰 광체를 만드사 큰 광체로 낮을 주관하게 하시고 작은 광체로 밤을 주관하게 하시며, 또 별을 만드시고 하나님이 그것들을 하늘의 궁창에 두어 땅을 비추게 하시며, 밤과 낮을 주관하게 하시고 빛과 어둠을 나뉘게 하시니 하나님이 보시기에 좋았더라.」

삼아, 점차 끌어올려서 그것을 만드신 주인이심을 알아야 한다. 사물에 의거하여 주를 증거함을 알지 못하면, 도리어 사물로써 스스로 함정에 빠지나니, 이는 하나님께서 사물을 만드신 뜻을 크게 거역하는 것이니, 애석하도다!

「或空有以淪二」: 어떤 이는 法性과 幻相으로써 異論에 빠져 버렸다

淪, 亂雜也; 二者, 空, 有也. 斯晰釋[352]非. 蓋云物出于無, 終歸于無, 而有者實有, 不得淪亂. 今釋盡空諸有, 淪此二端,[353] 良弗識萬有之主, 厥性妙有, 眞實非虛, 弗容或空也.

'淪'은, 어지럽게 뒤섞이는 것이며; '二'라는 것은 '空'과 '有'이다. 이것은 불교에서 말하는 것이 아님을 밝혀 둔다. 무릇 사물은 無에서 나와, 종국에 無로 돌아감을 말하는 것이며, '有'라 함은 실제로 있는 것으로서, 이 둘을 혼동해서는 아니 된다. 지금 완전한 '空'과 모든 '有'를 해석하나니, 이 두 가지를 혼동하게 되면, 만유의 主께서, 그 성질에 오묘한 '有'가 있음을 너무 모르는 것이니, 참으로 가득 차서 비어 있지 않음을, 받아들이지 않거나 '空'이라 여기게 된다.

「或禱祀以邀福」: 어떤 이는 기도와 제사로써 복을 구하기만 한다

斯晰人之淫祀邪神求福, 謬妄弗悟. 經曰: 土神邪魔之像, 不見聞, 不言動, 塊然如尸, 弗能自佑, 烏能佑人? 禱祀之者, 非徒無益, 又獲罪于眞主,

---

352 「釋」: '불교'를 가리킨다.
353 「二端」: 앞 문장의 「二者」, 즉 '空'과 '有'. 陽瑪諾(마누엘 디아즈)과 碑頌의 작자는 모두 불교가 「有」와 「無」의 경계선을 혼란시켰으니, 만물의 형체가 드러날 때가 바로 '有'이므로 '無'라 말할 수 없는 것이고; 만물의 형체가 소멸될 때가 바로 '無'라는 것이다.

是求福得禍也.[354]

이것은 인간이 사악한 신에게 음란한 제사를 지내며 복을 구하는 것을 설명하는 것이니, 터무니없고 깨닫지도 못하는 것이다. 경전에서 가로 되: 토신과 사악한 마귀의 형상은, 보고 들을 수 없으며, 말하고 움직이 지도 못하여, 시체와 같은 덩어리 모양이므로, 스스로를 보우할 수 없는 데, 어찌 사람을 보우할 수 있단 말인가? 제사를 지내는 자는, 단지 무익 할 뿐만 아니라, 또한 참되신 主께 죄를 짓는 것이니, 이는 복을 구하려 다 화를 얻는 것이다.

「或伐善以矯人, 智慮營營, 恩情役役, 茫然無得. 煎迫轉燒, 積昧 亡途, 久迷休復」: 또 어떤 이는 자기 능력을 과시함으로 뭇사람들을 기 만하였고, 지혜와 마음이 급급하고 분주하며, 생각과 감정이 수고로우나, 망연하여 아무런 소득이 없다. 시달리고 핍박받아 불에 타는 듯하며, 우매 함이 날로 쌓여 멸망의 길에 이르게 되고, 오래도록 迷妄하여 다시는 돌이 킬 수 없게 되었다

斯晰二氏[355]之妄. 吾人無善可伐,[356] 異端立敎, 妄自尊大, 矯[357]誣眞理, 俾人惑于其說, 營營役役,[358] 茫無實得. 其心煎迫, 轉相燒害, 久迷沉錮,

---

354 「斯晰 … 禍也」: 思高聖經 바룩서 6장 참조. 전통적으로 「예레미야 서신」이라고 칭하 며, 총 열 개의 비유를 들어 세상 사람들에게 우상을 섬기지 말라고 권고하고 있다.

355 「二氏」: '불교와 도교'를 지칭한다.

356 「伐」: '스스로 자랑하다'. 《論語 · 公冶長》: 「願無伐善, 無施勞.(잘하는 것을 자랑하지 않 고, 공로를 과장하지 않고자 합니다.)」

357 「矯」: 원뜻은 '바로잡다, 구부러진 것을 곧게 펴다'이다. 여기서는 '고의적으로 정상 상 태를 위반하다'의 의미이니, 예를 들어: 矯情(생떼를 쓰다).

358 「營營役役」: '종일 분주하게 명리를 추구하다'. 《詩經 · 小雅 · 靑蠅》: 「營營靑蠅, 止於 樊.(앵앵대는 쉬파리 떼 울타리에 앉았네.)」《莊子 · 齊物論》: 「終身役役, 而不見成功. (종신토록 허덕여도, 성공을 기약할 수 없다.)」

失向眞主, 若盲者失路, 永昧安止本所也.[359]

　이것은 불교와 도교의 망령됨을 일컫는 것이다. 우리들은 자랑할 만한 선이 없으나, 이단은 종교를 세우고, 스스로를 망령되이 과장하며, 진리를 기만하여, 사람들을 그 이야기에 미혹되게 하나니, 종일 분주하게 명리를 추구하지만, 망망하여 실제로 얻는 것이 없다. 그 마음이 절박하여, 서로에게 해를 끼치고, 오랫동안 속박되어, 참된 주님을 잃어버리니, 맹인이 길을 잃는 것과 같아서, 영원히 본처에 안주하지 못하게 된다.

「於是我三一分身, 景尊彌施訶, 戢隱眞威, 同人出代」: 이에 우리의 삼위일체 되신 존귀하신 메시아께서는, 참된 위엄을 감추시고, 인간과 같은 모습으로 세상에 나셨다

　斯晰天主降世之繇. 天主降世, 爲救人罪. 主曾自明厥來之故, 設爲喻曰: 昔牧童牧羊百, 偶一離羣失路, 牧童姑置九十九羊, 往覓厥一, 覓旣獲, 抱懷至喜, 携入原群.[360] 詮曰: 牧者, 吾主也; 九十九羊者, 天神也; 離失一羊者, 世人也. 世人獲罪, 失天堂之路, 天主降世成人, 受難救贖人罪, 引之獲升天國, 登天神之位, 如失羊之復羣然.

　이것은 하나님께서 세상에 내려오신 이유를 설명하고 있다. 하나님께서 세상에 내려오심은, 인간의 죄를 구원하시기 위함이다. 주께서는 일찍이 그 오심의 이유를 스스로 밝히셨나니, 비유를 들어 말씀하셨다: 옛

---

359 「止」: '거처, 안식처'. 《詩經 · 商頌 · 玄鳥》: 「邦畿千里, 維民所止.(나라의 사방 천 리는, 백성들이 머무는 곳이구나.)」「所」: '거처, 귀속하다'.
360 「昔牧 … 原群」: 이 단락은 누가복음 15장 4-5절을 인용하고 있다: 「너희 중에 어떤 사람이 양 백 마리가 있는데 그중의 하나를 잃으면 아흔아홉 마리를 들에 두고 그 잃은 것을 찾아내기까지 찾아다니지 아니하겠느냐? 또 찾아낸즉 즐거워 어깨에 메고 집으로 돌아와서.」

날 목동이 양 백 마리를 기르는데, 우연히 한 마리가 무리를 떠나 길을 잃자, 목동이 아흔아홉 마리를 잠시 두고서, 그 한 마리를 찾으러 갔다가, 발견하고는 즉시 붙들어, 가슴에 안고 몹시 기뻐하였고, 데리고 원래의 무리로 돌아왔다. 해석하여 가로되: 목자는, 우리 주님이시고; 아흔아홉 마리 양은, 천사들이라; 무리를 떠난 한 마리 양은, 세상 사람이다. 세상 사람이 죄를 얻어, 천국으로 가는 길을 잃었으니, 하나님께서 사람의 모습으로 세상에 내려오셨고, 고난을 받으시어 인간의 죄를 구속하셨으며, 이끌어 천국으로 올라가시고, 천사들의 자리에 오르셨으니, 잃어버린 양이 다시 무리로 돌아온 것과 같다.

又昔罪人就主聆教, 主以喜色與共食, 時有惡口謗云:「與罪人同席, 是亦罪人.」主答曰:「人强無疾, 弗事迎醫, 疾者必迎醫療. 吾爲神醫, 罪人靈病, 吾來匪醫義人, 耑療罪人.[361]」

또 옛날 죄인이 主께 나아와 가르침을 들었더니, 주께서 기쁜 모습으로 함께하시며 먹을 것을 주셨으나, 그때 악한 이들이 비방하여 말했다: 「죄인들과 함께 자리하였으니, 이 또한 죄인이라.」 주께서 답하여 가로되: 「사람이 강건하여 질병이 없으면, 의사를 부를 일이 없으니, 병에 걸린 자만이 반드시 의사를 불러 병을 치료한다. 나는 神이자 의사이니, 죄인은 영혼이 병든 것이고, 내가 온 것은 의인을 치료하기 위함이 아니라,

---

361 「又昔 … 罪人」: 이 부분은 마태복음 9장 10-13절을 인용하고 있다: 「예수께서 마태의 집에서 앉아 음식을 잡수실 때에 많은 세리와 죄인들이 와서 예수와 그의 제자들과 함께 앉았더니, 바리새인들이 보고 그의 제자들에게 이르되 어찌하여 너희 선생은 세리와 죄인들과 함께 잡수시느냐? 예수께서 들으시고 이르시되 건강한 자에게는 의사가 쓸데없고 병든 자에게라야 쓸 데 있느니라. 너희는 가서 내가 긍휼을 원하고 제사를 원하지 아니하노라 하신 뜻이 무엇인지 배우라. 나는 의인을 부르러 온 것이 아니요 죄인을 부르러 왔노라 하시니라.」「耑」: 「專」과 음이 같다. '특별히'의 의미이다.

특별히 죄인을 치료하러 온 것이니라.」

聖人詮曰:「詳主二喻, 斯明吾人之罪, 乃天主降世之故.[362] 緣救罪人, 甘取人性; 欲人升天, 甘降爲人.」 又曰:「世人咸緣罪失聖, 天主降臨, 俾之獲返厥聖.」 又曰:「吾主爲神醫, 其寶血爲神劑, 若人靈無病, 奚煩主來, 而傾灑其寶血耶?[363]」

성인이 해석하여 가로되:「主의 두 가지 비유를 살펴보면, 이것은 우리들의 죄를 밝히신 것이니, 곧 하나님께서 세상에 내려오신 까닭이라. 죄인을 구원하시기 위함으로, 인간의 본성을 달게 받으셨고, 인간으로 하늘에 오르시고자, 기꺼이 사람으로 내려오셨다.」 또 가로되:「세상 사람들은 모두 죄로 인하여 거룩함을 잃었으나, 하나님께서 강림하셔서, 그로 하여금 다시 그 거룩함을 얻게 하셨다.」 또 가로되:「우리 주는 신이한 의사이시니, 그 보혈이 신비한 치료제라. 만일 사람의 영혼이 병이 없다면, 어찌 번거로이 주께서 오셔서, 그 보혈을 쏟아부으시겠는가?」

「三一分身」: 삼위일체

者, 乃天主第二位也.[364]

이것은, 곧 하나님의 두 번째 위격이시라.

「彌施訶」: 메시아

吾主聖號也, 譯言. 天主先許降生救世主也. 此乃天主三位之一, 第二

---

362 「故」: '원인'. 예를 들어: 緣故.
363 「耶」: 성조가 제2성으로서, 「邪」와 통함. '의문'을 표시한다.
364 이 구절은 앞의 구「於是我三一分身…(그리하여 우리 삼일분신은…)」을 풀이하고 있다.

位聖子, 爲昔人攸望降來救世之主.

우리 주의 거룩하신 이름이며, 번역하여 말한 것이다. 하나님께서는 우선 구세주의 강생을 허락하셨다. 이분은 곧 하나님의 세 위격 중 한 분으로서, 두 번째 성자이시니, 옛 선인들이 강림을 바랐던 구세주이시다.

「戢隱眞威, 同人出代」: 참된 위엄을 감추시고, 인간과 같은 모습으로 세상에 나셨다

者, 言天主降世之時, 斂[365]藏聖威, 出世如人. 聖人詮曰:「主隱聖威, 如帷燈罩燭, 燭燃于內, 光映于外.[366]」論吾主天主之性, 雖隱人性之內, 人性莫掩厥光, 隨時宣著, 故奇行聖蹟, 昭灼于外, 俾人易信厥爲眞主. 經曰:「天主將往異域, 乘輕雲而入.[367]」詮曰:「吾主天主性, 如太陽; 其人性, 如輕雲.」雲惟輕, 日易顯. 吾主人性, 輕清無翳,[368] 透露厥內, 含天主之性, 以故一盼及瑪竇,[369] 而化貪爲潔, 竟列宗徒. 口訓人士, 而多方信從, 頌聲丕[370]播, 手撫諸病, 應時輒愈,[371] 罪人抱其聖足, 而蒙赦; 死者聆其聖音, 而立甦,[372] 斯可信厥爲眞天主, 幷眞人矣.[373]

---

365 「斂」: '제약하다, 절제하다'.

366 「主隱 … 于外」: 요한복음 1장 4절 참고:「그 안에 생명이 있었으니 이 생명은 사람들의 빛이라.」

367 「經曰 … 而入」: 이사야서 19장 1절에서 인용:「애굽에 관한 경고라: 보라, 여호와께서 빠른 구름을 타고 애굽에 임하시리니.」

368 「翳」: '덮다'. [三國魏] 張揖, 《廣雅》:「翳, 障也.(翳는 障이다.)」

369 「瑪竇」:「마태」(Matthew)를 가리킨다. 마태복음 9장 9절:「예수께서 그곳을 떠나 지나가시다가 마태라 하는 사람이 세간에 앉아 있는 것을 보시고 이르시되 나를 따르라 하시니 일어나 따르니라.」

370 「丕」: '크다'. [漢] 許愼, 《說文解字》:「丕, 大也.(丕는 大이다.)」

371 「應」: '當'과 같음. '~에 해당하다'. 「應時」: '당시, 즉각'의 의미. 「愈」: '병이 낫다'. 「癒」와 통용된다.

372 「死者 … 立甦」: 이것은 '나사로의 부활'을 일컬으며, 요한복음 11장에서 인용되었다. 「甦」, '다시 살아나다'.

이것은, 하나님께서 세상에 내려오신 때를 말하는 것으로서, 거룩한 위엄을 절제하여 감추시고, 사람의 모습으로 세상에 오신 것이다. 성인이 해석하여 가로되:「주께서 거룩한 위엄을 감추시고, 장막의 등불처럼 불꽃을 가리시니, 불꽃은 안에서 타오르나, 빛은 밖으로 비추인다.」 우리 주 하나님의 본성을 논하는 것으로서, 비록 안에 있는 인성을 숨길지라도, 인성은 그 빛을 가릴 수 없으니, 수시로 드러나시므로, 기이한 행적과 거룩한 업적이, 밖으로 명백히 드러나나니, 사람들로 하여금 그 분이 참된 主이심을 쉽사리 믿게 하였다. 경전에서 가로되:「하나님께서 다른 지역으로 가려 하실 때는, 가벼운 구름을 타고 들어가신다.」 해석하여 가로되:「우리 주 하나님의 본성은, 태양과 같고; 그 사람으로서의 본성은, 가벼운 구름과도 같다.」 구름은 단지 가벼울 뿐이고, 해는 쉽게 드러난다. 우리 주의 인간으로서의 본성은, 가볍고 맑아 덮인 것이 없고, 그 안에서 절로 드러내시며, 하나님의 본성을 가지고 있으므로, 마태에게 한 번 따르라 분부하시어, 탐욕을 변화시켜 정결케 하시니, 마침내 사도로서 따랐다. 입으로 사람들을 훈계하니, 여러 곳에서 믿고 따랐으며, 찬양의 소리가 크게 퍼졌고, 손으로는 갖가지 질병을 어루만지시고, 때에 따라 늘 고치시니, 죄인들이 그 거룩한 발을 붙들어, 사함을 입었고; 죽은 자는 그 거룩한 소리를 듣고, 일어나 다시 살아났으니, 이로써 그 분이 참되신 하나님이시자 또한 참된 인간이심을 믿게 되었다.

「神天宣慶」: 하늘 천사가 예수 탄생의 기쁜 소식을 선포하였다

斯遹天主降世之第一大奇. 首提天神宣慶, 以賀普地之大幸. 經紀天神降報約有三: 一, 爲天主降孕之前, 天神來報于至潔淨, 至盛德童眞女之

---

373   이것은 '二性一位(양성 일위격)설'을 지칭한다. 각주 337 참고.

前, 曰:「申爾[374]福童女, 天主聖寵盛滿爾靈, 主降世爲人, 豫選爲母.」[375]
童女弗敢違命, 伏叩敬諾.[376] 于時天主聖子, 降厥淨胎成人, 爲厥眞子; 斯
童女高位, 爲天主母, 厥名瑪利亞. 譯言海星,[377] 自光焰人, 母德之至, 罄
天神, 與人之舌, 靡揚萬一, 縱令天神, 幷諸聖人之德, 統會成一. 較擬聖
母之德, 遠遠弗逮. 經紀達未聖王:「神目見天國聖城, 深嘆曰:『美麗哉!
懸絕萬世之美麗, 異哉厥址.』世城之址, 皆深埋于地, 乃址至峻, 隺然建
諸崇山之上.[378]」 詮曰:「聖城者, 聖母也, 主安厥胎, 若大君安居堅城, 始
胎之際, 乃厥址也. 建崇山之上者, 是時攸受天主聖寵, 遠越諸神聖之表.」
經贊聖母云:「凡天神聖人, 皆勤集其神財, 特爾財疊出諸財之上.」

　　이것은 하나님께서 세상에 내려오신 첫 번째 큰 기적을 서술한 것이
다. 우선 하늘 천사가 기쁜 소식을 선포함을 언급하여, 이 땅의 커다란
행복을 축하하고 있다. 경전에 기록된 하늘 천사의 강림 소식은 대략 세
가지이다: 첫째, 하나님께서 내려오셔서 잉태되기 전, 하늘의 천사가 와
서 지극히 정결함을 알리고, 덕이 지극히 충만한 동정녀 앞에서 가로되:
「너 축복받은 처녀에게 알리노니, 하나님의 거룩한 은총이 너의 영혼에

---

374 「申」: '표현하다, 표명하다'. 「爾」: '당신'.
375 「申爾 … 爲母」: 이 부분의 내용은 누가복음 1장 35절에 나온다:「천사가 대답하여 가
　　로되 성령이 네게 임하시고 지극히 높으신 이의 능력이 너를 덮으시리니. 이러므로 나
　　실바 거룩한 자는 하나님의 아들이라 일컬으리라.」」「豫」, '미리, 사전에'.
376 「諾」: 대답하는 목소리.
377 「譯言海星」: 이 번역명은 민수기 24장 17절에서 언급한「한 별이 야곱에게서 나오며
　　한 통치 지팡이가 이스라엘에게서 일어나서」를 참고해야 한다. 마리아를 '海星'이라
　　번역하는 것은 바로 이것이다.
378 「經記 … 之上」: 이 부분은 思高聖經 聖詠 48편에 근거하고 있다:「시온(Zion)산이 너의
　　공정함으로 인하여 기뻐하고 유대 여자도 따라서 기뻐 뛰기를 원하노라. 너희가 시온
　　성 주위를 순회하며, 그의 성루를 세고, 그의 성곽을 살펴보고, 그의 보루를 둘러보는
　　것은 너희들로 하여금 후대 자손에게 알려 주게 하기 위함이니: 그는 확실히 위대한
　　하나님이시며, 또한 우리의 영원한 천주이시고, 항상 우리를 이끄시는 하나님이시
　　라.」「猶大女子」는 현재 기독교 중국어 성경에서 대부분「城邑」이라는 파생의미로 사
　　용하고 있다.

가득하여, 주께서 세상에 사람으로 내려오실지니, 미리 어머니를 선택했노라.」 동정녀가 감히 명을 어기지 못하고, 꿇어 엎드려 경배하며 응낙하였다. 이때 하나님의 거룩하신 아들이, 그 정결한 태에서 사람으로 내려오셨으니, 바로 그 참된 아들이시라; 이 동정녀는 높은 자리에 있어, 하나님의 어머니이시며, 그 이름이 마리아라. 번역하면 '바다의 별'이니, 스스로 빛을 발하여 사람을 비추시고, 어머니로서의 지극한 덕으로, 천사들과 인간의 혀를 다하시어, 만분의 일도 드날림이 없으시며, 설령 천사들과 여러 성인들의 덕일지라도, 이를 한데 모아 하나로 통할하신다. 성모의 덕을 비교해 보면, 멀고도 멀어 다다를 수가 없다. 경전에서 다윗왕을 기록하여 가로되:「하나님께서 천국의 거룩한 성을 눈으로 보시고, 깊이 탄식하며 말씀하시기를:『아름답도다! 만세의 아름다움을 훨씬 뛰어넘으니, 기이하도다 그곳이여.』세상의 城이 있는 곳은, 모두가 땅에 깊이 묻혀 있고, 땅이 몹시 험준하며, 아득히 여러 높은 산 위에 지었노라.」해석하여 가로되:「거룩한 성이란, 바로 성모를 말하는 것이며, 주께서 그 태에서 편히 거하시나니, 만일 대군께서 견고한 성에 편히 거하시면, 처음으로 잉태된 곳이, 바로 그곳이라. 높은 산 위에 지었다는 것은, 이때 하나님의 거룩한 은총을 입었다는 것이고, 멀리 여러 신들의 거룩함을 뛰어넘는 징표인 것이다.」경전에서 성모를 찬양하여 가로되:「무릇 천사와 성인들은, 모두 그 신비로운 재물을 부지런히 모아서, 특별히 너의 재물이 모든 재물의 위에 쌓이도록 하신다.」

聖賢恒言, 聖母之奇, 畧似吾主. 主如帝王出幸, 先有諸臣淸道.[379] 主未

「淸道」: '淨街(깨끗한 거리)'라고도 칭한다. 옛날에는 제왕이나 관리가 행차할 때, 늘 사람들을 시켜 앞길을 깨끗이 하고 사람들을 몰아내도록 했다. 《史記·司馬相如列傳》: 「且夫淸道而後行, 中路而後馳, 猶時有銜橜之變.(한편 길을 깨끗이 쓸고 정비한 다음에

降, 時多豫像;[380] 代有先知聖人, 豫書其情, 以示後來. 聖母則如皇太后, 其未生亦先有多像, 亦多先知聖人, 豫錄厥奇. 伯爾納聖人[381]曰:「奇哉聖母之大奇, 早早于未生前, 天主示元祖, 而許其生. 黙啟先知聖人, 錫之豫識聖母, 雖弗克以肉目覩, 而神目視之如在目前. 愛之如母, 仰之如后, 奉之誠如天主聖母.」

　　성현들이 항상 말하기를, 성모의 기적은, 우리 주와 대략 비슷하다. 주께서는 제왕이 출행하듯, 먼저 여러 신하들이 길을 깨끗이 하는 것과 같다. 주께서 아직 강림하시기 전에는, 때때로 사전에 많은 징표들이 있었고; 대대로 선지자 성인들이 있어서, 그 정황을 미리 기록하여, 나중에 올 것을 보여 주었다. 성모는 즉 황태후와 같아서, 아직 나시기도 전에 미리 여러 징표가 있었고, 또한 많은 선지 성인들이, 그 기적을 미리 기록하였다. 성 버나드가 가로되:「기이하도다 성모의 큰 기적이여, 아직 나시기 훨씬 이전에, 하나님께서는 시조 아담을 보여 주시고, 그 태어남을 허락하셨다. 선지 성인을 말없이 일깨우셔서, 성모를 미리 알도록 해 주셨으니, 비록 육체의 눈으로는 볼 수 없으나, 신의 눈으로는 눈앞에 있는 것과 같이 직접 볼 수가 있다. 어머니와 같이 사랑하시고, 태후처럼 우러르며, 하나님의 거룩하신 어머니로 정성껏 받들어 모신다.」

가고, 수레가 길 중앙을 달릴지라도, 때로는 말이 재갈이 끊어지거나 수레바퀴가 빠지는 변이 생기기도 한다.)」

380　「豫像」: '預像'은 성경 해독 방식의 하나이다. 「豫」는 「預」와 통함. 이것은 초대교회에서 성행했던 우의적 성경 해독의 방식이며, 신약과 구약에서의 내용이 항상 서로 연관되어 있다.

381　「伯爾納聖人」: '성 버나드(Bernard of Clairvaux, 1090-1153)'를 말하며, 「聖伯爾納鐸」으로 번역하기도 한다. 클레르보수도원 원장으로서 수도개혁운동―시토 수도회(Cistercian)의 뛰어난 지도자였으며, 중세 신비주의의 아버지로 추앙받았고, 극히 뛰어난 성경문학의 작가였다.

又, 其始胎之奇, 畧似吾主. 主投聖母之胎, 聖母仍是童身, 乃聖母之母
年已老, 胎已荒, 得生聖母, 與童女生子畧似.[382] 又, 吾主投胎, 原罪莫染,
聖母始胎, 原罪宜染而弗染, 亦畧似焉. 篤瑪及衆聖人皆曰聖母高位, 可稱
無窮際, 天神世人能讚其美, 莫能詳讚其美.

또, 그 최초의 태중의 기이함이, 우리 주와 대략 비슷하다. 주께서 성
모의 태 속으로 들어가셨으나, 성모는 여전히 동정의 몸이었으며, 성모
의 어머니는 이미 늙어, 태가 이미 황폐해졌으나, 성모를 낳을 수 있었던
것은, 동정녀가 자식을 낳은 것과 대략 흡사하다. 또한, 우리 주께서 태
속으로 들어가심은, 원죄로 더럽혀지지 않았다는 것이니, 성모의 첫 태
는, 원죄로 마땅히 물들지라도 그러나 더럽혀지지 않았음이, 또한 대략
이와 비슷하다. 도마와 뭇 성인들이 모두 성모의 높은 위치를 말하니, 무
궁한 경계라 칭할 수 있고, 천사들과 세상 사람들이 그 아름다움을 찬미
할 수는 있으나, 그 아름다움을 상세하게 찬미할 수 있는 것은 없다.

二, 乃經紀聖母旣懷吾主, 未幾[383]淨胎忽顯. 若瑟淨夫, 弗得其故. 天神
語之曰:「若瑟, 達未王裔, 勿疑淨女. 厥妊弗緣人道, 悉天主聖神之工, 將
生之嬰, 名耶穌, 彼贖人罪, 救世之主.[384]」

---

382 「又, 其 … 畧似」:《야고보 복음서》(Gospel of James) 2-5장 참고. 이것은 마리아의 부
모가 아들을 얻으려 뜨겁게 기도하던 과정을 기록한 것으로서, 전통교회는 마리아의
양친이 안나(Anna)와 요아킴(Joachim)이라고 인식하고 있다.
383 「未幾」: '오래지 않아'.《詩經·齊風·甫田》:「未幾見兮, 突而弁兮.(오래지 않아 만나 보
니, 벌써 관을 쓰고 있네.)」朱熹《詩集傳》:「未幾, 未多時也.(未幾는 '오래지 않아'의 의
미이다.)」
384 「若瑟 … 之主」: 이 단락은 마태복음 1장 19-21절을 인용하고 있다:「그의 남편 요셉은
의로운 사람이라. 그를 드러내지 아니하고 가만히 끊고자 하여 이 일을 생각할 때에,
주의 사자가 현몽하여 이르되 다윗의 자손 요셉아 네 아내 마리아 데려오기를 무서워
하지 말라. 그에게 잉태된 자는 성령으로 된 것이라. 아들을 낳으리니 이름을 예수라
하라. 이는 그가 자기 백성을 그들의 죄에서 구원할 자이심이라 하니라.」

둘째, 즉 경전에 성모가 우리 주님을 이미 잉태하셨음을 기록하고서, 오래지 않아 정결한 태가 홀연히 나타났다. 정결한 남편인 요셉은, 그 까닭을 몰랐다. 천사가 그에게 일러 말씀하셨다:「요셉아, 다윗왕의 후손이여, 정결한 여인을 의심하지 말라. 그의 잉태함은 사람의 것으로 된 것이 아니요, 성령 하나님의 거룩하신 일로 된 것임을 알라. 장차 태어날 아기는, 이름을 예수라 하라. 저는 인간의 죄를 대속하여, 세상을 구원하실 주이시라.」

三, 亦經紀. 吾主聖誕當夜, 郊外牧童三人, 看羊守夜, 忽巨光射目, 光中天神語曰:「毋驚畏, 來報汝福幸之音. 汝也, 通國也, 咸宜欣樂, 救世之主, 頃降誕某所, 亟往躬拜.」牧童如命往見, 悉符神語, 斯第一奇蹟, 可釋異敎之疑.[385]

셋째, 또한 경전에 기록되었다. 우리 주의 거룩하신 탄생이 있던 날 밤, 교외에서 목동 세 사람이, 양을 지키며 밤을 지새우는데, 갑자기 거대한 빛이 눈을 비추었고, 빛 가운데서 천사의 소리가 있어 말씀하셨다:「두려워 말라, 너희에게 복된 소식을 전하러 왔으니, 너희와, 온 나라는, 모두 마땅히 기뻐해야 하는지라. 세상을 구원할 왕이, 방금 모처에 내려와 탄생하였으니, 속히 가서 경배하라.」목동들이 명대로 가서 보고, 하

---

[385]「吾主 … 之疑」: 이 부분은 누가복음 2장 8-15절을 인용하고 있다:「그 지역에 목자들이 밤에 밖에서 자기 양 떼를 지키더니, 주의 사자가 곁에 서고 주의 영광이 그들을 두루 비추매 크게 무서워하는지라. 천사가 이르되 무서워하지 말라. 보라 내가 온 백성에게 미칠 큰 기쁨의 좋은 소식을 너희에게 전하노라; 오늘 다윗의 동네에 너희를 위하여 구주가 나셨으니 곧 그리스도 主시니라. 너희가 가서 강보에 싸여 구유에 뉘어 있는 아기를 보리니, 이것이 너희에게 표적이니라 하더니, 홀연히 수많은 천군이 그 천사와 함께 하나님을 찬송하여 이르되: 지극히 높은 곳에서는 하나님께 영광이요, 땅에서는 하나님이 기뻐하신 사람들 중에 평화로다 하니라. 천사들이 떠나 하늘로 올라가니 목자가 서로 말하되, 이제 베들레헴으로 가서 주께서 우리에게 알리신 바 이 이루어진 일을 보자 하고.」

나님의 말씀이 맞음을 알았으니, 이것이 첫 번째 기적으로서, 이교도들의 의심을 풀 수 있는 것이었다.

據經所紀, 聖母甚貧, 産厥子于廢亭, 臥以馬槽, 裹以薄褓.[386] 煢煢[387]一嬰, 迨旣長, 恒罹百難, 如是而欲信其眞爲天主, 眞爲救世之主, 誠甚難哉! 弗知天主降世, 厥旨有三: 一則贖人之罪, 人之罪槪緣佚[388]樂, 主故贖之以苦. 二則主乃神醫, 降來療罪人神[389]病, 神病之根, 始于愛私, 傲, 淫, 奢, 忿, 貪, 饕,[390] 等情. 悉愛私之枝, 主欲以謙療傲, 以貞[391]療淫, 以乏療奢, 以恕療忿, 以淡薄療貪饕, 人法主苦, 病根必除, 病枝自散. 三則主乃神師, 降世指人天國正路, 阻厥路者, 財也, 樂也, 傲也, 此主在世, 恒以神貧, 身潔, 心謙, 三者勸人. 主若弗貧, 弗潔, 弗謙, 胡爲良師? 胡爲善誘? 是其多罹苦難, 明徵[392]實有人性. 若其明顯並有天主之性, 更多証實. 伯爾納聖人曰: 「吾主誕日, 雖擇馬槽, 母衣以褓, 若與世間寠[393]人無異, 乃天神當時齊集欽承, 奉命而往告牧童, 奉命遠報異國之人, 是皆証厥眞爲天主. 弟執迷者, 故棄實証, 弗之肯信, 雖弗以予言信, 宜以聖經信.」葆祿聖徒曰: 「天主聖父, 命厥聖子降世成人, 幷命天神降來, 欽奉厥命」, 則宜信厥爲眞人, 兼眞主矣.

경전의 기록에 의하면, 성모는 극히 빈한하여, 그 아들을 다 쓰러져 가

---

386 「褓」: '아기를 감싸는 이불이나 천'. [漢] 許愼, 《說文解字》: 「褓, 負兒衣.(褓은 '아기를 감싸는 옷'이다.)」
387 「煢」: '외롭고 의지할 곳 없는 모습'.
388 「槪」: '총괄하다, 개괄하다'. 「佚」: '방탕하다'.
389 「神」: '정신'.
390 「饕」: '전설 속의 흉악하고 탐욕스런 신수(神獸)', 후에 '탐식하다', '재물을 탐하다'의 의미로 파생되었다.
391 「貞」: '확고하다, 지조가 있다'.
392 「徵」: '검증하다, 증명하다'.
393 「寠」: '집이 누추하다'.

는 집에서 낳아, 말 구유에 누이고, 얇은 보로 감쌌다. 외롭고 의지할 곳 없는 한 아기가, 이미 성장하여, 늘 온갖 어려움을 겪었으니, 이와 같이 그가 참되신 하나님이고, 진실로 세상을 구원하실 主이심을 믿는 것은, 참으로 어려운 일이로다! 하나님께서 세상에 내려오심을 알지 못한다는 것은, 그 의미가 세 가지 있다: 첫째, 인간의 죄를 대속하시는 것으로서, 인간의 죄는 대략 방탕한 쾌락에서 기인하는 것이니, 주께서 그리하여 고통으로써 죄를 대신하셨다. 둘째, 주는 곧 신비로운 의사이시니, 세상에 내려오셔서 죄인들의 정신적인 병을 치료하시는데, 그 정신적인 병의 근원은, 사리사욕, 오만, 음란, 사치, 분노, 탐욕, 재물욕 등에서 비롯된다. 사리사욕의 가지를 아시나니, 주께서 겸손으로 오만을 치료하시고, 곧바름으로써 음란을 고치시며, 궁핍함으로 사치를 치료하시고, 용서로써 분노를 고치시며, 담박함으로 탐심을 치료하시니, 인간이 주의 고통을 따르면, 병의 근원이 반드시 제거되고, 병의 가지가 스스로 흩어지게 되는 것이다. 셋째, 주는 곧 신비로운 선생님이시니, 세상에 내려오셔서 천국의 바른 길로 안내해 주시는데, 그 길을 가로막는 것은, 재물과 쾌락과 오만함이니, 이는 주께서 세상에 계시면서, 항시 정신적인 빈한함과 몸의 정결함과 마음의 겸손 등, 세 가지로써 인간에게 권면하신다. 주께서 가난하지 않고, 정결하지 않으며, 겸손하지 않다면, 어찌 좋은 스승이라 할 수 있겠는가? 어찌 선한 길로 인도할 수 있겠는가? 이것이 여러 고난을 겪는다는 것이고, 실제로 인간의 본성을 가지고 계심을 명백히 증명하는 것이다. 만일 주께서 하나님의 본성을 분명히 함께 가지고 계신다면, 더욱 많은 증거가 될 것이다. 성 버나드가 말하였다: 「우리 주께서 탄생하신 날, 비록 말 구유를 택하셨고, 어머니가 강보로 입히셨지만, 세상의 누추한 사람들과 다르지 않았으니, 곧 하나님께서 그때 천사를 불러모아 공경히 명을 받게 하셨고, 이에 명을 받들어 목동에게 가서 고하고, 명을 받들어 멀리 이방인들에게도 알렸으니, 이는 모두 그분이 참되신 하나님임을 증명하는 것이다. 단지 미혹에 집착하는 자만이, 실제적인 증거를 버리고, 그것을 믿으려 하지 않으니, 비록 나의 말로써 믿지 않지만, 마땅히 성경의 말씀으로 믿어야 하는 것이다.」 사도 바울이 말하였다: 「거룩하신 하나님 아버지께서는, 그의 거룩하신 아들에게 사람으로 세상에 내려갈 것을 명하셨고, 또한 천사에게 내려올 것을 명하셨으니, 그 명령을 공경히 받들었다.」 즉 그 분은 참된 인간이시자, 참된 主이심을 믿어야만 하는 것이다.

「室女誕聖于大秦」: 동정녀가 大秦에서 성자 예수를 낳으셨다

斯述天主降世之第二大奇. 誕于童女之身, 厥身仍爲全潔. 經曰:「主若太陽, 母若水晶. 太陽之光, 透入透出于水晶, 而水晶無損. 又若太陽之光, 出于其輪, 而輪質弗傷. 又若地生五穀百卉, 而厥土罔虧.[394] 自生人以來, 未有童女生子者, 卽自玆以迄世界窮盡, 亦再無童女生子者. 童女而生子, 特聖母之至奇, 而天主自作之神工也.[395]

이것은 하나님께서 세상에 내려오신 두 번째 큰 기적을 서술하고 있다. 동정녀의 몸에서 탄생하셨으니, 그 몸은 여전히 완전무결하셨다. 경전에서 가로되:「주님은 태양과 같고, 성모는 수정과도 같다. 태양의 빛

---

394 이 비유는 전통적으로 Candor Illaesus(라틴어)라 부르는데, 전통에 의하면 교황 클레멘스 7세(1378-1394)에게 바친 그림으로서, 그것이 이태리 메디치(Medici) 가문에서 왔으므로 동그란 공 모양은 바로 그 가족의 상징이었다.

395 「自生 … 工也」: 마리아의 평생 동정 이야기에 관해서는 초기 교회에서 이 신조가 형성되기 시작하였다. C.C.C.499:「처녀 출산이라는 이 신앙의 심화는 교회로 하여금 설사 사람이 된 하나님의 아들을 출산한 후라 하더라도, 마리아는 여전히 진실과 영원한 동정을 유지하였음을 인정하게 하였다. 그리스도의 탄생이『그녀의 동정의 완성을 결코 해치지 않았고, 오히려 성화시켰기 때문이다』. 교회의 의례는 마리아를『종신 동정(終身童貞)』(Aeiparthenos)」으로 경축하고 있다.

이, 수정에 스며들고 나오지만, 수정에는 손상이 없다. 또 태양의 빛과 같아서, 바퀴처럼 둥근 것에서 나오지만, 바퀴 모양의 본질에는 손상이 없다. 또 땅에서 오곡백과가 나오는 것과 같아서, 그 땅에는 손해가 없는 것이다.」 사람이 생겨난 이래로, 처녀가 아이를 낳은 일은 없으니, 즉 이로부터 세상 다하는 날까지, 또다시 처녀가 아이를 낳는 일은 없을 것이다. 처녀 출산은, 특별히 성모의 지극한 기적이며, 하나님께서 스스로 이루어 내신 신비로운 일인 것이다.

「景宿告祥, 波斯覩耀以來貢」: 크고 밝은 별이 기쁜 소식을 알렸으며, 페르시아인들이 밝은 빛을 보고 와서 예물을 바쳤다

斯述天主降世之第三大奇. 景宿[396]者, 巨光之星; 波斯者, 異國之名. 吾主誕時, 新星發顯, 導異國之人, 恭詣[397]降誕之所, 俯伏朝禮, 而貢獻其方物.[398]

이것은 하나님께서 세상에 내려오신 세 번째 큰 기적을 서술하고 있다. '景宿(큰 별)'이라는 것은, 거대한 빛을 가진 별이며; '波斯'는, 다른 나라의 이름이다. 우리 주께서 탄생하실 때, 새로운 별이 나타나서, 이방인들을 인도하였고, 그들이 탄생의 장소로 공경히 나아가, 엎드려 절하고, 그들 지방의 예물을 바쳤다.

或問:「來朝爲誰? 人有幾? 國何方? 貢何物?」曰: 據經與聖人之言云:

---

396 「宿」: '별자리'.
397 「詣」: '나아가다'.《漢書·楊王孫傳》:「王孫苦疾, 僕迫從上祠雍, 未得詣前.(王孫께서 병환 중에 계시다니, 유감스럽게도 주상을 모시고 雍에 가야 될 터이라, 나아가 문병조차 못 합니다.)」[唐] 顏師古,《漢書注》:「詣, 至也.(詣는 至이다.)」
398 「方物」: '토산품'.

「有土之王, 共有三人, 厥地名福亞臘彼亞,[399] 距主誕處, 東去二千餘里. 厥貢三, 黃金一, 乳香一, 沒藥一.[400] 三王皆極賢達, 各諳[401]天文, 咸識新星爲天主降生之兆, 攸貢之物, 並含吾主之義並表三王之誠. 黃金, 王于五金, 王信吾主實王天地萬物, 故貢; 乳香, 焚供天主者, 王信吾主內涵天主性, 故貢; 沒藥, 用塗人尸, 存久弗朽, 王信吾主並爲眞人, 將來雖死, 聖尸復活, 弗至腐朽, 故貢.

어떤 이가 물었다:「와서 알현한 이는 누구인가? 몇 명이었는가? 어느 나라 사람인가? 어떤 물건을 헌상하였는가?」가로되: 경전과 성인들의 말에 근거하여 대답하노라:「땅의 왕으로서, 세 사람이었고, 그 땅의 이름은 파르티아이며, 주가 탄생하신 곳에서, 동쪽으로 이천여 리 떨어져 있다. 그들은 세 가지를 예물로 바쳤으니, 황금과 유향과 몰약이었다.」세 왕은 모두 지극히 현명하고 사리에 밝았으니, 각자 천문에 능통하였고, 모두 새로운 별이 나타남은 하나님께서 강생하실 징조라는 것을 알아챘으니, 예물로 바친 물건들은, 우리 주의 의로움을 담고 세 왕의 정성을 표하고 있는 것이다. 황금은, 다섯 가지 금속 중의 으뜸이니, 왕은 우리 주께서 천지 만물을 실제로 다스리심을 믿었기에, 바친 것이고; 유향은, 하나님께 태워 바치는 것인데, 우리 주께서 안으로 하나님의 본성을 가지고 계심을 믿었기에 바친 것이며; 몰약은, 죽은 이의 몸에 바르는 것

---

399 「福亞臘彼亞」: 그리스도 시대에 페르시아를 통치하던 파르티아 왕조(Parthian Empire).

400 「有土 … 藥一」: 마태복음 2장 1-11절:「헤롯왕 때에 예수께서 유대 베들레헴에서 나시매 동방으로부터 박사들이 예루살렘에 이르러 말하되, 유대인의 왕으로 나신 이가 어디 계시냐. 우리가 동방에서 그의 별을 보고 그에게 경배하러 왔노라 하니, 헤롯 왕과 온 예루살렘이 듣고 소동한지라 … 동방에서 보던 그 별이 문득 앞서 인도하여 가다가 아기 있는 곳 위에 머물러 서 있는지라. 그들이 별을 보고 매우 크게 기뻐하고 기뻐하더라. 집에 들어가 아기와 그의 어머니 마리아가 함께 있는 것을 보고 엎드려 아기께 경배하고 보배합을 열어 황금과 유향과 몰약을 예물로 드리니라.」

401 「諳」: '정통하다, 잘 알다'.

으로서, 영원히 썩지 않게 보존하는 것이니, 왕이 우리 주께서는 진짜 사람이심도 믿었기에, 장래에 비록 죽을지라도, 거룩한 육체가 부활하여, 썩지 않도록 하기 위하여, 바친 것이다.

　或問:「新星, 何星? 始顯何時? 三王何識其爲天主降誕之兆?」 曰:「斯星非曆象[402]列宿間之星.」列宿諸星, 恒麗本天, 咸有厥度. 太陽光出, 厥光悉隱, 弗能顯于白晝. 斯星不然, 第遊于空, 東西南北, 隨三王以偕行偕止, 乃天神携之而動, 又能弗避太陽, 晝夜皆顯. 且厥光大過太陽, 俟主命旣訖,[403] 散弗復存. 故吾主降誕之夜, 新星忽出, 三王乍覩, 速乘駱駝啓行, 歷期十三日乃至. 三王皆古先知之裔, 其于一千五百餘年之前, 預錄遺書曰:「來時新星必顯, 實乃瑞徵爲救世者聖誕之兆.」 三王久習遺書, 忽見斯星, 偕約亟往, 又仗天主黙詔, 俾能尋至主誕之所.

　어떤 이가 물었다: 「새로운 별이란, 어떠한 별인가? 처음 나타난 시각은 어찌 되는가? 세 왕은 그것이 하나님 강생의 징조임을 어떻게 알았는가?」 가로되: 「이 별은 역법에서 말하는 여러 별들 중의 하나가 아니다.」 하늘에 있는 여러 별들은, 그 근원인 하늘을 항시 밝게 빛내 주지만, 모두 자신의 위치가 정해져 있다. 태양의 빛이 나오면, 자신의 빛은 모두 사라져, 백주에는 드러낼 수가 없는 것이다. 이 별은 그렇지 아니하여, 단지 공중에 떠다니다가, 동서남북으로, 세 왕들을 따라 함께 움직이고 함께 멈추나니, 곧 하나님께서 그 별을 가지시고 움직이시므로, 또한 태양을 피하지 않을 수가 있으며, 주야로 항시 밝게 보이는 것이다. 또한 그 빛이 태양보다 월등하며, 주의 명이 이미 끝나기를 기다리면, 흩어져

402　「曆象」: '역법, 천문성상(天文星象)'.
403　「俟」: '기다리다'. 《儀禮·士昏禮》: 「俟於門外.(문 밖에서 기다리다.)」 「訖」: '완결되다, 종료되다'.

다시 존재하지 않게 된다. 그리하여 우리 주가 탄생하신 밤에, 새로운 별이 홀연히 나타나자, 세 왕이 갑자기 보게 되었고, 속히 낙타를 타고 출발하였으니, 13일 만에 곧 도착하였다. 세 왕은 모두 옛 선지자의 후예였으니, 약 1,500여 년 전에, 예언으로 기록된 바가 있다: 「주께서 오실 때에 새로운 별이 반드시 나타날지니, 실로 구세주의 거룩한 탄생의 징조이다.」 세 왕이 오래도록 예언을 학습하였고, 갑자기 이 별을 보게 되었으니, 여러 번 함께 약속하였는바, 또한 하나님의 묵시적인 명령을 의지하여, 주 탄생의 장소를 찾아갈 수 있게 된 것이다.

「圓卅四聖有說之舊法, 理家國于大猷」: 24 성인이 말씀하신 구약의 율법을 완성하시고, 하늘의 道로 가정과 나라를 다스리시었다

圓者, 周全也; 卅四聖者, 古經內先知者, 豫紀天主降世之情, 約二十四也; 舊法者, 古經也.[404] 吾主自降誕以迄受難, 凡厥言行, 按之古經, 二十四先知者豫紀之言, 一一符合, 周全罔缺. 繇是聖敎之美, 大扶王化,[405] 而家國大猷,[406] 淸和咸理有餘矣.

'圓'은, '주도면밀하다'이다; '24聖'이란 구약(舊約)에서의 선지자로서, 하나님께서 세상에 내려오시는 정황을 미리 기록한 것이, 약 24편에 이른다; '舊法'은 옛 경전이며, 우리 주께서 강림하셔서 수난을 당하시기까지,

---

404 「圓者 … 經也」: 위에 언급된 「卅四聖(24성)」은 히브리 전통 성경이 세 그룹 24경으로 나뉘었다는 것(BHS本)을 말한다: 1.「율법서」(Torah): 창세기, 출애굽기, 레위기, 민수기, 신명기; 2.「선지서」(Nebi'im): 여호수아기, 사사기, 사무엘기, 열왕기, 이사야서, 예레미야서, 에스겔서, 12小선지서; 3.「성서」(Ketubim): 시편, 욥기, 잠언, 룻기, 아가서, 전도서, 예레미야애가, 에스더, 다니엘, 에스라-느헤미야, 역대기.

405 「化」: '교화하다, 감화하다'.

406 「猷」: '도(道), 법칙'.《詩經·小雅·巧言》:「秩秩大猷, 聖人莫之.(질서정연한 대도를, 성인이 정하셨느니라.)」

무릇 그 언행을 기록한 것이니, 옛 경전에 근거하면, 24명의 선지자가 예언한 것이, 하나하나 부합하고, 주도면밀하여 부족한 부분이 없다. 이로 말미암아 거룩한 종교의 아름다움이, 왕의 교화를 크게 부조하여, 가정과 국가의 큰 법칙이, 태평해져서 모든 이치에 남음이 있게 되었다.

「設三一淨風無言之新敎, 陶良用于正信」: 삼위일체 성령의, 말로 할 수 없는 새로운 종교를 세우셨고, 양심을 도야하여 바른 믿음에 쓰게 하셨다

三一者, 卽前所言天主三位一體也; 淨風者, 至潔無汚之化也; 無言者, 其敎弗係于口, 弗希多言, 特貴善行也; 新敎者, 吾主降世, 易古敎之規, 而躬建新敎[407]之禮也; 良用者, 人性明愛之良能[408]也; 正信者, 信用于正, 不入于邪也. 蓋吾主降世, 明示天主三位一體至精至妙之義于人, 而躬建新敎, 非若古敎之難明. 其首重之大端, 在信天主三位一體, 敎化之美至淨至聖, 能化習俗之迷, 陶鎔其性, 俾明愛之良, 用得其正, 信向一主, 而無他岐之惑矣.

'三一'이란, 즉 앞서 말한 삼위일체의 하나님이며; '淨風'은 지극히 순결하여 오점이 없는 교화이다; '無言'이란, 그 가르침이 입에 얽매여 있지 않고, 많은 말을 바라지 않으며, 특별히 선행을 귀하게 여기는 것이다; '新敎'는, 우리 주께서 세상에 내려오셔서, 옛 신앙의 규율을 바꾸시고,

---

407 「新敎」:「新約」을 가리킨다. 즉 '예수 그리스도의 헌제로 이루어진 하나님과의 새로운 맹약'으로서, 하나님의 구원의 계획을 이스라엘뿐 아니라 전 세계의 인류에게로까지 확대시키는 것이다.

408 「良能」: '良知(마음의 본성)'를 말하는 것으로서《孟子 · 盡心上》에 나오는 말이다:「人之所不學而能者, 其良能也.(사람들이 배우지 않고도 잘 할 수 있는 것, 그것은 마음의 본성이다.)」孟子의 '良能'은 '四端之心(側隱, 羞惡, 辭讓, 是非)'을 가리키며, 여기서는 당연히 도덕적 양심의 방향을 취할 뿐, 배우지 않고 할 수 있는 것을 취하는 것이 아니다.

몸소 새로운 약속의 예를 세우신 것이다; '良用'은, 인간의 본성 중 밝은 사랑을 가진 마음의 본성을 말한다; '正信'이란, 올바른 것을 믿고, 사악한 것에 빠지지 않는 것이다. 무릇 우리 주의 강림으로, 삼위일체 하나님께서는 지극히 훌륭하고 오묘한 의를 인간에게 밝히 보여 주셨으며, 몸소 새로운 언약을 세우셨으니, 옛 종교의 난해함과는 같지 않은 것이다. 그 첫 번째 중요한 부분은, 삼위일체이신 하나님을 믿는 데에 있고, 교화의 미덕이 지극히 순결하고 거룩하여, 세상 습속의 미혹됨을 교화할 수 있고, 그 본성을 융화시켜서, 밝은 사랑의 본성으로 하여금, 올바른 것에 쓸 수 있게 하고, 믿음이 오로지 하나님 한 분께 향하여, 기타 다른 미혹이 없게 하는 것이다.

「制八境之度, 鍊塵成眞」: 천하가 준수할 법칙을 제정하셨으며, 세속의 장애를 연단하여 본성을 얻게 하셨다

八境之度者, 聖教眞福八端也; 塵者, 惡人也, 世物也; 眞者, 善人也, 天國之物也. 聖教迪人, 特重眞福八端, 神貧一, 良善二, 泣涕三, 嗜義四, 哀矜五, 心淨六, 和睦七, 爲義被窘難八,[409] 解見《聖經直解》[410]第十三卷.

'八境의 度'라는 것은, 聖教의 여덟 가지 참된 복을 말한다; '塵'은, 악인

---

[409] 「聖教 … 難八」: 마태복음 5장 3-10절 참고: 「심령이 가난한 자는 복이 있나니 천국이 그들의 것임이요. 애통하는 자는 복이 있나니 그들이 위로를 받을 것임이요. 온유한 자는 복이 있나니 그들이 땅을 기업으로 받을 것임이요. 의에 주리고 목마른 자는 복이 있나니 그들이 배부를 것임이요. 긍휼히 여기는 자는 복이 있나니 그들이 긍휼히 여김을 받을 것임이요. 마음이 정결한 자는 복이 있나니 그들이 하나님을 볼 것임이요. 화평하게 하는 자는 복이 있나니 그들이 하나님의 아들이라 일컬음을 받을 것임이요. 의를 위하여 박해를 받을 자는 복이 있나니 천국이 그들의 것임이라. 나로 말미암아 너희를 욕하고 박해하고 거짓으로 너희를 거슬러 모든 악한 말을 할 때에는 너희에게 복이 있나니.」 보통 「산상수훈」 혹은 「진복팔단(眞福八端)」이라 한다.

[410] 「《聖經直解》」: 陽瑪諾(마누엘 디아즈)이 번역한 사복음서로서, 자신이 저술한 주해가 첨부되어 있다.

이고, 세상의 만물이다; '眞'은, 선인이며, 천국의 만물이다. 聖敎는 사람을 인도하며, 여덟 가지 참된 복을 특별히 중시하나니, 심령이 가난한 자가 첫째요, 온유한 자가 둘째요, 애통하는 자가 셋째요, 의에 주리고 목마른 자가 넷째요, 긍휼히 여기는 자가 다섯째요, 마음이 청결한 자가 여섯째요, 화평케 하는 자가 일곱째요, 의를 위하여 핍박을 받는 자가 여덟째이니,《성경직해》제13권에서 해석을 볼 수 있다.

　　或問:「八端槪苦, 曷謂福? 曷謂眞福?」曰: 世人如瞽, 第視目前世物, 輒以爲眞, 弗知凡目及覩咸屬有形, 咸歸易盡, 乃天主造此, 以供吾人度世之需, 可用而弗可溺[411]者也. 玆世之後, 世物悉無所用, 善人所托之以爲不朽者, 惟生平所寶八端眞福而已. 奧斯定聖人曰:「眞福八端者, 明世福與天福之絶殊.」世福外, 天福內. 世福, 富貴安樂, 暫而且險; 天福, 貧窮患難, 忍而成功. 世福, 贋[412]也; 天福, 眞也. 世人鮮識內者眞者, 槪迷外者贋者, 迨玆世旣逝, 務眞福者, 永享天國之眞福; 輕眞福者, 永罹地獄之眞禍. 經曰:「惡人厥欲靡恒, 厥心如月, 盈虧時變, 須臾易面. 善人異是, 見善固執, 至死弗變.」彼謂之塵, 此謂之眞, 故也. 經又曰:「世物如纖塵, 厥値至微, 厥勢速變. 哀哉! 惡人在世若瞽, 視世物若永享, 迨厥已逝, 啓視吾之富貴, 其速如塵飛, 雲散, 漚之起滅, 然後嘆夫僞之詒眞, 不已晩乎. 後世之物, 則不然. 皆眞實, 永存不變. 善人旣升天國, 極戴主恩, 曰:『深謝主恩, 錫予爲王. 予國靡竟, 予爵無疆. 世苦痛哭諸患, 遐哉永離, 莫侵予國.』故彼曰塵, 此曰眞. 人入聖敎, 定志從守, 弗問善惡, 僉受弘益, 善人入敎, 賴之日進厥善于粹精, 奉持信德, 修眞福八端, 爲每日善課, 津津

---

411 「溺」: '구멍에 빠지다'. 여기서는 '깊이 빠져서 돌아오지 못하다'의 의미로 사용되었다.
412 「贋」: 본래 '모방품, 가짜 상품'의 의미를 나타낸다. 예를 들어: '贋品'. 여기서는 '거짓을 취하다'의 의미이다.

受聖教, 如弟子之于良師. 惡人入教, 旣悔往非, 改惡從善, 鎔其渣滓,[413]
用信德之火, 習眞福八端, 爲熱心之薪, 其就聖教如就爐冶, 又聖教之益,
尤能大改世物之觀, 俾人視若微塵, 獨晰天上之物, 誠重且眞.

　어떤 이가 물었다: 「'八端'이 모두 고생인데, 무엇을 복이라 하며, 무엇
을 참된 복이라 할 수 있는가?」 가로되: 세상 사람들은 눈이 먼 것과 같아
서, 단지 눈앞의 세상 만물만을 보고서, 늘 참된 것이라 여기지만, 무릇
눈으로 보고 주시하는 모든 것은 유형의 사물에 속하여, 모두 한곳으로
모여 쉽게 다한다는 것을 알지 못하나니, 곧 하나님께서는 이것을 만드
셔서, 우리 인간이 세상을 초월하는 데에 제공하셨으며, 이를 사용할 수
는 있으나 거기에 깊이 빠져서 돌아오지 못해서는 아니 된다. 이 세상 이
후에, 세상 만물은 모두 쓸모가 없으니, 착한 사람이 의탁하여 쇠퇴하지
않으리라 여기는 것은, 오직 일생 동안 보물로서 간직하는 팔단의 참된
복일 뿐이다. 성 어거스틴이 말하였다: 「팔단의 참된 복은, 세상의 복과
하늘의 복이 절대적으로 다르다는 것을 밝혀 준다.」 세상의 복은 밖에
있고, 하늘의 복은 안에 있는 것이다. 세상의 복은, 부귀와 안락으로서,
잠시일 뿐이며 또한 위험하지만; 하늘의 복은, 빈궁과 환난으로서, 참아
내면 공을 이루게 된다. 세상의 복은, 거짓된 것이지만; 하늘의 복은, 참
된 것이라. 세상 사람들 중 안의 것과 참된 것을 아는 자는 드물고, 모두
가 바깥의 것과 거짓된 것에 미혹되어 있으니, 이 세상이 다할 때에 이르
면, 참된 복을 추구한 자는, 천국의 참된 복을 영원히 누리게 되며; 참된
복을 가벼이 여긴 자는, 영원히 지옥의 참화를 만나게 된다. 경전에서 말
씀하였다: 「악인은 그 탐욕이 일정하지 않으니, 그 마음이 달과 같아서,
차오르고 기우는 것이 때때로 변하여, 잠깐 사이에 얼굴을 바꾸곤 한다.

---

413 「滓」: '탁한 침전물'.

선인은 이를 기이하게 여기며, 선을 보면 이를 유지하여, 죽을 때까지 변하지 않는다.」 그것을 일러 먼지라 하고, 이것을 일러 眞이라 하는 것이, 그 까닭이라. 경전에서 또 말씀하셨다: 「세상 사물은 몹시 작은 티끌과도 같아서, 그 가치가 지극히 미미하며, 그 기세가 빠르게 변한다. 애통하도다! 악인은 세상에서 눈이 먼 것 같아서, 세상 사물을 영원히 누릴 수 있을 듯이 바라보지만, 그것이 이미 다할 때에 이르면, 자신의 부귀를 깨달아 보고서, 그 속도가 먼지 날리고 구름이 흩어지는 듯하고, 물거품이 일어났다 사라지는 듯하지만, 그런 연후에 이 거짓이 참됨을 속였다고 탄식한들, 이미 늦은 일이 아니겠는가. 뒤에 오는 세상의 사물은, 즉 그렇지 아니하니, 모두가 진실이며, 영원히 변하지 않는다. 착한 이는 이미 천국에 올랐고, 주의 은혜를 지극히 사모하여, 가로되:『주의 은혜에 깊이 감사하니, 나를 왕으로 삼아 주셨다. 나의 나라는 끝이 없고, 나의 작위도 끝이 없도다. 세상은 고통으로 모든 환난에 통곡하지만, 아득하여 영원히 이별함이니, 나의 나라를 침범할 이가 없느니라.』」 그리하여 저것을 먼지라 하고, 이것을 참이라 한다. 사람이 聖敎에 들어가면, 뜻을 정하여 따라 준행하며, 선악을 불문하여, 모두가 큰 이익을 얻는데, 착한 사람이 聖敎에 들어가면, 그에 의지하여 날마다 정진하고 精粹에 매진하므로, 信德을 받들고, 여덟 가지 참된 복을 수련하며, 매일의 좋은 과업을 위하여, 흥미진진하게 聖敎를 받으므로, 마치 제자가 훌륭한 스승에게 하는 것과 같다. 악한 사람이 聖敎에 들어가면, 과거의 잘못을 이미 회개한 것이니, 악을 고쳐 선을 따르고, 그 찌꺼기를 용해시키되, 信德의 불로써 하며, 여덟 가지 참된 복을 학습하는 데에, 열심을 내는 땔감이 된다. 그가 聖敎를 대함은 화로를 취하여 야금하는 듯하며, 또한 聖敎의 이익이, 특히 세상 만물을 보는 관점을 크게 바꿀 수 있어서, 사람의 시야를 미세한 먼지 보듯 하게 하고, 천상의 사물만은 똑똑히 보게 하여, 진실로 귀중하고 참되게 여기게 한다.

「啓三常之門, 開生滅死」: 영원불변 三常의 문을 여셨으며, 생명을 여시고, 죽음을 멸하셨다

三者, 信, 望, 愛, 超性三德也.[414] 常者, 人人宜保此以終也. 備斯者, 升天國; 喪斯者, 墮永獄. 啓厥門者, 吾主也; 生者, 靈性之神生, 卽天主之聖寵也; 死者, 亦靈性之神死, 卽諸端之重罪也. 吾主卽降, 常生之路開, 永死之途滅, 凡進三德之門, 蔑不沐厥弘慈也.

세 가지는, '믿음, 소망, 사랑'을 말하며, 이는 본성을 초월하는 세 가지 덕성이다. '常'이란, 사람마다 죽을 때까지 마땅히 지켜야 하는 것을 말한다. 이것을 갖춘 자는, 천국에 올라갈 수 있고; 이것을 잃는 자는, 영원히 지옥으로 떨어진다. 그 문을 여시는 분은, 우리 주이시라; '生'은 영성의 신비로운 생명이니, 즉 하나님의 거룩한 은총이다; '死'는 또한 영성의 신비로운 죽음이니, 즉 모든 항목의 중죄인 것이다. 우리 주께서 강림하시면, 常生의 길이 열리고, 영원히 죽는 길이 훼멸되나니, 무릇 세 가지 덕성의 문으로 나아가, 그의 크신 자비를 흠뻑 느끼지 않을 수가 없다.

信德何? 曰: 神業之基, 善程之始也. 無斯德者, 厥業無功, 厥程弗上, 天主不錄, 雖行弗克至天國. 葆祿聖徒曰:「主弗愛無信者.」弗愛其人, 詎愛其工.

'믿음의 德'이란 무엇인가? 가로되: 神의 사업의 기초이자, 선한 여정의

---

414 「三者 … 德也」: 이 두 구절은 성경에서 추앙하는 '信, 望, 愛(믿음, 소망, 사랑)' 三德을 나타낸다. 고린도전서 13장 13절: 「그런즉 믿음, 소망, 사랑, 이 세 가지는 항상 있을 것인데, 그중에 제일은 사랑이라.」

시작이다. 이 덕이 없는 자는, 그 업에 공이 없고, 그 여정이 올라가지 않으니, 하나님께서 기록하지 않으시고, 비록 행하여도 천국에 이를 수가 없다. 사도 바울이 말하였다:「주께서는 믿음이 없는 자는 사랑하지 않으신다.」그 사람을 사랑하시지 않는데, 그 업을 어찌 사랑하시겠는가?

或問: 宜信何端, 乃獲超性之信? 曰: 宜信天主. 凡屬天主之降諭, 或命天神之降誥,[415] 或示先知聖人之豫言, 盡宜篤信, 總爲出自天主也. 倘疑其非眞, 更求別証, 是慢天主爲不足信也, 譬有忠信之士, 口傳某事眞實, 爲我目擊苟聞者而弗信之, 不亦蔑視厥士乎? 慢侮天主, 罪莫大是.

어떤 이가 물었다: 마땅히 어떤 항목을 믿어야, 본성을 초월하는 믿음을 얻을 수 있는가? 가로되: 마땅히 하나님을 믿어야 한다. 무릇 하나님께서 내리신 명령에 속하거나, 혹은 천사에게 명하신 명령이거나, 혹은 선지 성인의 예언을 보여 주거나, 모두 마땅히 진실로 믿어야 하나니, 모든 것이 하나님께로부터 나온 것이라. 만일 그것이 진실이 아니라고 의심하며, 다시 다른 증거를 구한다면, 이것은 하나님이 믿을 수 없는 분이라고 냉대하는 것이니, 가령 충절과 믿음의 선비가, 어떠한 일의 진실을 입으로 전했는데도, 자신이 목격하고 터무니없이 들은 것 때문에 그것을 믿지 않는다면, 이 또한 그 선비를 멸시하는 것이 아니겠는가? 하나님을 업신여기는 죄는, 이보다 더 큰 것이 없다.

或云: 奚據知其總爲出自天主? 曰: 玆據約有三: 一, 爲聖會衆人所信, 代相傳受, 絡繹弗絶. 衆之所信, 可信出自天主. 葆祿聖徒曰:「聖會乃美麗身, 吾主爲首, 首降施于肢, 時相黙喩, 豈有差謬?[416]」二, 爲主敎之士以

---

415 「諭」: '위에서 아래로 주는 공문서와 명령'. 「誥」: '고대 제왕이 신하에게 내리는 명령'.

萬計, 精天學之賢以萬計, 明哲傑儒以萬計, 羣集討論, 定厥信端, 必宜確信. 吾主親許云:「凡有羣集討論聖教之理者, 我在中焉, 而導引焉.」,[417] 如是而容有謬耶. 三, 爲教皇代吾主居世, 獲主殊寵, 聖神默炤, 故其所決之疑, 所定之信, 莫能少欺. 主語伯鐸羅宗徒, 幷後諸教皇曰:「吾求聖父固汝信, 魔雖罄術相攻, 竟弗克動.[418]」聖賢曰:「教皇之信, 乃聖教神宮棟樑. 命信者, 必信; 命棄者, 必棄.」厥命爲天主命, 此謂聖教眞實之信.

어떤 이가 물었다: 어찌 자신이 아는 바에만 근거하여 그 모든 것이 하나님께로부터 나온 것이라 하는가? 가로되: 이것은 세 가지 약속에 근거한 것이라: 첫째, 성회의 군중들이 믿는 바가, 대대로 전해져서, 끊임없이 이어져 온 것이다. 무리들의 믿는 바는, 하나님께로부터 온 것으로 믿을 만하다. 사도 바울이 말하였다:「성회는 곧 아름다운 몸이니, 우리 주께서 머리가 되셨으며, 그 머리가 팔다리로 내려지셔서, 때때로 서로 조용히 일깨우나니, 어찌 잘못이 있겠는가?」둘째, 主教의 선비된 이들이 만 가지 계획으로, 天學에 정통한 현자들이 만 가지 계책으로, 명철하고 출중한 유학자들이 만 가지 계략으로, 함께 모여 토론하고, 그 믿음의 까닭을 정한 것이니, 반드시 확신해야 하는 것이다. 우리 주께서 친히 허락하시어 말씀하셨다:「무릇 무리가 함께 모여 거룩한 교리를 토론한다면, 내가 그 가운데 있을 것이요, 거기서 인도하리라.」이처럼 오류가 있을

---

416 「聖會 … 差謬」: 에베소서 4장 15-16절 참고:「오직 사랑 안에서 참된 것을 하여 범사에 그에게까지 자랄지라. 그는 머리니 곧 그리스도라. 그에게서 온 몸이 각 마디를 통하여 도움을 받음으로 연결되고 결합되어 각 지체의 분량대로 역사하여.」
417 「凡有 … 引焉」: 이 단락은 마태복음 18장 20절 참조:「두세 사람이 내 이름으로 모인 곳에는 나도 그들 중에 있느니라.」
418 「爲教 … 克動」: 마태복음 16장 18-19절 참조:「또 내가 네게 이르노니 너는 베드로라. 내가 이 반석 위에 내 교회를 세우리니 음부의 권세가 이기지 못하리라. 내가 천국 열쇠를 네게 주리니 네가 땅에서 무엇이든지 매면 하늘에서도 매일 것이요, 네가 땅에서 무엇이든지 풀면 하늘에서도 풀리리라 하시고.」

수 있음도 허용하셨다. 셋째, 교황이 우리 주님을 대신하여 세상에 거함으로, 주의 특별한 은총을 얻을 수 있고, 성령님께서 조용히 우리를 비추시나니, 따라서 그 의심을 해결한바, 믿음을 정한 바가, 조금도 속일 수 있는 것이 없다. 주님께서 사도 베드로에게 말씀하셨고, 또한 훗날 여러 교황들이 가로되:「내가 거룩한 아버지께서 너희들의 믿음을 공고히 해 주시길 간구하였으니, 마귀들이 비록 그 술수를 다하여 함께 공격하여도, 마침내 흐트러뜨릴 수 없으리라.」성현이 가로되:「교황의 믿음은, 거룩한 종교의 신비한 궁전의 대들보이다. 명령을 믿는 자는, 반드시 믿고; 명령을 버리는 자는, 반드시 버리리라.」그 명령은 하나님의 명령이니, 이를 일러 '거룩한 종교의 진실된 믿음'이라 하는 것이다.

　眞信之等, 又分二殊: 一曰活信, 一曰死信. 聖寵, 乃眞信之活; 重罪, 乃眞信之死. 吾人靈性, 無罪則活, 有罪則死. 雅各伯宗徒喩曰:「無靈之尸, 與無善之信惟均.」[419] 蓋言尸無靈, 雖有耳, 目, 口, 鼻, 不能見, 聞, 啖, 臭; 眞信而無善行以輔之, 厥靈蒙罪, 任行多工, 弗獲名功, 曰死者故. 葆祿聖徒曰:「吾信雖至, 可以移山, 雖至行多奇蹟, 倘靈無聖寵死信也, 無益之信也.[420]」

진실된 믿음의 등급은, 또 두 단계로 나눌 수 있다: 하나는 살아 있는 믿음이요, 또 하나는 죽은 믿음이라. 거룩한 은총은, 곧 참된 믿음이 살아 있음이니; 중한 죄는, 곧 진실된 믿음이 죽은 것이다. 우리들의 영성

419　「無靈 … 惟均」: 야고보서 2장 26절 참조:「영혼 없는 몸이 죽은 것같이 행함이 없는 믿음은 죽은 것이니라.」

420　「吾信 … 信也」: 이 단락은 고린도전서 13장 2절:「내가 예언하는 능이 있어 모든 비밀과 모든 지식을 알고, 또 산을 옮길 만한 모든 믿음이 있을지라도 사랑이 없으면 내가 아무것도 아니요.」이로부터 이 聖寵은 단지 하나님의 총애만이 아니라 '사랑'이라는 덕행을 가리키는 것임을 알 수 있다.

은, 죄가 없으면 살고, 죄가 있으면 죽는 것이다. 사도 야고보가 비유하여 말하였다: 「영혼이 없는 시신은, 선행이 없는 믿음과 같은 것이라.」무릇 영혼 없는 시체를 논한 것은, 비록 귀, 눈, 입, 코가 있다 하더라도, 보고 듣고 먹고 냄새 맡을 수 없음이니; 진실된 믿음이 있으나 선행으로 그것을 보완하지 않으면, 그 영혼이 죄를 입고, 여러 가지 일을 아무렇게나 행하여, 그 이름과 공을 얻지 못하나니, 이를 일러 죽은 자라 하는 까닭이다. 사도 바울이 말하였다: 「나의 믿음이 비록 지극하여, 산을 옮길 수 있고, 많은 이적을 행할 수 있어도, 만일 영혼이 거룩한 은총을 입지 못하면 죽은 믿음이고, 무익한 믿음인 것이라.」

繇是可識靈魂于身, 善行于信, 彼此之義概均. 軀有靈存, 五官百體, 悉效厥職. 有聖寵之信, 雖行微善, 定獲厥功, 謂活者故. 主曰:「濟貧者, 雖冷水一勺, 厥功鉅, 厥報優矣.[421]」

이로 말미암아 영혼이 몸에 있고, 선행이 믿음에 있어서, 서로 맺어진 관계가 모두 동일함을 알 수 있다. 신체에 영혼이 깃들어 있으면, 오관 백체가, 모두 그 직분을 본받는 것이다. 거룩한 은총이 있는 믿음은, 비록 작은 선을 행할지라도, 그 일정한 공을 얻을 수 있나니, 이를 일러 살아 있는 자라 말하는 까닭이다. 주께서 말씀하셨다: 「가난한 자를 구제함에, 비록 냉수 한 그릇이라 하더라도, 그 공이 크나니, 그 보답이 충분하리라.」

望德何? 曰: 靈性之碇[422]也, 怠志之鞭也. 人非仰望功報, 厥志易隳,[423]

---

421 「主曰 … 優矣」: 마태복음 10장 42절 참조:「또 누구든지 제자의 이름으로 이 작은 자 중 하나에게 냉수 한 그릇이라도 주는 자는 내가 진실로 너희에게 이르노니 그 사람이 결단코 상을 잃지 아니하리라 하시니라.」「鉅」, '크다'.

手足懈倦, 輟⁴²⁴工弗前. 惟望德能堅定厥志, 臨難弗移, 如商賈望利, 險阻
不避; 三軍望賞, 效死不難; 傭者望酬,⁴²⁵ 而不惜其汗勞; 農夫望穫, 而不
辭其胼胝. 葆祿聖徒曰:「吾善敵神讐, 善趨德路, 主豫備㫋善之冕, 吾望
飢逝, 主加吾首.⁴²⁶」額我略聖人⁴²⁷解曰:「聖徒比人勞苦于工, 身面汗濕,
拭之以帨,⁴²⁸ 復繼厥工, 念望工報. 聖徒之悅⁴²⁹苦于前工, 思念苦報, 乃肯
奮繼完工」, 斯望德之益.

　‘바람의 德’이란 것이 무엇인가? 가로되: 영성의 닻이요, 게으른 의지에
대한 채찍이라. 사람이 공에 대한 보답을 얻지 못한다면, 그 뜻이 쉽게
훼손될 것이요, 손발이 해이해져 피곤해지니, 일을 중지하고 앞으로 나
아가지 않게 된다. 오로지 ‘望德’만이 그 뜻을 견고히 유지할 수 있으며,
어려움을 만나도 떠나지 않으리니, 가령 상인이 이익을 추구하되 어려움
을 피하지 않고; 군대가 상급을 바라며 죽음을 무릅써도 두려워하지 않
고; 하인이 보답을 바라고 그 땀과 수고를 아까워하지 않으며; 농부가 수

422　「碇」: 배를 정지시킬 때 물 밑으로 가라앉혀 선체를 안정시키는 데 사용하는 돌로 된
　　닻. 오늘날의 닻과 같다.
423　「㫋」: 독음이 「灰」와 같으며, ‘부수다, 파손하다’의 의미이다. [漢] 賈誼,《過秦論》:「一夫
　　作難而七廟㫋, 身死人手, 爲天下笑者, 何也?(한 사나이가 난을 일으키자 일곱 개의 종묘
　　가 무너지고, 황제의 몸이 남의 손에 죽어, 천하의 웃음거리가 된 것은 무엇 때문인
　　가?)」
424　「輟」: ‘중지하다, 정지하다’.
425　「傭」: ‘하인, 일을 하도록 고용된 사람’. 「酬」는 「醻」와 같으며, ‘노고에 보답하다’의 의
　　미이다.
426　「吾善 … 吾首」: 디모데후서 4장 7-8절 참조:「내가 선한 싸움을 싸우고 나의 달려갈 길
　　을 마치고 믿음을 지켰으니. 이제 후로는 나를 위하여 의의 면류관이 예비되었으므로,
　　주 곧 의로우신 재판장이 그날에 내게 주실 것이니.」「㫋」: ‘표창하다’.
427　「額我略聖人」:「교황 그레고리 1세」를 가리키며, 또한 「國瑞」(Gregory the Great,
　　540-604)라고도 번역한다. 예절과 의식의 보급을 중시하였고, 라틴 성가를 정리하였
　　으며, 공중 예배의 의식을 창립하였다. 그는 일찍이 많은 사람들에게 편지를 써서 땀
　　과 기도로 열심히 경건 생활을 하도록 격려하였다.
428　「帨」: ‘수건을 차다’.
429　「帨」: 동사로 사용되었으며, ‘닦다’의 의미이다. 여기서는 ‘땀을 닦다’로 파생되었다.

확을 바라고 그 굳은살 박힘을 마다하지 않는 것과 같다. 사도 바울이 말하였다: 「내가 선함으로 원수를 대적하고, 선함으로 德의 길을 달렸으니, 주께서 의의 면류관을 예비하셨고, 내가 이미 세상 떠나기를 바랐으나, 주께서 내게 머리를 더하셨다.」 그레고리 성인이 이를 해석하여 말하였다: 「성도는 일반인에 비하여 일함에 많은 수고와 노력을 하나니, 몸과 얼굴에 땀이 가득 차면, 수건으로 닦아 내고는, 다시 그 일에 매진하며, 일에 대한 보답을 기대한다. 성도의 수고로움은 전에 일한 것보다 고달프지만, 그 수고의 보답을 그리워하여, 곧 분발하여 일을 끝내고자 한다.」 이것이 '望德'의 이로움이다.

或問: 安得超性之望? 曰: 先建厥功而後望超性之眞善, 是也. 眞善有序, 眞望亦然. 其一, 在望天主爲其爲萬物之向, 宜爲我眞望之故. 蓋望天上之眞福, 全在獲享天主也. 其二, 在望聖寵, 以獲眞福之助. 其三, 在望聖人爲我轉祈天主, 托其功德; 望天主速允吾求, 速赦吾罪, 加吾德力, 與凡靈性之需. 其四, 在望天主賜吾世物, 備繕[430]升天之程. 若人意止身家, 無超性高志, 不得謂超性之望.

어떤 이가 물었다: 어찌해야 본성을 초월하는 바람을 얻을 수 있는가? 가로되: 먼저 그의 공을 세우고 후에 본성을 초월하는 참된 선을 바라는 것이, 옳은 일이다. 참된 선에는 순서가 있으니, 참된 바람 또한 그러하다. 첫째, 하나님을 바라봄에 있어서 그분을 만물의 지향으로 보는 것이, 마땅히 우리의 참된 바람인 까닭이다. 무릇 하늘의 참된 복을 바라는 것은, 모두 하나님을 공경할 수 있음에 있다. 둘째, 거룩한 은총을 바람에 있어서는, 참된 복의 도움을 얻음으로써 하는 것이다. 셋째, 성인이 나를

---

430 「繕」: '수리하여 복원하다, 손질하다'. 《說文解字》: 「繕, 補也.(繕은 補이다.)」

위해 하나님께 기도해 주기를 바란다면, 그 공덕에 의탁하라; 하나님께서 속히 나의 간구함을 허락해 주시고, 나의 죄를 속히 사해 주시기를 바란다면, 나의 덕의 능력을 더하고, 영성의 모든 요구에 함께하라. 넷째, 하나님께서 우리에게 세상 만물을 내리시기를 바란다면, 하늘로 올라가는 여정을 마련하고 손질해야 한다. 만일 사람의 뜻이 본인과 가족에게만 머물고, 초월의 본성과 높은 뜻을 갖고 있지 못하다면, 본성을 초월하는 바람은 얻을 수 없는 것이다.

或問: 先建功, 而後望者何? 曰: 不務建功而望, 曰虛望, 弗克遂[431]厥所求; 先建功而望, 曰實望, 天主乃允厥求, 而弗孤攸望. 雅各伯宗徒, 謂弟曰:「多有求而不遂者何? 乃弗知善求故.[432]」解曰: 有功之求, 爲善求, 弟天主因其善功, 以時賜恩. 賜恩遲速, 人不能知, 何時爲合當之時, 稱厥時宜, 獨惟天主.

어떤 이가 물었다: 먼저 공을 세우고, 후에 바란다는 것이 무엇인가? 가로되: 힘들여 공을 세우지 않고 바라는 것을, '헛된 바람'이라 하니, 그 바라는 바를 순조롭게 완성할 수 없는 것이다; 먼저 공을 세우고 바라는 것을, '진실된 바람'이라 하니, 하나님께서 그 간구를 허락하셔서, 바라는 바를 외롭지 않게 하시는 것이다. 사도 야고보가, 제자에게 말하였다:「많이 구하고서도 이룰 수 없는 것은 왜 그러한가? 즉 선한 구함을 알지 못함 때문이라.」해석하여 가로되: 공이 있는 구함은, 선한 구함이니, 단지 하나님께서 그 선한 공을 인하여, 때에 맞춰 은혜를 내리심이라. 은혜

---

431 「遂」: '순조롭게 완성하다'.《禮記·月令》:「上無乏用, 百事乃遂.(임금도 부족함 없이 쓸 수 있게 되며, 모든 사물이 순조롭게 완성된다.)」
432 「多有 … 求故」: 이 단락은 야고보서 4장 3절을 인용하였다:「구하여도 받지 못함은 정욕으로 쓰려고 잘못 구하기 때문이라.」

주심의 느리고 빠른 것은, 사람이 알 수 없는 것이니, 언제가 합당한 때인지, 그 시기의 적절함을 말할 수 있는 분은, 오로지 하나님 한 분이시라.

愛德何? 曰: 斯諸德之后也, 諸德之餙也. 愛德在中, 諸德不孤, 衛之如王, 諸德賴之皆光, 天主乃樂視之. 否則諸德黯冥, 而弗能邀主之視.

'사랑의 德'이란 것은 무엇인가? 가로되: 이것은 모든 德 가운데 가장 나중이요, 모든 德의 꾸밈이다. '愛德'이 중심에 있으면, 모든 덕이 외롭지 않고, 그것을 왕처럼 호위하나니, 모든 덕이 그것에 의지하여 모두 빛을 발하며, 하나님께서는 곧 그것을 기쁘게 여기신다. 그렇지 않으면 모든 덕이 어두워져서, 하나님의 돌보심을 청할 수가 없는 것이다.

或問: 宜何愛以獲超性之愛? 曰: 厥類不一. 愛天主, 其首也, 爲厥無量能, 無量知, 無量慈, 無量善, 種種所有之奇, 皆屬無窮, 非人言思之所克竟. 姑約言之, 則曰愛天主爲其爲天主, 非止爲其能酬善賜福而愛之也.

어떤 이가 물었다: 마땅히 어떠한 사랑으로 본성을 초월하는 사랑을 얻을 수 있는가? 가로되: 그 종류는 여러 가지이다. 하나님을 사랑하는 것이, 그 첫째이며, 그분의 무한한 능력과 무한한 지혜, 무한한 자비, 무한한 선으로 인해, 갖가지 모든 기적들이, 모두 무궁하므로, 인간의 언어와 사고로 끝낼 수 있는 것이 아니다. 잠시 대략 그것을 말하자면, 즉 하나님을 사랑한다고 말하는 것은 그분이 하나님이시기 때문이며, 단지 그분이 선으로 보답하시고 복을 내리실 수 있기 때문에 그분을 사랑하는 것은 아니다.

其次, 愛己之靈也. 凡人之靈, 誰不自愛, 然必勤務行善, 乃獲升天, 而享

天主, 若行之未善, 弗成愛巳. 經曰:「惡人必惡巳靈, 而自爲之讐」, 是也.

다음은, 자신의 영혼을 사랑하는 것이다. 보통 사람의 영혼이라면, 누가 자신을 사랑하지 않겠으리오, 그러나 반드시 부지런히 선을 행해야만, 하늘에 오를 수 있고, 하나님을 받들 수 있으니, 만일 선을 행하지 않는다면, 자신을 사랑하지 않게 되는 것이다. 경전에서 말씀하시기를:「악인은 반드시 자신의 영혼을 악하게 하여, 스스로를 원수로 만든다.」라 하는 것이, 이것이라.

其次, 愛巳之身也. 依節[433]存養, 毋自損傷. 身者, 靈性之良友, 助靈修德行善, 乃稱良友之職. 如徒侁樂飽飫, 無輔厥靈, 失厥本職, 反爲靈讐靈害, 身同害矣, 烏謂愛身?

다음은, 자신의 몸을 사랑하는 것이다. 절조에 따라 스스로를 보존하고 보양해야 하며, 자신을 손상시켜서는 아니 된다. 몸이란, 영성의 좋은 친구로서, 영혼을 도와 덕을 수양하고 선을 행하는 것이니, 곧 '좋은 친구의 직분'이라 칭한다. 만일 헛되이 즐거움을 잃고 실컷 먹기만 하면, 그 영혼을 보좌하지 못하고, 그 본분을 잃게 되어, 도리어 영혼의 원수가 되고 영혼의 해악이 되며, 몸도 같이 해를 입게 되나니, 어찌 자신을 사랑한다고 말할 수 있겠는가?

其次, 愛人也, 幷愛吾之讐也. 蓋愛德至全, 必含普地之人, 弗包仇人, 弗謂全也. 信, 望, 愛, 三德, 論至廣, 不能備述. 斯之爲德, 吾主未降之先, 行者甚希, 主降之後, 行者甚衆, 謂啟三常之門故也.

---

433 「節」: '절개, 절조'. 《荀子・王霸》:「士大夫莫不敬**節**死制者矣.(선비나 대부가 충의를 공경하고 직분을 위해 죽지 않는 자가 없을 것이다.)」

다음은, 타인을 사랑하는 것이니, 나의 원수를 사랑하는 것이다. 무릇 덕을 사랑함이 지극하고 완전해진다는 것은, 반드시 보통의 사람들만을 포함하고, 원수를 포함하지 않으면, 완전하다고 말할 수 없다. 믿음, 소망, 사랑의 三德은 논하자면 지극히 넓음으로 인해, 상세히 서술할 수가 없다. 여기서의 德은, 우리 주께서 강림하시기 전에는, 행하는 자가 드물었고, 주께서 오신 후로는, 행하는 자가 심히 많았으니, 이를 '三常의 문을 열었다'고 말하는 것이다.

「開生滅死」: 생명을 여시고 죽음을 멸하셨다

斯乃吾主降世之首務也. 主謂衆曰:「吾降爲何? 爲致人之生, 爲滅人之死.」經曰:「自元祖方命, 死若王王于普地」,[434] 人皆屬死, 如屬于王, 皆因原罪, 並有靈性之神死. 吾主爲善牧, 勤牧厥羊, 俾獲無窮之生也. 主又規衆曰:「吾乃萬民之生也. 罪人者, 死人也, 彼願從我, 我存其靈, 俾永生焉.[435]」奧斯定聖人解曰:「阨襪[436]也, 聖母也, 二者之殊, 一可異, 而一可奇. 可異者, 阨襪首爲萬民之母, 乃聽魔誘, 大闢死門, 引死入世, 人皆屬死; 可奇者, 聖母領天主之命, 大啓天堂之門. 幸哉産吾主, 以致萬民之神生, 以滅萬民之神死.」經曰:「天主于降生之先, 誚死勢之劣, 曰:『死乎死乎, 吾乃汝之死也.』」蓋言吾將降而攻汝. 吾將受難而死, 以吾之死, 贖世之罪, 厥罪旣償, 厥靈復活, 死失其權. 吾之一死, 實乃死之死也, 謂開生滅死者故.

---

434 「自元 … 普地」: 로마서 5장 14절 인용:「그러나 아담으로부터 모세까지 아담의 범죄와 같은 죄를 짓지 아니한 자들까지도 사망이 왕 노릇 하였나니.」
435 「主又 … 生焉」: 요한복음 11장 25-26절:「예수께서 이르시되 나는 부활이요 생명이니 나를 믿는 자는 죽어도 살겠고, 무릇 살아서 나를 믿는 자는 영원히 죽지 아니하리니.」
436 「阨襪」: '하와'를 지칭한다. 思高본 성경에는 「厄娃」로 기록되어 있다.

이것은 곧 우리 주 강림의 첫 번째 임무이다. 주께서 대중들에 말씀하셨다:「내가 내려온 것은 무엇인가? 인간의 생명을 실현하기 위함이요, 인간의 죽음을 멸하기 위함이다.」경전에서 말씀하셨다:「시조 아담이 명령을 거역한 후, 땅에서 사망이 왕처럼 노릇하였다.」인간은 모두 죽음에 예속되었고, 왕에게 예속된 것과 같이, 모두가 원죄로 인하여, 영성의 신비로운 죽음이 있게 되었다. 우리 주께서는 선한 목자시니, 부지런히 그 양들을 키우셔서, 무궁한 생명을 얻게 하셨다. 주께서 또 사람들에게 권고하여 말씀하셨다:「나는 곧 만민의 생명이라. 죄인은, 죽은 자라 할지라도, 저가 나를 따르기를 원하면, 내가 그 영을 보존하여, 영생하게 하리라.」성 어거스틴이 풀이하여 말하였다:「하와와, 성모, 둘의 다른 점은, 하나는 특이하고, 또 하나는 기이하다. 특이한 것은, 하와는 처음으로 만민의 어머니였으나, 이내 마귀의 유혹을 따라서, 죽음의 문을 크게 열어, 죽음을 세상에 들여놓았으므로, 인간은 모두 죽음에 예속되었던 것이다; 기이한 것은, 성모는 하나님의 명령을 따랐고, 천국의 문을 활짝 열었다는 것이다. 다행히도 우리 주님을 낳으셨고, 만민의 신비한 생명을 실현하시고, 만민의 신비한 죽음을 멸하신 것이다.」경전에서 가로되:「하나님께서는 강생하시기 전에, 죽음의 세력의 악함을 나무라시며, 말씀하셨다:『사망이여 사망이여, 내가 곧 너를 죽이리로다.』」무릇 내가 장차 내려와 너를 공격하리라 말씀하셨다. 나는 장차 고난을 받아 죽을지니, 나의 죽음으로써, 세상의 죄를 구속하고, 그 죄가 이미 보상되었으니, 그 영이 다시 살겠고, 사망은 그 권세를 잃으리라. 나 하나의 죽음은, 실로 죽음의 죽음인 것이니, 생명을 열고 죽음을 멸한다 하는 것이다.

「懸景日以破暗府, 魔妄於是乎悉摧」: 큰 빛을 비추시어 어둠을 깨뜨리셨으니, 마귀의 망령됨이 그리하여 모두 부숴져 버렸다

景日者, 光大之日, 卽吾主受難之日也. 吾主旣死, 聖靈離尸, 光昭如日, 贖世之急務已全, 爲光而且大之日也. 暗府者, 地中古聖之寄所也, 主旣受難死, 聖靈降于古聖寄所, 是所先謂暗府今則破暗而爲光矣. 魔妄者, 對眞主而言也. 吾主爲眞, 邪魔爲妄矣. 悉摧者, 羣魔驚吾主贖世之功, 而銳氣摧挫, 弗克當[437]天主之聖威, 魔力至此而窮也.

'景日'이란, 큰 빛의 태양이니, 즉 우리 주께서 고난을 받으신 태양이다. 우리 주께서 이미 돌아가시고, 거룩한 영혼이 시신을 떠났으며, 빛이 해처럼 비췄고, 세상을 구원하시는 중요한 일이 이미 완전해졌으니, 빛이 되신 커다란 태양이라. '暗府'는, 땅 위의 고성소(古聖所)이며, 주께서 고난 받아 죽으시어, 성령이 이 고성소에 강림하신 것이니, 이는 먼저 어둠이라 말한 것인데 지금 그 어둠을 깨뜨려 빛이 된 것이라. '魔妄(마귀의 망령됨)'이란, 참되신 주님에 상대적으로 말한 것이다. 우리 주님은 참되시며, 사악한 마귀는 망령됨이라. '悉摧(모두 부서지다)'는, 여러 마귀들이 우리 주님의 구속의 공로에 놀라, 날카로운 기세가 꺾인 것이고, 하나님의 거룩한 위엄을 막을 수가 없으니, 마귀의 힘이 여기에 이르러 끝장이 났다는 것이다.

按古經典, 及聖賢諸解, 皆曰:「地中有四重大窌.[438] 最下者, 大地中心, 謂之地獄, 乃惡鬼與惡人所受萬苦永殃之冥阱. 稍上一重, 爲煉罪苦所, 在教之人, 幸獲善終, 或因謝世之時, 猶有宜補工夫, 未能補之于在世, 死後

---

437 「當」:「擋(막다, 가리다)」과 통한다.
438 「窌」: '물건을 소장하는 땅굴'. 독음은 「窖」와 같다.

姑置此所, 以鎔其滓. 厥靈既淨, 乃獲升天.[439] 又稍上一重, 爲殀殤之所, 是所無苦無樂, 爲其在世孩童無知, 本無善惡, 故其所報, 亦無苦樂, 但非 領洗, 因有原罪, 弗獲升天.[440] 又最上一重, 爲古聖人寄所, 自元祖方天主 命, 天門因人罪而閉塞, 雖古聖人莫能自進, 天主俾之姑寄此無苦之所, 待 主降生, 受難救世之後, 乃啓天門, 故吾主聖靈降此, 以携古聖, 偕出升天, 謂破暗府者故.[441] 信經第五端曰:「我信其降古聖之寄所」, 是也.[442]

　구약(舊約)을 고찰해 보면, 성현들의 여러 해석에 이르게 되는데, 모두 가로되:「땅에는 네 겹의 큰 땅굴이 있다. 가장 아랫것이, 대지의 중심으 로서, 지옥이라 부르며, 악한 귀신과 악한 사람이 만 가지 고통과 영원한 재앙을 받게 되는 어두운 함정이다. 바로 윗층은, 죄를 단죄하는 고통의 장소인데, 인간을 교화하는 곳으로서, 다행히 천수를 다하면, 세상을 하 직할 때를 틈타, 마땅히 보충해야 할 노력이 여전히 있음에도, 세상에 있 을 때에 보충할 수 없었다면, 죽은 후에 잠시 이곳에 놓아 두고, 그 더러

439　煉獄: 천주교 교리 C.C.C.1030:「비록 하나님의 은총과 사랑 안에서 죽었지만, 아직 완 전히 정화되지 않은 사람들은 비록 그들의 영원한 구원이 확정되기는 했지만, 사후에 여전히 정화의 과정을 거쳐야만 천국의 복락 속으로 들어가기에 필요한 거룩함을 얻 을 수 있다.」 C.C.C.1030-1032 참고.

440　「又稍 … 升天」: 이 단락은「고성소(古聖所)」(Limbo)를 묘사하고 있는데, 이는 신학에 서 원죄 문제를 해결하기 위해 유추해 낸 일종의 상상의 공간이다. 라틴어 원문은「지 옥의 변방」이라 일컬으며, 갓 출생하거나 뱃속에서 사망한 경우, 죄를 범할 자유 의지 도 없이 세례를 받지 못한 채 얻어진 사후세계를 일컫는다.

441　「又最 … 者故」:「음부」혹은「저승」, C.C.C.635:「그러므로 그리스도는 죽음의 심연 으로까지 내려갔으니, 죽은 자로 하여금 하나님의 아들의 소리를 듣게 하기 위함이며, 듣는 자마다 반드시 생존하게 하였다. 몸이『생명의 근원』(사도행전 3장 15절)되신 예수께서『죽음을 통하여 죽음의 세력을 잡은 자 곧 마귀를 멸하시며, 또 죽기를 무서 워하므로 한평생 매여 종 노릇하는 모든 자들을 놓아 주려 하심이니』(히브리서 2장 14-15절). 지금 부활의 그리스도는『사망과 음부의 열쇠를 가졌노니』(요한계시록 1장 18절),『하늘에 있는 자들과 땅에 있는 자들과 땅 아래에 있는 자들로 모든 무릎을 예 수의 이름에 꿇게 하시고』(빌립보서 2장 10절)」.

442　「信經 … 是也」: 사도신경 참고:「본디오 빌라도에게 고난을 받으사 십자가에 못 박혀 죽으시고 장사한 지 사흘 만에 죽은 자 가운데서 다시 살아나시며」.

움을 녹여 버린다. 그 영혼이 정결해지면, 곧 하늘로 올라갈 수 있다. 또한 층 더 올라가면, 바로 요절의 장소인데, 이곳은 고통도 없고 복락도 없는 곳으로서, 세상에 있을 때에 어린아이로서 몰랐으므로, 본시 선악이 없기에, 보답도 없고, 또한 고락도 없으나, 단지 세례를 받지 못해, 원죄가 있으므로, 하늘로 올라갈 수가 없는 것이다. 또 가장 높은 한 층은, 고성소(古聖所)로서, 시조 아담이 하나님의 명을 어겼을 때부터, 하늘의 문이 인간의 죄로 인해 막혀 버렸고, 비록 옛 성인이 스스로 들어갈 수는 없었으나, 하나님께서 그들을 잠시 이 고통이 없는 곳에 기탁하게 하셨으며, 주님이 강생하셔서, 고난받아 세상을 구하실 때를 기다렸다가, 곧 하늘의 문이 열렸고, 그리하여 우리 주 성령님께서 이곳에 내려오셔서, 옛 성인을 데리고, 함께 하늘로 올라가셨으니, 그리하여 어둠을 깨뜨렸다고 말하는 것이다.」 사도신경 제5단에서 말씀하신: 「나는 그가 고성소에 내려오셨음을 믿는다.」라는 말이, 이것이다.

「棹慈航以登明宮, 含靈于是乎既濟」: 자비의 배를 저어 밝은 궁전으로 올랐으니, 영성을 가진 인류가 여기서 이미 구원을 얻었다

此承上文. 言主降臨古聖寄所, 拔其靈于暗府, 棹[443]其慈航, 登之眞福之明宮, 而古聖之靈久待而望濟者, 于是而既濟也.

이것은 윗 단락을 이어받은 것이다. 주께서 고성소에 강림하셨음을 말하는 것으로서, 어둠에서 그 영혼을 뽑아내고, 자비의 배를 저어, 참된 복으로 가득 찬 밝은 궁에 올랐으니, 옛 성현의 영혼이 오래도록 기다려 구제를 바랐으며, 이리하여 구원을 얻었다.

---

443 「棹」: '노를 젓다'. [晉] 陶潛, 〈歸去來兮辭〉: 「或命巾車, 或棹孤舟.(때로는 휘장을 두른 수레를 부르고, 때로는 한 척의 작은 배를 젓는다.)」

「能事斯畢, 亭午昇眞.」: 권능의 일을 이에 마치시고, 정오에 참 神으로 승천하셨다

斯言吾主旣完贖世之工, 死後第三日, 聖靈自古聖之寄所, 回返聖尸, 復活如舊. 後四十日, 以厥本能, 日午之時, 當衆騰空歸于天朝. 信經第六端曰:「我信其升天[444]」, 是也.

이것은 우리 주님께서 세상 구원의 사역을 이미 완료하시고, 죽은 후 제 삼일에, 성령께서 고성소로부터, 성스러운 시신을 돌려보내시어, 이전처럼 다시 살아나셨음을 말하고 있다. 사십일 이후, 그 본래의 권능으로써, 정오에, 대중 앞에서 하늘나라로 날아 올라가셨다. 사도신경 제6단의:「나는 그의 승천을 믿는다.」는 말씀이, 이것이다.

經解是端始末曰:「吾主旣復活, 四十日間, 恒現宗徒, 明示種種未來之事. 至期各與撫慰, 携之登山, 舉手降福, 倏爾上升, 同諸古聖, 偕登于天. 天神齊降環衛, 音樂滿空, 頌聲盈耳, 漸升漸遠. 聖徒目送而神馳, 時有彤雲, 降遮, 遂弗能見. 宗徒仰望, 不忍下山, 主遣二白衣天神, 降而諭之曰:『仰誰耶? 主今雖升天離汝, 第至世末必復降, 降時厥光灼爍, 于茲罔異.』宗徒聞命以歸.[445]」主升諸天之上, 安坐聖父之右, 統御萬物, 厥國厥權, 永弗易焉.

---

444 「斯言 … 升天」: 이 단락은 사도신경에서 인용되었다:「장사한 지 사흘 만에 죽은 자 가운데서 다시 살아나시며, 전능하신 하나님 우편에 앉아 계시다가.」

445 「吾主 … 以歸」: 사도행전 1장 3-11절에서 인용되었다:「해 받으신 후에 또한 저희에게 확실한 많은 증거로 친히 사심을 나타내사 사십일 동안 저희에게 보이시며 하나님 나라의 일을 말씀하시니라. …이 말씀을 마치시고 저희 보는 데서 올라가시니 구름이 저를 가리워 보이지 않게 하더라. 올라가실 때에 제자들이 자세히 하늘을 쳐다보고 있는데, 흰옷 입은 두 사람이 저희 곁에 서서 가로되 갈릴리 사람들아 어찌하여 서서 하늘을 쳐다보느냐. 너희 가운데서 하늘로 올리우신 이 예수는 하늘로 가심을 본 그대로 오시리라 하였느니라.』」「彤」: '붉은색'.

경전은 이 단락의 과정을 해석하여 말하였다:「우리 주께서 부활하셨고, 40일간, 사도들에게 자주 나타나셨으며, 갖가지 미래의 일을 명확히 보여 주셨다. 때가 되매 각각 위로해 주시고, 그들을 데리고 산에 오르시어, 손을 들어 축사하시고, 홀연히 하늘로 올라가시매, 여러 옛 성인들과 함께, 하늘로 올라가셨다. 천사들이 일제히 내려와 둘러쌌으며, 음악이 하늘에 가득 찼고, 찬송 소리가 귀에 가득하였으며, 점차 올라갈수록 점점 멀어졌다. 성도들이 눈으로 전송하였고 신께서 내달리셨으니, 그때 붉은 구름이, 내려와 가리어서, 마침내 볼 수 없게 되었다. 사도들이 우러러보며, 차마 내려오지 못하자, 주께서 흰옷 입은 천사 둘을 보내셨으니, 내려와 그들에게 분부하여 말했다:『누구를 우러러보는가? 주께서 지금 비록 하늘로 오르시어 너희 곁을 떠나셨으나, 단지 세상의 종말에 이르면 반드시 다시 내려오시리니, 내려오실 때 그 빛이 밝게 빛날 것이며, 이에 다름이 없느니라.』사도들이 명을 듣고 돌아갔다.」주님께서는 하늘 위로 오르시고, 성부 하나님의 오른편에 편히 앉으시어, 만물을 통제하고 다스리시니, 그 나라와 그 권세가, 영원토록 변함이 없으리라.

「經留廿七部, 張元化以發靈關」: 경전 27部가 세상에 남겨졌고, 대자연 운행의 지혜를 밝혀 인간의 영성을 발하였다

斯擧吾主新教經典之數, 二十有七. 乃聖史四, 路加聖史一, 葆祿聖徒十四, 聖各伯宗徒一, 伯鐸羅宗徒二, 若望宗徒四, 達陟宗徒一, 是也.[446] 元

---

[446] 「斯擧 … 是也」: 그 가운데서 예를 든, 모든 성도가 쓴 개신교 경전 27부, 즉「신약성경」27권을 가리킨다.「聖史四」: '사복음서'. 마태복음, 마가복음, 누가복음, 요한복음.「路加聖史一」: '사도행전'을 말함.「葆祿聖徒十四」는 사도 바울의 서신 14권을 말한다: 고린도전후서, 로마서, 갈라디아서, 에베소서, 빌립보서, 골로새서, 빌레몬서, 데살로니가전후서, 디모데전후서, 디도서, 히브리서.「聖各伯宗徒一」: 야고보서.「伯鐸羅宗徒二」: 베드로전후서.「若望宗徒四」: 요한1,2,3서, 요한계시록.「達陟宗徒一」: 유다서.

化者, 聖教之大化; 靈關者, 正道之要樞. 蓋吾主未降, 大化未開, 正道多
阻, 異端滿路, 窒塞弗通. 吾主旣降, 躬訓本國, 惟別地之人, 弗知聖教, 尚
迷故習, 主故默牖[447]諸宗徒聖史, 集錄聖經二十七部, 命周大地, 隨方敷
教,[448] 以聖蹟去其阻, 以實理關其關. 繇是天下四方, 始覩正道, 而始行大
化也.

이것은 우리 主 새 신앙의 경전 숫자 27부를 말하고 있다. 즉 사복음서
넷, 사도행전 하나, 사도 바울의 서신 열넷, 야고보서 하나, 베드로 전후
서 둘, 요한1,2,3서와 요한계시록 넷, 유다서 하나, 이것이라. '元化'는 거
룩한 종교의 큰 교화이며; '靈關'은 바른 道의 요체이다. 무릇 우리 주께
서 아직 강림하지 않으셨을 때에는, 큰 교화가 아직 열리지 않았고, 바른
道도 많은 장애가 있었으며, 이단들이 길에 가득 차서, 막혀 통하지 못했
다. 우리 주께서 강림하시고, 몸소 하늘나라를 교도하셨으나, 오로지 이
방의 사람들만이, 聖教를 알지 못하고, 아직도 오랜 관습에 미혹되었으
니, 주께서 모든 사도의 성스러운 일들을 조용히 일깨우시며, 성경 27부
로 집록하셨고, 온 대지에 명하셔서, 지방마다 교화를 베푸셨으며, 성스
러운 사적으로 그 장애를 물리치셨고, 실제적인 이치로 그 막힘을 여셨
다. 이로 말미암아 천하 사방은, 비로소 바른 道를 보게 되었고, 처음으
로 큰 교화를 실행할 수 있게 되었다.

---

447 「默牖」: '암암리에 깨우쳐 암시하다'. '牖'는 본래 '창문'의 의미이다.
448 「敷教」: '교화를 베풀다'.《尚書·舜典》:「帝曰:『契, 百姓不親, 五品不遜, 汝作司徒, 敬敷
五教, 在寬.』(舜임금이 말하기를:『契아, 백성들은 서로 친하게 지내지 않으며, 五品을
따르지 않는다. 그대에게 司徒의 직을 맡기니, 삼가 五教를 베풀되, 너그러이 하라.』)

「法浴水風, 滌浮華而潔虛白」: 물과 성령으로 세례 의식을 행하고, 헛된 부귀영화를 씻어 죄악을 정결케 하였다

斯舉行聖水之禮也. 法浴水風者, 領洗而入教也; 浮華者, 今世之浮榮也; 虛白者, 領洗之時, 罪汚旣除, 厥靈淸虛粹白也. 蓋今世之榮, 似重實浮. 人槪迷焉, 弗識眞福之路, 吾主制立聖洗之禮, 俾之獲去罪垢, 服從誡規, 始輕視乎世榮之浮, 而恒護其虛白之潔. 經紀聖洗之能, 至廣至大者故.

이것은 성스러운 세례 의식을 설명하고 있다. '法浴水風'이라는 것은 세례를 받고 입교하는 것이며; '浮華'는 현재 세상의 헛된 영화이고; '虛白'이란, 세례를 받을 때, 죄의 더러움이 제거되어, 그 영혼이 맑고 순수해지는 것이다. 무릇 지금 세상의 영화는, 귀중한 듯하나 사실은 가볍고 헛된 것이라. 인간이 거기에 미혹되면, 참된 복의 길을 알지 못하나니, 우리 주께서는 성스러운 세례의 예식을 만드셔서, 그들로 하여금 죄의 허물을 제거하여, 계율에 복종할 수 있도록 하셨으니, 비로소 세상 영화의 헛됨을 가벼이 여길 수 있게 되었고, 그 순정하고 욕심 없는 정결함을 항시 얻을 수 있게 되었다. 경전이 세례의 권능을 기록하였으니, 지극히 넓고 지극히 큰 것이라.

約言聖洗之大能有三: 一, 洗原罪之汚, 餙以聖寵, 富以諸德. 蓋人受生于其親, 而受人之性, 因爲人而有原罪, 是爲天主之讐. 旣領聖洗, 始得爲天主之子, 而後聖寵餙其神生. 諸德之聚, 繇是能致. 二, 盡獲本罪之赦. 三, 全免諸罪之罰. 領洗之時, 不論罪之輕重多寡; 授洗之士, 不命領洗者行工, 以刑戮抵其前非, 卽得厥赦. 聖賢曰: 「未領洗者, 死人也. 領洗始生, 天主始紀其行. 善者以之賞, 惡者以之罰, 弗追其未領洗之往失焉.」

성스러운 세례 의식의 큰 권능을 말하자면 대략 세 가지가 있다: 첫째,

원죄의 더러움을 씻어내는 것이니, 거룩한 은총으로 꾸미고, 여러 덕으로써 부요케 한다. 무릇 인간은 그 부모에게로부터 생명을 받았고, 인간으로서의 본성을 받았으나, 인간이 원죄가 있는 까닭에, 이것이 하나님의 미움을 받게 된 것이다. 세례를 받으면, 비로소 하나님의 아들이 될 수 있으니, 후에 거룩한 은총이 그 신비한 생명을 새롭게 해 준다. 여러 德들이 모여서, 이로 말미암아 그것을 실현할 수 있게 된다. 둘째, 모두 본죄의 사함을 얻게 된다. 셋째, 모두가 죄의 벌을 면케 된다. 세례를 받을 때에, 죄의 경중과 많고 적음을 논하지 않으며; 세례를 주는 사람은 세례 받는 이에게 뭔가를 하여, 형벌로써 그 이전의 잘못을 보상하도록 명하지 않으니, 즉 사면을 얻는 것이다. 성현이 가로되:「아직 세례를 받지 않은 자는, 죽은 사람이라. 세례를 받고 새 생명이 시작되면, 하나님께서 비로소 그 행적을 기록하신다. 선한 자는 상을 받을 것이요, 악한 자는 벌을 받을 것이니, 세례 받기 전 과거의 잘못을 추적하지는 않으신다.」

篤瑪聖人曰:「上三能, 皆于聖水之洗切應. 水之爲物, 光明也, 滌垢也, 解熱也. 受聖洗者, 並受聖寵, 諸德之聚, 厥靈光而無黯. 受往罪之赦, 厥靈潔而無汚; 受罪罰之赦, 厥靈免獄火之熱, 此聖洗有取于水之義也.」

도마 성인이 말하였다:「위 세 가지 권능은, 모두 성수의 세례에 적절히 해당한다. 물이라는 사물은, 밝은 빛이어서, 때를 씻어 내고, 열을 식힌다. 세례를 받는 자는, 또한 거룩한 은총을 받게 되니, 여러 가지 덕들이 모여, 그 영혼이 밝아지고 어둠이 사라진다. 과거에 지은 죄를 사면받음으로 인하여, 그 영혼이 정결하여져서 부정함이 없어지고, 지은 죄에 대한 벌이 사하여짐으로, 그 영혼이 지옥 불의 뜨거움을 피할 수 있으니, 이 거룩한 세례는 물이 가진 의미를 취한 것이다.」

「印持十字, 融四炤以合無拘」: 십자가를 손에 표지로 지니고, 널리 사방을 비춤으로써 온전케 하기에 구애됨이 없다

斯擧吾主之十字聖架也. 主命教內之人, 恒印持十字, 以保所受之聖寵. 十字聖架, 其四端有四極之形. 凡入教者, 宜奉十字聖架爲表, 以效法吾主之聖愛, 無拘富貴貧賤之等, 皆必互愛而與四方普地之人, 融徹而和睦也.

이것은 우리 주님의 십자가를 말하고 있다. 주께서는 우리 신자들에게, 항시 십자가를 손에 표지로 지니라고 명하셨으니, 받은 聖寵을 잘 간직하기 위함이다. 십자가는, 네 끝단에 四極의 모양이 있다. 무릇 입교자는, 마땅히 십자가를 받들어 표징으로 삼아야 하고, 우리 주님의 거룩한 사랑을 본받아야 하며, 부귀와 빈천의 등급에 구애됨 없이, 모두 반드시 사방 각지의 사람들과 서로 사랑해야 하며, 한데 어우러져 화목하게 지내야 한다.

或問: 和睦關于十字聖架何? 曰: 人方主命, 爲主之讐, 被主惡憎, 彼此絶愛, 弗克相和. 吾主如中人, 降世受難于十字聖架, 爲天下古今罪人, 獻其功于聖父, 求回義怒, 復垂聖慈. 聖父緣是享受吾主之功, 卽垂聖愛而和于人. 葆祿聖徒曰: 「奇異哉, 吾主之大恩, 自甘十字聖架之苦, 其寶血俾天合于地.[449]」是也. 人思聖父爲十字聖架之功, 垂愛于我, 則印持十字聖架之時, 詎難推厥愛, 而和睦于人. 又思吾主何故受難于聖架, 非爲已, 全爲愛吾普世之人. 吾人時時仰而思之, 聖架之形, 恒在心目, 易效吾主愛, 和睦之義, 不切[450]係乎?

---

449 「葆祿 … 于地」: 골로새서 1장 20절에서 인용됨: 「그의 십자가의 피로 화평을 이루사 만물 곧 땅에 있는 것들이나 하늘에 있는 것들이 그로 말미암아 자기와 화목하게 되기를 기뻐하심이라.」
450 「切」: '매우 적절하다, 아주 가깝다'. 예를 들어: 切合(적합하다).

어떤 이가 물었다: '화목'이라는 것이 십자가와 관련해서 무엇인가? 가로되: 인간이 주의 명령을 어겨서, 주의 원수가 되었고, 주님에게 미움을 받아, 서로 간에 사랑이 끊어졌으니, 서로 화목할 수가 없게 되었다. 우리 주님은 보통의 사람으로, 세상에 내려오셔서 십자가에서 고난을 당하시고, 예나 지금이나 세상의 모든 사람들을 위하시며, 성부 하나님께 그 공을 바치시고, 의와 분노를 되찾으셨으며, 다시 성스러운 자비를 베푸신다. 성부께서는 이로 인하여 우리 주의 공로를 누리셨으니, 즉 거룩한 사랑을 베푸셔서 인간과 화해하셨다. 사도 바울이 말하였다: 「기이하도다, 우리 주님의 크신 은혜여! 십자가의 고통을 감수한 이래로, 그 보혈이 하늘과 땅을 화목하게 하였다.」라는 것이, 이것이다. 성부께서 십자가의 공로가 되셔서, 우리에게 사랑을 베푸셨음을 생각하나니, 즉 십자가를 표징으로 지닐 때, 그 사랑으로 인간과 화목하셨음을 어찌 짐작하지 못하겠는가.

「擊木震仁惠之音」: 목판을 두드려 인애와 자비의 소리를 떨치고

擊木, 鐸451聲也, 震, 動也. 斯以仁惠, 明吾主之新教也. 古教452甚嚴, 戒規繁而且厲. 吾主降世, 定爲新教,453 易從易守, 若木鐸弘音, 感發人心,

---

451 「鐸」: '큰 방울, 큰 종'. [漢] 許愼, 《說文解字》: 「鐸, 大鈴也. 軍法五人爲伍, 五伍爲兩, 兩司馬執鐸.(鐸은 '큰 방울'이다. 군법에 다섯 명이 일 伍이고, 다섯 伍가 일 兩이니, 스물다섯 명을 관장하는 兩司馬가 큰 종을 잡는다.)」

452 「古教」: '과거 유대인이 율법을 지키는 신앙 전통'을 가리킨다.

453 「新教」: 전술한 「古教而言」에 상대적인 것이다. 예수께서 말씀하시기를, 그가 오심은 유대인이 과거에 기록한 구약 성경의 율법을 대체하러 온 것이 아니라 완성하러 온 것이다. 마태복음 5장 17-18절: 「내가 율법이나 선지자를 폐하러 온 줄로 생각하지 말라. 폐하러 온 것이 아니요 완전하게 하려 함이라; 진실로 너희에게 이르노니 천지가 없어지기 전에는 율법의 일점 일획도 결코 없어지지 아니하고 다 이루리라.」 마태복음 22장 37-40절: 「예수께서 이르시되 네 마음을 다하고 목숨을 다하고 뜻을 다하여 주 너의 하나님을 사랑하라 하셨으니, 이것이 크고 첫째 되는 계명이요. 둘째도 그와 같으니

而播其仁惠.

'擊木'은 큰 방울의 소리이며, '震'은 '動'의 의미이다. 이것은 인애와 자비로써, 우리 주님의 새로운 신앙을 밝히는 것이다. 옛 신앙은 심히 엄하여, 계율과 규율이 번잡하고도 엄숙하다. 우리 주님이 강림하셔서, 새로운 신앙을 세우셨으니, 쉽게 따르고 지킬 수 있으며, 목탁과 같은 웅장한 소리로, 인간의 마음을 감동시키고, 그 어진 은혜를 전파하신다.

聖人解曰:「經記, 天主降古教之令, 率每瑟聖人登山, 授以古教, 時巨火烏煙降繞其山, 颶風陡作, 空中大變, 雷轟霹靂嚇聲弗止.454」聖人明其故曰:『古教者, 警人之教也.』」天主欲當時之人, 畏厥威, 懼厥罰, 以守厥戒, 故懼者多, 愛者寡. 新教始興, 即有聖神降臨. 聖神者, 天主之聖愛也, 以示新教乃仁惠之教, 吾主聖言爲仁惠之音, 如木鐸之震擊然也. 主規厥徒曰:「惟愛之一誠, 總括吾教.455」葆祿聖徒亦云:「能愛天主與愛人, 乃爲全守天主之教, 可知仁惠者故.456」

네 이웃을 네 자신 같이 사랑하라 하셨으니. 이 두 계명이 온 율법과 선지자의 강령이니라.」

454 「經記 … 弗止」: 이것은 '모세가 시내산에서 십계명을 받고 나타난 광경'을 가리킨다. 출애굽기 19장 16-20절:「셋째 날 아침에 우레와 번개와 빽빽한 구름이 산 위에 있고 나팔 소리가 매우 크게 들리니 진중에 있는 모든 백성이 다 떨더라. 모세가 하나님을 맞으려고 백성을 거느리고 진에서 나오매 그들이 산기슭에 서 있는데, 시내산에 연기가 자욱하니 여호와께서 불 가운데서 거기 강림하심이라. 그 연기가 옹기 가마 연기같이 떠오르고 온 산이 크게 진동하며, 나팔 소리가 점점 커질 때에 모세가 말한즉 하나님이 음성으로 대답하시더라. 여호와께서 시내산 곧 그 산 꼭대기에 강림하시고 모세를 그리로 부르시니 모세가 올라가매.」「霹歷」, 의성어,「霹靂」과 같음.

455 「主規 … 吾教」: 마가복음 12장 30-31절 인용:「네 마음을 다하고 목숨을 다하고 뜻을 다하고 힘을 다하여 주 너의 하나님을 사랑하라 하신 것이요. 둘째는 이것이니 네 이웃을 네 자신과 같이 사랑하라 하신 것이라. 이보다 더 큰 계명이 없느니라.」

456 「葆祿 … 者故」: 요한일서 4장 21절 인용:「우리가 이 계명을 주께 받았나니 하나님을 사랑하는 자는 또한 그 형제를 사랑할지니라.」

성인이 해석하여 말하였다: 「경전에 기록되기를, 하나님께서 옛 종교의 명을 내리시면서, 모세를 인솔하시어 산에 오르게 하시고, 옛 가르침을 주셨으니, 그때 커다란 불과 시커먼 연기가 내려와 그 산을 태웠고, 태풍이 갑자기 일어나, 하늘에 큰 변화가 일었고, 천둥과 벼락에 놀라는 소리가 멈추지 않았다. 성인이 그 까닭을 밝혀 말했다:『옛 가르침은 사람을 警戒하는 규율의 가르침이다.』」하나님께서는 당시 인간들이, 하나님의 권위를 경외하고, 그 벌을 두려워하여, 하나님의 계율을 지킬 것을 원하셨으니, 그리하여 두려워하는 자가 많았고, 좋아하는 자는 적었다. 새로운 신앙이 비로소 시작되었으니, 성령께서 강림하셨다. 성령은, 하나님의 거룩한 사랑이니, 새로운 신앙이 곧 인자한 은혜의 종교임을 보여 주셨고, 우리 주님의 거룩한 말씀이 인자한 은혜의 소리였으며, 목탁을 두드리는 울림과도 같았다. 주님께서 그 성도들을 권고하여 말씀하셨다: 「오로지 하나의 사랑의 계율이, 나의 가르침을 총괄하느니라.」사도 바울이 또 말하였다: 「하나님을 사랑하고 사람을 사랑하는 것이, 하나님의 가르침을 완전히 지키는 것이니, 인자한 은혜를 깨달을 수 있음이라.」

「東禮趣生榮之路」: 동쪽으로 예배하여 생명과 번영의 길로 달려간다

斯言吾主在世之時, 命人奉敬天主之禮, 取向東方, 望獲天堂之常生, 眞福之光榮也.

이것은 우리 주께서 세상에 계실 때, 인간이 하나님을 공경하는 예에 대해 명령한 것이니, 동쪽으로 달려가서, 천국의 영생을 얻고, 참된 복의 광영을 얻기 바람을 말씀하시는 것이다.

自古迄今, 西國率以東向瞻禮天主, 凡建天主聖堂聖臺, 厥向躲面西方,

瞻禮者向東行禮, 以示吾主如太陽東出, 光炤普地者然. 吾主常曰:「吾爲普地之太陽, 人從吾, 弗陷于冥, 必獲常生之光,[457]」此東禮者故.

예부터 지금까지, 서쪽 나라는 대개 동쪽을 향하여 하나님을 우러러 예배하였으니, 무릇 하나님의 성스러운 예배당과 거룩한 제단을 짓는 것은, 그 방향이 대체로 서쪽에 있었고, 참례자는 동쪽을 향하여 예를 행하였으니, 이로써 우리 주께서 태양이 동쪽에서 떠올라, 빛이 대지를 두루 비추는 모양을 보여 주는 것이다.

「存鬚所以有外行, 削頂所以無內情」: 수염을 보존하는 까닭은 겉으로 품격을 표현하기 위함이요, 정수리를 삭발함은 정욕과 감정을 없애기 위함이라

斯擧傳教之士, 與受教之人. 厥益有七, 斯條首擧其益之一. 聖教內修士, 勤治內外之神功, 槩存鬚削頂, 自別于俗. 聖人云:「伯鐸羅宗徒首行此禮, 其意有三: 一則髮者, 身之餘, 意念之像也. 脩士剪一分, 留一分, 以表專心事主, 絕去累[458]情, 僅容少念, 以便身需, 獲免飢寒, 利于脩道. 二則欲明脩士, 首戴吾主刺冠之像, 以吾主攸被之辱, 戴爲吾榮, 而首頂吾主受難之恩. 三則示人宜欽厥位, 識乃神王.」伯鐸羅宗徒謂修士曰:「爾皆天主選人也, 皆聖人也, 皆神王也.[459]」人宜欽者故.

이것은 선교사, 즉 가르침을 주고받는 사람을 일컫는 것이다. 그 이로

---

457 「吾主 … 之光」: 요한복음 8장 12절 인용:「예수께서 또 말씀하여 이르시되 나는 세상의 빛이니 나를 따르는 자는 어둠에 다니지 아니하고 생명의 빛을 얻으리라.」
458 「累」: '여분의 것, 부담스러운 것'. 예를 들어: 負累(부담되다).
459 「爾皆 … 王也」: 베드로전서 2장 9절:「그러나 너희는 택하신 족속이요 왕 같은 제사장들이요 거룩한 나라요 그의 소유된 백성이니, 이는 너희를 어두운 데서 불러 내어 그의 기이한 빛에 들어가게 하신 이의 아름다운 덕을 선포하게 하려 하심이라.」

움에는 일곱 가지가 있으니, 이 조항은 먼저 그 이로움의 첫 번째를 예로 들고 있다. 거룩한 종교에서 수행하는 이는, 안팎의 신령한 공로를 부지런히 관리해야 하나니, 대개 수염을 기르고 정수리를 삭발하여, 스스로 세속의 사람과 구분지어야 한다. 성인이 가로되: 「사도 베드로가 이 예를 처음으로 행하였으니, 그 의미는 세 가지가 있다: 첫째, 수염은 신체의 잉여이며, 생각의 모습이라. 수사는 한 푼을 자르되, 한 푼을 남겨서, 전심으로 주를 섬김을 표현하고, 불필요한 감정을 끊어 제거하며, 단지 적은 생각만을 허용하여, 몸이 필요로 하는 것만 취하고, 굶주림과 추위를 면할 수 있으면, 도를 닦는 데에 이로운 것이다. 둘째는 수사(修士)임을 밝히려는 것이니, 머리에는 우리 주 가시 면류관의 모양을 씀으로써, 우리 주께서 당하신 모욕이, 우리의 영광으로 씌워지며, 그리하여 머리로 우리 주께서 당하신 수난의 은혜를 떠받침을 표현하는 것이다. 셋째는 마땅히 그 자리를 흠모함을 사람들에게 보여 주어, 왕 같은 제사장임을 아는 것이다.」 사도 베드로가 수사들에게 말하였다: 「너희들은 모두 하나님께서 선택한 사람이니, 모두가 성인이며, 모두가 왕 같은 제사장들이다.」

「不畜臧獲, 均貴賤於人」: 종을 두지 않음은, 사람에게 귀천 없이 균등히 하려는 것이요

臧獲者, 奴擄[460]男女也, 斯擧其益之二. 西方教人, 從古及今. 毋得鬻[461]身, 鬻妻, 鬻子, 與人爲奴, 惟傭工弗禁, 斯不畜[462]臧獲者故.

---

460 「擄」: '빼앗다'. 예를 들어: 燒殺擄掠.(태워 죽이고 노략질하다.)
461 「鬻」: '팔다'. [明] 劉基, 〈賣柑者言〉: 「人爭鬻之.(사람들이 다투어 판다.)」
462 「畜」: '속하다', '가축처럼 주인에게 속해 자주권이 없다'.

'臧獲'이라는 것은 남녀를 노예로 빼앗는 것이니, 이는 그 이로움의 두 번째를 말하는 것이다. 서방에서 사람을 교화할 때, 예부터 지금까지 이러하였다. 몸을 팔 수 없고, 아내를 팔 수 없으며, 자식을 팔아서, 남에게 주어 노예로 삼을 수 없다고 하였으니, 오로지 삯을 받고 일해 주는 것만을 금하지 않았으니, 이것이 노예를 두지 않는 까닭인 것이다.

敷教之士, 訓人無私, 獎善責非, 弗視貴賤, 教之如一. 且敷教至公, 賢愚僉受. 主語徒曰:「爾輩太陽也, 廣周普地, 廣衍吾教, 從之者升, 逆之者降.[463]」解曰:「太陽至公, 山谷並炤, 彼此均被, 敷教者肖焉. 又從教之衆, 品列勢殊, 第尊卑貴賤, 各安厥分. 上弗陵[464]下, 下弗慢上, 同等弗欺, 總如共父之子, 視猶昆仲,[465] 斯又均貴賤者故.」

교리를 펼치는 사람은, 사람을 가르침에 사심이 없고, 선을 장려하고 잘못을 꾸짖으며, 귀천을 살피지 않으니, 가르침이 한결같다. 또한 교리를 설파함에 지극히 공정하니, 현명한 자나 우매한 자가 모두 받아들인다. 주께서 사도에게 말씀하셨다:「너희들은 태양이니, 대지를 넓게 두루 비추고, 나의 가르침을 널리 전하라. 그것을 따르는 자는 올라가고, 거스르는 자는 떨어지리라.」해석하여 말하였다:「태양은 지극히 공평하여, 산과 계곡마다 함께 비추어서, 모두가 균등히 빛을 받으니, 교리를 설파하는 자도 이를 닮아야 한다. 또한 신앙을 따르는 무리들은, 품행이 다르고 기세가 다르며, 단지 존비와 귀천만 있을 뿐, 각자 자신의 분수에

---

463 「主語 … 者降」: 요한복음 11장 9-11절 참고:「예수께서 대답하시되: 낮이 열두 시간이 아니냐? 사람이 낮에 다니면 이 세상의 빛을 보므로 실족하지 아니하고, 밤에 다니면 빛이 그 사람 안에 없는 고로 실족하느니라.」

464 「陵」:「凌」과 통함.《禮記·中庸》:「在上位, 不陵下.(윗자리에 있으면서, 아랫사람을 능멸하지 않는다.)」

465 「昆仲」: '형제'.

만족한다. 윗사람은 아랫사람을 업신여기지 않고, 아랫사람은 윗사람을 기만하지 않으며, 같은 자리에서 업신여기지 않으니, 대체로 같은 아버지를 모신 자식과 같아서, 보기에 형제와 같으니, 이는 또한 귀하고 천한 것을 균등히 여기는 까닭이라.」

「不聚貨財, 示罄遺於我」: 재물을 모으지 않음은, 자신에게 남은 재물을 모두 소진토록 가르치는 것이라

斯擧其益之三. 聖教內修士之工有三: 一救本靈, 一救本身, 一救貧人. 旣入修會, 非止弗私蓄斂, 全以已有, 周[466]給貧乏.

이는 그 이로움의 세 번째를 말하는 것이다. 聖敎의 수사의 임무는 세 가지가 있다: 하나는 자신의 영혼을 구하는 것이고, 또 하나는 자신의 몸을 구하는 것이며, 마지막 하나는 가난한 사람을 구제하는 것이다. 일단 수도회에 들어가면, 사사로운 저축을 하지 않을뿐더러, 모두 이미 가지고 있는 것으로써, 가난하고 결핍한 자들을 두루 구제해 준다.

或問: 貨財奚害于修, 必以罄遺? 曰: 聖人皆云, 神貧[467]之德, 輕已之身, 易遵修途. 貨財勢如重任桎梏, 俾弗獲行, 故修道者, 棄絶貨財, 如捐重任, 解桎梏, 形神並輕, 修功若馳. 伯爾納聖人曰:「神貧之德, 靈性之翼, 如翬斯飛, 弗煩漸習, 而一飛戾天」斯之謂也.[468] 又修士以周遊爲職, 弗去貨

---

466 「周」: '구제(救濟)하다'. 《論語·雍也》:「君子周急不繼富.(군자는 급한 자를 구제하기는 하나 부유한 자를 보태 주지는 않는다.)」

467 「神貧」:「겸허하다」의 의미이다. 마태복음 5장 3절:「심령이 가난한 자는 복이 있나니 천국이 그들의 것임이요.」思高성경에는:「神貧的人是有福的, 因爲天國是他們的.(겸허한 사람은 복이 있나니 천국이 저들의 것임이요.)」이라고 기록되어 있다.

468 「斯之謂也」: 고문에서는 경전의 증거를 이용하여 자신의 논점을 설명할 때 자주 이 구절을 사용한다. 「斯」: '이, 이것'. 「謂」: '선언하여 말하다'.

財, 必圖存守, 烏能脫然, 克全本位, 斯又縈遺于我者故.

어떤 이가 물었다: 재화가 수도에 어찌 해가 된다고, 반드시 다 써 버려야 한단 말인가? 가로되: 성인들이 모두 말씀하시기를, 겸허의 덕은 자신의 몸을 가볍게 하고, 수도의 여정을 쉽게 따르게 해 준다. 재화의 세력은 질곡을 무겁게 지는 것과 같아서, 그로 하여금 수행할 수 없게 하나니, 따라서 수도자는, 재화를 끊어 버려서, 무거운 짐을 버리듯이 하여, 질곡을 풀고, 신체와 영혼을 모두 가볍게 하여, 공을 닦기를 가볍게 질주하듯이 해야 한다. 성 버나드가 가로되: 「겸허의 덕과, 영성의 날개는, 꿩이 하늘을 날 듯이, 걱정하지 않아도 점차 익숙해져서, 한번 날아오르면 하늘에 도달한다.」함은 이것을 이르는 것이다. 또한 수사는 여러 곳을 돌아다님을 직분으로 하니, 재물을 제거하지 않으면, 반드시 모으고 지키는 것을 도모할 테니, 어찌 벗어나, 그 지위를 완전케 할 수 있겠는가? 이것이 또한 자신에게 남겨진 것을 다 써 버려야 하는 까닭이라.

「齋以伏識而成」: 재계함으로써 잡념을 굴복시키고

斯舉其益之四. 乃持齋素,[469] 以馭本身, 弗令蕩佚, 以敗厥靈. 第聖教修士, 齋規不一. 有終身之齋, 雖病弗違, 有半年之齋, 有惟用菜羹之齋, 有惟用一飯一水之齋. 各依其本會齋規,[470] 以爲嚴守.

이것은 그 이로움의 네 번째를 말하는 것이다. 몸을 맑고 정갈하게 하고, 자신의 몸을 통제하여, 방탕과 무절제함으로 그 영혼이 상하지 않도

---

469 「齋素」: 몸을 맑고 깨끗하며 정갈하게 하는 행위는 통상적으로 종교 행위를 가리킨다. 특히 '茹素(채식하다)'의 경우.
470 「第聖 … 齋規」: 이것은 '각 수도회 수사들이 모두 그 수도회의 규정을 준수하여 헌신 후의 생활을 유지하다'의 의미를 나타낸다.

록 한다. 聖敎의 수사(修士)는, 齋戒의 규율이 하나가 아니다. 종신의 재계
가 있고, 비록 병이 들어 어기게 되면, 반 년의 재계가 있으며, 오로지 야
채 수프만 먹는 재계가 있고, 밥 한 끼 물 한 모금의 재계가 있다. 각각
그 본회의 계율의 규범에 의하는 것이니, 엄수해야 하는 것으로 여긴다.

齋之爲益, 廣矣難悉, 約而言之, 正諸情之偏, 乃齋之本德也. 人之肉軀,
如不馴之馬, 縱以蒭芻,[471] 愈悍逆而難伏; 減其食, 無弗馴矣. 奧斯定聖人
曰:「吾軀, 吾驢也. 欲乘而正行, 彼逆而邪僻, 我强以齋素, 斯順歸正道.」
經曰:「豐育其僕, 則當其逆」, 斯之謂也. 解見《聖經直解》第四卷.

齋戒의 이로움은, 범위가 넓어서 다 알기는 어려우니, 대략 설명하자
면, 모든 편향된 감정을 바로잡는 것이, 재계가 추구하는 본래의 덕이다.
사람의 육체는, 길들이지 않은 말과 같아서, 제멋대로 풀을 먹여 기르므
로, 사납게 거스를수록 복종시키기가 어렵지만; 그 먹을 것을 줄이면, 길
들이지 못할 것이 없다. 성 어거스틴이 말하였다:「우리의 몸은 당나귀
와 같다. 올라타서 바르게 가고자 하면, 역행하고 괴팍하게 행동하므로,
우리는 억지로 재계로써 깨끗이 하나니, 이것이 바른 도를 따라가는 것이
다.」경전에서 가로되:「그 하인을 충분히 교육시키면, 그의 거스름을 막
아낼 수 있다.」라는 것은, 이것을 말하는 것이다.《성경직해》제4권 참조.

「戒以靜愼爲固」: 계율로써 정숙하고 신중함이 습관 되도록 한다

斯舉其益之五, 乃守聖敎之十誡也. 十誡之目曰: 一欽崇一天主萬有之
上, 二毋呼天主聖名以發虛誓, 三守瞻禮之日, 四孝敬父母, 五毋殺人, 六

---

471 「蒭」: '먹여 기르다'. 「芻」: '가축에게 먹이는 풀'.

母行邪婬, 七毋偸盜, 八毋妄證, 九毋願他人妻, 十毋貪他人財物.[472] 解見
《滌罪正規》,[473]《解略》[474]諸書.

이것은 그 이로움의 다섯 번째로서, 곧 聖敎의 열 가지 계율을 지키는
것이다. 열 가지 계율의 목차는 이러하다: 첫째, 유일신 하나님께서 만유
의 위에 계심을 흠모하고 존숭하라, 둘째, 헛맹세하는 데에 하나님의 거
룩한 이름을 부르지 말라, 셋째, 참례의 날짜를 지키라, 넷째, 부모를 공
경하라, 다섯째, 살인하지 말라, 여섯째, 사악한 음행을 하지 말라, 일곱
째, 도둑질하지 말라, 여덟째, 거짓 증거하지 말라, 아홉째, 타인의 아내
를 바라지 말라, 열째, 타인의 재물을 탐하지 말라.《척죄정규》와《해략》
외 여러 서적 참조.

---

472 「十誠 … 財物」: 이 단락은 출애굽기 20장 2-17절을 인용하고 있다: 「나는 너를 애굽
땅, 종 되었던 집에서 인도하여 낸 네 하나님 여호와니라. 너는 나 외에는 다른 신들을
네게 두지 말라. 너를 위하여 새긴 우상을 만들지 말고 또 위로 하늘에 있는 것이나 아
래로 땅에 있는 것이나 땅 아래 물속에 있는 것의 어떤 형상도 만들지 말며, 그것들에
게 절하지 말며 그것들을 섬기지 말라. 나 네 하나님 여호와는 질투하는 하나님인즉
나를 미워하는 자의 죄를 갚되 아버지로부터 아들에게로 삼사 대까지 이르게 하거니
와, 나를 사랑하고 내 계명을 지키는 자에게는 천 대까지 은혜를 베푸느니라. 너는 네
하나님 여호와의 이름을 망령되게 부르지 말라. 여호와는 그의 이름을 망령되게 부르
는 자를 죄 없다 하지 아니하리라. 안식일을 기억하여 거룩하게 지키라. 엿새 동안은
힘써 네 모든 일을 행할 것이나 일곱째 날은 네 하나님 여호와의 안식일인즉, 너나 네
아들이나 네 딸이나 네 남종이나 네 여종이나 네 가축이나 네 문 안에 머무는 객이라
도 아무 일도 하지 말라. 이는 엿새 동안에 나 여호와가 하늘과 땅과 바다와 그 가운데
모든 것을 만들고 일곱째 날에 쉬었음이라. 그러므로 나 여호와가 안식일을 복되게 하
여 그날을 거룩하게 하였느니라. 네 부모를 공경하라. 그리하면 네 하나님 여호와가
네게 준 땅에서 네 생명이 길리라. 살인하지 말라. 간음하지 말라. 도둑질하지 말라.
네 이웃에 대하여 거짓 증거하지 말라. 네 이웃의 집을 탐내지 말라. 네 이웃의 아내나
그의 남종이나 그의 여종이나 그의 소나 그의 나귀나 무릇 네 이웃의 소유를 탐내지
말라.」「瞻」, '위쪽이나 앞쪽을 보다'.
473 《滌罪正規》는 明末 淸初 이태리 출신 예수회 선교사 艾儒畧(Giulio Aleni, 1582-1649)이
저술한 것이다.
474 《解略》은 본래《敎要解略》이며,《天主敎要解略》이라고도 한다. 이태리 출신 예수회 선
교사 王豐肅(Alfonso Vagnoni, 1566-1640)이 저술하였다. 그는 1605년에 중국에 왔으
며, 1616년 南京 敎案(소송 사건) 때에 추방된 후 1624년 말에 다시 중국으로 돌아가 山
西省에서 선교하였는데, 그를 아는 사람들이 많아서 高一志로 개명하였다.

或問, 十誡爲修士之工, 在敎諸人亦共守否? 曰: 奚止在敎之人當守, 雖普地之人盡攝焉. 譬之[475]大君御宇,[476] 普天率[477]土, 莫逃厥制, 苟或不服, 必屬刑誅. 繇是觀之, 世人皆天主所生. 十誡者, 生人之度, 盡屬其生, 卽盡惟其制矣, 奚逃焉?

어떤 이가 물어 가로되, 십계명은 수도사의 일인데, 여러 사람을 가르치는 데에도 또한 함께 지킬 수 있겠는가? 가로되: 어찌 단지 敎內 사람만 지켜야 할 것인가? 비록 보통의 사람들일지라도 모두 받아들여야 하는 것이다. 예를 들어 대군이 천하를 통치하고, 온 하늘이 땅을 통솔하매, 그 제한을 벗어날 수가 없으니, 만일 어떤 이가 불복하면, 반드시 형벌로써 징벌하게 된다. 이로써 알 수 있듯이, 세상 사람들은 모두 하나님께서 만드신 것이다. 십계명은 살아 있는 사람의 규율이니, 모두 그 살아 있는 사람에게 속한 것이고, 즉 그 통제를 다 따라야 하니, 어찌 거기서 도망갈 수 있겠는가?

又, 人之靈, 皆有是非之良, 是者當行, 非者當止, 苟[478]遂厥非, 卽違厥性, 而獲罪于天主. 十誡皆理之至當, 原依于人本性之光, 以故弗問其人在敎與否, 盡當恪[479]守. 聖人示警外敎諸人曰:「爾輩毋放意自欺, 毋謂十誡任重, 緊束難卸, 弗堪其負, 吾寧弗入其敎. 吁嗟! 拙哉! 斯心斯計, 或入或否, 疇能卸之? 從天主生民至今, 以洎世末, 何人何時能脫天主之十誡乎!」

---

475 「譬之」: '예를 들어'.

476 「御宇」: '천하를 통치하다'. 「宇」: '천지', 즉 '공간 범주의 전체'를 가리킨다. [周] 尸佼, 《尸子》:「天地四方曰宇, 往古來今曰宙.(천상천하 동서남북을 일러 '宇'라 하고, 과거가 가고 현재가 오는 것을 '宙'라 한다.)」

477 「率」: '모두, 전부의'.

478 「苟」: '만약'. 《史記‧陳涉世家》:「苟富貴, 無相忘.(만일 부자가 되더라도, 서로 잊지 말자.)」

479 「恪」: '공경하다, 근신하다'.

또한, 인간의 영혼은, 모두 옳고 그름의 양심이 있나니, 옳은 것은 마땅히 행해야 하고, 그른 것은 당연히 그쳐야 하는데, 만약 그 잘못된 것을 좇으면, 즉 그 본성을 위배하는 것으로서, 하나님께 죄를 얻는 것이다. 십계명은 모든 이치의 지극히 당연한 것으로서, 본래 인간 본성의 빛에 의거한 것이므로, 그 사람이 신앙을 믿든 아니든을 불문하고, 힘써 마땅히 공경하고 지켜야 하는 것이다. 성인이 教外에 있는 여러 사람들에게 경고하여 말하였다: 「너희들은 제멋대로 양심을 배반하지 말고, 십계명의 임무가 무겁고, 단단히 묶여 풀기 어려우니, 그 짐을 감당하지 않으려, 나는 차라리 그 가르침에 들어가지 않겠다 말하지 말라. 아아! 어리석도다! 이 마음과 이 계략이여, 들어가든지 들어가지 않든지, 누가 능히 그것을 벗어날 수 있겠는가? 하나님께서 백성을 만드신 때로부터 지금까지, 세상의 종말에 이르기까지, 어떤 사람이 어떤 때에 능히 하나님의 열 가지 계명으로부터 벗어날 수 있겠는가!」

論守誡之樂, 心靜而安, 時惺[480]戒備, 愼防將來, 根本益固, 益難撼搖. 經曰:「厥靈安樂, 如坐盛筵, 珍奇餭滿, 詎虞糲食,[481] 莫能度生, 弗懼弗怯, 威儀秩如. 又若獅居劣獸之羣, 岳鎮巨風之變, 曾弗少動, 安哉? 其守誡之樂乎!」

계율을 지키는 기쁨을 논한다면, 마음이 고요해지고 편안해지며, 때때로 깨어 경계하고 준비하여, 다가올 일을 신중히 방비해 내니, 근본이 더

---

480 「惺」: '깨다, 의식을 회복하다'. 《五燈會元》:「一聲寒雁叫, 喚起未惺人.(한 가닥 겨울 기러기 울음이 아직 깨어나지 못한 사람을 부르기 시작하였다.)」
481 「糲食」: '조악한 식사'. [明] 唐順之, 〈贈郡侯郭文麓升副使序〉:「聞侯之夫人亦樂於糲食敝衣, 與侯所嗜好無異.(듣자 하니 侯의 부인께서는 또한 조악한 식사와 낡은 옷도 즐거워하신다니, 좋아하시는 것이 侯와 다를 바가 없으십니다.)」

욱 공고해지고, 흔들리기가 더욱 어려워진다. 경전에서 말하였다:「그 영혼이 편안하고 즐겁기가, 마치 성대한 연회에 앉아 있는 것과 같이, 진기한 것이 가득한데, 어찌 조악한 식사를 하리라 걱정하겠는가. 삶을 헤아릴 수 있는 이는 없는 것이니, 두려워하지 않고 겁내지도 않으며, 위엄과 의리가 질서정연하도다. 또한 만일 사자가 약한 짐승들 가운데에 머문다면, 높은 산이 큰 바람의 변화를 억제해 주듯이, 일찍이 조금의 움직임이 없어도, 어떠한가? 그것이 계율을 지키는 즐거움이로다!」

論犯誡之異, 經曰:「惡人入無畏之地, 厥心恒悸, 如在大畏之中, 見害微影, 輒生戰慄, 視如實患, 厥心猶恒沸不寧之海, 猶恒飄弗止之風, 如犯王法者, 聞衛士之叩門, 驚怖而無少寧.」犯誡之危, 不甚可驚耶!

계율을 범하는 기이함을 논하니, 경전에서 가로되:「악인은 두려움이 없는 곳에 들어가도, 그 마음이 항시 놀라 두근거리니, 만일 큰 두려움 가운데에 있다면, 해를 입은 작은 그림자에도, 곧바로 전율이 발생하여, 실제로 환란이 있는 듯이 보이고, 그 마음이 항시 끓어오르는 바다처럼 불안하며, 항상 떠돌며 그치지 않는 바람과도 같으니, 왕의 법을 어긴 자처럼, 호위병사의 문 두드리는 소리를 듣고도, 놀라 겁에 질려 조금의 평안도 없다.」계율을 범하는 위태로움이, 심히 놀랄 만하지 않은가!

「七時禮讚, 大庇存亡.」: 매일 일곱 번 숭경의 예를 드리고, 산 자와 죽은 자를 크게 보살핀다

斯舉其益之六. 言聖教修士, 旣登聖會品級之尊, 誦經之工, 每日七次, 不得少缺. 其誦經之益, 不特施及在教生人, 幷及在教亡者, 或在煉所, 未獲升天, 因賴修士禮讚之工, 獲拯厥苦. 信經第九端曰:「諸聖相通功」,[482]

是也.

이것은 그 이로움의 여섯 번째를 논하는 것이다. 聖敎의 수도사들을 말하자면, 聖會 품급의 최고 자리에 올랐으면, 경서를 낭송하는 일을, 매일 일곱 차례 해야 하니, 조금의 부족함도 있어서는 아니 된다. 경을 낭송하는 이로움은, 단지 살아 있는 사람을 가르치는 데에만 베푸는 것이 아니라, 죽은 자를 가르치는 데에도 미치며, 혹은 연옥에 있어서, 아직 하늘로 올라가지 못한 자들에게도, 수도사들의 예배와 찬송에 의지함으로, 그 고통을 구제할 수 있다. 사도신경 제9단에서 말하는: 「뭇 성인들이 모두 서로 通功(화합하여 협력)함」이, 바로 이것이다.

昔達未聖王, 解通功之端, 竊自忻幸,[483] 而呼主曰:「我幸者哉! 彼畏主者, 每行善功, 厥功廣溢, 以及于吾.」解曰:「聖會如茂樹, 善人乃厥枝也. 厥根吸潤, 引貫百枝, 並受其利. 又如美大之軀, 善人爲肢, 肢雖匪一, 厥脈相通, 聖敎善人, 厥等雖殊, 通功之利, 一而已矣.」

옛날 다윗왕은, '通功'이란 가치를 해석하면서, 남몰래 스스로 기쁘고 경사스러워, 주님을 부르며 말하였다:「나의 행복함이여! 저들이 주를 경외하므로, 매번 선한 일을 행하니, 그들의 공이 널리 넘쳐, 나에게까지 이른다.」 해석하여 가로되:「聖會는 울창한 나무와 같고, 선한 이는 곧 그 가지라. 그 뿌리가 습기를 흡수하여, 온 가지로 끌어들여 와서, 그 이

---

482 「諸聖相通功」: 천주교 교리 C.C.C.962 참고:「우리는 모든 기독교인들의 화합, 즉 이 세상에서 여행객이 된 자들, 그 연단의 과정 중에 있는 죽은 자들, 그리고 저 천국에서 진실된 복을 누리는 모든 이들과 함께 형성된 유일한 교회를 믿습니다. 우리는 이 공존 중에 자비와 인애가 충만하신 하나님, 그리고 뭇 성인들이 끊임없이 우리의 기도를 경청하고 있다는 사실을 믿습니다.」 그 밖에는 C.C.C.946-962 참조.

483 「忻幸」: '기쁘고 경사스럽다'. [明] 李贄, 〈與城老書〉:「爲之忻幸者數日, 更敢往山西去耶! (그로 인해 기쁜 일이 며칠간이었으니, 다시 감히 山西로 갈 만하구나!)」

로움을 얻는다. 또 아름답고 큰 몸처럼, 선량한 사람은 사지가 되고, 사지
는 비록 하나가 아니라 할지라도, 그 맥이 서로 통하고, 聖敎와 선량한 사
람은, 그들의 등급이 다르지만, 通功의 이로움으로, 하나가 될 뿐이다.」

廣哉通功之利, 弗第及于生人, 煉所之靈, 並受其益. 善人爲煉所之靈,
獻功于主, 克減厥苦, 而升天愈近, 或速拔之, 俾得升也.

넓도다 通功의 이로움이여, 단지 살아 있는 사람에게만 미치는 것이
아니라, 연옥의 영혼들도, 그 이로움을 받는다. 선한 이들은 연옥의 영혼
들을 위하여, 주께 공을 바치니, 그 고통을 줄일 수 있고, 승천이 가까워
질수록, 어떤 이는 그들을 속히 뽑아내어, 올라갈 수 있도록 해 준다.

又聖會善士, 並通天國聖人之功. 聖人在天主之前, 恒爲彼祈, 天主因聖
人功德, 而恒允之以申祐焉.

또한 聖會의 선한 이들은, 천국 성인들의 공과 통한다. 성인들은 하나
님 앞에서, 항시 저들을 위해 기도하나니, 하나님께서는 성인들의 공덕
으로 인하여, 항시 보우하심을 허락하신다.

或問: 通功之利, 奚獨益夫聖會之善人, 而等罪人弗與? 曰: 善惡旣殊,
禍福自別. 在敎外人, 旣不領洗不信天主聖敎, 先自絶其萬善之根, 必弗能
眞立善功. 旣非眞善, 則其善究歸于惡, 又在敎惡人, 無功于已, 曷能通功
于人, 曷能共享善人之功? 盎博削聖人[484]曰:「筋連百肢, 氣血乃通, 百肢

484 「盎博削聖人」: 즉 「성 암브로시오」(St. Ambrose, 약 340-397), 밀라노의 敎父, 4세기 가
장 유명한 라틴의 교부 중 하나이다. 그는 또한 천주교가 공인한 四大聖師(Doctor of
the Church) 중 한 명이다.

長養. 聖會之中, 愛德如筋, 善人互愛, 因共通功. 罪人自絕, 超性之愛, 自斷筋脉之連, 烏能與共通功之恩乎? 愛德之在人心, 有如湧泉, 滿而洋溢, 善人能通其流, 俾無所阻, 引而受潤. 惡人反是, 罪塞其流, 靈自枯槁, 弗獲受潤, 奚異乎!」

어떤 이가 물었다: 通功의 이로움이, 어찌 유독 성회의 선한 이들만을 이롭게 하며, 죄인들을 기다려 주지는 않는가? 가로되: 선과 악은 다른 것이며, 화와 복도 각각 다른 것이다. 믿지 않는 자들은 세례를 받지 않았고 하나님의 거룩한 신앙을 믿지 않으니, 우선 스스로 그 모든 선의 뿌리를 잘랐으므로, 필히 선함의 공력을 진실되이 세울 수 없는 것이다. 참된 선이 아니라면, 그 선은 마침내 악으로 귀결될 것이고, 또한 악인을 가르치는 데에, 자기에게 공이 없으니, 어찌 남에게 通功할 수 있겠으며, 어찌 선한 이의 공을 함께 누릴 수 있겠는가? 성 암브로시오가 말하였다: 「근육이 온 지체와 연결되어 있고, 기혈이 잘 통하면, 온 지체는 오래도록 잘 보양될 것이다. 聖會에서도, 사랑과 덕은 근육과 같아서, 착한 이들은 서로 사랑하나니, 함께 通功하기 때문이다. 죄인들은 본성을 초월하는 사랑을 스스로 끊어 내며, 근육과 맥의 연결을 스스로 끊어 내니, 어찌 通功의 은혜를 함께 나눌 수 있겠는가? 愛德이 사람 마음속에 있음은, 솟구치는 샘물과 같아서, 가득 차면 넘쳐 흐르는 것이니, 선한 이들은 그 흐름과 통할 수 있고, 막힘이 없게 할 수 있어서, 끌어들여 습기를 흡수해 버린다. 악한 이들은 이와 반대이므로, 죄가 그 흐름을 막아, 영혼이 스스로 바싹 시들게 되며, 습기를 받아들일 수 없으니, 어찌 이상하다 하겠는가!」

「七日一薦, 洗心反素」: 칠일마다 예배를 거행하고, 마음을 씻어 내어 본래 자연의 상태로 되돌린다

斯舉其益之七, 言瞻禮之主日也. 聖教內每七日之一日, 謂之主日. 在大統曆[485]日, 遇房, 虛, 昴, 星, 太陽之日, 是也.[486] 薦者, 獻祭也. 聖教內有獻天主聖祭之禮, 其能利之大, 湔[487]滌司祭之心, 俾存其潔, 而無汚也. 七日一薦者, 特指主日之公祭, 集衆瞻禮而言也, 若司祭之士, 每晨奉祭, 不必衆集, 謂私祭焉.

이것은 그 이로움의 일곱 번째를 예로 들고 있으며, 참례(瞻禮)의 주일을 말하고 있다. 聖教에서는 매 일곱째 날의 하루를, 주일이라 일컫는다. 대통력(大統曆)에서, 만나게 되는 房, 虛, 昴, 星, 태양의 날이, 이것이다. '薦'이란, 제사를 드리는 것이다. 聖教에서는 하나님께 거룩한 제사의 예를 드리는데, 그 큰 이로움이란, 사제의 마음을 깨끗이 씻어 내고, 그 정결함을 보존케 하여, 더러움이 없게 하는 것이다. '七日一薦'이란, 주일의 공적인 예배로서, 대중을 모아 예배를 드리는 것만을 가리키며, 만일 사제가, 매일 새벽 예배를 봉헌한다면, 군중이 모일 필요가 없으니, 이를 '私祭'라 일컫는다.

或問: 聖教主日者何義? 衆集攸行者何工? 曰: 主日之義, 淵[488]矣; 教衆

---

485 「大統曆」: 명대의 역서. 明初 劉基進의 《大統曆》을 말한다. 洪武 17년 明 태조는 남경 계명산에 관상대를 설치하고 박사 元統에게 역법을 고치게 하고는 이름을 여전히 《大統》으로 하였다. 明이 망할 때까지는 사실상 오로지 大統曆을 사용하였으며, 回回曆을 참고하였다. 大統曆의 모든 천문 수치와 연구방법은 元代의 授時曆을 따랐다.

486 「房, 虛, 昴, 星」: 본래는 28 별자리의 喜宿으로, 여기서 가리키는 '房, 虛, 昴, 星' 4일은 모두 주일에 있으니, 太陽日은 즉 主日이며 모이는 날이다.

487 「湔」: '깨끗이 씻다'.

488 「淵」: '깊은 못, 깊은 물'. 여기서는 '매우 깊다, 멀다'의 의미로 파생되었다.

之工, 善矣. 主日者, 乃天主始造天地人物之日也, 敎人是日當謝造成之
恩, 至日斅罷俗務, 蚤[489]趨聖堂, 瞻禮致謝, 可識是日爲大賚[490]之日矣. 奧
斯定聖人曰:「今世之首日, 主日也. 又古敎之衆被擄, 而久羈異國, 天主
脫之于擄, 命還本國, 時有大海阻前, 衆不得渡, 天主分濤成路, 衆乃得行,
猶履平地. 此開海之日, 主日也. 又古敎之衆, 行路之時, 途中絶糧, 無法濟
餒, 天主從空降食, 厥味至飴, 衆藉以飽, 此降食之首日, 主日也. 又吾主
聖誕之日, 及復活之日, 及聖神降臨之日, 皆爲主日, 卽今世終末之日, 亦
必在于主日, 是貴主日者故.」

　어떤 이가 물었다: 聖敎의 主日이란 무슨 의미인가? 군중이 모여 행하
는 일은 어떤 것인가? 가로되: ‘主日’의 의미는, 매우 깊은 것이고; 대중을
교화하는 일은, 선한 것이다. 주일이란, 하나님께서 천지의 인간과 사물
을 처음으로 창조하신 날이니, 교인은 매일 당연히 그 만들어 주신 은혜
에 감사해야 하며, 주일이 되면 세속의 일을 그만두고, 이른 시각에 거룩
한 성전으로 달려가, 참례하여 은혜에 감사를 드릴 것이니, 이날이 은혜
를 크게 베푸신 날임을 인식할 수 있는 것이다. 성 어거스틴이 말하였다:
「이제 세상의 첫째 날은, 주일이다. 또한 옛 종교의 사람들은 포로로 잡
혀, 오랫동안 이국에 갇혀 있었으나, 하나님께서 포로에서 건져 주셨고,
본국으로 돌아가라 명하셨으나, 그때 큰 바다의 장애를 맞닥뜨리게 되
어, 군중이 건널 수 없었으므로, 하나님께서 파도를 갈라 길을 만드셨으
니, 사람들이 곧 건널 수 있었고, 평지를 밟을 수 있게 되었다. 바다를 연
이날이, 곧 주일이다. 또한 옛 종교의 사람들이, 길을 걸을 때, 도중에 식
량이 끊겨서, 굶주림을 구제할 방법이 없었으나, 하나님께서 하늘로부터

---

489 「蚤」:「早」와 통함.
490 「賚」: ‘하사하다, 내려 주다’.

음식을 내려 주셨으며, 그 맛이 꿀처럼 달았고, 사람들이 배부르게 먹을 수 있었으니, 이 음식을 내리신 첫째 날이, 바로 주일이다. 또 우리 주께서 태어나신 날이요, 부활의 날이며, 성령님께서 강림하신 날이기도 하니, 이 모든 날이 주일이며, 이는 즉 지금 세상의 종말의 날도, 또한 반드시 주일에 있을 것이며, 이것이 바로 귀하신 주일인 까닭이다.」

在教衆人, 每遇主日, 綦歇百工, 恭詣聖殿瞻禮, 與祭, 聽講聖道, 誦經, 祈禱或爲君親, 或爲仕民, 或爲親友, 並祈天主垂賜祐庇. 凡在教者, 爲已滌靈, 爲人祈福, 皆主日之工, 可識其善.

믿는 사람들은, 매 주일마다, 온갖 하던 일들을 중단하고, 삼가 성전에 가서 예배를 올리고, 제사를 드리며, 거룩한 말씀을 듣고, 경전을 암송하며, 임금과 부모를 위하여, 혹은 관리와 백성을 위하여, 혹은 친족과 벗들을 위하여 기도하며, 또한 하나님께서 보살펴 보호해 주시기를 기도한다. 무릇 교인들은, 자신의 영혼이 씻겨지기를, 타인이 복을 받을 수 있기를 기도하니, 모두 주일에 하는 일들로서, 그 선을 알 수 있다.

「眞嘗之道, 妙而難名, 功用昭彰, 强稱景敎」: 참되고 영원한 道는 현묘하여 이름하기 어렵지만, 그 공과 쓰임이 뚜렷하니, 景敎라 칭함이 마땅하다

旣詳聖敎七益之, 玆約其妙, 蓋言聖敎爲眞主攸建之敎, 惟眞主聖敎之道爲眞道, 爲永嘗[491]不息之道. 厥妙難名, 自三一之奧, 以迄分身之奇, 種種聖情, 非名言之克竟. 且厥用光大, 世間所有之稱名, 綦難克肖, 不得已

---

491 「嘗」: 표제 「眞嘗之道」와 마찬가지로 誤記이며, 《大秦景敎流行中國碑頌幷序》에는 「常」으로 되어 있다.

而以光而且大之義, 名之景教云爾.

聖教의 일곱 가지 이로움을 살펴보았는데, 이는 그 오묘함을 축약한 것으로서, 무릇 聖教가 참된 주님께서 세우신 신앙임을 말하고 있으며, 오로지 참되신 주 聖教의 도리가 참된 길이자, 영원 불멸의 도인 것을 말하고 있는 것이다.

「道非聖不弘, 聖非道不大, 道聖符契, 天下文明」: 오로지 道는 성현이 아니면 떨쳐 일으킬 수 없고, 성현은 道가 아니면 위대해질 수 없으니, 道와 성현이 서로 부합하면, 천하가 밝아진다

言國主助聖教之廣, 聖教助國主之光. 蓋聖教流行之益, 緣帝王從奉, 居高作倡, 大道廣敷, 教法相資, 而皇猷熙奏[492]也.

나라의 군주가 聖教의 확장을 도와주었고, 聖教가 군주의 권위를 빛내주었음을 말하고 있다. 무릇 聖教가 널리 행해진 이로움은, 제왕이 이를 따라 받들어 준 때문이니, 높은 지위에 있는 자들이 제창하여, 큰 도가 널리 확산되었고, 教法이 서로 도움을 주어, 황제의 도가 밝게 드러났다.

或問, 帝王益聖教者何? 曰: 聖賢皆云:「帝王者, 行道之車. 凡人或聞教而多阻者: 一則舊習難割, 一則欲情恣肆, 一則貪利昧理, 苟非帝王用善法以御之, 期民于善, 不甚難乎? 用善法以御之者善也. 若能躬行其道以帥之, 尤善之善也. 帝王之勢, 譬之宗動天然, 晝夜恒運, 樞紐九重, 力能帶下, 強之同動. 熱落聖人曰:『上者, 民師也, 教善, 而民善; 民之太陽也, 體光, 而地光; 民之書楷也, 模端, 而字端; 民之明鑑也, 光徹, 而容徹; 民之

---

492 「猷」: '도, 법칙'. 「奏」: '나타내다'. 예를 들어: 奏效(주효하다).

表度也, 本正, 而影正.』」此帝王從守聖敎, 上行下效, 而異端邪說, 不得而阻之也.

　어떤 이가 묻기를, 제왕이 聖敎에 도움을 준 것이 무엇인가? 가로되: 성현들이 모두 말하였다: 「제왕이란, 道를 행하는 수레이다. 무릇 사람이 신앙을 좇다가 어려움을 만나면: 우선은 옛 습관은 제거하기 어렵고, 또 욕정이 제멋대로이며, 또 이익을 탐하여 사리에 어두우므로, 만일 제왕이 선한 법으로써 그것을 다스리지 않는다면, 백성이 선해지는 것을 기대하기가, 심히 어렵지 않겠는가. 선한 법으로 그들을 제어하는 것이 바로 善인 것이다. 만일 그 道를 몸소 행함으로써 백성들을 통솔할 수 있으면, 善 중에서도 우월한 善이다. 제왕의 기세는, 예를 들면 宗動天(Primum mobile: 중세 천문학의 제10천)과 같아서, 밤낮으로 항시 운행하며, 그 중추가 아홉 겹으로서, 힘으로 능히 아랫것을 부려서, 강제로 함께 움직일 수 있는 것이다. 성인이 가로되: 『윗사람은, 백성의 스승이니, 선을 가르치면, 백성이 선해지고; 백성의 태양이니, 몸체가 빛을 발하면, 대지가 빛나며; 백성의 글씨체의 모범이니, 단정함을 모방하면, 글자가 단정해지고, 백성의 밝은 거울이니, 빛이 명징하면, 얼굴이 밝아지며; 백성의 본보기 잣대이니, 근본이 바르면, 그림자가 바른 것이다.』」이는 제왕이 聖敎를 따라 지켰고, 위가 준행하니 아래가 본받음이며, 이단의 사악한 교리가, 그것을 막을 수 없었음을 말하고 있다.

　又問: 聖敎益帝王者何? 曰: 帝王旣從聖敎, 聲名洋溢, 遐荒裔[493]域, 罔不率俾, 生而尊榮, 沒而不朽. 國人遵敎, 忠愛其上, 親遜[494]同風, 道聖符

493　「遐荒」: '변방의 황량하고 외진 곳'. 「裔」: '가장자리', '변두리 지방'으로 파생되었다. 《左傳・定公十年》:「裔不謀夏, 夷不亂華.(변방은 중원을 도모할 수 없고, 오랑캐는 중원을 어지럽힐 수 없다.)」

契,⁴⁹⁵ 天下文明,⁴⁹⁶ 信哉.

또 어떤 이가 물었다: 聖教는 제왕에게 어떤 도움을 주었는가? 가로되: 제왕이 이미 聖教를 따랐으므로, 명성이 가득 넘쳐, 변방의 외진 곳까지도, 따르게 하지 않는 곳이 없으니, 살아서는 존귀와 영광이요, 죽어서는 썩지 않음이다. 나라의 사람들이 신앙을 존숭하고, 그 윗사람에 충성하고 사랑하나니, 친함과 소원함이 바람과 같으나, 道와 성현이 서로 부합하면, 천하가 밝아지나니, 믿는 것이라.

「太宗文皇帝」云云: 「태종 문황제」에 대하여

斯述聖教繇來之地, 及云其時, 其士, 其帝, 其事, 等等多情, 一一實紀, 以致弗信者, 因之得信, 覽者試思事証多端, 弗得弗眞, 亦可以無纖惑矣. 太宗以下諸帝, 及臣房玄齡, 郭子儀, 俱詳唐史, 玆不贅. 阿羅本者, 乃傳聖教入中土首士之名也. 忘筌義見《莊子》,⁴⁹⁷ 亦不贅言. 太宗之時, 有上德阿羅本者, 自大秦國, 航海歷險, 至于中國. 貞觀九年, 首獻經像, 計吾主降世後, 六百三十五年也. 太宗命宰臣房玄齡出郊迎入, 接以賓禮, 居之

---

494 「遜」: '~만 못하다, 비교할 수 없다, 다음가는 등급'. 여기서는 '소원(疏遠)하다'로 파생되었다.

495 「符契」: '부합하다'.

496 「文明」: '문채(文采)가 밝다'. 《周易·乾》: 「見龍在田, 天下**文明**.(나타난 용이 밭에 있어, 천하가 빛나고 밝다.)」 [唐] 孔穎達, 《疏》: 「天下**文明**者, 陽氣在田, 始生萬物, 故天下有文章而光明也.('天下文明'이라는 것은 양기가 밭에 있어 만물을 소생시키므로, 그리하여 천하에 문채가 밝다는 것이다.)」 고대의 문장은 문자를 조합하여 만든 篇章의 의미 외에도 章法의 의미가 있으니, 현재의 '질서'의 개념이다.

497 「忘筌義見莊子」:《莊子·外物》편에 이러한 의미가 있다.「筌者所以在魚, 得魚而忘筌.(통발은 고기를 잡기 위한 것이니, 고기를 잡고 나면 통발은 잊는다.)」莊子는 말의 뜻을 얻음과 동시에 말 자체도 공을 이루었으면 물러날 수 있다고 여겼다; 물고기를 잡고 나면 낚시도구를 접을 수 있는 것과 같다. 왜냐하면 언어와 동작이 미치는 대상 간에는 필연적으로 차이가 존재하기 때문에, 만일 언어 자체를 너무 따지면 도리어 의미를 이해하는 데에 장애가 될 수 있는 것이다.

大內, 翻經問道, 辨其眞正, 故于十二年秋, 詔示臣民, 朝野欽奉, 而卽於
京師義寧坊之地, 創聖堂, 內置二十一位司祭之士.

　이것은 聖敎가 유래된 지역, 그리고 시기, 사람, 황제, 그때의 일, 등등
여러 가지 정황을 서술하고 있으며, 하나하나 실제로 기록하여, 불신자
들에게 이르도록 하였으니, 그로 인하여 믿음을 얻고, 보는 이가 일을 생
각해 보고 여러 가지 항목을 증거해 보면, 부득불 진리임을 알아, 또한
작은 미혹도 없게 될 것이다. 太宗 이하 여러 황제들, 그리고 신하 방현
령, 곽자의는 唐史에 상세히 기록되어 있으니, 여기서는 더 논하지 않겠
다. 阿羅本은, 聖敎를 전하러 중국땅에 들어 온 첫 번째 선교사의 이름이
다. '忘筌(통발을 잊어버린다)'는 의미는《莊子》에서 볼 수 있으니, 이 또한
중복하여 말하지 않겠다. 太宗 때에는, 上德 阿羅本이 있었고, 대진국으
로부터, 바다를 항해하여, 역경을 딛고, 중국에 도착하였다. 貞觀 9년, 경
전과 형상을 처음 헌상하였으니, 우리 주 강림 후부터 계산하면, 635년이
된다. 태종은 재상 방현령에게 교외로 나가 영접할 것을 명하였고, 손님
의 예로 대접하여, 큰 궁전에 그를 모셨으며, 경전을 번역하게 하고 이치
를 물어, 그 참되고 바름을 변별하였으니, 그리하여 정관 12년 가을에,
신하와 백성들에게 조서를 내려 알리고, 군신의 상하가 흠모하여 받들었
으니, 長安 의녕방에, 성전을 짓게 하고, 그 안에 21명의 사제를 모셨다.

「宗周德喪」云云:「周나라 종실의 德政이 실추되니」에 대하여

　靑駕西昇, 謂老聃也. 言周德喪, 而道人西去, 唐道光, 而眞敎乃東來, 於
是命工繪帝眞容, 置之聖殿壁, 姿彩廣耀, 昭朗光大之門, 永輝眞法之界也.

　청우거(靑牛車)를 타고 서쪽으로 올라가 버렸다는 것은, 老子를 지칭하
는 것이다. 周나라 종실의 덕이 쇠퇴하여, 道人이 서쪽으로 가 버렸음을

말하는 것이고, 唐의 고상한 도덕이 발양되니, 참된 가르침이 동쪽으로
왔으며, 이에 화가에게 명하여 황제의 참모습을 그리게 하여, 성전 벽에
걸게 하였으니, 그 자태가 널리 빛나며, 밝고 빛나는 문이, 참된 법의 경
계를 영원히 휘황하게 하였다.

「案西域圖紀」云云: 「서역도기」 문건에 관하여

珊瑚海, 紅海也; 返魂香, 奇香也, 樹極香, 油能療傷, 使瘡速合無痕, 本
名巴爾撒木香,[498] 人受重傷者, 用此療之, 繄得大效. 謂返魂者, 甚言其效
之速, 以美其名, 非眞能使人魂之復返也.

산호의 바다는, 홍해이며; 반혼향은, 기이한 향이자, 나무의 최고의 향
이니, 기름으로 상처를 치유할 수 있고, 부스럼을 속히 낫게 하여 흔적이
없게 하나니, 본래 이름은 巴爾撒木香(파이살목향)이며, 사람이 중상을 입
었을 때, 이것으로 치료하면, 대개 큰 효과를 볼 수 있다. 返魂이라 말하
는 것은, 그 효과의 속도를 지나치게 말한 것으로서, 그 이름을 아름답게
표현하고자 한 것이니, 정말로 사람의 혼을 돌아오게 할 수 있는 것은 아
니다.

「高宗大帝」云云: 「고종대제」에 대하여

大法主[499]者, 衆司祭之首, 統理聖敎之事者也. 十道[500]者, 十省也. 高宗

---

498 「巴爾撒木香」: 일종의 향료 식물의 이름. 「拔爾撒摩」라고도 한다. [清] 趙學敏,《本草綱
目捨遺》: 本部, 拔爾撒摩條目.(본 부분은 '拔爾撒摩' 조목이다.)
499 「大法主」: 法主는 고대에 승려를 관리하던 관직의 명칭이며, 여기서는 '大主敎'를 가리
킨다.
500 「十道」: '10개의 행정구역'. 唐 貞觀 元年에 산천의 지형에 따라 전국을 '關內, 河南, 河
東, 河北, 山南, 隴右, 淮南, 江南, 劍南, 嶺南' 등 10道로 나누었다.

卽位之元年, 乃吾主降世後六百五十一年也, 高宗託阿羅本鐸敎[501]之任, 統理司祭諸士, 幷在敎諸人. 此時聖敎流行, 聖殿滿城, 國家隆平, 受其美利.

'大法主'라는 것은, 뭇 사제들의 수장으로서, 聖敎의 일을 총괄하여 관리하는 사람이다. '十道'는, 열 개의 省을 말한다. 고종이 즉위한 원년은, 우리 주님께서 세상에 오신 지 651년이 되는 해이니, 고종은 阿羅本에게 담임 주교의 임무를 부탁하여, 여러 사제들을 통괄하도록 하였고, 또한 여러 사람들을 가르치도록 하였다. 이때 聖敎가 널리 퍼졌고, 성전들이 성에 가득하였으며, 나라가 융성하고 평온하였으니, 그 훌륭한 이로움을 얻었다.

「聖曆年」云云: 「성력년」에 관하여

聖曆之元年, 乃吾主降世後六百九十九年也. 先天之末, 乃吾主降世後七百一十二年. 用壯騰口二義見《周易》; 下士[502]大笑, 見《道德經》,[503] 不待詮. 此言魔嫉聖敎之行, 引釋輩, 使皆盡力鏧計以阻之, 至聖曆年而蜂起, 依衆恃强, 隨地肆謗, 十四年之期, 其口不止. 又先天之年, 無知小儒, 齊出護僧, 同嗤聖敎, 奈何敎根未固, 多輩動搖, 而聖敎之幹, 幾爲之撼.

---

501 「鐸敎」: 여기서는 '담임 주교'를 일컫는다. '鐸'은 '큰 방울', 儒家에는 「施政敎時震木鐸 (정사와 교화를 베풀 때에 木鐸을 흔든다)」이라는 이야기가 있다. 《論語·八佾》: 「二三子何患於喪乎? 天下之無道也久矣, 天將以夫子爲木鐸.(여러분 어찌 그리 근심하십니까? 천하가 무도한 지 오래됐으나, 이제 하늘이 공자를 목탁으로 삼으려 하고 있습니다.)」 [漢] 鄭玄 注: 「木鐸, 施政敎時所振. 言天將命孔子製作法度, 以號令於天下也.(木鐸은 정치와 교화를 베풀 때에 흔든다. 하늘이 공자에게 법도를 만들어 천하를 호령하라고 명령하려 함을 말한다.)」

502 「下士」: '才德이 모자란 사람'. 《道德經》 41章: 「下士聞道, 大笑之.(才德이 모자란 사람이 道에 관해 듣고서, 그것을 크게 비웃었다.)」

503 「道德經」: 春秋 시기 老聃이 지은 책 이름; 《老子》, 《道德眞經》이라고도 부른다. 이 책은 上, 下편으로 나뉘어 있으며, 주로 道德의 의미에 대해 설명하고 있다.

聖曆 원년은, 우리 주 강림 후 699년이 되는 해이다. 先天 말년은, 주님 강림 후 712년이다. '用壯騰口(힘을 과시하며 제멋대로 지껄이다)'의 두 가지 의미는 《周易》에 나오며; '下士大笑(下流 선비들이 비웃고 비방하다)'는, 《道德經》에 나오는 것이니, 주석하지 않겠다. 이 말은 마귀가 聖敎의 전파를 시기하면서, 승려들을 끌어들여, 모두에게 진력으로 계략을 다하여 그것을 막도록 하였으니, 聖曆 연간에 이르러 승려들이 벌떼처럼 일어나, 군중에 의지하고 강자를 믿어, 아무 곳에서나 비방하기를, 14년 동안, 그 입을 그치지 않았음을 말하고 있다. 또한 先天 연간에는, 무지한 유학자들이, 일제히 나와 승려를 보호하고, 함께 聖敎를 비웃었으니, 어찌하여도 성교의 뿌리가 견고하지 못하여, 여러 세대가 동요하였고, 성교의 근간이, 그 때문에 많이 흔들렸다.

或疑: 當時聖敎, 旣爲朝野欽崇, 又敢騰口[504]者誰? 曰欲禁嚚[505]訟之口, 難矣哉. 吾主曾責惡人曰:「人行不善, 必忌日光, 以光著厥惡也. 如目瞽之人, 日光彌曜, 厥目彌昏」,[506] 異端多訛, 曷異乎?

어떤 이가 의심하였다: 당시의 聖敎는, 이미 군신 상하로부터 숭경의 대상이었는데, 또한 감히 제멋대로 지껄이는 자가 누구란 말인가? 우매하게 시비를 논하는 입을 막겠다고 말하는 것은, 어려운 일이로다. 우리 주께서 일찍이 악인을 꾸짖어 말씀하셨다:「사람이 선하지 못한 일을 행

---

504 「騰口」: '입을 벌리고 말하다'. [宋] 王安石, 〈和平甫寄陳正叔〉:「此道廢興吾命在, 世間騰口任云云.(이 道의 흥함과 망함은 내 명에 달려 있으나, 세간에서는 입을 벌려 제멋대로 운운한다.)」

505 「嚚」: '우둔하고 완고하다'. 《尚書 · 虞書 · 堯典》:「父頑, 母嚚(부친은 완고하고, 모친은 우매하다.)」

506 「吾主 … 彌昏」: 요한복음 3장 20절 인용:「악을 행하는 자마다 빛을 미워하여 빛으로 오지 아니하나니 이는 그 행위가 드러날까 함이요.」

하면, 반드시 태양 빛을 꺼리게 되므로, 빛으로써 그 악을 드러나게 하는 것이다. 눈이 어두운 사람에게는, 햇빛이 더욱 비추어, 그 눈이 더욱 더 혼미해지는 것과 같도다」. 이단에게 저주가 많은 것이, 어찌 이상하다고 여기는가?

據此碑稱釋子騰口, 則此景敎明爲正敎, 不得以景淨士稱僧妄疑矣.

이 비석에 근거하여 승려들이 제멋대로 지껄였다고 했는데, 즉 이 景敎는 명백히 바른 종교이므로, 경교 선교사를 '중'이라고 칭하며 망령되이 의심하는 것은 아니 되는 일이다.

「有僧首羅含大德及烈」云云: 「사제의 수장 나함과 대덕 급렬이 있었으니」에 대하여

羅含, 及烈, 上德二士之名也. 當時阿羅本已逝, 而羅含膺[507]命爲司祭首, 與大德士及烈共掌敎事. 此二士皆自西方巨室, 絶棄世務, 而來傳敎, 因景淨曰:「是時聖敎爲魔裂, 如斷綱絶紐, 得羅含, 及烈是勛貴臣, 名家士一心合力, 振而維之聖敎復顯, 而流行如故.」

羅含과 及烈은 두 상덕의 이름이다. 당시 阿羅本은 이미 세상을 떠났고, 나함이 명을 받아 사제의 수령이 되어, 대덕 급렬과 함께 교회의 일을 관장하였다. 두 사람은 모두 서방의 명문가에서 왔으며, 세상 일에 관심을 끊고, 선교를 하러 온 것이니, 景淨의 말에 따르면:「이때는 聖敎가 마귀에 의해 분열되어, 강령과 유대가 끊어진 듯하였으나, 나함을 얻었고, 급렬이라는 공훈이 있는 귀한 신하, 이 두 인사가 일심으로 합력하여,

---

507 「膺」: '접수하다, 맡다'. [明] 馮夢龍,《警世通言》:「臣有何德能, 敢膺聖眷如此!(신에게 무슨 덕과 능력이 있기에, 감히 이처럼 천자의 총애를 받을 수 있나이까!)」

경교를 진작시키고 유지하여 다시 재현시켰으니, 유행이 예전과 같아졌다.」

「玄宗至道皇帝」云云: 「현종 지도황제」에 대하여

玄宗卽位之元年, 乃吾主降世後七百一十四年也. 此言玄宗宣寧國,[508]
等五王, 躬詣天主聖堂, 更新建臺, 而聖教棟石復得其正也.

玄宗이 즉위한 원년은, 우리 주 강림 후 714년이 되는 해라. 이것은 현
종이 寧國 등 다섯 왕에게 선포하여, 몸소 하나님의 거룩한 집을 방문하
고, 건물을 다시 새로이 건축하여, 聖教의 마룻대와 돌이 본래의 바른 모
습을 되찾았음을 말하고 있다.

「天寶」云云: 「천보」에 대하여

天寶元年, 乃吾主降世後七百四十三年也. 此言, 玄宗命內臣高力士送
先朝五帝之容于聖殿之內, 備極禮儀, 慶賀之盛也.

天寶 원년은, 우리 주 강림 후 743년이 되는 해이다. 이 말은, 玄宗이 내
신 高力士에게 명하여 선조 다섯 황제의 초상을 보내 성전 안으로 보내
고, 최고의 예의를 갖추어, 성대한 경하를 드리라고 한 것이다.

「龍髥雖遠」云云: 「龍顔이 비록 멀리 있다 하여도」에 대하여

龍髥弓劍, 中史紀黃帝昇天事也.[509] 事雖迂誕, 景淨姑借言之謂古帝修

---

508 「寧國」: 즉 '寧國縣'을 말한다. 춘추전국 시기에 연이어 吳, 越, 楚에 속했다. 秦은 鄣郡
　　지역에 속했다. 隋나라 開皇 9년(589), 懷安과 寗國縣이 宣城縣으로 들어갔다. 唐 武德 3
　　년(620), 宣城을 분할하여 懷安縣과 寗國縣으로 나누었으니, 宣州에 속한다. 武德 7년
　　또다시 宣城縣으로 편입되었다.

道顯著異踪, 今也玄宗令繪五帝之容, 置之聖殿, 人視其容, 如親炙[510]其光, 故云日角[511]舒光, 而天顏咫尺也.

‘龍髯弓劍(용의 수염과 활과 검)’은 중국 사서에 황제가 하늘로 올라간 일로 기록되어 있다. 이야기가 비록 터무니없긴 하지만, 景淨은 잠시 말을 빌려 옛 황제가 수도하면서 기이한 행적을 드러냈음을 언급하고 있는데, 지금 또한 玄宗이 다섯 황제의 용안을 그려, 성전에 배치하고, 사람들이 그 얼굴을 보기를, 친히 그 빛을 받아들임 같게 하니, 그리하여 ‘황제의 이마에서 발하는 광채로, 천자의 얼굴이 바로 눈앞에 있는 것과 같다’고 말하는 것이다.

「三載大秦有僧佶和」云云: 「天寶 3년에 대진국 경교승 佶和(게오르기스)」에 대하여

三載者, 天寶三年也, 乃吾主降世後七百四十五年也. 此言天寶三年, 有西士佶和, 自大秦國來, 蒙玄宗詔眷之隆, 命羅含及普論等, 共十七司祭之士, 同于禁宮頒聖經, 而行修道之事. 當時聖旨敕[512]諭裝飾聖堂, 親題榜

---

509 「龍髯 … 事也」: 이 단락에서 말하는 ‘龍髯(용 수염)’ 등의 사적은, 黃帝가 荊山 아래에서 솥을 주조하여 만드니 용이 내려와 영접하였고, 황제가 그 용을 타고 하늘로 올라가니 그를 따르는 신하들이 70여 명이었다. 용의 몸에 올라타지 못한 나머지 신하들이 용의 수염을 붙잡고 있다가 용의 수염이 빠지는 바람에 모두 黃帝의 활과 함께 떨어지고 말았으니, 백성들이 그 활과 용의 수염을 붙들고 슬피 울었다는 전설을 말하고 있다. 《史記‧封禪書》에서 이 내용을 볼 수 있음. 후에 황제를 추종하거나 황제의 죽음을 애도하는 고사로 사용되었다.

510 「親炙」: ‘직접 전수 받고 가르치다’. 《孟子‧盡心下》: 「非聖人而能若是乎? 而況於親炙之者乎?(성인이 아니고서야 이와 같을 수 있겠는가? 더구나 성인에게 직접 훈도를 받은 자에 있어서이겠는가?)」

511 「日角」: ‘帝王’을 비유하여 가리키고 있다. 《魏書‧尒朱榮傳》: 「佇龍顏而振腕, 想日角以歔息.(오래 서서 천자의 얼굴을 생각하며 손목을 흔들고, 탄식으로 제왕을 그리워한다.)」 「舒光」: 舒展光芒(빛을 편안히 펼치다). [唐] 李世民, 〈春日觀海〉: 「拂潮雲布色, 穿浪日舒光.(흐린 구름 짙게 드리우니, 거친 파도 걷히고 태양이 비추다.)」

額, 大顯光燿, 其恩如山, 其澤如海也.

'三載'라는 것은, 天寶 3년이며, 우리 주 강림 후 745년이 되는 해이다. 이것은 천보 3년에, 서양 선교사 게오르기스가, 대진국으로부터 왔고, 현종이 조서를 내려 하사한 융숭한 은혜를 입고, 羅含과 普論 등, 총 17명의 사제들과 함께, 궁궐에서 성경을 반포하고, 수도(修道)의 일을 행할 것을 명한 일을 말하고 있다.

「肅宗文明皇帝」云云: 「숙종 문명황제」에 대하여

肅宗卽位之元年, 乃吾主降世後七百五十七年也, 言肅宗于靈武等五郡, 重建新堂, 更益舊數, 大開諸福之門, 而皇極[513]克建也.

肅宗이 즉위한 원년은, 우리 주 강림 후 757년이 되는 해로서, 숙종이 靈武 등 다섯 군에서, 새로운 예배당을 건설하여, 옛 회당의 숫자에 더하였고, 여러 복의 문을 활짝 열어, 황제의 바른 道가 세워질 수 있었음을 말하고 있다.

「代宗文武皇帝」云云: 「대종 문무황제」에 대하여

代宗卽位之元年, 乃吾主降世後七百六十四年也. 降誕之辰, 吾主聖誕本日也. 言代宗每于聖誕之日, 勤備異香, 送于聖堂, 謝主賜祐, 得成御衆之功, 命備御膳, 以給司祭之士, 顯其隆情, 又言天主美利益人, 廣生萬物之品, 代宗體天行敎, 錫福于民, 而亭之毒之也. 亭毒[514]義見老子.

---

512 「敕」: '제왕의 조서나 명령'.
513 「皇極」: 제왕이 천하를 통치하는 최고의 준칙으로서, 이 개념은 《尚書》에 최초로 출현하며, 唐代의 孔穎達이 《尚書》에서 '皇極'의 개념을 설명할 때, 이를 일러 '大中至正之道'라 하였으니, '그릇됨이 없다'는 뜻이다.

代宗이 즉위한 원년은, 우리 주 강림 후 764년이 되는 해이다. 강림하여 탄생하신 시간이, 우리 주 성탄의 날인 것이다. 代宗은 매번 성탄의 날에, 특별한 향료를 부지런히 준비하여, 거룩한 성전으로 보내고, 주님의 보우하심에 감사하며, 백성을 다스리는 공력을 얻을 수 있었으니, 수라상을 준비하라 명하고, 사제들에게 보내어, 그 융숭한 정을 드러내었음을 말하고 있다. 또한 하나님의 아름다운 이로움이 백성을 돕고, 만물의 품격을 널리 생겨나게 하니, 代宗이 하늘을 체험하여 교화를 행하고, 백성에게 복을 하사하여, 그들을 양육하였음을 말하고 있다. '亭毒'의 의미는《老子》에서 볼 수 있다.

「建中聖神文武皇帝」云云: 「건중 성신 문무황제」에 대하여

德宗卽位建中元年, 乃吾主降世後七百八十一年也. 此言德宗勤業明理, 化通幽玄, 其祝無矯誣, 可無愧心也.

德宗이 즉위한 建中 원년은, 우리 주 강생 후 781년이다. 이것은 德宗이 부지런히 일하고 사리에 밝으며, 그윽하고 현묘한 이치에 통달하였으니, 신께 기원함에 거짓이 없어, 가히 부끄러운 마음이 없었음을 말하고 있다.

「至于方大而虛」云云: 「正大하고 겸허함에 이르러」에 대하여

此言聖敎修道之功. 尊主誠方義廣大, 又不自賢, 愛人猶巳, 廣慈善貸, 篤行哀矜, 用彼以自修, 用此以勸衆也. 又明聖敎之能, 能使雨暘時若, 人康物阜.[515] 生者, 死者, 咸獲其所. 凡祈主者, 擧念之頃, 誠求至速, 無不獲

---

514 「亭毒」: '양육하다'.《道德經》五十一章: 「故道生之, 德畜之. 長之育之, 亭之毒之, 養之覆之.(그러므로 道가 만물을 생기게 하고, 덕이 그것을 기른다. 크게 하고 생육하며, 양육하고, 덮어 길러 준다.)」

天主之昭格⁵¹⁶也.

이것은 聖教의 수도(修道)의 공을 설명하고 있다. 존귀하신 주께서는 바른 의가 넓고 큼을 훈계하시며, 또한 자신은 현명하지 못하지만, 사람을 사랑하기를 자신과 같이 하여, 광대한 자비심으로 풍족히 베푸시고, 애긍의 마음을 돈독히 행하시며, 저들로써 자신을 수양하고, 자신으로써 백성을 권고하였다. 또한 聖教의 권능을 밝히시어, 흐리고 맑음을 때에 맞추어 하게 하였으니, 백성이 강녕해지고 물자가 풍부해졌다. 산 자와, 죽은 자가, 모두 그 처소를 얻었다. 무릇 주님께 간구하는 것은, 기원하는 순간에, 속히 이르시기를 진실로 구하는 것으로서, 하나님의 명백한 임하심을 얻지 못할 것이 없는 것이다.

或問, 修道首謙者何? 曰: 聖人云:「人始修道, 如謀累千仞⁵¹⁷之臺, 必先厥基, 如謀升九重之殿, 必繇厥級. 謙者, 修道之始基也, 初級也. 能謙, 斯有基而弗傾, 拾級而能上, 否則不免頹落也.」經戒善士曰:「爾位益高, 爾謙宜益甚」, 天主乃享爾謙, 而祐爾行.

어떤 이가 묻기를, 修道에서의 첫 '겸손'이라는 것은 무엇인가? 가로되: 성인이 말하였다:「사람이 수도를 시작하면서, 천 인이나 되는 높은 대를 쌓으려 한다면, 반드시 먼저 그 기초를 튼튼히 해야 하며, 구중의 궁궐을 올리고자 한다면, 반드시 그 단계를 나누어야 하는 것이다. '겸손'이라는 것은, 수도를 시작하는 기초이며, 첫 단계이다. 겸손할 수 있다면, 이것

---

515 「阜」: '풍부하다, 부유하다'. [晉] 常璩, 《華陽國志》:「是時世平道治, 民物阜康.(이때 천하가 평안해지고 도로써 다스려졌나니, 백성들이 안녕하고 물자가 풍부해졌다.)」
516 「格」: '이르다, 도착하다'.
517 「仞」: 양사(量詞). 고대에 길이를 계산하던 단위이다. 八尺이 一仞인데, 일설에는 七尺을 一仞으로 계산한다고도 한다.

은 기초가 있어 무너지지 않으며, 한 계단씩 올라갈 수 있지만, 그렇지 않으면 쇠락을 면치 못할 것이다.」 경전에서는 善士에게 경계하여 말하였다: 「너의 지위가 높아질수록, 너의 겸손은 마땅히 더욱 깊어져야 할지라」, 하나님께서 곧 너의 겸손을 누리실 터이고, 너의 행위를 보우하시리라.

    或疑, 所云念生響應,[518] 情發自誠, 聖教之能如是, 胡爲教中之人, 恒有求而弗獲者? 曰天時之變, 人事之乖, 悉繇天主, 欲免是者, 但當求天主, 不當妄求邪神, 固矣. 至有求天主而不應之故, 則聖人曰:「人非故也, 主恩如江恒流, 人罪如障厥流, 求而弗遂, 無異也.」雅各伯宗徒曰:「人求弗得, 弗知善求」,[519] 先改厥惡, 而後致禱, 乃爲善求, 攸求乃獲. 昔古教之時, 有異天主弗允其求者, 主命聖人告之曰:「汝聽吾命, 吾聽汝求, 汝啟口吻, 吾速傾耳, 雨暘[520]罔乖, 年穀長稔,[521] 稼一穡百, 汝倉一歲而充, 汝及僕畜, 皆足皆餘.」繇斯以觀, 天災人害, 種種患難, 皆人自招. 苟奉聖教而敬承主命, 改惡遷善, 勉焉日孜, 又奚有求而弗獲者哉!

어떤 이가 궁금해하기를, '念生響應(마음에 구함이 생기면 바로 답이 나온다)'이라는 것은, 마음에 감정이 생기면 저절로 이루어지는 것인데, 聖敎의 권능이 이러할지니, 어찌 신앙을 가진 사람이, 항시 구함이 있어도 얻지 못한단 말인가? 가로되: 천시의 변화와, 인사의 기민함은, 모두 하나님으로부터 비롯되는 것이니, 이것을 면하고자 하는 자는, 단지 하나님께 구

---

518 「響應」: '바로 대답이 나온다'는 의미로서, 악기를 두드리면 바로 소리가 나는 것과 같다.
519 「人求 … 善求」: 야고보서 4장 3절 참고: 「구하여도 받지 못함은 정욕으로 쓰려고 잘못 구하기 때문이라.」
520 「雨暘」: 「雨」: '비오는 날'. 「暘」: '맑은 날'. [明] 沈德符,《野獲編補遺・畿輔・元夕放燈》: 「雨暘時若, 年穀遂成.(비오는 날과 맑은 날이 시의적절하니, 그해의 곡식이 잘 여물었다.)」
521 「稔」: '농작물이 익다'. [漢] 許愼,《說文解字》:「稔, 穀孰也.(稔은 '곡식이 익다'이다.)」

해야 하고, 사악한 신에게 망령되이 구하면 안 되는 것이, 확고하도다. 하나님께 구함에 있어서 응답을 받지 못하는 까닭에 대해서는, 즉 성인이 가로되:「사람이 하고자 하는 바가 아니니, 주님의 은혜는 강처럼 항시 흐르고, 사람의 죄가 그 흐름을 막는 것이니, 구해도 이루어짐이 없는 것이, 다름 아니다.」사도 야곱이 말했다:「사람이 구해도 얻지 못함은, 선한 구함을 알지 못함이라」, 먼저 그 죄악을 회개하고, 나중에 기도를 드려야 하니, 곧 선한 구함이어야, 구하는 바가 얻음을 입으리라. 옛 종교의 때에는, 하나님께서 그 구함을 허락하지 않으시는 데에는 다른 이유가 있었으니, 주께서 성인에게 명하시며 그것을 고하여 말씀하셨다:「네가 나의 명령을 들으면, 내가 너의 구함을 들으리니, 네가 입을 열면, 내가 속히 귀를 기울일 것이고, 맑고 흐림에 흐트러짐이 없어서, 해마다 곡식이 잘 익어, 농사를 지으면 수확이 많으리니, 너의 창고가 한 해로 충분하고, 너와 하인과 가축이, 모두 넉넉하여 남음이 있을지라.」이로써 알 수 있듯이, 하늘의 재앙과 사람의 재해, 갖가지 환난 등은, 모두 사람이 스스로 자초한 일이다. 만일 聖教를 받들고 주님의 명령을 공경히 이행하며, 악을 회개하여 선으로 변화시키고, 거기에 힘써 부지런히 노력하면, 또한 구함이 있을 때 어찌 얻지 못하겠는가!

或疑: 求土神者, 嘗有靈應, 曷云無益而不當求? 曰: 邪正不得並也. 正者惟有一天主, 則邪者盡皆土神. 正者益人, 邪者害人, 或求天主而不應者, 非天主不顧其人也, 天主顧之有過其求者. 如子求父母以物, 父母或不與之, 非父母不愛其子也, 正慮時不宜與而與之, 不足利之, 適爲害之. 天主乃吾人共父, 其爲吾慮, 大過人親之慮其子焉, 或有求而弗與者, 將欲懲吾往非, 而增吾來善也. 吾知主旨, 速于遷改, 不甚善乎! 彼或求土神而有應者, 亦非眞土神之靈, 而果愛其人也. 人槩不識凡所降賜, 皆繇天主, 而

妄以其效歸于土神. 彼卽乘人之奉巳, 而竊天主之功, 以爲巳力, 狡計多端, 引人入邪, 竟致獲罪天主, 率受永殃, 此所謂求土神者, 非徒無益, 而又被其重害也, 戒哉戒哉! 昔天主諭古敎人, 曰:「獨吾乃眞主, 人之生死, 特係于吾. 吾欲厥生, 輒生; 吾欲厥死, 輒死.」經紀:「一惡王病劇, 命內臣至土神廟求祐, 方行, 天主呼一先知聖人, 令速迓[522]王使, 責之曰:『國中自有眞主, 能愈王疾, 奚爲往禱土神, 彼似眞而實假, 耳無聞, 目無見, 鼻無臭, 盡惟土偶, 王乃背吾向彼, 病必甚, 未幾必亡.』先知者旣傳主命, 王果如其言而死.[523]」夫繇天主之諭, 與經之所紀, 土神之無能信矣. 求之者, 不得其福, 反得其禍, 盍深醒乎!

　어떤 이가 의문을 가졌다: 땅의 신에게 구하는 자가, 영적인 보응을 맛보았는데, 어찌 무익하다 하며 마땅히 구하지 않는 것인가? 가로되: 사악함과 바름은 병립할 수 없는 것이다. 바른 것은 오로지 유일하신 하나님 뿐이요, 사악한 것은 땅의 모든 신들이다. 바른 것은 사람을 이롭게 하고, 사악한 것은 사람을 해롭게 하나니, 혹여 하나님께 구하고도 응답을 받지 못하는 자는, 하나님께서 그 사람을 돌보지 않으심이 아니라, 그 구함에 잘못된 것이 있는가를 보시는 것이다. 가령 자식이 부모에게 물건을 요구할 때, 부모가 혹 그것을 주지 않는 것은, 부모가 자식을 사랑하지 않음이 아니라, 시기가 적절하지 않은데 주는 것이 아닌가를 고려하고, 자식에게 이롭지 못하여, 해를 끼치게 될까를 생각하는 것이다. 하나님은 곧 우리들의 공통의 아버지이시니, 그분께서 우리를 염려하심은,

---

522　「迓」: '영접하다'. 《爾雅·釋詁》:「迓, 迎也. 古本皆作訝.(迓는 迎이다. 옛날에는 본래 모두 '訝'로 썼다.)」

523　「一惡 … 而死」: 이것은 '아하시야가 사자를 보내어 에그론의 神 바알세붑에게 물으니, 하나님의 선지자 엘리아에 의해 죽음을 예언 받은 내용'을 가리킨다. 열왕기하 1장 참고.

인간이 그 자식을 걱정하는 것보다 훨씬 크시니, 혹여 구하여도 주지 않으심은, 우리의 과거의 잘못을 징벌하시고, 우리가 선을 행할 수 있도록 하시려는 것이다. 우리가 주님의 뜻을 알면, 속히 변화하고 고치는 것이, 심히 좋지 않겠는가! 저들이 혹여 땅의 신에게 구하여 보응을 받는다 해도, 또한 그것은 진짜 땅의 신령이 아닌 것이니, 과연 사람을 사랑하심 때문인 것이다. 인간은 대개 내려받은 것들이, 모두 하나님께로부터 온 것임을 모르고서, 그 효과를 망령되이 땅의 신들에게로 돌린다. 저들은 즉 사람의 자기 섬김을 이용하여, 하나님의 공력을 도적질하며, 이를 자기의 힘 때문이라 여기고, 교활한 간계로 여러 일들을 행하며, 사람을 사악함으로 끌어들여, 마침내 하나님께 죄를 짓도록 이끄나니, 대개 영원한 형벌을 받게 되므로, 이것은 소위 땅의 신에게 구하는 것으로서, 단지 무익할 뿐만 아니라, 그 무거운 해악을 입게 되는 것이니, 경계하고 또 경계할지라! 옛날에 하나님께서는 옛 종교의 사람들에게 분부하여 말씀하시었다: 「내가 유일한 참된 주인이니, 인간의 생사는, 특히 나에게 달려 있다. 내가 그를 살리고자 하면, 즉시 살 것이요; 내가 죽이고자 하면, 곧 죽을 것이라.」 경전에 기록되기를: 「한 악한 왕이 병이 심하여, 내신들에게 명하여 토신묘에 가서 보우하심을 구하라 하였는데, 막 떠나려 할 때, 하나님께서 한 선지 성인을 부르시고는, 속히 왕의 사신을 맞이하여, 그들을 꾸짖어 말씀하셨다: 『나라에서는 자신이 참된 주인이니, 왕의 질병을 능히 고칠 수 있을 텐데, 어찌 토신에게 가서 기도를 하는가? 저는 참인 듯하나 실제로는 가짜이니, 귀로 듣지 못하고, 눈으로 볼 수 없으며, 코로 냄새 맡지 못하나니, 모두 그저 땅의 우상일 뿐인데, 왕이 곧 나를 배신하고 저를 향하게 되면, 반드시 병이 깊어질 것이어서, 얼마 되지 않아 반드시 죽게 되리라.』 선지자가 주의 명령을 전했고, 왕이 과연 그 말씀대로 죽어 버리고 말았다.」 무릇 하나님의 분부와 경전의 기록을 통해서, 땅의 신의 무능함을 믿어야 하는 것이다. 구하는 자가, 복을 얻지 못하고, 반대로 화를 입게 되는데, 어찌 이를 깊이 깨닫지 못하는가!

「大施主金紫光祿大夫」云云:「대시주 금자광록대부」에 대하여

伊斯[524]者, 司祭者之名也; 王舍者, 西郡之名也. 此言伊斯繇小西王舍之郡來入中國. 其德高, 其學備, 其藝精, 效節榮名, 備極眷寵也. 達娑者,[525] 釋氏之名, 當時有掌賓之職, 因接衆而蒙慈惠之稱者也. 擧此以明伊斯之美, 大勝其人, 而聞所未聞, 見所未見也. 蓋惟聖敎之內, 有哀矜之行十四端,[526] 而食飢, 衣裸, 顧病, 葬死, 皆其行之最著者. 當時哀矜之行, 伊斯倡之, 而大人君子如郭汾陽[527]者, 皆樂効之. 繇是聖敎之美行, 表白于人目也已. 序之以此終者, 蓋欲人識聖敎之功, 本其愛天主之心, 推以愛人, 其德並立而不孤也, 碑文止是, 後頌不過總括序言以贊之. 首惟眞宰, 次美列宗, 明國祚之所繇, 而以爲聖敎之弘功, 弗可以弗誌也, 義旨顯白, 故弗更贅.

'伊斯(이사)'는 사제의 이름이다; '王舍(발흐, Balka)'는, 서쪽 郡의 이름이다. 이것은 伊斯가 소아시아 발흐 지역에서 중국으로 왔음을 말하고 있

---

524 「伊斯」: 페르시아 선교사, 기원 781년 大秦寺에서 자금을 출자하여 이 碑를 건립하였다.
525 「達娑者」: 陽瑪諾(마누엘 디아즈)의 해석은 오류가 있다. 「達娑」(Tarsa)는 당연히 페르시아어로 기독교인을 칭하는 이름이지 불교의 이름이 아닌 것이다.
526 「十四端」: 龐迪我(Diego de Pantoja, 1157-1618, 스페인 출신 예수회 선교사)의《七克》은 '일곱 가지 병든 마음'을 언급하고 있다: 「천주교는 7가지 죄를 언급하고 있으니, '교만, 질투, 탐욕, 분노, 식탐, 음란, 나태'이다.」
527 「郭汾陽」: 郭子儀(697-781), 唐代의 정치가이자 군사가이다. 안사의 난 이후 당나라는 각 지방의 節度使가 각 지역을 차지하는 국면에 빠져들었으니, 郭子儀가 먼저 李光弼과 함께 군대를 거느리고 安史의 반란군을 격파하였고, 그 후 수 년 동안 연이어 기타 여러 지역을 수복하였다. 寶應 元年(762)에 太原, 絳州의 군병이 반란을 일으키니 조정은 그를 汾陽王으로 봉하여 진압하게 하였으며, 그런 고로 이 지역은 그를 '郭汾陽'이라 불렀다.

다. 그는 덕이 높고, 학문이 뛰어났으며, 기예가 정교하고, 충성을 다함에 좋은 평판을 받아서, 극진한 총애를 받았다. '達娑'는 불교도의 이름이며, 당시 빈객을 관장하는 업무를 맡았는데, 대중을 접대하는 일이므로 자혜(慈惠)의 칭호를 받은 것이다. 이로써 伊斯의 뛰어남을 알 수 있는데, 이 사람을 크게 앞서는 사람은, 들은 적도 없고, 본 적도 없다. 무릇 聖敎에서는, 긍휼히 여기는 행위 '14端'이 있는데, '굶주림, 헐벗음, 병 돌봄, 장례 치름' 등이, 모두 그 행위의 최고 현저한 것이다. 당시의 긍휼의 행위는, 伊斯가 제창하였고, 대인 군주인 곽자의 같은 사람이, 모두 그것을 흔쾌히 따랐다. 이로써 聖敎의 아름다운 행위가, 사람들의 눈에 밝히 드러났다. 순서에 따라 이로써 마치려는 것은, 아마도 사람들이 聖敎의 공을 깨닫고, 본래 그 하나님을 사랑하는 마음으로, 미루어 사람을 사랑하게 하려는 것이니, 그의 덕이 병립되어 외롭지 않을 것이고, 碑文은 여기에서 그치지만, 뒷 부분의 頌은 序言을 총괄하여 그를 찬양함에 지나지 않는다. 첫 번째는 참된 주재자셨고, 그 다음은 훌륭한 역대 황제들이었으니, 明나라 제위의 유래됨도, 聖敎의 크신 공력 때문이라 여기나니, 기록하지 않을 수 없었고, 그 뜻이 현저히 드러났기에, 여기서 더 언급하지 않겠다.

諾不敏, 爲是詮也, 懼夫虛前賢之志, 錮[528]後學之迷. 按碑弗辨, 攄[529]入他門, 爰擧碑序實義, 乃他敎不能解, 不能竊者, 表而出之, 考據聖敎諸西來原本, 稍釋其下, 匪敢自任一斑.[530] 庶令千載上下, 要歸一致, 而無疑

---

528 「錮」: '감금하다, 구속하다'. 여기서는 동사로 사용되어 '구속시키다'의 의미이다.
529 「攄」: '줍다, 채취하다'.
530 「匪」: '不, 非'와 같다. 「班」은 「班」과 통하며, '행렬, 자리 순서'의 의미이다. 여기서는 '그는 한자리를 차지하기를 바라지 않는다'의 의미를 나타낸다.

爾. 於戲![531] 巨唐累朝, 聖教光昭, 君臣弘獎, 房郭諸公,[532] 中史推美, 旣乃顯列. 今時學者, 稽[533]古多勤, 苟詳斯序, 聖教流行, 其來舊矣, 今之所傳, 無二于昔. 信好之望, 存乎博洽,[534] 若國朝治隆三代, 道軼[535]漢唐, 諾輩于茲, 沐浴四朝, 翻經譯義, 編編足考, 然而聖德未鐫,[536] 頌音莫繼, 則請俟之今日房郭焉. 區區渴懷, 跂[537]予望之.

景教流行中國碑頌正詮終

승낙이 민첩하지 못했던 것은, 이 주석 때문이며, 자칫 선현들의 뜻을 허망하게 하고, 후학들의 미혹을 고착시킬까 두려웠던 때문이다. 비석에 근거하여 분별하지 않으면, 엉뚱한 곳으로 주워 들어가게 되나니, 그리하여 비석 서문의 실제적 의미를 제시한 것이고, 곧 다른 종교로는 풀이할 수 없고, 훔칠 수도 없는 것을, 밖으로 드러내었으니, 서양에서 온 聖教의 여러 원전들을 고증하여, 그 이하를 조금 해석하였으나, 감히 스스로 한 자리를 차지하기를 바라지는 않는다. 아마도 천 년의 세월을, 위아래로 일치시켜야, 의혹이 없게 될 것이다. 아아! 大唐이 여러 왕조에 걸쳐, 聖教가 빛을 발하였고, 군신이 크게 장려하였으니, 房玄齡과 郭子儀 같은 공들이, 중국 역사에서 아름답게 추앙받아, 이미 현저한 반열에 올랐다. 지금의 학자들이, 옛것을 열심히 연구하여, 일시적으로 이 서문을 설명하였으나, 聖教가 널리 퍼진 후로, 그 내력이 오래되었으므로, 지금

---

531 「於戲」: 음이 '嗚呼'와 같으며, 의미도 '嗚呼'와 같다. 감탄사이다.

532 「房郭諸公」: 房玄齡과 郭子儀를 가리킨다.

533 「稽」: '심사하다, 고찰 연구하다'.《漢書·司馬遷傳》:「稽其成敗興壞之理.(그 성패와 흥망성쇠의 이치를 살펴본다.)」

534 「洽」: '해박하다, 두루 미치다'.

535 「軼」: '흩어져 없어지다'.

536 「鐫」: '조각하다'의 의미이고, 여기서는 '깊이 기억하다, 마음에 깊이 새기다'로 파생되었다.

537 「跂」: '까치발을 들고 먼 곳을 바라보다'의 의미이며, '바라다, 기대하다'로 파생되었다.

전해지는 바는, 옛것과 다름이 없다. 그 해석이 잘 되었기를 바람은, 박식하고 해박함에 근거하나니, 만일 나라 조정이 삼대를 융성하게 다스렸는데도, 道가 漢·唐을 흩어져 없어지게 하였다면, 여기에 한평생을 허락하고, 궁궐에 푹 파묻혀서, 경전을 번역하고 의미를 해석하여, 각 편마다 충분히 고증하겠지만, 그러나 聖德이 아직 마음에 깊이 새겨지지 않아, 찬양의 소리가 이어짐이 없으니, 그런즉 오늘날의 房玄齡과 郭子儀를 여기서 기다려 주시기를 바란다. 구구한 갈망의 심정으로, 내가 기대하며 바라보겠다.

경교유행중국비송 정전 끝

독경교비서후(讀景敎碑書後)[538]

이지조(李之藻)

    盧居靈竺[539]間, 岐陽同志張賡虞,[540] 惠寄唐碑一幅曰:「邇[541]者長安中掘地所得, 名曰: 景敎流行中國碑頌, 此敎未之前聞, 其卽利西泰氏[542]所傳天學乎?」余讀之良然. 所云先先無元, 後後妙有. 開天地, 匠萬物, 立初人. 衆聖元尊眞主, 非皇皇天主, 疇能當此[543]? 其云三一妙身, 卽三位一體也; 其云三一分身, 卽費略[544]降誕也; 其云同人出代, 云室女誕聖於大秦, 卽以天主性接人性, 胎於如德亞國室女瑪利亞而生也; 景宿告祥, 異星見也; 覩耀來貢, 三君朝也; 神天宣慶, 天神降也; 亭午升眞, 則救世傳敎功行完, 而日中上昇也; 至於法浴之水, 十字之持, 七時禮讚, 七日一薦, 悉與利氏西來傳述, 規程吻合. 而今云陸斯,[545] 碑云阿羅訶;[546] 今云大傲魔

---

538 이것은 바티칸도서관 소장본을 리메이크한 것으로서, 소장본은 본래 南京 金陵大學 소유이다. 李之藻, 《讀景敎碑書後》, 吳相湘 編, 《天學初函》, 冊一(臺北: 臺灣學生書局, 1965), 77-92쪽.

539 「盧」: 본래는 '집, 가옥'의 의미이며, 여기서는 '거주하다'의 의미로 파생되었다. 「靈竺」: '항주(杭州).

540 「岐陽」: '섬서(陝西)성'. 「張賡虞」: **岐陽**府擧人, 認識利瑪竇.(岐陽府 擧人으로서, 마테오 리치를 알게 되었다.)

541 「邇」: '가깝다'의 의미. 여기서는 '시간적인 가까움', '최근'의 의미이다.

542 「利西泰氏」: 利瑪竇(Matteo Ricci, 1552-1610), 號는 西泰, 淸泰, 西江이며, 천주교 중국선교의 개척자 중 한 명이다.

543 「疇能當此」: '누가 이 무거운 임무를 맡을 수 있는가'의 의미이다. 「疇」는 '누구'의 뜻. [漢] 張衡, 〈西京賦〉: 「天命不濤, **疇**敢以渝.(천명이 파도지지 않는데도, 누가 감히 달라질 수 있겠는가.)」

544 「費略」: 라틴어 Filius의 음역이며, '아들'을 의미한다.

魁, 碑云娑殫,[547] 則皆如德亞國古經語. 不曰如德亞,[548] 而曰大秦. 考唐書
拂菻國, 一名大秦, 西去中國四萬里; 又考西洋圖誌, 如德亞畿東一道. 其
名曰秦, 道里約略相同, 阿羅本輩, 殆從此邦來者, 故以大秦稱云. 其至長
安也, 以貞觀九年, 上遡耶穌降生近六百祀,[549] 是時宗徒傳教, 殆遍[550]西
土. 大唐德威遠曁, 應有經像, 重譯而來. 爾乃宰相郊迎, 翻經內殿, 爲造
大秦寺於義寧坊, 命名景教. 景者大也, 炤也, 光明也. 大帝時又敕諸州各
置景寺, 崇奉之至, 顯與儒釋玄三教, 共峙[551]寰宇, 非特柔懷異域, 昭王會
一統之盛而已也. 聖曆[552]則武氏宣淫, 先天[553]則太平亂政;[554] 貞邪旣相挺
迕,[555] 水火應必煎烹; 用壯相傾, 理同盜憎; 禍來無鄉,[556] 蓋千古有同慨
焉. 羅含, 及烈, 重振斯文; 佶和再來, 渙頒睿劄;[557] 玄肅代德四朝, 寵賚彌
渥.[558] 汾陽重廣法堂, 依仁施利, 修舉哀矜七端, 遂勒此碑, 以紀歲月. 其
頌中多述唐德, 亦具景教大指.[559] 所稱賜良和, 懸景日, 明著肇我人類, 以

---

545 「陡斯」: 라틴어 Deus의 음역이며, '하나님'을 의미한다.

546 「阿羅訶」: '하나님'. 시리아어 ܐܠܗܐ에서 음역하였으며, 독음은 alāhā이다.

547 「大傲魔魁」, 「娑殫」: '사탄'을 의미한다. 사탄의 본래 음이 娑殫과 가까우므로 이렇게
    번역한 것이다.

548 「如德亞」: 오늘날 팔레스타인의 유대(Jedea) 지역을 가리킨다.

549 「祀」: 商나라 시기 '年'을 가리키는 말이었다. 《尚書·洪範》:「惟十有三祀.(13년.)」

550 「遍」: '전면, 도처'.

551 「峙」: '직립하다, 곧추 솟다'.

552 「聖曆」: 武則天 시기의 열네 번째 연호. 기원 696년 3월에서 697년 9월까지.

553 「先天」: 唐 玄宗 시기의 첫 번째 연호. 기원 712년 8월에서 713년 11월까지.

554 「太平亂政」: 中宗 시기에 韋皇后는 武后의 섭정을 모방하고자 했다; 그러나 太平公主와
    上官婉兒가 李重茂를 몰래 황태자로 세웠고, 그리하여 李隆基(이후의 玄宗)는 태평공
    주와 연합하여 韋皇后를 패퇴시키고, 또한 李重茂를 압박하여 李旦에게 양위하도록 했
    으며, 태평공주는 이로 인하여 조정에서 일정한 세력을 확보하였다. 그러나 玄宗이 즉
    위한 후 단호하게 집정을 하자 太平公主 일당이 위협을 느껴 현종을 하야시키려 하였
    고, 이에 현종은 곧 高力士 등의 사람들을 이끌고 그 일파를 제거해 버렸다.

555 「貞邪」: 즉 '正邪(바름과 사악함)'를 가리킨다. 「迕」: '서로 저촉되다'.

556 「鄉」: 「向」과 통함.

557 「渙」: '황제가 호령(號令)을 발포하다'. 「睿」: '唐 睿宗'을 가리킴. 「劄」: 옛날 '공문서'의
    범칭이다.

558 「渥」: '도탑다, 후하다'.

及補續救世之恩. 而貞觀所譯, 並所留二十七部經文, 卽今貝葉藏中, 或尚有可檢者. 所疑傳敎士, 曷以僧名, 則緣彼國無分道俗, 男子皆髡,[560] 華人強指爲僧, 渠輩無能自異云爾. 卽利氏初入五羊[561]也, 亦復數年混跡, 後遇瞿太素氏,[562] 乃辨非僧, 然後蓄髮稱儒, 觀光上國. 我神祖禮隆柔遠, 賜館多年, 於時文武大臣, 有能繼房郭之芳踪, 演正眞之絶緖者乎? 七千部奧義宏辭, 梯航嗣集, 開局演譯, 良足以增輝冊府. 軼古昭來, 其如道不虛行, 故迄今尚有所待. 三十餘載以來, 我中土士紳, 習見習聞, 於西賢之道行, 誰不歎異而敬禮之? 然而疑信相參,[563] 詫爲新說者, 亦繁有焉. 詎知九百九十年前, 此敎流行已久, 雖世代之廢興不一, 乃上主之景命無渝.[564] 是佑諸賢, 間關無阻; 更留貞石, 忽效其靈, 所繇仁覆閡下, 不忍令魔錮重封. 天路終閟,[565] 故多年秘奇厚土, 似俟明時. 今茲煥啟人文, 用章[566]古敎, 而後乃知克己昭事, 俾無忝生而怛[567]死. 此學自昔有聞, 唐天子尚知莊事, 而況我聖朝重熙累洽,[568] 河淸[569]聖出, 儀鳳呈祥之日哉! 碑文瞻[570]

---

559 「指」:「旨」와 통한다. '목적, 의의'.
560 「髡」: '머리카락을 바싹 깎다'.《說文解字》:「髡, 剃髮也.(髡은, '머리를 깎다'이다.)」
561 「五羊」: '五羊'은 廣州의 대명사이다. 周나라 夷王 때 다섯 명의 신선이 있었다고 전해지는데, 五色옷을 입고 五色 羊을 타고, 손에 각각 한 꾸러미씩 곡식 이삭을 들고 楚庭(廣州의 옛 명칭)으로 날아갔는데, 신선이 곡식 이삭을 마을사람들에게 주면서「願祝此地再無飢荒(이 땅에 더 이상 기근이 없기를 기원합니다.)」라고 말했다. 신선이 말을 마치고 모두 천천히 하늘로 올라갔고, 그 후 羊은 바위가 되었다.
562 「瞿太素氏」: 瞿汝夔, 字는 太素이다. 젊은 시절 맏형 瞿汝稷의 처 徐氏와 간통하여 집에서 쫓겨나 고관대작의 집에서 걸식하였다. 후에 예수회 선교사 利瑪竇(마테오 리치)의 가장 친한 중국 친구 중 한 사람이 되었다. 瞿汝夔는 일찍이 利瑪竇와《同文演算法》,《渾蓋圖說》,《歐幾里得幾何(Euclid geometry)》를 학습하였고,《歐幾里得幾何》의 제1권을 중국어로 번역하였으며, 천주교에 귀의하였다.
563 「參」: '뒤섞이다, 혼합되다'.
564 「渝」: '변하다, 바뀌다'. 예를 들어: 至死不渝(죽을 때까지 변하지 않다).
565 「閟」: '막히다, 통하지 않다'.
566 「章」:「彰」과 통함. '뚜렷하다, 선명하다'.
567 「忝」: '대면할 체면이 안 서다, 볼 면목이 없다'.「怛」: '두려워하다'.
568 「重熙累洽」: '전후의 공적이 잇따라 대대로 상승하다'. [漢] 班固, 〈東都賦〉:「至於永平之際, 重熙而累洽.(永平 연간에 이르러, 전후의 공적이 잇따라 대대로 상승하였다.)」 [唐]

雅可味, 字體亦遒[571]媚不俗, 世之不乏欣賞者. 要於返而證之六經, 諸所言帝言天, 是何學術! 質諸往聖曩[572]所問官問禮, 何隔華夷? 卽如西賢九萬里外, 繼踵[573]遠來, 何以捐軀衛道, 九死不悔者, 古今一轍.[574] 而我輩不出戶庭, 坐聞正眞學脈, 得了生死大事, 不可謂全無福緣者, 何以尚生[575]疑阻,[576] 悖吾孔孟知天事天之訓,[577] 而不惄且驚乎! 夫且借碑作砭,[578] 明條細駁, 卽欲不祛[579]僞歸眞, 祈嚮於一尊而不可得. 不然者, 無論詭正殉

張銑,《文選》注:「熙, 光明也; 洽, 合也; 言光武既明, 而明帝繼之, 故曰重熙累洽也.(熙는 光明이다; 洽은 合이다; 光武가 영명하였고, 明帝가 그 뒤를 이었으니, 그리하여 '전후의 공적이 잇따라 대대로 상승하였다'라고 하는 것이다.)」

569 「河淸」: '오랜 시간이 걸림'을 극단적으로 표현한 것이다. [明] 朱有燉,《香囊怨》第二折:「憑著我心志誠, 身端正, 便化作望夫石也, 堅等到河淸.(나의 마음이 성실하고 몸이 단정함에 의지하여, 곧 망부석이 되었나니, 오랜 시간을 꿋꿋하게 기다렸노라.)」

570 「贍」: '충만하다'.

571 「遒」: '웅건하다, 아름답다'.

572 「曩」: '과거, 종전'.

573 「繼踵」:「接踵」과 통함. '앞뒤가 맞닿다'의 의미이다.

574 「轍」: '수레가 운행하는 일정한 노선'. '경로, 방법'의 의미로 파생되었다.

575 「尚生」: '생명을 애석히 여기다'. 마태복음 16장 25절:「누구든지 제 목숨을 구원하고자 하면 잃을 것이요, 누구든지 나를 위하여 제 목숨을 잃으면 찾으리라.」

576 「疑阻」: '의혹의 간극'.《周書・晉蕩公護傳》:「不意陛下不照愚臣款誠, 忽生疑阻.(뜻하지 않게 폐하께서 이 어리석은 신의 정성을 살피지 않으시니, 의혹의 마음을 갖지 마옵소서.)」

577 「悖吾孔孟知天事天之訓」:《論語・爲政篇》子曰:「吾十有五而志於學, 三十而立, 四十而不惑, 五十而知天命, 六十而耳順, 七十而從心所欲不逾矩.(공자께서 말씀하시기를: 나는 열다섯 살에 학문에 뜻을 두었고, 서른 살에 홀로 설 수 있었으며, 마흔 살에는 미혹되지 않았고, 쉰 살에는 천명이 무엇인지를 알았으며, 예순 살이 되어서는 귀가 순하여져 한 번 들으면 곧 그 이치를 알았고, 일흔 살에는 마음속으로 하고 싶은 대로 하여도 법도에 어긋나지 않았다.)」《孟子・盡心篇上》:「盡其心者知其性也, 知其性則知天矣. 存其心, 養其性, 所以事天也.(자기의 마음을 다하면 자기의 본성을 알 수 있으니, 자기의 본성을 알면 하늘을 알 수 있는 것이다. 자기의 본심을 간직하고, 자기의 본성을 기르는 것이, 바로 하늘을 섬기는 것이다.)」에서 인용되었음. 여기서의 「天」(특히 孟子의 天)은 宋 明理學 해석의 영향을 받았다. 통상적으로 「天理」의 형상과 관련된 이치로 여겨지거나 혹은 운명의 제한, 외적 사회 혹은 자연적인 규제의 대명사이지 인격신(人格神)은 아닌 것이다. 陽瑪諾(마누엘 디아즈)은 당시 선교적 배경의 영향 때문에 유가와 천주교의 조화를 위해 宋儒의 해석을 채택하지는 않았을 것이다.

578 「砭」: '돌침으로 살을 찔러 병을 치료하다'. '찌르다, 충고하다'의 의미로 파생되었다. 가령: '침(針)과 돌침(砭)으로 치료하다'.

魔, 自斲⁵⁸⁰生理, 政恐蜉蝣生死, 相尋共作僇民.⁵⁸¹ 迴⁵⁸²望房梁公, 郭汾陽王, 已爲絶德, 而况其進焉者乎.

天啟五年 歲在旃蒙赤奮若⁵⁸³日躔參初度

凉菴居士 李我存⁵⁸⁴ 盥手謹識

항주(杭州)에 기거하던 때, 섬서(陝西)성의 張賡虞(장갱우) 동지가, 唐나라 비석 탁본 한 폭을 보내 주며 말했다:「최근 長安의 발굴지에서 구한 것이며, 이름은: '경교유행중국비송'이라 합니다. 이 敎를 전에 아직 들어보지 못했는데, 그것이 마테오 리치가 전한 天學인가요?」나는 그것을 읽고 확실하다 생각했다. 거기서 말한 '태초보다 앞서 시작도 없으시고, 만세 이후까지 존재하신다. 천지를 여시고, 만물을 빚어내시고, 첫 사람을 세우셨다. 뭇 성인들을 깨우치시는 至高의 참되신 주, 황제가 아니면서 위대한 하늘의 主이신 분' 등은, 누가 능히 이를 감당할 수 있겠는가? 거기서 말한 '三一妙身'은, 즉 '삼위일체'를 가리킨다; '三一分身'은, 즉 '아들

---

579 「祛」: '제거하다, 쫓아내다'.

580 「斲」: 옛날에「斫」과 통했음. '칼이나 도끼로 베다, 찍다'. '심한 손상을 주다'로 파생되었다.

581 「僇民」: '형벌을 받은 적이 있는 죄인'.

582 「迴」:「回」와 통한다.

583 「旃蒙赤奮若」:「旃蒙」은 天干 중 乙의 별칭이다. 고대에 연대(年代)를 기록하는 데 사용되었다. 《爾雅 · 釋天》:「太歲在甲曰閼逢, 在乙曰旃蒙.(太歲가 甲에 있으면 閼逢이라 하고, 乙에 있으면 旃蒙이라 한다.)」「赤奮若」은 고대의 星(歲星)歲(太歲는 歲陰, 太陰이라고도 부른다.) 연대 기록법에 사용되던 명칭이다. 太歲가 丑에 있고, 歲星이 寅에 있을 때의 연도를 「赤奮若」이라 한다. 《史記 · 天官書》:「赤奮若歲: 歲陰在丑, 星居寅.(赤奮若의 해: 歲陰이 丑에 있고, 별이 寅에 거한다.)」'旃蒙'은 '乙'을 대표하고, '赤奮若'은 '丑'을 대표하니, 여기서는 글을 쓴 바로 그해, 즉 '乙丑年'을 가리킨다.

584 「李我存」: 李之藻(1565-1630)는 明末 천주교 3대 중요 인물 중 하나이다. 절강성 杭州 사람이며, 字는 我存, 振之이고, 별호는 凉庵居士, 凉庵逸民, 凉庵子, 凉叟, 存圓寄叟 등이다. 萬曆 38년(1610) 천주교에 귀의하였고, 세례명은 「良」(Leo)이다. 李之藻가 編한 《天學初函》은 서적 理編 9종과 器編 10종, 합계 19종이 있다. 또한 利瑪竇(마테오 리치)와 중국 최초의 서양 산술 역서인 《同文算指》를 편역하였고, 천문학 저작인 《經天該》가 있으며, 철학 번역서인 《名理探》, 《實有詮》 등이 있다.

의 강림과 탄생'을 의미한다; '同人出代'는, '동정녀가 大秦에서 성자 예수를 낳으셨음'을 말하는 것이니, 하나님의 본성이 사람의 본성에 이어져, 如德亞國(루띠아국, 유대)의 동정녀 마리아의 태에서 탄생하셨음을 말하고 있다; '景宿告祥(크고 밝은 별이 기쁜 소식을 알렸다)'은, 기이한 별이 보였다는 것이다; '覩耀來貢(밝은 빛을 보고 와서 예물을 바쳤다)'은, 세 명이 알현한 것이다; '神天宣慶(하늘 천사가 예수 탄생의 기쁜 소식을 선포하였다)'은, 하늘의 신이 강림한 것이다; '亭午升眞(정오에 참 神으로 승천하셨다)'은, 즉 세상을 구원하고 복음을 전파하는 일을 완성하신 후 한낮에 하늘로 올라가신 것이다; '法浴之水(물로 세례받음)'와 '十字之持(십자가를 지님)', '七時禮讚(일곱 번 예배 드림)', '七日一薦(칠 일마다 예배 드림)' 등은, 모두 마테오 리치가 서양에서 전해와 말한 것과, 규정이 일치하고 있다. 그리고 지금 말하는 하나님은, 비문에서 말하는 阿羅訶(여호와)이며; 지금 말하는 오만한 마귀를, 비석에서는 娑殫(사탄)이라 하였으니, 이는 모두 유대 옛 경전의 말이다. '유대'라 말하지 않고, '大秦'이라 하였다. 唐書에서는 '拂菻國'이라 하였으니, 일명 '대진'은, 중국에서 서쪽으로 4만 리 떨어져 있다; 또 서양 지도를 살펴보면, 유대 주변 땅 동쪽으로 일 道에 해당한다. 그 이름을 '秦'이라 하였는데, 道의 이수(里數)가 대략 같으며, 阿羅本 일행이, 대략 이곳으로부터 왔으므로, '大秦'이라 칭하여 말하는 것이다. 그들이 長安에 도착한 것은, 貞觀 9년이었고, 위로 거슬러 올라가자면 예수 탄생 후 거의 6백 년이니, 이때 사도들의 복음 전파는, 서쪽 땅 거의 전역에 이르렀다. 大唐의 덕과 위엄이 멀리까지 이르렀고, 경전과 형상을 가지고 왔으니, 다시 번역해내어야 했다. 그때 곧 재상이 교외로 나가 영접하였고, 내전에서 경전을 번역하게 하였으며, 의녕방에 대진사를 짓고, '景敎'라 명명하였다. '景'이란 '크다', '비추다', '광명'의 의미이다. 高宗大帝 때에 또한 여러 州에 조칙을 내려 각각 景寺를 두도록 하였고, 숭경함이 지극하였으니, 유교,

불교와 함께 현묘한 세 종교로 드러내어, 온 천하에 함께 우뚝 솟았고, 단지 이역 땅을 부드럽게 품은 것뿐만 아니라, 왕의 통일의 성업을 현저히 드러나게 할 뿐이었다. 聖曆 연간에 武則天이 공공연하게 음란 행위를 하였고, 玄宗 先天 연간에는 태평난정이 있었다; 올바름과 사악함이 이미 서로 꼿꼿하게 대치하였고, 물과 불이 필시 지지고 볶는 듯하였으며; 용맹과 위세로 서로를 무너뜨리고, 뜻이 맞아도 도적질하고 증오하였으며; 화가 오는 방향이 없었으니, 무릇 천고에 같은 감개가 있었다. 羅含과 及 烈이, 이 강령을 다시 진작하였고; 佶和가 다시 왔으니, 唐 예종의 공문서를 호령하여 반포하였으며; 현종, 숙종, 대종, 덕종 네 왕조가, 은총으로 베푸시고 채워 주심이 도타웠다. 汾陽王 郭子儀가 다시 교당을 확장하였고, 仁으로써 이로움을 베풀었으며, 哀矜七端(긍휼의 덕 일곱 가지)을 수양하고 받들어, 마침내 이 비석을 세우고, 세월을 기록하였다. 그 頌 가운데에는 唐朝의 德을 서술한 부분이 많았고, 또한 景敎의 큰 의의를 두루 갖추고 있다. '賜良和(어질고 온화한 성품을 내리시다)'와 '懸景日(큰 빛을 비추다)'은, 우리 인류를 여시고, 세상을 구원하신 은혜를 보충하여 이어 나가심을 명백히 하고 있다. 그러나 貞觀 때에 번역한 것, 남겨진 27부의 경문은, 즉 오늘날 貝葉(패엽)으로 보관되어 있는 것은, 아직 살펴볼 만한 자가 없다. 선교사라 생각되는 사람이, 왜 승려의 이름인지는, 즉 그 나라에는 도사와 속인의 구별이 없기 때문이며, 남자는 모두 머리카락을 바싹 깎았으니, 중국인들은 하는 수 없이 승려라 하는 것이고, 그 사람들은 이상하다 말할 수 없는 것일 뿐이다. 마테오 리치가 처음 廣州에 들어왔으며, 또한 수 년 동안 섞여 살다가, 후에 瞿太素(구태소)씨를 만났는데, 승려가 아님을 분간하고는, 나중에 머리를 길러 유생이라 불렀고, 중국을 두루 여행하였다. 우리의 신앙의 선조가 먼 지방에서 온 사람을 예의로 융숭히 위무하였고, 여러 해 동안 베푸셨나니, 옛날 그 시대 문무 대신 중, 房

玄齡과 郭子儀의 아름다운 발자취를 이어받아, 올바름과 참됨의 대 끊김을 서술할 사람이 있겠는가? 7천 부의 오묘한 의미와 광대한 말들을, 추천하고 계승하여 모으고, 번역을 시작하니, 冊府(*譯者註: 고대 제왕의 장서각)를 더욱 빛나게 하기에 충분하다. 훌륭한 옛것들이 드러나면, 그것은 道가 헛되이 행해지지 않음과 같고, 그리하여 지금까지 아직도 필요로 하는 것이 있다. 30여 년 동안, 우리 중국 땅의 권세가들이, 익히 보고 익히 들어왔으니, 서양의 현자들이 道를 행함에 대해, 누가 기이하다 탄식하고 경의를 표하지 않을 수 있겠는가? 그러나 의심과 믿음이 서로 섞여, 새로운 학설이라 이상히 여기는 사람들이, 또한 얼마나 많단 말인가? 990년 전에, 이 종교가 이리 오래도록 전파될지 어찌 알았겠는가. 비록 세대의 흥망이 한 가지가 아닐지라도, 하나님의 크신 명령은 변함이 없는 것이다. 이것은 여러 현자들을 보우하는 것으로서, 그 여정에는 걸릴 것이 없다; 다시 단단한 비석을 남겨, 홀연히 그 영을 따르고, 仁을 입은 바대로 아랫사람들을 긍휼히 여기나니, 마귀로 하여금 속박하고 다시 봉하게 할 수는 없다. 하늘의 길이 막힘을 끝내 버렸으니, 여러 해 동안의 신비함과 기이함이 땅을 두텁게 해 주었고, 이는 밝은 때를 기다리는 것과 같다. 이제 이에 人文을 환하게 열고, 옛 종교를 선명히 밝히니, 그런 후에 곧 사심 없이 여러 일을 밝힐 수 있고, 생을 욕보이게 함 없이 죽음을 두려워하지 않게 된다. 이 학문은 옛날부터 들은 바가 있었으니, 唐나라 천자가 여전히 그 장중한 일을 알고 있었으며, 하물며 우리 聖朝 전후의 공적이 잇따라 대대로 상승하여, 오랜 시간 만에 옥새가 나왔으니, 儀鳳의 상서로운 조짐을 드러내는 날이 되리라! 비문의 내용이 풍부하고 우아하며, 글씨체도 웅건하여 아름답고 속되지 않아서, 세상에 감상하는 이들이 적지 않다. 이와 반대로 六經을 증명해 보면, 모두 황제를 말하고 하늘을 말하고 있으니, 이것이 무슨 학술이란 말인가! 여러 옛 성인들에게 과거에 官과 禮에 대해 물었던 것들이, 중화와 오랑캐 간에는 무슨 차이가 있는 것인가? 즉 서양의 현자가 9만 리 밖에서 잇달아 먼 길을 찾아와서, 어떻게 몸을 바쳐 道를 지켰는가, 절대 후회 없이 의지가 확고한 이들은, 예나 지금이나 한결과도 같다. 그러나 우리 세대는 집 밖으로 나가지 않고도, 바르고 참된 학맥을 앉아서 듣고, 생사의 큰일을 얻게 되었으니, 복의 인연이 전혀 없다고 말할 수 없는데, 어찌 생명을 애석히 여기면서도 의심의 간극이 있어서, 우리 孔孟의 하늘을 알고 섬기는 교훈을 거역하고도, 부끄러워하고 놀라지 않는단 말인가! 무릇 잠시 비석을 빌려 충고하고, 명백히 비교하여 상세히 반박하였으나, 거짓을 제거하지 않고서 진실로 돌아가고자 하니, 존귀하신 이께 간구하여도 얻을 수가 없는 것이다. 그렇지 않으면, 옳은 것을 기만하여 마귀에게 매달리든지, 스스로 생의 이치를 심히 손상시키든지 간에, 정치는 하루살이의 생사를 두려워하게 되어, 서로 함께 중죄인을 만들려고 찾고 있을 뿐이니, 房玄齡과 郭子儀를 돌이켜보면, 이미 德이 멸절되어 버렸고, 그러니 하물며 그 나아감이 어디에 있단 말인가.

천계 5년(1625) 을축년, 태양이 별을 에워싼 첫 날(음력 5월 8일)

양암거사 李之藻가 삼가 정중히 기술함

제2장

경교비문기사고정
(景敎碑文紀事考正)

양영지(楊榮鋕)

소 개

《景教碑文紀事考正》은 光緒 21년(1895년)에 조판 인쇄되었으며, 작자는
楊榮鋕(1855-1919)이고, 끝 부분에 「景門後學」이라 자필 서명하였으니, 당
시 廣州 沙基堂의 목사로 일하고 있었다.[1] 楊榮鋕의 字는 襄甫이고, 원적
은 番禺 南步鄕이며, 기독교 인사로서 일곱 명의 아들과 세 딸을 두었다.
1879년 廣東 런던회 第七甫 宣道所에서 진리를 흠모하여, 미국 남침례회
선교사 Robert E. Chamers(1870-1932)에게 세례를 받고 입교하였다. 이후
佛山 走馬堂을 8년 간 맡았으며, 廣州 沙基堂을 14년 간 담임하였는데, 이
교당은 런던회 선교사 John Chalmers(1822-1899)가 창립한 惠愛堂의 전신
이었고, 당시 孫中山이 沙基堂에 자주 방문하여 그와 대화를 나누곤 하였
다. 楊襄甫는 「人格建國」에 뜻을 두어 도시 서쪽 편에 大光書樓를 설립하
여 학생들을 널리 받아들였으며, 또한 仁化, 樂昌 등 열 개 현(縣)에 買書
團을 조직하였다. 그는 중국인들의 '自養自傳'을 제창하면서 모금과 재산
매각 등의 방식으로 자금을 모아 沙基堂을 叢桂新街로 옮겼으니, 이 회당
은 1906년에 자립하게 되면서 廣州市 교회 '自養'의 출발점이 되었다;
1908년부터 廣州 慈善會의 총리로 일했으며; 1909년에는 廣州靑年會를
기획 조직하였고; 1911년에 光華醫院을 만들었으며; 1915년에는 協和神
學院의 교수를 맡았다. 楊襄甫는 늘 유교와 불교의 이론 그리고 물리와
화학의 지식으로 道를 증명하고 이치를 해석하였으므로 지식인들에게

---

1   《番禺市志(1992-2000)光盤檢索系統》, 제31편 − 인물, 제1장 〈인물전〉 참고.
     주소:http://www.pydfz.gov.cn/pysz/news.asp? class=760 (검색 일자: 2014년 4월 9
     일).

인기가 매우 높았다. 저서로는 《釋疑彙編》, 《四敎創世考》, 《舊約聖經綱要》, 《大秦景敎碑文頌考正》, 《兩粤水災善後策》 등이 있다. 1919년 廣州에서 64세를 일기로 세상을 떠났다. 《大秦景敎碑文頌考正》을 보지 못했기 때문에 《景敎碑文紀事考正》 양자와의 관계를 확인하지는 못하였다.

《景敎碑文紀事考正》은 모두 세 권으로 되어 있다; 권1에는 景敎碑 사진 수록과 함께 과거 여러 金石 연구가들의 景敎碑 연구 열 편이 실려 있으며, 또한 중앙아시아 지역을 통해 전입된 여러 종교, 즉 '景敎, 開封市 猶太敎, 조로아스터교, 브라만교, 불교, 이슬람교, 마니교' 등에 관한 일곱 편의 연구가 수록되어 있다. 《景敎碑文紀事考正》 권1은 光緖 27년(1901年)에 長沙 思賢書局에서 重刊되었으며, 저명한 經學家이자 「葵園先生」이라 불렸던 王先謙(1842-1917)이 서문을 지었으니, 王序는 이 책의 가치를 더욱 높여 주고 있다. 이르기를: 「楊氏宣揚景敎箋釋碑文第一卷, 於西國文字之遷貿, 輿圖之分合, 敎宗之同異剖析詳明, 爲言職方者不可少之書.(양선생이 경교의 비문 주석 제1권을 세상에 널리 알렸는데, 서방 국가 문자의 변천과 지도의 분할과 통합, 종교의 공통점과 차이점 등에 있어서, 상세히 분석하여 소상히 밝혔으니, 직무를 담당하는 이들에게 없어서는 안 될 책이다.)」[2]

《景敎碑文紀事考正》 권2와 권3은 경교비 비문의 내용에 대해 성경 구절과 선인들의 연구로 축적된 성과들을 더하고, 이에 주석을 가한 것이다. 楊榮鋕의 주석은 그가 경교를 네스토리우스 일파로 보는 관점을 잘 드러내 주고 있다.

---

2 王先謙, 〈重刊景敎碑文紀事考正序〉, 楊榮鋕의 《重刊景敎碑文紀事考正一卷》에 수록, 光緖 辛丑歲(1901) 恩賢書局 간행, 一上에서 二上쪽.

景教碑文紀事考正 원서 표지

경교비문기사고정 권1
(景教碑文紀事考正卷一)

경문 후학 영남 우록 양영지 양보씨 저(景門後學嶺南禹麓楊榮銤襄甫氏著)
농강 이영보 순덕 구봉시 교정(瀧江李英圃 順德區逢時 參訂)

景教流行中國碑^{頌並序}

景教流行中國碑^{頌並序}
亞當長老會督中國主教
大秦寺僧景淨述 ܐ ܕ ܐ ܕ ܐ ܕ ܐ ܕ

경교유행중국비^{송병서}
아담장로회독 중국 주교
대진사 승 경정 술

粤若常然眞寂, 先先而無元; 宵然靈虛, 後後而妙有. 揔玄樞而造化, 妙
衆聖以元尊者, 其唯我三一妙身无元眞主阿羅訶歟! 判十字以定四方, 鼓
元風而生二氣. 暗空易而天地開, 日月運而晝夜作. 匠成萬物, 然立初人;
別賜良和, 令鎭化海. 渾元之性, 虛而不盈; 素蕩之心, 本無希嗜.

오! 영원불변의 참 고요함이시여, 태초보다 앞서 시작도 없는 이시고;
심원한 우주의 본체이시니, 만세 이후까지 존재하시는 無 가운데의 有이
시라. 현묘한 이치를 모아 만물을 창조하시고, 뭇 성인들을 깨우치시는
至高의 존재로서, 우리의 유일하신 三位一體의 신묘하신 분, 스스로 영원

하신 참된 주 阿羅訶(여호와)시라! 十字로 구별하여 四方을 정하시고, 聖靈을 일으키시어 陰과 陽 두 기운을 만드셨으니; 어둠의 공간이 변하여 천지가 열리고, 해와 달이 운행하여 낮과 밤이 만들어졌다. 만물을 빚어내시고, 이대로 첫 사람을 세우셨으며; 특별히 어질고 온화한 성품을 내리시사, 땅을 다스려 온 세상을 교화하게 하셨다. 천지 기운의 본성은 비어있어 차오르지 않으며; 순박하고 평온한 마음은 본래 다른 망상이 없다.

泊乎娑殫施妄, 鈿飾純精; 閒平大於此是之中, 隙冥同於彼非之內. 是以三百六十五種, 肩隨結轍, 競織法羅. 或指物以託宗, 或空有以淪二; 或禱祀以邀福, 或伐善以驕人. 智慮營營, 思情役役; 茫然無得, 煎迫轉燒; 積昧忘途, 久迷休復.

사탄이 망령을 부리게 되어, 간교함으로 순수하고 정결한 마음을 꾸며 더럽혔으니; 그 간격이 작으면 하나님의 진리 가운데 있는 것보다도 크고, 그 간극이 깊으면 저 사탄의 악행 가운데 있는 것과 같다. 이로써 수많은 종파들이 앞다투어 일어나, 경쟁하듯 教法의 그물을 짜내었다. 어떤 이는 사물에 기탁하여 종교로 삼고, 어떤 이는 法性과 幻相으로써 異論에 빠져 버렸으며, 어떤 이는 기도와 제사로써 복을 구하기만 하고, 또 어떤 이는 자기 능력을 과시함으로 뭇사람들을 기만하였다. 지혜와 마음이 급급하고 분주하며, 생각과 감정이 수고로우나, 망연하여 아무런 소득이 없고, 시달리고 핍박받아 불에 타는 듯하며, 우매함이 날로 쌓여 멸망의 길에 이르게 되고, 오래도록 迷妄하여 다시는 돌이킬 수가 없다.

於是我三一分身景尊彌施訶, 戢隱眞威, 同人出代. 神天宣慶, 室女誕聖於大秦; 景宿告祥, 波斯睹耀以來貢. 圓廿四聖有說之舊法, 理家國於大

猷; 設三一淨風, 無言之新教, 陶良用於正信. 制八境之度, 煉塵成眞; 啟三常之門, 開生滅死. 懸景日以破暗府, 魔妄於是乎悉摧; 棹慈航以登明宮, 含靈於是乎旣濟. 能事斯畢, 亭午昇眞.

이에 우리의 삼위일체 되신 존귀하신 메시아께서는 참된 위엄을 감추시고, 인간과 같은 모습으로 세상에 나셨으니, 하늘 천사가 예수 탄생의 기쁜 소식을 선포하였고, 동정녀가 大秦에서 성자 예수를 낳으셨으니, 크고 밝은 별이 기쁜 소식을 알렸으며, 페르시아인들이 밝은 빛을 보고 와서 예물을 바쳤다. 24 성인이 말씀하신 구약의 율법을 완성하시고, 하늘의 道로 가정과 나라를 다스리시며, 삼위일체 성령의, 말로 할 수 없는 새로운 종교를 세우셨다. 양심을 도야하여 바른 믿음에 쓰게 하시고, 천하가 준수할 법칙을 제정하셨으며, 세속의 장애를 연단하여 본성을 얻게 하셨고, 영원불변 三常의 문을 여셨다. 생명을 여시고 죽음을 멸하셨으며, 큰 빛을 비추시어 어둠을 깨뜨리셨으니, 마귀의 망령됨이 그리하여 모두 부숴져 버렸다. 자비의 배를 저어 밝은 궁전으로 올랐으니, 영성을 가진 인류가 그리하여 이미 구원을 얻었다. 권능의 일을 이에 마치시고, 정오에 참 神으로 승천하셨다.

經留廿七部, 張元化以發靈關. 法浴水風, 滌浮華而結虛白. 印持十字, 融四照以合無拘. 擊木震仁惠之音, 東禮趨生榮之路. 存鬚所以有外行, 削頂所以無內情. 不畜臧獲, 均貴賤於人; 不聚貨財, 示罄遺於我. 齋以伏識而成, 戒以靜愼爲固. 七時禮讚, 大庇存亡; 七日一薦, 洗心反素. 眞常之道, 妙而難名, 功用昭章, 強稱景教. 惟道非聖不宏, 聖非道不大; 道聖符契, 天下文明.

경전 27部가 세상에 남겨졌으니, 대자연 운행의 지혜를 밝혀 인간의 영성을 발하였고, 물과 성령으로 세례의식을 행하고, 헛된 부귀영화를 씻어 죄악을 정결케 하였다. 십자가를 손에 표지로 지니고, 널리 사방을 비춤으로써 온전케 하기에 구애됨이 없다. 목판을 두드려 인애와 자비의 소리를 떨치고, 동쪽으로 예배하여 생명과 번영의 길로 달려간다. 수염을 보존하는 까닭은 겉으로 품격을 표현하기 위함이요, 정수리를 삭발함은 정욕과 감정을 없애기 위함이라. 종을 두지 않음은 사람에게 귀천 없이 균등히 하려는 것이요, 재물을 모으지 않음은 자신에게 남은 재물을 모두 소진토록 가르치는 것이라. 재계함으로써 잡념을 굴복시키고, 계율로써 정숙하고 신중함이 습관 되도록 한다. 매일 일곱 번 숭경의 예를 드리고, 산 자와 죽은 자를 크게 보살핀다. 칠일마다 예배를 거행하고, 마음을 씻어 내어 본래 자연의 상태로 되돌린다.

참되고 영원한 道는, 현묘하여 이름하기 어렵지만, 그 공과 쓰임이 뚜렷하니, 景敎라 칭함이 마땅하다. 오로지 道는 성현이 아니면 떨쳐 일으킬 수 없고, 성현은 道가 아니면 위대해질 수 없으니, 道와 성현이 서로 부합하면 천하가 밝아진다.

太宗文皇帝, 光華啓運, 明聖臨人. 大秦有上德曰阿羅本, 占靑雲而載眞經, 望風律以馳艱險. 貞觀九祀, 至於長安. 帝使宰臣房公元齡揔仗西郊, 賓迎入內. 翻經書殿, 問道禁闈. 深知正眞, 特令傳授.

太宗 文皇帝는 나라를 빛내고 국운을 열었으며, 밝은 聖德으로 인재를 등용하였다. 大秦國에 아라본(阿羅本)이라 하는 大德이 있었으니, 창공의 구름을 바라보며 진리의 경전을 가지고, 풍속과 율령을 바라며 곤란과 위험을 무릅쓰고 내달아, 貞觀 9년 長安에 도착하였다. 황제는 재상 房玄齡으로 하여금 의장대를 거느리고 서쪽 교외로 나가 영접하여 들이도록

하였다. 궁중 장서각에서 경전을 번역하게 하고, 내전에서 道를 물었으며, 바른 진리를 깊이 깨달아, 경교의 전파를 특별히 명하시었다.

貞觀十有二年, 秋, 七月, 詔曰:「道無常名, 聖無常體; 隨方設教, 密濟群生. 大秦國大德阿羅本, 遠將經像, 來獻上京. 詳其教旨, 元妙無爲, 觀其元宗, 生成立要. 詞無繁說, 理有忘筌. 濟物利人, 宜行天下.」

貞觀 12년 가을 7월에 조칙을 내려 말씀하시기를:「道에는 영원한 이름이 없고, 聖人에게도 평소 일정한 몸이 없다. 어디에서나 교화를 시행하여, 중생들을 면밀히 제도하나니, 大秦國의 大德 아라본(阿羅本, Alopen)이 멀리서 경전과 형상을 가지고 수도에 와 헌상하였다. 그 教旨를 자세히 살펴보니, 심오하고 미묘한 자연의 이치이더라; 그 근본 宗旨를 관찰하니, 생명이 이루어지는 데에 긴요하고, 말씀에 번잡한 설명이 없고, '비움'과 '놓음'의 이치'「고기를 잡고 나면 통발을 잊어버린다.」가 들어 있으며, 만물을 제도하고 인간을 이롭게 하니, 마땅히 천하에 널리 시행하도록 하라.」

所司卽於京義寧坊造大秦寺一所, 度僧卄一人. 宗周德喪, 青駕西昇; 巨唐道光, 景風東扇. 旋令有司, 將帝寫眞轉模寺壁. 天姿汎彩, 英朗景門; 聖跡騰祥, 永輝法界.

관장할 곳으로 長安 부근 義寧坊에 大秦寺 사원 한 곳을 지었으니, 승려가 21인에 이르렀다. 周나라 종실의 덕이 쇠퇴하니, 老子가 청우거(青牛車)를 타고 서쪽으로 올라가 버렸고; 다시 大唐의 고상한 품성이 멀리까지 전해지니, 景教의 바람이 동쪽으로 불어왔다. 즉시 관리에게 명하여 황제의 모습을 묘사하고, 대진사 벽에 초상을 옮겨 그리게 하였으니, 天子의 풍채가 광채를 발하고, 맑고 투명한 모습이 景門에 가득하였으며,

거룩한 자취가 상서롭게 일어나고, 온 세상에 영원히 밝게 비추었다.

案:《西域圖記》及漢魏史策, 大秦國南統珊瑚之海, 北極衆寶之山, 西望
仙境花林, 東接長風弱水. 其土出火綄布, 返魂香, 明月珠, 夜光璧. 俗無
寇盜, 人有樂康. 法非景不行, 主非德不立. 土宇廣闊, 文物昌明.

《西域圖記》와 漢, 魏의 역사서에 의하면, 大秦國은 남으로는 산호의 바
다를 거느리고, 북으로는 여러 보배로운 산들에 끝닿아 있으며, 서쪽으
로는 仙境花林을 바라보고 있고, 동으로는 長風弱水와 맞닿아 있다. 그
땅에서는 火浣布와 返魂香, 明月珠, 夜光璧이 나온다. 도적질하는 풍습이
없고, 사람들은 안락하고 행복하다. 세상의 도리는 景敎가 아니면 행하
지 아니하며, 군주는 爲政의 德으로써 나라를 세운다. 대지와 가옥이 광
활하고, 문물이 번영하고 발달하였다.

高宗大帝, 克恭纘祖, 潤色眞宗. 而於諸州各置景寺, 仍崇阿羅本爲鎭國
大法主. 法流十道, 國富元休; 寺滿百城, 家殷景福. 聖曆年, 釋子用壯, 騰
口於東周. 先天末, 下士大笑, 訕謗於西鎬. 有若僧首羅含, 大德及烈, 金
方貴緒, 物外高僧, 共振元綱, 俱維絶紐.

高宗大帝는 선조의 대업을 공손히 계승하여, 진리의 종교에 광채를 더
하였으니, 그리하여 여러 주에 각각 경교 사원을 설치하였고, 아라본(阿
羅本)을 나라를 안정시키는 大法主로 여전히 추앙하였다. 경교의 법이 十
道에 퍼져, 나라는 부유해지고 백성은 편안해졌으며, 사원들이 수많은
성읍에 충만하여, 집집마다 커다란 복이 가득하였다. 則天武后 聖曆 연간
에, 불교 승려들이 힘을 과시하며, 洛陽에서 제멋대로 지껄였으며, 玄宗
先天 말에는 천민들이 長安에서 경교를 비방하였다. 사제의 수장 羅含과

大德 及烈, 그리고 서방에서 온 존귀한 인물, 속세를 벗어난 경교 지도자들이 있어, 현묘한 도리를 함께 진작하고, 단절된 경교의 유대를 모두 지켜 나갔다.

玄宗至道皇帝, 令寧國等五王親臨福宇, 建立壇場. 法棟暫橈而更崇, 道石時傾而復正. 天寶初, 令大將軍高力士送五聖寫眞寺內安置, 賜絹百疋, 奉慶睿圖. 龍髥雖遠, 弓劍可攀. 日角舒光, 天顏咫尺. 三年, 大秦國有僧佶和, 瞻星向化, 望日朝尊. 詔僧羅含, 僧普論等一七人, 於興慶宮修功德. 於是天題寺牓, 額戴龍書. 寶裝璀翠, 灼爍丹霞. 睿扎宏空, 騰淩激日. 寵賚比南山峻極, 沛澤與東海齊深. 道無不可, 所可可名; 聖無不作, 所作可述.

玄宗 至道황제는 寧國 등 다섯 왕에게 명하여, 친히 大秦寺를 방문하고 제단을 건립하도록 하였으니, 경교의 大道가 잠시 좌절되었다가 다시 숭경을 받게 되었고, 道法의 기틀이 일시 기울었으나 다시 바로 세워졌다. 天寶 초에는 대장군 高力士에게 명하여, 다섯 황제의 초상을 보내, 사원에 안치토록 하였고, 비단 백 필을 하사하시었다. 선조 황제들의 웅대한 계획을 받들어 경하하니, 龍顏이 비록 멀리 있다 하여도, 활과 검을 잡을 만하시고, 황제의 이마에서 발하는 광채로, 천자의 얼굴이 바로 눈앞에 있는 것과 같다. 天寶 3년에 대진국 경교승 佶和(게오르기스)가 별을 보고 찾아와, 해를 바라보듯 황제를 알현하였다. 황제는 조서를 내려 사제 羅含과 普論 등 17명에게 대덕 佶和와 함께 興慶宮에서 공덕을 닦게 하였다. 이에 황제는 大秦寺 문의 게시비(揭示碑)를 친히 題하였고, 현판에 천자의 글씨를 받들어, 빛나는 비취로 장식한 보배인듯, 선명한 광채가 붉은 노을처럼 환히 비추었으니, 황제의 묵적이 강한 필세를 드러내고, 하

늘 높이 솟아올라 태양과 견줄 만하도다. 그 베푸신 은총이 남산의 지극히 높음에 비견되고, 성대한 은택은 동해와 같이 가지런히 깊었다. 道는 할 수 없는 일이 없고, 할 수 있는 바는 이름 지을 수가 있으니; 황제는 할 수 없는 바가 없고, 행한 바는 기록으로 남길 만하니라.

肅宗文明皇帝, 於靈武等五郡重立景寺. 元善資而福祚開, 大慶臨而皇業建.

肅宗 文明황제가 靈武 등 다섯 郡에 景教寺를 중건하였는데, 황제가 큰 선덕과 재물로써 도와 복의 문을 열었으니, 큰 경사가 임하였고 황제의 대업이 이루어졌다.

代宗文武皇帝, 恢張聖運, 從事無爲. 每於誕降之辰, 錫天香以告成功, 頒御饌以光景衆. 且乾以美利, 故能廣生; 聖以體元, 故能亭毒.

代宗 文武황제는 성스러운 운세를 크게 확장하였고, 無爲의 道를 따랐다. 매번 황제 탄신일에 天香을 하사하여 治國의 공훈을 알렸고, 御饌을 베풀어 경교도들을 빛내 주었다. 또한 하늘이 풍성한 이익으로 백성들을 복되게 하였고, 황제는 하늘의 뜻을 체득함으로써 천지만물을 화육시켰다.

我建中聖神文武皇帝, 披八政以黜陟幽明, 闡九疇以惟新景命. 化通元理, 祝無愧心. 至於方大而虛, 靜專而恕, 廣慈救衆苦, 善貸被羣生者, 我修行之大猷, 汲引之階漸也. 若使風雨時, 天下靜, 人能理, 物能清, 存能昌, 歿能樂, 念生響應, 情發自誠者, 我景力能事之功用也.

建中 연간 우리 德宗 聖神文武황제께서는, '여덟 가지 政事'를 펴시어 공

적이 좋은 관리는 승진시키고 나쁜 관리는 내쫓았으며, '아홉 가지 大法'을 열어 帝位를 주신 天命을 새롭게 하셨다. 현묘한 이치에 통달하고, 신께 기원함에 부끄러움이 없었다. 正大하고 겸허하며, 순박 돈후하고 자애로우셨다. 광대한 자비심으로 중생을 고통에서 구하셨고, 백성들에게 풍족히 베푸셨으니, 우리 수행의 大道가 그들을 점차 일깨우게 되었다. 만일 危難이 찾아와도, 천하가 안정되고; 사람들이 사리를 분별하게 되고, 만물이 청정해지며; 산 자들이 창성해지고, 죽은 자들은 안락을 누린다. 관념이 생겨 서로 호응하고, 정서가 발하여 스스로 성실해지니, 모두 우리 景教가 할 수 있는 효용인 것이다.

大施主金紫光祿大夫, 同朔方節度副使, 試殿中監, 賜紫袈裟僧伊斯, 和而好惠, 聞道勤行. 遠自王舍之城, 聿來中夏. 術高三代, 藝博十全; 始效節於丹庭, 乃策名於王帳. 中書令汾陽郡王郭公子儀初惣戎於朔方也, 肅宗俾之從邁. 雖見親於臥內, 不自異於行間. 爲公爪牙, 作軍耳目. 能散祿賜, 不積於家. 獻臨恩之頗黎, 布辭憩之金罽. 或仍其舊寺, 或重廣法堂. 崇飾廊宇, 如翬斯飛. 更效景門, 依仁施利. 每歲集四寺僧徒, 虔事精供, 備諸五旬. 餧者來而飯之, 寒者來而衣之, 病者療而起之, 死者葬而安之. 清節達娑, 未聞斯美. 白衣景士, 今見其人. 願刻洪碑, 以揚休烈.

大施主 金紫光祿大夫이며 북방 節度副使이자 試殿中監으로서 자색 袈裟를 하사받은 사제 伊斯는, 사람됨이 온화하여 은혜 베풀기를 좋아하고, 경교의 道를 따라 부지런히 잘 행하였다. 멀리 王舍之城(Balka)으로부터 마침내 중국에 왔고, 박학다재하여 재능이 3대 朝代에 걸쳐 높았으니 많은 칭송을 받았다. 그는 처음에 肅宗의 조정에서 진력을 다하였고, 곧 전쟁터에서 이름을 떨쳤으니, 中書令 겸 汾陽郡王인 郭子儀가 처음 북방으

로 군대를 통솔할 때, 肅宗께서 伊斯로 하여금 副使로서 그를 수행하게 하셨으니, 그는 비록 郭公의 침실에 빈번히 드나들 정도였으나 결코 특별한 신분으로 행동하지 않았고, 郭公의 무신으로서 군대의 눈과 귀가 되었다. 그는 비록 작위와 봉록을 뿌릴 권한이 있었으나 결코 자신의 주머니를 채우지 않았고, 심지어 황제가 하사한 玻璃 예물과 노령으로 퇴직할 때 받은 금 담요까지도 사원에 헌납하였다. 그는 무너져 가는 옛 사원을 重修하기도 하고, 본래의 법당을 넓혀 주기도 하였는데, 행랑과 건물을 아름답게 장식하니, 처마 귀퉁이에 오색의 신비로운 새가 날개를 펴고 나는 듯하였다. 그는 또한 경교를 본받아서 많은 사람들을 구제하는 선행을 널리 행하였다. 매년 도처 사원의 경교 사제와 신도들을 모아 경건히 예배하고 정성으로 50일 동안 공양하였다. 주린 자가 오면 먹여주고, 추위에 떠는 자가 오면 입혀 주며, 병자는 치료하여 일어서게 하였고, 죽은 자는 장사지내 안장해 주었다. 고상한 절개를 지닌 경교도로서 이렇게 아름다운 일은 들어 보지 못하였으니, 지금 백의를 입은 경교 사제를 보고 있노라니, 이에 큰 비석을 세워 그의 성대한 업적을 드날리고자 함이라.

詞曰:

眞主無元, 湛寂常然. 權輿匠化, 起地立天.

分身出代, 救度無邊. 日昇暗滅, 咸證眞元.

赫赫文皇, 道冠前王. 乘時撥亂, 乾廓坤張.

明明景教, 言歸我唐. 翻經建寺, 存歿舟航.

百福皆作, 萬邦之康.

高宗纂祖, 更築精宇. 和宮敞朗, 遍滿中土.

眞道宣明, 式封法主. 人有樂康, 物無災苦.

元宗啟聖, 克修眞正. 御牓揚輝, 天書蔚映.

皇圖璀璨, 率土高敬. 庶績咸熙, 人賴其慶.

肅宗來復, 天威引駕. 聖日舒晶, 祥風掃夜.

祚歸皇室, 秘氛永謝. 止沸定塵, 造我區夏.

代宗孝義, 德合天地. 開貸生成, 物資美利.

香以報功, 仁以作施. 暘谷來威, 月窟畢萃.

建中統極, 聿修明德. 武肅四溟, 文淸萬域.

燭臨人隱, 鏡觀物色. 六合昭蘇, 百蠻取則.

道惟廣兮應惟密, 強名言兮演三一.

主能作兮臣能述, 建豐碑兮頌元吉.

大唐建中二年, 歲在作噩, 太簇月七日大耀森文日, 建立時法主僧恕知
東方之景衆也.

말하기를:

참된 主는 시작이 없으시며, 고요하고 영원 불변하시도다. 시초부터
교화하시며, 땅을 일으키고 하늘을 세우셨도다. 삼위일체로 세상에 나셨
으며, 구원하심이 끝이 없도다. 태양이 떠오르면 어둠이 멸하여지듯, 모
든 진리가 참되고 현묘하도다.

혁혁하신 태종 文황제는 道가 이전 황제들보다 으뜸이시니, 때를 맞춰
난을 평정하시어, 황제의 功業을 확대하셨다. 밝고 밝은 景教가 우리 당
나라에 들어왔으니, 경전을 번역하고 교회를 건립하시어, 산 자와 죽은
자가 세상을 구원하는 道를 얻었다. 온갖 복이 모두 이루어져 만방이 강
녕을 얻었다.

高宗이 선대를 계승하여 다시 교회를 건축하였고, 화평한 궁궐이 찬란
히 밝아서, 중국 땅에 가득하였다. 진리의 도를 명백히 선포하고, 법식대

로 주교를 봉하였으니, 사람들은 안락과 행복을 누리고, 물산에는 재난과 고통이 없었다.

玄宗이 현명하고 비범하여, 참되고 바른 道를 능히 완성하셨다. 황제의 편액은 휘황히 날리었고, 천자의 글씨는 문채가 아름답게 비친다. 황제의 초상은 옥구슬처럼 빛나니, 온 나라에서 높이 공경하였다. 수많은 공적이 모두 흥성하니, 백성들이 그 행복에 의지하였다.

肅宗이 나라를 다시 회복하고, 천자의 위엄으로 수레를 이끄니, 성스러운 태양 빛이 수정처럼 펼쳐지고, 상서로운 바람이 어둠을 몰아냈다. 하늘의 복이 황실로 돌아오니, 불길한 기운이 영원히 물러났다. 소란을 잠재우고 세속을 안정시켜서, 우리 중국을 창조하셨다.

代宗은 효성스럽고 의로우셨으니, 그 德이 천지에 부합하였고, 은혜 베푸심이 선천적으로 타고나서, 물자가 풍부하였다. 향으로써 공로를 알렸고, 仁으로써 호의를 베풀었다. 해 뜨는 곳으로 위엄이 찾아왔고, 달 뜨는 곳으로 모두가 모여들었다.

建中에 황위에 등극하시어, 밝은 덕을 닦으셨으며, 武로써 온 세상을 일소하고, 文으로써 만방을 깨끗이 하셨다. 백성들의 고통을 환히 비추었으며, 만물의 모양을 거울처럼 살피셨다. 우주 전체가 생기를 되찾았고, 많은 오랑캐들이 이를 규범으로 삼았다.

진리의 道는 넓고 그 반응은 치밀하며, 억지로 이름 지어 말하노니 이는 삼위일체시라.

주님은 지으실 수 있으시며 신하는 기록할 수 있으니, 크고 높은 비석을 세워 큰 복을 송축하노라.

大唐 建中 2년, 신유년, 정월 초이레, 예배일에 건립하다.

당시 총주교 寧恕는 동방의 경교도 무리를 알고 있었다.

祖師漢安依娑訶在位時左行秦文
譯出如上

조사 Halališou'(法主僧寧恕) 재위시 시리아文을 좌에서 우로 쓰다
위와 같이 번역해 내다

ܒܝܘܡܝ ܐܒܐ ܕܐܒܗܬܐ ܡܪܝ ܚܢܢܝܫܘܥ ܩܬܘܠܝܩܐ ܦܛܪܝܪܟܝܣ

朝議郎前行台州司士參軍呂秀巖書

조의랑 전행 태주사사참군 여수암이 쓰다

右碑東西二面尚有秦文甚多，乃七十位立碑長老之人名，今無庸譯，惟將碑下之秦文譯出，如下頁，文俱左行.[3]

우측 비석 동서 두 면에 아직 시리아文이 많이 남아 있으니, 즉 비석을 세운 70명 장로들의 이름이며, 지금 대충 번역할 수가 없어서, 그저 비석 아래의 시리아문을 번역해 내었으니, 아래와 같으며, 글은 좌에서 우로 쓴다.

ܒܫܢܬ ܐܠܦ ܘܬܫܥܝܢ ܘܬܪܬܝܢ
ܕܝܘܢܝܐ ܡܪܝ ܝܙܕܒܘܙܕ ܩܫܝܫܐ
ܘܟܘܪܐܦܝܣܩܘܦܐ ܕܟܘܡܕܐܢ
ܡܕܝܢܬ ܡܠܟܘܬܐ ܒܪ ܢܝܚ
ܢܦܫܐ ܡܝܠܝܣ ܩܫܝܫܐ ܕܡܢ
ܒܠܚ ܡܕܝܢܬܐ ܕܛܚܘܪܣܬܢ
ܐܩܝܡ ܠܘܚܐ ܗܢܐ ܕܟܐܦܐ

3 이하 배열 방식은 모두 원서에 따른다.

僧靈寶 ܐܝܘ̈ܢܝ

譯卽: 希利尼一千零九十二年前, 鐵蒿列士丹城波喇長老美利弟子, 長安京師長老兼大監督我師父耶褒爕建此石碑, 詳述救主神性, 及我各先師傳道, 與中國諸皇帝之事.

번역한즉: 그리스력 1092년 전, 철호 열사 丹城波喇장로 美利의 제자였고, 장안의 장로 겸 대감독이신 나의 스승 耶褒爕이 이 비석을 세우셨으니, 구주의 신성과 나의 앞선 스승들의 전도와 중국 여러 황제들의 일을 상세히 서술하였다.

主僧業剎(주지 업찰)

卿賜紫袈裟寺(경사자가사사)

助檢校試太常(조검교시태상)

譯卽: 亞當執事地方監督耶褒爕弟子, 長老地方監督馬雖者士.

譯卽: 娑蘭依裟訶大長老, 長老兼執事長主長安娑勒教會事加伯列.

번역한즉: 아담 집사 지방감독 耶褒爕 제자, 장로 지방감독 馬雖者士.

번역한즉: Savraniśou 대장로, 장로 겸 집사장 長安, 洛陽교회 事加伯列.

《金石錄補》가 경교비를 논한 것을 기록함
(錄《金石錄補》4 論景教碑事)

右碑下及東西三面, 皆列彼國字式, 下有「助檢校試太常卿賜紫袈裟寺主僧業刋, 撿挍建立碑石僧行通」雜于字中, 字皆左轉,5 弗能譯也. 按碑「三一妙身, 无元眞主阿羅訶6」者, 敎之主也. 大秦國上德阿羅本7者, 于貞觀8九年至長安也. 京兆府9義寧坊建大秦寺, 度僧廿一人, 貞觀十有二年也, 此卽天主敎始入中國. 自唐至今, 其敎遍天下矣!

우측 비 아래와 동서 삼 면은, 모두 그 나라의 글자 형식으로 나열하였고, 아래쪽에 「助檢校試太常卿賜紫袈裟寺主僧業刋, 撿挍建立碑石僧行通」이라는 글자들이 섞여 있는데, 글자들이 모두 우측에서 좌측으로 쓰여있어, 번역할 수가 없다. 비석의 「三一妙身, 无元眞主阿羅訶(삼위일체의 신묘하신 분, 스스로 영원하신 참된 주 여호와)」는, 이 종교의 주인이시다. 대진국 상덕 阿羅本이, 정관 9년 장안에 이르렀다. 長安 의녕방에 대진사를 세웠

4　《金石錄補》, [淸] 葉奕苞 撰, 총 27권, 續跋 7권; 관련 내용은《金石錄補》권17(別下齋校本), 4쪽 上부터 5쪽 上에 수록되어 있다. 「葉奕苞」는 일명 弈包이며, 字는 九來이고, 江蘇省 崑山 사람이다. 생졸연대는 미상이다.

5　「字皆左轉」: 문자 기록에서 세로쓰기와 우측에서 좌측으로 쓰는 방식을 말한다. 히브리어 등 셈어족 계열이 모두 이에 속한다.

6　「阿羅訶」: 본래는 불교의 名詞이며, 의미는 '천지 중생의 공양을 받아야 한다'는 뜻이다. 「應供」으로도 번역하며, 혹은 「殺賊」이나 「不生」으로도 해석한다. 경교가 당나라 시기 중국에 들어왔을 때, 성경에서 하나님을 지칭하는 말은 시리아어로 'Alaha'였으니, 곧 그 발음을 따서 「阿羅訶」로 번역한 것이고, 이러한 방식을 통하여 불교 관념을 폭넓게 접한 사람들로 하여금 보다 쉽게 하나님의 위격을 이해하고 받아들일 수 있도록 한 것이다.

7　「阿羅本」: 경교비 기록에 의하면, 唐 貞觀 9년(635)에 長安에 와서 唐 太宗의 예우를 받았다. 시리아 동방교회의 선교사이다. 시리아 동방교회의 선교 역사에 관해서는 본서의 導論을 참고해야 함.

8　「貞觀」: 唐 太宗의 연호. 기원 627-650년.

9　「京兆府」: 魏나라 때 京兆郡이 설립되었으며, 후에 '京師之地'로 불리었다.

고, 승려가 21인에 이르렀으며, 정관 12년, 이는 즉 천주교가 중국에 처음 들어온 해이다. 唐으로부터 지금까지, 그 종교가 천하에 두루 전파되었다!

予讀〈西域傳〉:「拂菻,[10] 古大秦國, 居西海上…, 去京師四萬里」與扶南,[11] 交趾, 天竺相貿易. 開元[12]盛時, 西戎冒萬里而至者百餘國, 輒貢經典, 迎入內翻經殿, 遂使異方之教, 行于中國. 然惟建寺可以度僧,[13] 當時「寺五千三百五十八, 僧七萬五千二十四, 尼五千五百七十六」,[14] 凡「兩京度僧 … 御史一人蒞之」. 僧尼踰宿者, 立案; 止民家者, 不過三宿; 九年不還者編諸籍.[15] 甚嚴也. 今天下寺不常建, 而僧尼遂至無算,[16] 何耶?

---

10 「拂菻」: 옛 지명이며,「大秦」이라고도 부른다. 지역적으로 투르크와 페르시아에 근접해 있고, 부유하며 군사력이 강했다.《新唐書 · 拂菻》曰:「拂菻, 古大秦也. 居西海上, 一曰海西國. 去京師四萬里, 在苫西, 北直突厥可薩部, 西瀕海, 有遲散城, 東南接波斯. 地方萬里, 城四百, 勝兵百萬.(拂菻은 옛날의 大秦이다. 서쪽 바다 위에 있어 海西國이라고도 부른다. 長安에서 서쪽으로 4만 리 거리 苫西에 있으며, 북으로 돌궐의 可薩部와 이웃하고, 서쪽으로는 바다에 인접해 있으며, 遲散城이 있고, 동남으로는 페르시아와 접해 있다. 영토가 만여 리에 이르고, 4백여 개의 성이 있으며, 강한 군사가 백만이나 된다.)」

11 「扶南」: 중국 고대 남방 부족 가운데 하나.《新唐書 · 禮樂十二》:「周, 隋與北齊, 陳接壤, 故歌舞雜有四方之樂. 至唐, 東夷樂有高麗, 百濟…, 南蠻有扶南, 天竺, 南詔, 驃國(周와 隋, 北齊, 陳이 경계를 접하고 있으니, 노래와 춤에 온 세상의 음악이 섞여 있다. 唐에 이르러 東夷의 음악은 고려, 백제…, 남쪽 오랑캐로는 扶南, 天竺, 南詔, 驃國이 있다.)」

12 「開元」: 唐 玄宗의 연호. 713~741년.

13 「度僧」: '삭발과 종교의식을 행한 출가 수행자'를 널리 일컫는 말이다.

14 「寺五 … 十六」,《新唐書 · 崇玄署》에서 인용.「崇玄署」는 당시 조정이 京都 지역 도교 사원 승려들의 호적과 제사에 관한 일을 전문적으로 관리하기 위해 설치한 기관이다.

15 「兩京 … 諸籍」,「兩京度僧」의 어사(御史)로서 친히 참석하여 중요한 일임을 표시한다; 그러나 승려와 여승은 도교 사원 이외의 지역에서 밤을 새울 시, 특별 안건에 대해 반드시 서명해야 하고, 길어야 7일을 초과할 수 없다; 만일 민가를 빌려서 거한다면 3일을 초과할 수 없으니, 조정의 통제가 엄격함을 충분히 알 수 있다; 그리고 신라, 일본 등과 같은 외국 승려들은 조정에 들어와 강습한 지 9년이 지나면 당나라로 귀속되었다. 상술한 내용들은《新唐書 · 崇玄署》에서 볼 수 있다.

16 「無算」: '수효가 말할 수 없이 많다, 계산할 방법이 없다'의 의미이다.

내가 〈서역전〉을 읽으니: 「拂菻은, 옛날 대진국이며, 서쪽 바다 위에 있고…, 장안에서 사만 리 떨어져 있다.」 하였고, 扶南, 交趾, 天竺과 무역을 하였다. 唐 玄宗 開元 때에, 서쪽 오랑캐가 만 리를 무릅쓰고 이곳 백여 나라에 이르러, 경전을 바치고, 翻經殿으로 영입되어, 마침내 이방의 종교를, 중국에 전파하였다. 그렇게 사원을 건립하고 승려가 되었으니, 당시 「사원이 5,358개요, 승려가 75,024명이며, 여승이 5,576명이었으니」, 무릇 「兩京의 승려 … 어사 한 사람이 거기에 이르렀다.」 僧尼가 민가에서 밤을 새울 시는, 특별한 안건으로 세웠으니; 민가에 유숙할 때는 삼 일을 초과할 수 없고; 9년이 지나도 돌아가지 않은 자는 당나라로 귀속되었으니, 심히 엄했도다. 오늘날은 사원을 자주 짓지 않는데도, 僧尼가 마침내 수효를 셀 수 없을 정도에 이르렀으니, 이를 어찌한단 말인가?

《來齋金石刻考略》이 경교비를 논한 것을 기록함
(錄《來齋金石刻考略》[17] 論景教碑事)

今在西安城金勝寺內, 明崇禎[18]間, 西安守晉陵鄒靜長先生, 有幼子曰化生, 生而雋慧, 甫能行, 便解作合掌[19]禮佛. 二六時中, 略無疲懈, 居無何而病, 微瞑笑視, 脩然[20]長逝. 卜葬於長安崇仁寺南, 掘數尺, 得一石, 乃景教

---

17   《來齋金石刻考略》, [淸] 林侗 撰, 총 3권; 관련 내용은 《欽定四庫全書》본 《來齋金石刻考略》 권下, 31下~32上쪽에 수록되어 있다. 「林侗」, 字는 同人, 淸 聖祖 康熙 52年(1713) 進士, 詩에 능하고 글씨를 잘 썼다. 金石學을 좋아하여 이에 매진하였다. 《淸史稿 · 文苑一》 참고.

18   「崇禎」: 明 思宗의 연호. 1628~1644년.

19   「合掌」: 불교에서 두 손을 합하여 존경의 예를 표시하는 것이다. 「合十」, 「合手」라고도 한다.

20   「脩然」: '아무런 구속도 받지 않고 유유자적하는 모습'을 말한다. 《舊唐書 · 白居易》:

流行碑也. 此碑沈[21]埋千年, 而今始出, 質之三世因緣, 此兒其淨頭陀再來耶? 則佳城[22]之待沈彬,[23] 開門之俟陽明,[24] 此語爲不誣矣! 見頻陽劉雨化集中. 字完好, 無一損者, 下截及末多作佛經番字.

지금의 西安城 金勝寺 내에 있으니, 明 崇禎 연간, 西安守晉陵 鄒靜長 선생에게, 化生이라는 어린 아들이 있었는데, 태어나면서부터 매우 총명하여, 막 걷기 시작할 때부터, 합장을 하며 예불을 드릴 줄 알았다. 二六時 동안, 약간의 피곤함도 없었는데, 아무 일도 없이 병이 났으니, 희미하게 웃으며 바라보다가, 유유히 세상을 떠났다. 길한 날을 택하여 長安 崇仁寺 남쪽에 매장하였는데, 몇 척을 파들어 갔다가, 돌덩이 한 개를 발견하였으니, 이것이 곧 '景教流行碑'이다. 이 비석은 천 년 간 깊이 매장되어 있었다가, 오늘에 이르러서야 비로소 출토되었으니, 삼세의 인연에 묶여, 이 아이는 景淨이 번뇌를 떨쳐 버리고 다시 온 것인가? 즉 묘지가 沈彬을 기다리고, 문을 열어 밝은 빛을 기다린다는, 이 말은 거짓이 아니로다! 頻陽《劉雨化集》에 보인다. 글자들이 완정하여, 손실된 것이 하나도

「至於翛然順適之際, 幾欲忘其形骸(아무런 구속 없이 유유자적 할 때에, 그 몸뚱아리조차도 거의 잊으려 하였다.)」 이것은 白居易와 禪師가 서로 교유하며 산림 언덕과 골짜기에서 자유로이 거하는 상황을 언급하고 있는 것이다.

21 「沈」:「沉」과 같음.

22 「佳城」: '墓地'를 가리킨다. 《舊唐書·莊恪太子永傳》:「悲佳城之已掩, 見新廟之方開. 嗚呼哀哉!(묘지가 이미 덮임을 슬퍼하였고, 새 사당의 사변이 열린 것을 보았도다. 오호 애재라!)」

23 「沈彬」: 宜春 사람, 唐末에 進士에 응시하였으나 급제하지 못하고 衡 지방과 湘 땅을 떠돌아다니며 詩로 이름을 떨쳤다. 나이가 연로하여 사직한 후 별도의 업으로 생계를 유지하던 중, 어느 날 벼락이 정원의 오래된 측백나무를 쳐서 네 조각으로 갈라 놓았으니, 아들에게 명하여 자신이 죽은 후 관으로 써 달라고 하여 그 아들이 감히 어길 수가 없었다. 이후 장례를 치를 때 땅을 파서 관을 묻으려 하자, 다시 석곽(石槨) 하나를 발견하게 되었고, 그 위에는 전서체(篆書體)로 이렇게 쓰여 있었다:『沈彬之槨』, 時人異之(『沈彬之槨(심빈의 관)』, 당시 사람들이 이상히 여겼다).《舊五代史·李傳》참고.

24 「陽明」: '광명, 밝다'의 의미.《後漢書·羽蟲孽》:「或以爲鳳凰陽明之應, 故非明主, 則隱不見.(어떤 이가 봉황의 밝은 감응이라 여겼으니, 명철한 주인이 아니라면, 숨어 드러나지 않는다.)」

없으며, 하반부와 끝에는 불경의 외국 글자가 많이 쓰여 있다.

《關中金石記》가 경교비를 논한 것을 기록함
(錄《關中金石記》[25] 論景教碑事)

大秦卽「梨靬」,[26] 《說文》作「麗靬」,《漢書·西域傳》所稱「梨靬, 條支臨
西海[27]」者是也. 《後漢書》云: 「以在海西, 故亦云海西國.」《水經注》: 「恆
水又逕波麗國, 卽是佛外祖國也. 法顯[28]曰: 『恆水東到多摩梨靬國, 卽是

---

25 「關中金石記」: [淸] 畢沅 撰, 총 8권 구성; 관련 내용은 《關中金石記》권4의 8쪽에 수록되
어 있다. 畢沅은 淸 乾隆 연간에 進士에 급제하였고, 일찍이 陝西省과 河南省의 巡撫, 그
리고 湖廣總督 등의 직을 역임하였다.

26 「大秦卽梨靬」, 출전은 《魏書·大秦國》:「大秦國, 一名黎軒. 從條支西渡海曲一萬里, 去代
三萬九千四百里. 其海傍出, 猶勃海也. 而東西與勃海相望, 蓋自然之理. 地方六千里, 居兩
海之間. 其地平正, 人居星布…. 其人端正長大, 衣服車旗擬像中國, 故外域謂之大秦. 其土
宜五穀桑麻, 人務蠶田.(대진국은 일명 黎軒이라고도 한다. 條支國 서쪽으로 바다 건너
만 리이며, 代郡에서 3만9천4백 리이다. 그 바다 인접한 곳에서 나가면 勃海이다. 그러
나 동서쪽은 발해와 서로 마주 보고 있으니, 무릇 자연적으로 그리 된 것이다. 영토가
6천 리이며, 두 바다 사이에 위치해 있다. 그 땅은 평정하고, 인구는 조밀하다…. 그 사
람들은 단정하고 건장하며, 의복과 수레, 깃발 등이 중국과 유사하므로, 바깥 사람들
이 이를 일러 대진이라고 한다. 그 땅은 농사짓기에 알맞으며, 사람들은 양잠업에 종
사한다.)」 또한 《史記·大宛列傳第六十三》:「安息在大月氏西可數千里…. 其西則條枝,
北有奄蔡, 黎軒.(安息國은 대월지의 서쪽으로 수천 리 떨어진 곳에 있다…. 그 서쪽에
는 條枝國이 있고, 북으로는 奄蔡와 黎軒이 있다.)」 [唐] 司馬貞 註:「《漢書》에는 『犁
靬』이라 기록되어 있다. 《續漢書》에는 일명 『大秦』이라 하였다.」

27 「梨靬 … 西海」, 출전은 《漢書·烏弋山離國》:「烏弋山離國…. 戶口勝兵, 大國也. 東北至
都護治所六十日行, 東與罽賓, 北與撲挑, 西與靬, 條支接. 行可百餘日乃至條支. 國臨西海,
暑溼, 田稻.(烏弋山離國은…. 호구와 군대가 많은 대국이다. 동북쪽으로 도호부가 있는
곳까지 60일 거리이며, 동으로는 罽賓, 북으로는 撲挑, 서쪽으로는 靬과 條支와 인접해
있다. 100일 정도 가면 條支國에 닿을 수 있다. 나라가 서해에 붙어 있고, 날씨가 덥고
습하며, 벼농사를 짓는다.)」

28 「法顯」: 東晉 연간의 고승(高僧), 생몰연대는 399-416년, 平陽郡 武陽(지금의 山西省 襄
丘縣) 사람이다. 중국에 불교 경전이 부족하다고 여겨 晉 安帝 隆安 3년에 인도로 건너
가 불교 전적들을 수집하였고, 義熙 8년(412)에 돌아왔으며, 15년 만에 대승 소승의 기

海口」. 釋氏《西域記》[29]曰:『大秦一名梨軒』.」道元據此, 蓋以「梨軒」爲卽「波麗」矣! 攷條支卽波斯國.《魏書》云:「地在忸密之西」,[30] 去梨軒[31]猶一萬里.《長安志》:「義寧坊有波斯寺. 唐貞觀十二年, 太宗爲大秦國胡僧阿羅斯立.」 應是大秦僧人入中國之始, 合之碑則云:「于義寧坊造大秦寺」, 兩國所奉之敎畧同, 故寺名通用耶? 阿羅斯, 碑作阿羅本, 當是敏求之誤.

　　大秦은 즉「梨軒」이며,《說文》에는「麗軒」으로 기록되어 있고,《漢書‧西域傳》에서「梨軒과 條支는 서쪽 바다에 임해 있다」라고 말한 것이 바로 이것이다.《後漢書》에는:「바다 서쪽에 있으므로, 또한 海西國이라 부른다」라 했다.《水經注》에서는:「恆水가 또한 波麗國을 경유하니, 이것은 부처의 外祖國이다. 法顯이 가로되:『恆水가 동쪽으로 多摩梨軒國에 도달하면, 바로 海口이다』. 불교《西域記》에는:『大秦은 일명 梨軒이라 한다』라고 기록되어 있다. 道元은 이에 근거하여,「梨軒」을「波麗」라 불렀다! 條支를 고증해 보면 즉 波斯國이다.《魏書》에:「그 땅이 忸密의 서쪽에 있

　　본 경전들을 가지고 돌아왔다:《摩訶僧祇衆律》,《十誦律》,《雜阿毗曇心》,《長阿含經》,《雜阿含經》,《大般泥洹經》 등.《歷遊天竺記傳》이라는 저술이 있으며, 내용 중에는 서역 구법 기행 중의 여러 견문들이 잘 묘사되어 있다.

29　「西域記」: [唐] 玄奘(602-664)이 기술하고, 辯機가 撰하였으며, 총 12권으로서《大唐西域記》라고도 한다. 내용은 주로 唐 太宗 貞觀 3년부터 19년(629-645)까지 玄奘이 西域에서 경전을 수집하면서 보고 들은 것들을 기술하고 있어서 고대 인도의 풍토와 민심을 이해하는 데에 매우 중요한 가치를 지니고 있다.

30　「地在 … 之西」, 출전은《魏書‧波斯國》:「波斯國, 都宿利城, 在忸密西, 古條支國也. 去代二萬四千二百二十八里. 城方十里, 戶十餘萬. 河經其城中南流…. 氣候暑熱, 家自藏冰. 地多沙磧, 引水灌漑. 其五穀及鳥獸等與中夏略同, 唯無稻及黍稷.(波斯國의 수도는 宿利城이며, 忸密의 서쪽에 있고, 옛날의 條支國이다. 代郡에서 24,228리 떨어져 있다. 성 한쪽의 길이가 10리이며, 호구가 10여 만이다. 강이 성의 남쪽으로 흐르며…. 기후가 더워서, 집집마다 얼음을 저장해 둔다. 땅에 모래와 자갈이 많아, 물을 끌어다 관개를 한다. 그 땅의 오곡과 금수는 대략 중국과 비슷하나, 유독 벼와 조, 기장이 없다.)

31　《魏書》는「波斯(페르시아)」를 옛「條支(조지國)」라고 했으나「大秦」은「梨軒」이라 했다.「條支」와「梨軒」은 실제로 서로 다른 두 곳으로서 같은 나라가 아니다. 酈道元이「梨軒」을「波麗」라 하였으니, 이는「大秦」을 혼동하여「條支」로 본 것이기 때문에 이런 오류가 발생한 것이다.

다」라고 했으니, 梨軒으로부터 만여 리 떨어진 것 같다. 《長安志》에:「義寧坊에는 波斯寺가 있다. 唐 貞觀 12년, 太宗이 대진국의 외국 승려 阿羅斯를 위해 세웠다.」라고 기록되어 있으니, 이것이 대진의 승려가 중국에 처음 들어온 것으로서, 비석에서 말한:「의녕방에 대진사를 지었다.」에 부합하며, 두 나라가 섬겼던 종교가 대략 동일하므로, 따라서 사원의 명칭도 통용한 것인가? 阿羅斯를 비석에서는 阿羅本이라 하였는데, 이는 마땅히 宋敏求의 오류이다.

《潛研堂金石文跋》이 경교비를 논한 것을 기록함
(錄《潛研堂金石文跋》[32]論景教碑事)

右景教流行中國碑. 景教者, 西域大秦國人所立教也. 舒元興[33]〈重岩寺碑〉:

「雜夷而來者, 有摩尼[34]焉, 大秦焉, 祆神[35]焉. 合天下三夷[36]寺, 不足當

---

32 《潛研堂金石文跋》의 전체 서명은 마땅히 《潛研堂金石文跋尾》이며, 총 25권으로 구성되어 있다; 관련 내용은 《潛研堂金石文跋尾》續 권3, 3下~4上쪽에 수록되어 있다. 淸 乾隆 시기의 進士였던 錢大昕(1728-1804)이 편찬한 것이다. 錢大昕은 字가 曉徵, 辛楣이며, 號는 竹汀이다. 淸나라 江蘇省 嘉定 사람이며, 經史古籍에 능통하였고, 저서로는 《經典文字考異》, 《說文答問》, 《聲類》, 《音韻問答》, 《二十二史考異》, 《潛研堂金石文字目錄》 등이 있다.

33 「舒元興」: 江州 사람, 唐 憲宗 元和 8년(813)에 進士에 올랐다. 監察, 著作郎, 尚書郎, 御史中丞을 역임하고 刑部侍郎을 겸하였으나, 기이한 재능과 급진적 성격 그리고 괴이하고 극단적인 모습으로 중용의 도에 부합하지 못했으며, 李訓의 起兵에 가담하였다가 주살되었다. 《舊唐書 · 舒元興》참고.

34 「摩尼」: 즉 '마니교(摩尼教, Manichaeism)'를 지칭하며, 이는 3세기 중엽 페르시아인 마니가 창립하였다. 페르시아의 조로아스터교와 기독교의 교의를 혼합하였으며, 善惡 二元論을 주장하였다. 「牟尼教」, 「明教」라고도 불린다. 마니교가 唐 초기 중국에 전래되었을 때는 제대로 뜻을 이룰 수 없어서, 이 종교는 후에 회흘(回紇)로 흘러 들어갔고, 다시 回紇을 따라서 중국에 전래되었다. 초기에는 回紇의 국력에 편승하여 대대적인

吾釋氏[37]一小邑之數.」 今摩尼, 祆神久廢, 不知所自, 獨此碑敍景敎傳授
頗詳. 蓋始於唐初大秦僧阿羅本攜經像至長安, 太宗[38]詔所司於義寧坊造
寺一所, 度僧廿一人. 高宗[39]時, 崇阿羅本爲鎭國大法主, 仍令諸州各置景
寺, 其僧皆削頂留鬚, 七時禮讚, 七日一薦.[40] 所奉之像, 則三一妙身无元
眞主阿羅訶也. 今歐羅巴[41]奉天主耶穌, 溯其生年, 當隋開皇[42]之世. 或云
卽大秦遺敎, 未審然否? 後題「大簇月七日大耀森文日建立」, 所云「大耀

포교를 하였지만, 回紇의 국력이 쇠잔해진 뒤로는 마니교도 역시 금교(禁敎)를 당하였
고, 심지어는 박해까지 받았기 때문에 비밀 선교 방식으로 전환하였다.

35 「祆神」: '조로아스터교(Zoroastrianism)'를 지칭함. 기원전 6세기경 고대 페르시아 지역
에서 발원하였으며, 善惡 二元論을 주장하였다. 오늘날까지 중앙아시아의 많은 신앙
은 조로아스터교에서 발원하였거나 혹은 깊은 영향을 받았다고 할 수 있다. 「祆敎」라
는 말은 중국 지역에서의 조로아스터교만을 지칭하는 용어이다.

36 「夷」: 옛날 中原 이외의 각 민족에 대한 경멸적인 호칭.

37 「釋氏」: '불교'를 가리킨다. 불교의 창시자가 '석가모니(釋迦牟尼)'로 불리기 때문에 釋
氏라고 칭하는 것이다. 釋迦牟尼(566-486BC)는 산스크리트어의 음역이며, 의미는 '釋
迦族의 聖人'이라는 뜻이다. 본명은 '悉達多喬達摩(고타마 싯다르타)'이며, '釋迦'는 부
족명 및 국가명으로서 본래는 釋迦國의 왕자였으며, 29세에 출가 수행하여 6년의 고된
수행을 거쳐 禪定 正覺의 최고 경지에 이르렀다. 마침내 사방으로 법을 널리 알려 당시
사람들은 그를 「佛陀(붓다)」라고 불렀다.

38 「太宗」: '唐 太宗 李世民'을 지칭한다. 연호는 貞觀이며, 기원 627년에서 650년까지이다.

39 「高宗」: '唐 高宗 李治'를 지칭한다. 연호는 '永徽, 顯慶, 龍朔, 麟德, 乾封, 總章, 咸亨, 上
元, 儀鳳, 調露, 弘道'이며, 650에서 684년까지 집정하였다.

40 「七日一薦」: '일주일에 한 번의 주일 예식'을 표시한다. 「薦」, '제물'. 《禮記 · 祭義》:「仲
尼嘗奉薦而進饗也.(공자께서는 일찍이 제사를 봉헌하실 때 친히 나아가 하셨다.)」

41 「歐羅巴」: '歐洲'라고 약칭하며, 전 세계 오대주 중의 하나이다. 《明史 · 意大里亞》:「意
大里亞, 居大西洋中, 自古不通中國. 萬曆時, 其國人利瑪竇至京師, 爲萬國全圖, 言天下有
五大洲. 第一曰亞細亞洲, 中凡百餘國, 而中國居其一. 第二曰歐羅巴洲, 中凡七十餘國, 而
意大里亞居其一…. 大都歐羅巴都國, 悉奉天主耶穌敎, 而耶穌生於如德亞, 其國在亞細亞洲
之中, 西行敎於歐羅巴.(意大里亞는 대서양 가운데에 있으며, 예부터 중국과는 통교가
없었다. 萬曆 연간에, 그 나라 사람 마테오 리치가 長安에 이르러 〈萬國全圖〉를 지어
말하기를, 천하에는 오대주가 있으니, 첫째는 아세아주인데, 그 안에는 백여 국이 있
고, 중국이 첫 번째라. 둘째는 구라파주인데, 그 안에 70여 국이 있고, 이탈리아가 첫
번째라…. 대부분의 구라파 나라들은 모두 천주 예수를 신봉하니, 예수는 如德亞에서
태어났는데, 그 나라는 아세아주의 가운데에 있고, 서쪽으로 구라파에 선교를 행한 것
이라 하였다.)」

42 「開皇」: '隋 文帝의 年號'. 기원 581년에서 601년 사이이다.

森文」, 亦彼教中語; 火綄布, 卽火浣布[43]也.

　서양 경교유행중국비. 景教란, 서역 大秦國 사람들이 세운 종교이다. 舒元興의 〈重岩寺碑〉에는: 「다양한 오랑캐들이 왔으니, 마니교와 대진교, 조로아스터교가 있다. 천하의 세 오랑캐 사원을 합쳐도, 우리 불교의 한 작은 읍의 숫자도 당하기 어렵다.」라 하였다. 지금 마니교와 조로아스터교는 없어진 지 오래이고, 그 자초지종도 알 수 없으나, 유독 이 비석만은 경교의 전해진 내용을 매우 상세하게 서술하였다. 대략 唐 초에 시작되었으며, 대진의 승려 阿羅本이 경전과 형상을 가지고 장안에 이르렀고, 太宗이 의녕방에 사찰 한 곳을 짓게 하였으니, 승려가 21명이었다. 高宗 때에, 阿羅本을 鎭國大法主로 받들었고, 여러 州에 각각 景教寺를 두게 하였으며, 승려는 정수리를 삭발하고 수염을 보존하였고, 매일 일곱 번 숭경의 예를 드리고, 칠일마다 예배를 거행하였다. 받드는 형상은, 즉 三位一體의 신묘하신 분이자 스스로 영원하신 참된 주 阿羅訶(여호와)이다. 지금 구라파에서는 천주 예수를 신봉하니, 그 생년을 거슬러 올라가면, 隋나라 開皇 때에 해당한다. 어떤 이가 말한즉 대진이 후세에 전한 종교라 하는데, 아직 상세히 연구해 보지 못한 것은 아닌지? 말미에 「大簇月 七日 大耀森文日(정월 초이레 예배일)에 건립하였다」라고 題하였으니, 소위 「大耀森文」이란, 또한 저쪽 종교에서 쓰는 말이다; 火綄布란, 즉 火浣布를 말한다.

43　「火浣布」: '석면으로 만든 내화성 오염 제거용 천'이다. 火浣布의 생산지와 제작에 관해서, 明末 예수회 선교사 艾儒畧(Giulio Aleni, 1582-1649)은 《西方答問》에서 설명한 바 있다: 「開地中海一島, 生一種石, 取煮之成絲, 可以織此布.(지중해의 한 섬에 일종의 돌이 나는데, 그것을 삶아 실을 만들면 천을 짤 수 있다고 들었다.)」 艾儒畧 《西方答問》 卷上, 9b쪽 참고, John L. Mish, "Creating an Image of Europe for China: Aleni's His-Fang Ta-Wen 西方答問 Introduction, Translation, and Notes," Monumenta Serica, 23(1964): 9.

錢氏의 <景教考>를 기록함(錄錢氏<景教考>[44])

萬曆[45]間, 長安民鋤地, 得唐建中[46]二年景教碑. 士大夫習西學者相矜, 謂有唐之世, 其教已行中國, 問何以爲景教而不知也?

萬曆 연간에, 長安의 농민이 밭을 갈다가, 唐 建中 2년의 경교비를 얻었다. 사대부 중 서학을 배운 이들이 서로 잘난 체하며, 唐나라 때 것이라 하니, 그 종교가 이미 중국에 전파되었는데, 왜 경교라고 하는지를 물어도 모른단 말인가?

按: 宋敏求[47]《長安志》:「義寧街東之北波斯胡寺. 貞觀十二年, 太宗爲大秦國胡僧阿羅斯立.」又云:「醴泉坊之東舊波斯寺, 儀鳳[48]二年, 波斯王卑路斯請建波斯寺. 神龍[49]中, 宗楚客占爲宅, 移寺於布政坊西南隅, 祆祠之西.」《冊府元龜》[50]:「天寶[51]四年九月, 詔曰:『波斯經教, 出自大秦, 傳

44　「錢氏〈景教考〉」: [清] 錢謙益이 撰한 〈景教考〉를 일컫는다.《牧齋有學集》권44, 11上에서 13上쪽에 수록되어 있다. 錢謙益, 字는 受之, 號는 牧齋, 晩號는 絳雲樓主人, 蒙叟, 東澗老人이다. 그가 살던 곳의 이름을 따서 虞山이라고도 칭하며, 그 직위를 따라 宗伯이라고도 부른다. 蘇州府 常熟縣 사람이며, 萬曆 38년(1610)에 진사가 되었다. 저서로는《初學集》110권,《有學集》50권,《投筆集》2권,《苦海集》1권 및 外集 여러 종이 있고, 또한《錢注杜詩》20권을 찬술하였다.《列朝詩集》77권과《吾炙集》1권을 수정 편찬하였고,《太祖實錄辨證》5권,《開國群雄事略》등이 있다.

45　「萬曆」: 明 神宗 朱翊鈞의 年號. 1573-1620년.

46　「建中」: 唐 德宗 李適의 年號. 780-784년.

47　「宋敏求」: 唐 嘉祐 연간에 관직이 太常博士, 集賢校理에까지 이르렀다. 저서로는《長安志》20권이 있다.

48　「儀鳳」: 唐 高宗 李治의 연호. 高宗은 上元 3년을 儀鳳 元年(676)으로 바꾸며 대사면을 실시하였다.

49　「神龍」: 唐 中宗 李顯의 연호. 神龍中은 대략 705-707년 사이에 있다.

50　「冊府元龜」: 宋 眞宗 景德 2년(1005) 楊欽若, 楊億 등이 명을 받들어 찬한 유서(類書). 1천여 권을 모아 만들었으며, 내용은 주로 역대 군신들의 사적을 기록하였다.

51　「天寶」: 唐 玄宗 李隆基의 年號. 742-756년.

習而來, 久行中國. 爰初建寺, 因以爲名, 將以示人, 必循其本. 其兩京波斯寺, 宜改爲大秦寺. 天下諸州, 宜准此.」」[52] 此大秦寺建立之緣起也.

宋敏求의《長安志》에 따르면: 「義寧街 동북쪽에 페르시아 외국 사찰이 있다. 貞觀 12년, 太宗이 대진국 외래승 阿羅斯를 위해 세워 주었다.」 또 가로되: 「醴泉坊 동쪽에 옛 波斯寺가 있는데, 儀鳳 2년, 페르시아 왕 Pirooz가 페르시아 사원을 건설해 달라고 부탁하였다. 神龍 연간에, 宗楚客이 주택으로 삼으면서, 사원을 布政坊 서남쪽 구석, 조로아스터교 사원 서쪽으로 옮겼다.」《冊府元龜》: 「天寶 4년 9월, 조칙을 내리셨다: 『波斯經敎는, 대진에서 유래되어, 전습되어 오다가, 오랫동안 중국에 전파되었다. 그리하여 처음 사원을 짓는데, 이름을 지음으로써, 사람들에게 보여 주므로, 반드시 그 근본을 따라야 한다. 長安과 洛陽의 波斯寺는, 마땅히 大秦寺로 고쳐야 한다. 천하의 모든 州는, 마땅히 이를 따라야 한다.』」 이 것이 바로 대진사 건립의 동기인 것이다.

碑云: 大秦國有上德曰阿羅本, 貞觀九祀, 至于長安. 十二年, 秋七月, 于京師義寧坊建大秦寺. 阿羅本卽阿羅斯也. 寺初名波斯, 儀鳳中尙仍舊名, 天寶四年, 方改名大秦. 碑言貞觀中詔, 賜名大秦, 夷僧之誇詞也.

비석에서 가로되: 대진국에 阿羅本이라는 상덕이 있어, 貞觀 9년, 長安에 이르렀다. 12년 7월, 장안 의녕방에 대진사를 건립하였다. 阿羅本은 즉 阿羅斯이다. 사원의 최초 이름은 波斯였으며, 儀鳳 때에도 여전히 옛 이름으로 불렸다가, 天寶 4년에, 비로소 大秦으로 개명하였다. 비석에서는 貞觀 때에 조칙을 내려, 大秦이라는 이름을 하사하였다고 말하고 있으나, 이는 오랑캐 승려의 과장된 말이다.

---

52 《冊府元龜·崇釋氏》참고.

舒元興[53]〈重岩寺碑〉云:「天下三夷寺, 不足當吾釋氏一小邑之數.」釋氏唯一, 夷寺有三. 摩尼, 卽末尼也; 大秦, 卽景教也; 祆神, 卽波斯也. 今據元興記而詳考之.《長安誌》曰:「布政司西南隅胡祆祠, 武德[54]四年立, 西域胡天神也. 祠有薩寶府官, 主祠祆神, 亦以胡祝稱其職.」《東京記》[55]引《四夷朝貢圖》云:「康國有神名祆, 畢國有火祆祠, 疑因是建廟.」 王溥《唐會要》[56]云:「波斯國, 西與吐蕃, 康居[57]接, 西北距拂菻, 卽大秦, 其俗事天, 地, 日, 月, 水, 火諸神. 西域諸胡事火祆者, 皆詣波斯受法, 故曰波斯教, 卽火祆也.」

舒元興는〈重岩寺碑〉에서:「천하의 세 오랑캐 사원을 합쳐도, 우리 불교의 한 작은 읍의 숫자도 당하기 어렵다」라고 말했다. 불교가 유일하며, 오랑캐 사원은 세 가지가 있다. 摩尼는 즉 末尼이며; 大秦은 즉 景教이고; 祆神은 즉 波斯를 말한다. 지금 元興의 기록에 근거하여 상세히 고찰한 것이다.《長安誌》에:「布政司 서남쪽 모서리에 조로아스터교 사원이 있으니, 武德 4년에 건립된 것이고, 서역 오랑캐들이 섬기는 천신(祆神)이다. 사원에는 薩寶府의 관리가 있어서, 주로 祆神에게 제사를 지내며, 또

53　「舒元興」: 주석 30 참고.
54　「武德」: 唐 高祖 李淵의 年號. 618-627년.
55　《東京記》: 唐나라 시기 宋敏求가 저술한 지리학 서적으로 총 2권이다.
56　「《唐會要》」: [宋] 王溥가 撰하였으며, 100권으로 구성되어 있다. 唐代의 經濟, 政治, 明堂制度, 學校, 經籍, 典章制度, 史料 등에 대해 상세히 기록하였다.
57　「康居」: 고대 西戎의 國名으로서 「康國」이라고도 부르며, 현재는 사마르칸트(Samarqand)라고 칭하고, 우즈베키스탄 내에 위치한다.《舊唐書·康國》:「康國, 即漢康居之國也. 其王姓溫, 月氏人. 先居張掖祁連山北昭武城, 爲突厥所破, 南依葱嶺, 遂有其地. 枝庶皆以昭武爲姓氏, 不忘本也. 其人皆高目深鼻, 多鬚髯…. 人多嗜酒, 好歌舞於道路.(康國은 漢나라 때의 康居之國이다. 왕은 溫氏이며, 월지인이다. 선조 때부터 張掖 祁連山 북쪽 昭武城에서 살았으며, 돌궐에게 패퇴되어, 남쪽으로 葱嶺에 의지하여 살았으니, 이내 그 땅을 차지하게 되었다. 적장자 이외의 지계들이 모두 昭武를 성씨로 하였으나, 그 근본을 잊지 않았다. 사람들이 모두 콧등이 높이 볼록하며 눈이 깊이 들어갔다…. 대다수 사람들이 술을 좋아하고, 길에서 춤추고 노래하기를 좋아한다.)」

260　제3부 경교비 주술(景教碑 注述)

한 오랑캐 제주(祭主)로 그 직책을 부른다.」라고 기록되어 있다.《東京記》는《四夷朝貢圖》를 인용하여 말했다:「康國(대월지, Samarqand)에는 祆이라 부르는 신이 있고, 畢國(Baikand)에는 배화교 사원이 있으니, 이로써 사찰을 짓는 것이 아닌가 한다.」王溥의《唐會要》에는:「波斯國은, 서쪽으로 吐蕃(토번), 康國과 접해 있으며, 서북쪽으로는 拂菻, 즉 大秦과 사이를 두고 있으니, 그 풍속이 天, 地, 日, 月, 水, 火의 여러 신들을 섬긴다. 서역의 여러 오랑캐들이 火祆(불의 신)을 섬기니, 모두 波斯(페르시아)를 찾아가 法을 받았기 때문에, 波斯敎라 부르며, 이는 즉 火祆(조로아스터교)이다.」라고 기록되어 있다.

宋人姚寬曰:「火祆字從天, 胡神也. 經所謂摩醯首羅, 本起大波斯國, 號蘇魯支. 有弟子元眞, 居波斯國, 大總長如火山, 後化行於中國.」然天神專主事火, 而寬以爲摩醯首羅者, 以波斯之敎事天, 地, 水, 火之總, 故諸胡皆詣受敎,[58] 不專一法也.

宋나라 사람 姚寬이 말했다:「火祆이란 글자는 天을 딴 것이며, 오랑캐의 神이다. 경전에서 말하는 摩醯首羅(*譯者註: 산스크리트어 Maheśvara, 마혜수바라)는, 본래 大波斯國에서 일어난 것으로서, 蘇魯支라고 부른다. 元眞이라는 제자가 있어, 波斯國 大總長에 거했는데, 火山과 같았으며, 후에 중국에서

---

58 「以波 … 受敎」, 출전《舊唐書·波斯國》:「波斯國, 在京師西一萬五千三百里…. 其王冠金花冠, 坐獅子床, 服錦袍, 加以瓔珞. 俗事天地日月水火諸神, 西域諸胡事火祆者, 皆詣波斯受法焉. 其事神, 以麝香和蘇塗鬚點額, 及於耳鼻, 用以爲敬, 拜必交股.(波斯國은 長安에서 서쪽으로 1만5천3백 리 거리에 있으며…. 그 왕은 금화관을 쓰고, 사자 침대에 앉으며, 화려한 비단포를 입고, 구슬 목걸이로 장식을 한다. 풍속으로는 天地, 日月, 水火 및 여러 神들을 섬기며, 서역 지방의 여러 火祆를 섬기는 오랑캐들은 모두 波斯로 가서 法을 받는다. 그들은 신을 섬기며 사향과 차조기를 수염에 바르고 이마에 점을 찍으며, 귀와 코를 대는 것을 상대에 대한 공경의 표시로 삼고, 절할 때는 반드시 다리를 교차한다.)」이 중의「祆」는《說文解字》에서 이르기를:「祆, 胡神也, 從示, 天聲.(祆는 오랑캐 신이다. 보일 示에 天 발음이다.)」이라 했으니, 따라서「祆」는「祆」으로 쓰기도 한다.

교화하였다.」天神이 오롯이 불을 주관하지만, 摩醯首羅를 넓게 이해하자면, 波斯敎가 天, 地, 水, 火 모두를 섬기므로, 여러 오랑캐들이 모두 찾아가 가르침을 받으니, 한 가지 法에만 전념하지는 않는다.

大秦之敎, 本不出於波斯; 及阿羅訶者出, 則自別於諸胡. 碑言三百六十五種之中, 或空有以淪二, 或禱祀以邀福, 彼不欲過而問焉. 初假波斯之名以入長安, 後乃改名以立異. 地志[59]稱麥德那[60]爲回回[61]祖國, 其敎以事天爲本; 經有卅藏, 凡三千六百餘卷, 西洋諸國皆宗之. 今碑云: 「三百六十五種, 肩隨結轍,[62]」豈非回回祖國之卅藏歟?

大秦의 종교는, 본래 波斯에서 나온 것이 아니며; 阿羅訶(여호와)로부터 나왔으니, 즉 다른 여러 오랑캐의 종교와는 스스로 구별되는 것이다. 비석에서 언급하기를 '365종 가운데, 어떤 이는 法性과 幻相으로써 異論에 빠져 버렸으며, 어떤 이는 기도와 제사로써 복을 구하기만 한다' 하였지만, 저들은 그것을 넘으려 하지 않고 거기서 묻기만 하였다. 처음에는 波斯의 이름을 빌려 長安에 들어갔지만, 후에는 개명을 하여 그들과 다름을 세웠다. 지방지(地方誌)에서는 'Medina'를 일러 '回紇(회흘)의 조국'이라 칭했으며, 그 종교는 하늘을 섬김을 근본으로 한다; 경전은 삼십 藏이 있

---

59 「地志」: 초기의 '지방지'를 일컬으며, 「地誌」라고도 한다.

60 「麥德那」: 도시명. 즉 Medina의 음역이며, 「麥地那, 麥狄那」로 쓰기도 한다. 아라비아 반도에 위치해 있으며, 이슬람교 3대 성지 중의 하나이다.

61 「回回」: 唐朝에서는 중앙아시아에서 중국으로 들어온 민족을 「回鶻, 回紇」 등으로 부르기 시작했으며 … 이후 '回回'로 바뀌게 되었다. 이 민족은 대부분 이슬람교를 신봉하였기 때문에, 당시 중국어에는 곧 「回敎」라는 단어가 출현하게 되었다. 그러나 현재의 「回敎」는 대부분 중국 전통에서의 이슬람교를 지칭하는 것이지 전 세계적인 이슬람을 가리키는 것은 아니다.

62 「肩隨結轍」: '따르는 자들이 많아 길가에 왕래가 끊이지 않는다'는 의미이다. 《舊唐書·王廷湊》: 「歲時貢奉, 結轍於途, 文宗嘉之.(歲時에 제물을 바쳐 봉행함이 길에 끊이지 않으니, 文宗이 칭찬하셨다.)」

으니, 무려 3천6백여 권이고, 서양의 여러 나라가 모두 그것을 존숭한다. 지금 비석에서 말하는:「수많은 종파들이 앞다투어 일어나」라는 말은, 어찌 회흘 조국의 삼십 장 경전이 아니겠는가?

若末尼, 則志磐《統紀》,[63] 序之獨詳. 開元二十年, 敕云:「末尼本是邪見, 妄稱佛法. 旣爲西胡師法, 其徒自行, 不須科罰.」大歷[64]六年, 回紇請荊, 揚等州置末尼寺, 其徒白衣白冠. 會昌[65]三年, 秋, 敕京城女末尼七十二人皆死. 梁貞明[66]六年, 陳州末尼反, 立母乙爲天子, 發兵禽斬之.[67] 其徒不茹葷酒, 夜聚淫穢, 畫魔王踞坐, 佛爲洗足. 云佛上大乘, 我乃上上乘.

末尼(마니교)에 관해서는, 즉 志磐의 《統紀》에서, 홀로 상세히 서술하였다. 開元 20년, 칙령을 내려 말씀하시기를:「마니는 본래 사악한 견해로서, 佛法을 망령되이 참칭하였다. 이미 서쪽 오랑캐의 師法이 되었으니, 그 신도들이 스스로 행하여도, 형벌을 과할 필요가 없다.」大歷 6년, 회흘이 荊州와 揚州에 마니사를 설치해 줄 것을 요청하였고, 그 신도들은 흰옷에 흰 관을 썼다. 會昌 3년, 가을, 칙령을 내려 京城의 여자 마니교 신도 72명을 죽였다. 梁나라 貞明 6년에, 陳州에서 마니교가 반란을 일으키어, 母乙을 천자로 세웠으니, 군대를 동원하여 그들을 사로잡아 베어 버렸

---

63 「《統紀》」: [宋] 釋志磐이 찬하였으며, 서명은 《佛祖統記》라고도 한다. 총 54권.
64 「大歷」: 唐 代宗 李豫의 年號. 766-780년.
65 「會昌」: 唐 武宗 李炎의 年號. 841-847년.
66 「貞明」: 後梁의 末帝 朱友貞의 年號. 915-921년.
67 後梁 말년에 母乙이 天子를 참칭했던 일. 《新五代史·廣王全昱》:「而陳俗好淫祠左道, 其學佛者自立一法, 號曰『上乘』, 晝夜伏聚, 男女雜亂. 妖人母乙, 董乙聚衆稱天子, 建置官署, 友能初縱之, 乙等攻劫州縣, 末帝發兵擊滅之.(진부하고 저속하게 淫祠와 左道를 좋아하고, 불교를 배운 자들이 스스로 法을 세워 『上乘』이라 칭하였으며, 밤낮으로 모여 엎드리고, 남녀가 음란하게 섞였다. 요망스럽고 간악한 자 母乙과 董乙이 사람들을 불러모아 天子를 참칭하고, 관청을 설치하니, 그 벗들이 그들을 처음에는 제멋대로 놔두었고, 乙 등이 州縣을 습격하자, 마지막 황제가 군사를 일으켜 그들을 격멸하였다.)」참고.

다. 그 신도들은 육류를 먹지 않고 술을 마시지 않았으나, 밤이면 모여 음란한 행각을 벌였으며, 마왕이 쪼그려 앉고 부처가 그의 발을 씻는 그림을 그려 놓고, '부처가 大乘으로 올라갔으니, 나는 곧 上乘으로 올라간다'고 말하였다.

蓋末尼爲白雲, 白蓮[68]之流, 于三種中爲最劣矣! 以元興三夷寺之例, 覈而斷之,[69] 三夷寺皆外道也, 皆邪教也. 所謂景教流行者, 則夷僧之黠者, 稍通文字, 膏唇拭舌,[70] 妄爲之詞, 而非果有異於摩尼, 祆神也.

무릇 마니교는 백운교와 백련교의 유파이며, 세 가지 종교 중에서 가장 열등하다! 元興가 말한 세 오랑캐 사원의 예로써, 따져 확인하여 단정해 보면, 세 오랑캐 사원은 모두 외부의 道로서, 모두 사악한 종교이다. 소위 '경교가 유행했다' 하는 것은, 즉 오랑캐 승려 중 교활한 자가, 문자에 조금 통하여, 입술에 기름을 바르고 혀를 천으로 닦아 말하는, 망령된 말들이니, 과연 마니교, 조로아스터교와 다름이 없다.

---

68 「白蓮」: '백련교(白蓮教)'를 지칭하며, 이는 본래 불교의 일파였다. 元代 이후부터 타 종교의 성분이 대량으로 유입되면서 그 분파가 백여 개에 이르렀다. 元, 明, 淸 시기 민간에서는 백련교의 이름으로 여러 차례 농민 봉기가 일어났다.

69 「覈而斷之」: '조사를 거친 후에 판정을 내리다'. 「覈」, '조사 확인하다, 검사하다'의 의미이다.

70 「膏唇拭舌」: '기름을 입술에 바르고, 천으로 혀를 닦는다'. 입과 혀를 칼로 삼아 남을 공격하는 말을 앞다투어 하다. 「膏脣拭舌」이라고도 한다. 《後漢書·呂強》: 「陛下不密其言, 至令宣露, 群邪項領, 膏脣拭舌, 競欲咀嚼.(폐하께서 그 말을 숨기지 아니하시고, 널리 퍼지게 하는 지경에 이르러, 여러 간사한 무리들이 깨닫고는, 입과 혀를 칼로 삼아, 남을 공격하는 말을 앞다투어 하였다.)」

《道古堂文集》이 경교비를 논한 것을 기록함
(錄《道古堂文集》[71]論景教碑事)

錢氏〈景教考〉曰大秦, 曰回回, 曰末尼. 大秦, 則范蔚宗[72]已爲之立傳.
末尼因回回以入中國, 獨回回之敎, 種族蔓衍, 士大夫且有慕而從之者. 其
在唐時, 史固稱其「創邸第, 佛祠. 或伏甲兵其間, 數出中渭橋, 與軍人格
鬪, 舍光門魚契走城外.」[73] 而摩尼至京師, 歲往來西市, 商賈與囊橐[74]爲
姦. 李文饒[75]亦稱其「挾邪作蠱, 浸淫宇內」, 則其可絕者, 匪特非我族類而
已. 作〈景敎續考〉.

錢氏의 〈景敎考〉는 大秦이라 하고, 回回(회흘)라 하며, 末尼(마니)라고 하
였다. 大秦은 范蔚宗이 이미 그에 대해 저술한 바가 있다. 마니교는 회흘
인들이 중국 땅에 들어가서, 홀로 회흘인의 종교가 됨으로써, 그 종족이
널리 번지어 퍼졌고, 사대부들이 또한 흠모하여 따랐다. 당나라 때, 역사
서가 본래 그것을 언급하여 「귀족의 사택과 불교 사찰을 지었다. 어떤
이가 복병으로 그 사이에 있다가, 여러 차례 中渭橋로 나가서, 군대와 격

---

71 「道古堂文集」: 淸 乾隆 연간에 編修 杭世駿(1696-1772)이 撰하였으며, 총 48권이다. 관
   련 내용은 〈景敎續考〉로서 《道古堂文集》 권25, 8上에서 10上쪽에 수록되어 있다.
72 「范蔚宗」은 南朝 宋의 范曄(398-445)이며, 《後漢書》의 작자이다.
73 「創邸 … 城外」, 출전 《新唐書・常袞》: 「始, 回紇有戰功者, 得留京師, 虜性易驕, 後乃創邸
   第, 佛祠. 或伏甲其間, 數出中渭橋, 與軍人格鬪, 奪舍光門魚契走城外.(처음에, 회흘인 중
   전공이 있는 자는, 長安에 머물 수 있었는데, 난폭한 성격은 교만해지기 쉬웠으므로,
   후에 곧 귀족의 사택과 불교 사찰을 지었다. 어떤 이가 복병으로 그 사이에 있다가, 여
   러 번 中渭橋로 나가서, 군대와 격투를 벌였으며, 舍光門의 魚契를 탈취하여 성 밖으로
   도주하였다.)」 「舍光」은 殷나라 때 만들어진 보검(寶劍)으로 전해지는데, 휘두를 때
   검신(劍身)이 보이지 않기 때문에 사람을 죽일 때도 찰나에 불과하다고 하여 붙여진
   이름이다.
74 「囊橐」: '숨기다, 비호하다'의 의미이다. 「橐」의 독음은 「馱」와 같다.
75 「李文饒」: 李德裕, 字는 文饒, 唐朝의 宰相, 號는 李衛公이다. 中晚唐 시기 '牛李黨爭' 중
   李黨의 우두머리였다. 저작으로는 《李文饒文集》, 《會昌一品集》 등이 있다.

투를 벌였으며, 含光門의 魚契를 탈취하여 성 밖으로 도주하였다.」라고 했으니, 마니교는 長安에 이르러, 한 해 동안 서쪽 시장을 왕래하였는데, 상인들이 몰래 은폐하여 간음을 하였다. 李文饒가 또한 그를 일러「사악한 세력을 끼고 나쁜 짓을 하여, 천하를 음란하게 한다.」라고 했으니, 즉 그 절정에 있는 자들은, 비적들로서 우리의 족속이 아닐 뿐이다. 〈景教續考〉를 썼다.

回回之先, 卽黙得那[76]國國王穆罕黙德, 生而神異, 臣服西域諸國, 尊爲「別援爾」,[77] 華言「天使」也. 而天方古史稱「阿丹」,[78] 奉眞宰明諭, 定分定制, 傳及後世. 千餘年後, 洪水泛濫, 有大聖努海[79]受命治世, 使其徒衆, 四方治水, 因有人焉; 此去阿丹治世之初, 蓋二千餘歲. 後世之習淸眞之教者, 乃更衍其說曰: 阿丹傳施師,[80] 師傳努海, 海傳易卜刺欣,[81] 欣傳易司馬儀,[82] 儀傳母撒,[83] 撒傳達五德,[84] 德傳爾撒,[85] 爾撒不得其傳; 六百年而後,

---

76 「黙得那」: '메디나(Medina)'를 가리킨다. 모하메드는 기원 622-623년에 메디나를 중심으로 주변 민족과「메디나 헌장」을 체결하고 통치자가 되었다.

77 「別援爾」, 즉「파이감바르(Paighambar)」를 가리킨다. 출전 《明史 · 黙德那》: 「黙德那, 回回祖國也, 地近天方. 宣德時, 其酋長遣使偕天方使臣來貢, 後不復至. 相傳其初國王謨罕驀德生而神靈, 盡臣服西域諸國, 諸國尊爲**別諳拔爾**, 猶言天使也.(메디나는, 회흘인의 나라이며, 아라비아에 근접해 있다. 宣德 때에, 그 추장이 사신을 보내 아라비아의 사신들이 함께 와서 조공하게 했으나, 후에 다시 오지 않았다. 전하는 바에 따르면 처음 국왕 모하메드가 태어나 신령이 되었고, 모두가 서역 여러 나라를 신하의 예절로써 섬겼으니, 여러 나라가 파이감바르로 추대하였으며, 이는 '천사'라는 말과 같은 것이다.)」

78 「阿丹」: 코란(Koran) 중의 첫 번째 선지자,「亞當」으로 칭하기도 한다.

79 「努海」: 「努哈」또는「挪亞」로도 칭한다. '노아'.

80 「施師」: 「塞特(세트)」으로도 칭한다. 코란에 나오는 '아담과 하와의 아들'.

81 「易卜刺欣」: 기타 종교에서「亞伯拉罕(아브라함)」으로 부르며, '一神教의 아버지'로 숭앙받는다.

82 「易司馬儀」: 「以實瑪利(이스마엘)」로도 불리는 '아브라함의 아들'.

83 「母撒」: 「摩西(모세)」라고도 한다.

84 「達五德」: 「大衛(다윗)」이라고도 한다.

85 「爾撒」: 「耶穌(예수)」라고도 한다.

穆罕默德生, 命曰哈聽, 猶言封印云.

회흘의 선조는, 즉 메디나국의 국왕 모하메드이니, 태어나서부터 신이하였고, 서역 여러 나라를 신하의 예절로써 섬겼으며, 파이감바르로 추대되었는데, 중국어로는 「天使」이다. 한편 아라비아의 옛 역사서가 「아담」이라 칭한 이는, 참된 주재자의 밝은 가르침을 신봉하고, 정해진 분별과 확립된 제도를, 후세에 전하였다. 천여 년 후, 홍수가 범람하고, 대 성인 노아가 명을 받아 세상을 다스렸으니, 그 무리들로 하여금 사방에서치수하게 하였는데, 왜냐하면 거기에 사람들이 있기 때문이었다; 이것은 아담이 세상을 다스린 초기로부터, 대략 2천여 년이 된다. 후세의 회교도들이, 그 말을 다시 부연하여 말하였다: 아담이 아들에게 전했고, 아들이 노아에게 전했으며, 노아가 아브라함에게 전했고, 아브라함이 이스마엘에게 전했으며, 이스마엘이 모세에게 전했고, 모세가 다윗에게 전했으며, 다윗이 예수에게 전했고, 예수는 그것을 전하지 못하였다; 6백 년이지난 후에, 모하메드가 태어났으니, 哈聽(하심)이라 이름 붙였고, 이는 '봉인하다'는 말과 같다.

按唐之回紇, 卽今之回回. 回紇之先, 爲匈奴; 元魏時號高車, 或曰敕勒, 曰鐵勒, 其見於魏收,[86] 李延壽[87], 宋祁[88]之史, 班班可考. 異端之徒, 創爲荒忽幽怪[89]之談, 以欺世而眩俗,[90] 如天方古史云云者, 其尤可軒渠[91]者也.

86　「魏收」: 北齊 시기의 사람으로, 저작으로는《魏書》114권이 있다. 太子少傅, 尚書右僕射등의 직을 역임했다.

87　「李延壽」: 唐나라 사람으로 대대로 相州(지금의 河南省 安陽)에 살았고, 史學에 뛰어났다. 貞觀 연간에 太子典膳丞, 崇學館學士, 御史臺主簿, 符璽郞 등을 역임했으며,《南史》80권,《北史》100권을 편찬하였다.《新唐書·李延壽》참고.

88　「宋祁」: 人名(998-1061). 字는 子京이며, 宋나라 安陸 사람으로서 시호는 景文이다. 진사에 급제하여 관직이 工部尚書, 翰林學士承旨에 이르렀다. 歐陽修와 함께《新唐書》를편찬하였으며, 저서로는《宋景文筆記》가 있다.

唐나라의 回紇은, 지금의 回回이다. 회흘의 선조는, 흉노이다; 北魏 때 高車라고 불렀고, 혹은 敕勒, 鐵勒이라고도 불렀으니, 魏收, 李延壽, 宋祁의 역사서에서 볼 수 있으며, 확실한 기록이 있어서 고증할 수가 있다. 이단의 무리들로서, 황홀하고 기이한 이야기를 만들어 내어, 세상을 속이고 사람들을 미혹하였으니, 아라비아의 옛 사서들이 말한 바대로, 그것은 특히도 우스꽝스러운 것들이다.

又言國中有佛經卅藏, 自阿丹至尔撒, 凡得百十有四部, 如《討剌特》^{降與母撒之經名},92 《則逋爾》^{降與達五德之經名},93 《引支納》^{降與爾撒之經名},94 皆經之最大者.95 自穆罕默德, 按經六千六百六十六章, 名曰「甫以加尼」. 此外, 爲今清眞所誦習者, 又古尔阿尼之《寶命眞經》,96 特福西尔噶最之《噶最眞經》, 特福西尔咱吸堤之《咱希德眞經》, 特福西尔白索義尔之《大觀眞經》, 密逋索德之《道行推原經》, 勒瓦一合之《昭微經》, 特卜綏尔之《大觀經》, 侏儸昧任, 不可窮詰.

또한 나라에 불경 서른 藏이 있다 하였으며, 아담으로부터 예수까지,

---

89 「荒忽幽怪」: '불분명하여 알 수 없는 기이한 모습'.
90 「眩俗」: '세상 사람들을 미혹하다'. 「眩」, '미혹되다'.
91 「軒渠」: '즐겁게 웃는 모습'. '담소하다'의 의미로 해석할 수도 있다. [清] 紀昀, 《閱微草堂筆記 · 姑妄聽之三》: 「道士軒渠良久曰: 『此術也, 非道也.』(道士가 한참을 기뻐 웃다가 말하기를: 『이 방법은 道가 아니니라.』 하였다.)
92 「討剌特」: 독음은 Tawrat, 「妥拉(토라)」라고도 부르지만, 내용은 히브리 성경과 다른 점이 있다. 「摩西五書(모세오경)」이라고도 부를 수 있다.
93 「則逋爾」: 독음은 Zabur, '다윗이 지은 시편'을 의미한다.
94 「引支納」: 독음은 Injil, '예수의 생평과 사적'을 가리킨다.
95 《討剌特(토라)》, 《則逋(시편)》 그리고 《引支那(신약)》, 코란 등을 포함한 114부의 이슬람교 경전들은 모두 이 종교의 사람들이 믿는 신―「알라」가 내려오시기 전의 거룩한 典籍이라고 여기는 것이다.
96 「寶命眞經」: 코란에 대한 중국 이슬람교의 옛 명칭이다. 최초에는 이 경전을 '《寶命眞經》의 기록'이라 했으며, 이는 清 同治 元年(1862)에 杜文秀가 간인한 목각본이다.

무릇 114部를 얻었으니,《토라》^{모세에게 내려 준 경전명},《시편》^{다윗에게 내려 준 경전명}, 《신약》^{예수에게 내려 준 경전명} 모두 경전의 가장 큰 것들이다. 모하메드에서 유래한 것으로, 경전 6,666章에 근거하여, 「甫以加尼(꾸란)」라고 불린다. 이 밖에도, 지금 이슬람교에서 송독하는 경전으로는, 古爾阿尼(꾸란)의《寶命眞經》, 特福西爾噶最의《噶最眞經》, 特福西爾咱吸堤의《咱希德眞經》, 特福西爾白索義爾의《大觀眞經》, 密邇索德의《道行推原經》, 勒瓦一合의《昭微經》, 特卜綏爾의《大觀經》이 있으니, 왜소한 이가 소임에 어두워, 끝까지 따져 물을 수가 없다.

　而其隷在四驛館, 回回特爲八館之首. 問之, 則云: 書兼篆, 楷, 草, 西洋若土魯蕃, 天方,[97] 撒爾兒罕,[98] 占城,[99] 日本, 眞臘,[100] 爪哇, 滿加拉[101]諸國皆用之. 夫篆, 楷, 草爲吾中國之法之次第, 其徒特借以神其誕幻而顧, 倒道而行, 迂道而說, 以爲得天之明諭. 噫! 是何其無忌憚之甚也!

　四驛館에 예속된 자들 중, 회흘인이 특별히 八館의 우두머리이다. 까닭을 물어 보니, 즉 가로되: 서체는 전서, 해서, 초서를 겸하고 있는데, 서양의 투루판, 메카, 사마르칸트, 참파(Champa), 일본, 첸라(Chenla), 자바(Java), 말라카(Malacca) 등과 같은 여러 나라가 모두 그것을 사용한다. 무릇 전서, 해서, 초서는 우리 중국 서법의 순서인데, 그 무리들은 단지 신

---

97 「天方」: 중국 고대에는 메카(Mecca) 혹은 아라비아 지역을 「天方」이라고 불렀다.
98 「撒爾兒罕」: '사마르칸드(Samarkand)'를 지칭한다. 역사적인 古城이며, 중국과는 隋나라 이래로 계속 교역이 이어졌고, 古書에서는 「康國」이라 불렸으며, 현재는 우즈베키스탄에 속해 있다.
99 「占城」: 中南반도 위의 역사적인 古城, 「占婆」라고도 부르며, 현재 베트남에 속해 있다.
100 「眞臘」: 中南반도 위의 역사적인 古城,《隋書》에 최초의 기록이 있으며, 일찍이 「高棉 (Khmer)」제국으로의 휘황한 역사적 흔적을 남겼고, 현재는 캄보디아와 라오스에 속해 있다.
101 「滿加拉」: 「滿拉加」로 쓰는 것이 옳으며, 지금의 말레이시아 古城 「馬六甲(말라카)」의 옛 이름이다.

의 그 황당무계한 돌봄과 道를 거슬러 행동하고 말하는 것을 빌려, 하늘의 밝은 가르침을 얻었다고 여긴다. 아아! 이것이 어찌 거리낌이 없다는 것인가!

今以其教之在中國者而考之, 隋開皇中, 國人撒哈八撒阿的幹思葛始以其教來.[102] 故明初用回回曆, 其法亦取自開皇. 至唐元和初, 回紇再朝, 始以摩尼至, 其法日晏食, 飮水茹葷, 屛湩酪. 見《新唐書·回紇傳》[103] 二年, 正月庚子, 請於河南府, 太原府置摩尼寺, 許之. 見《舊唐書·憲宗紀》明洪武[104]時, 大將軍入燕都, 得秘藏之書數十百冊, 稱乾方先聖之書, 中國無解其文者. 太祖勅翰林編修馬沙亦黑馬哈麻譯之, 而回回之敎, 遂磐互於中土, 而不可復遣矣! 至於天方, 則古筠沖地, 舊名天堂, 又名西域, 其國本與回回爲鄰, 明宣德[105]間, 乃始入貢. 而今之淸眞禮拜寺, 遂合而爲一, 念, 禮, 齋, 課, 朝[106]五之類, 日無虛夕, 異言奇服, 招搖過市, 而恬然不以爲怪, 其亦可謂不齒之民也已!

지금 그 가르침이 중국에 있는 것을 고증해 보면, 隋나라 開皇 연간에,

---

102 「隋開 … 敎來」, 그중 「幹思葛(간사갈)」에 관하여는, 隋 文帝 때 淸眞敎(즉 회교, 이슬람교)가 중국에 들어왔던 사적들이 전해져 내려왔다. 상세한 내용은 《明史》 참고. 「幹思葛」은 「幹葛思(간갈사)」로 쓴다.

103 《新唐書·回鶻上》: 「元和初, 再朝獻, 始以摩尼至. 其法日晏食, 飮水茹葷, 屛湩酪, 可汗常與共國者也.(元和 초년, 다시 알현하고 조공을 바쳤으며, 처음으로 회흘인들이 이르렀다. 그들의 규율은 매일 늦은 식사를 하고, 물을 마시고 육식을 하지만, 치즈를 먹지 않으며, 회흘의 칸이 항상 함께 나라를 다스린다.)」 「回鶻(회골)」은 본래 돌궐(Türk)과 형제 우방국가였으나 후에 돌궐에 종속되었다. 唐나라 때에 돌궐을 배반하여 「回紇(회흘)」이라 불렀으며, 후에 「回鶻」로 개칭하였다. 1934년 이후 「唯吾爾(위구르, Uygur)」라 부른다. 「湩」, '유즙(乳汁)'.

104 「洪武」: 明 太祖 朱元璋의 年號, 1368-1399년.

105 「宣德」: 明 宣宗의 年號. 1426-1436년.

106 「念禮齋課朝」: 이슬람에서는 「五功(이슬람의 다섯 기둥)」이라 부르니, 즉 '신도가 취해야 할 의무'이다. 내용은 순서에 따라 '신앙고백(Shahada), 매일 다섯 차례의 기도(Sarat), 금식(Saum), 자선 헌금(Zakat), 성지순례(Haji)'이다.

모하메드의 중국인 제자 幹思葛이 그 종교를 들여온 것이 시작이다. 따라서 明 초에는 회회력(*譯者註: 명나라 때 중국에 전래된 아라비아의 천문서)을 사용했고, 그 法도 開皇에서 가져온 것이다. 唐 元和 초년에 이르러, 회흘이 다시 알현하였으니, 마니교가 처음으로 도달한 것이다. 그 규율은 매일 늦은 식사를 하며, 맹물을 마시고 육식을 하였으며, 치즈를 물리쳤다.《新唐書 · 回紇傳》참고. 이듬해, 정월 경자일에, 河南府와 太原府에 마니사를 설치할 것을 청하니, 허락해 주었다.《舊唐書 · 憲宗紀》참고. 明 洪武 때에, 대장군이 베이징으로 들어왔고, 밀장해 놓은 책 수백 권을 얻어, '서북방 옛 성현들의 책'이라 칭하였으니, 중국에는 그 문헌을 이해한 자가 없었다. 太祖가 한림원(翰林院) 편수인 馬沙亦黑과 馬哈麻 두 형제에게 그것을 번역하라고 칙령을 내렸고, 회교도의 종교가, 마침내 중국 땅에서 정착하여 떠나지 않았으니, 다시 쫓아낼 수가 없게 되었다! 아라비아에 관해서는, 옛날에 筠沖의 땅이라 했고, 옛 이름은 천당이며, 서역이라고도 불렀으니, 그 나라가 본래는 회흘과 이웃하였고, 明 宣德 연간에, 처음으로 조공을 바쳤다. 지금의 회교도 예배 사원들은, 마침내 하나로 합쳐졌고, '念, 禮, 齋, 課, 朝' 다섯 가지를, 날마다 쉬는 저녁이 없고, 기이한 말과 복장으로, 남의 눈을 끌도록 과시하며 거리를 지나가면서도, 그러나 태연자약하게 이상히 여기지 않으니, 그 또한 백성을 멸시한다 할 수 있는 것이다!

《金石萃編》이 경교비를 논한 것을 기록함
(錄《金石萃編》[107]論景教碑事)

按此碑原委,〈景教考〉言之已詳, 潛研跋謂今歐羅巴奉天主耶穌或云即大秦遺教, 據碑有判十字以定四方之語, 今天主教常擧手作十字, 與碑言似合. 然《日下舊聞考》[108]記天主堂搆[109]于西洋利瑪竇,[110] 自歐羅巴航海九萬里入中國, 崇奉天主云云. 歐羅巴在極西北, 須從大西洋迤[111]西而南, 經小西洋, 大南洋, 抵占城, 瓊島,[112] 泊交廣以達中土, 有九萬里之遠也. 若大秦國, 以本朝職方會覽,《四夷圖說》[113]諸書攷之, 大秦一名如德亞, 今稱西多爾,[114] 在歐羅巴南, 雖陸路可通, 而甚遼遠, 似不能合爲一也.

이 비석의 경위를 조사하여,〈景敎考〉에서 이미 상세히 언급한 바 있고,《潛硏堂金石文跋》은 지금 유럽이 천주 예수를 신봉하는 일이나 大秦의 유실된 종교를 말하였는데, 비석에 '十字로 구별하여 四方을 정했다'

---

107 「金石萃編」: 淸 乾隆 연간의 進士 王昶(1724-1806)이 편찬하였다. 이 책은 淸 嘉慶 10년 (1805)에 완성되었으며, 총 160권으로 주로 周, 秦 연간에서 宋, 遼, 金까지의 石刻문자 를 수록하고 있고, 청동기와 銘文 등의 문자에 이르기까지 모두 수록된 淸代 金石學의 집대성이라 할 수 있다. 관련 내용은 〈景敎流行中國碑〉이며,《金石萃編》권102 1上에서 14上쪽에 수록되어 있다.

108 「日下舊聞考」:《淸史稿》의 기록에 의하면 총 120권으로 이루어져 있으며, 淸 高宗 乾隆 39년(1774)에 칙명에 의해 편찬되었다.

109 「搆」: '일으키다, 야기하다'의 의미이다.

110 「利瑪竇」: Matteo Ricci S.J., 1552-1610, 천주교 이태리 출신 예수회 선교사. 明 神宗 萬曆 8년(1580)부터 중국에 와 선교하였으며, 徐光啓와 함께 고대 그리이스 수학자 유클 리드의《幾何原本》을 함께 번역하였고, 중국 고적(古籍)들을 라틴어로 번역하여 서방 에 전파시켰다. 또한 선교 역사상 「예의지쟁(禮儀之爭)」의 주요 인물이기도 하다.

111 「迤」: '비스듬히 뻗다'의 의미이며,「迆」와 같다.

112 「瓊島」: 지금의 해남도(海南島)의 별칭.

113 「四夷圖說」: 明나라 嘉靖 연간의 편집본, 총 1권. 작자 미상.

114 「西多爾」: 이곳은 당시에 오스만제국에 속해 있었고,「시리아(敍利亞)」와 호칭이 혼용 되었다.

는 말이 있는 것에 근거해 보면, 오늘날 천주교는 자주 손을 들어 십자를 만드니, 비석에서 말한 것과 딱 들어맞는다. 그러나《日下舊聞考》는 서양의 마테오 리치가 유럽에서부터 9만 리를 항해하여 중국에 들어옴으로부터 천주당이 시작되어, 하나님을 신봉한다는 내용들을 기록하였다. 유럽은 서북쪽 끝에 있어서, 반드시 대서양을 따라 서쪽으로 비스듬히 남하하여, 小西洋과 大南洋을 경과해야, 참파(Champa)와 해남도(海南島)에 도달할 수 있고, 정박하고 교차하기를 수없이 해야 중국 땅에 도달할 수 있으니, 9만여 리 먼 길이다. 大秦國에 관하여는, 본 왕조의《職方會覽》과《四夷圖說》등 여러 저작들이 그것을 고찰하였는바, 大秦은 일명 如德亞(루따아국, 유대)라고도 하고, 오늘날은 시리아라고 부르며, 유럽의 남쪽에 있어서, 비록 육로는 통해 있지만, 심히 멀고도 먼 길이라, 하나로 합해 말할 수는 없는 듯하다.

杭氏〈續考〉, 其說亦詳, 然謂唐之回紇, 卽今之回回, 說亦未然. 唐之回 訖, 卽回鶻, 其地與薛延陀[115]爲隣, 距長安祗七千里. 若回回有祖國, 以今 職方[116]諸書考之, 在古大秦國之東, 一名伯爾西亞, 今稱包社大白頭番, 與回紇隔遠, 似亦不能合爲一也.[117]

---

[115] 「薛延陀」: 薛部가 延陀部를 병합한 이후의 國名이며, 칙륵(敕勒) 부락에 속해 있었고, 「薛延陁」라고도 했다. 일찍이 回紇과 함께 唐을 도와 東突厥을 멸하였고, 貞觀 말년에는 내란으로 인하여 李勣에게 멸망당했다.《舊唐書·貞觀十五年》:「李勣與薛延陁戰于諸眞水, 大破之, 斬首三千餘級, 獲馬萬五千匹.(李勣이 薛延陁와 諸眞水에서 싸워 대파시켰으니, 적의 머리를 3천여 급이나 베었고, 말 만오천 마리를 노획하였다.)」

[116] 「職方」: 古代에 天下의 지도와 四方의 貢納을 전적으로 관리하던 관직명.《明史·兵部附協理京營戎政》:「職方掌輿圖, 軍制, 城隍, 鎭戍, 征討之事. 凡天下地里險易遠近, 邊腹疆界, 俱有圖本, 三歲一報, 與官軍車騎之數偕上.(職方이 지도와 군제, 성황신, 군대의 진수, 토벌 등의 일을 관장하였다. 무릇 천하 땅의 험준한 곳과 평탄한 곳, 가까운 곳과 먼 곳, 변경과 수복 지역들을 모두 그림 지도에 갖추었으니, 3년에 한 번씩 보고하였으며, 관군에게 전차와 기마의 숫자를 모두 보고해 올렸다.)」

[117] 「伯爾西亞, 包社」: 모두 '페르시아(Persia)'를 지칭한다.

杭世駿의 〈景教續考〉는, 그 내용이 또한 상세하나, 唐의 回紇(회흘)을 말하면서, 지금의 回回(회족, 회교도)라 하였는데, 그 설은 또한 아직 그렇지가 않다. 唐의 回紇은, 즉 回鶻(회흘)이며, 그 영토가 薛延陀와 인접해 있고, 長安으로부터 7천 리 거리에 있다. 回回란 나라에 관해서는, 지금 직방(職方)의 여러 저작들로 그것을 고찰해 보면, 옛 大秦國의 동쪽에 있고, 일명 伯爾西亞(페르시아)라 하며, 현재는 包社(페르시아) 大白頭番이라 부르니, 回紇과는 거리가 멀어, 하나로 이야기하기는 어려울 것 같다.

碑稱大秦國上德阿羅本, 兩唐書西域傳所記諸國, 惟拂菻一名大秦, 然無一語及景教入中國之事.《唐會要》稱波斯國西北距拂菻, 則波斯在拂菻之東南, 故《長安志》所記大秦寺, 其初謂之波斯寺. 玩[118]天寶四年詔書, 波斯經教出自大秦, 則所謂景教者, 實自波斯, 而溯其原於大秦也.

비석에서는 대진국 상덕 阿羅本을 말하였고,《新唐書》와《舊唐書》의 西域傳에서는 여러 나라를 기록하면서, 단지 拂菻을 일명 大秦이라 하였을 뿐, 그러나 경교가 중국에 들어온 일에 대해서는 언급하지 않았다.《唐會要》에서는 波斯國(페르시아)의 서북쪽에 拂菻이 있다 했으니, 즉 波斯는 拂菻의 동남쪽에 있고, 그리하여《長安志》는 大秦寺를 기록하면서, 처음에 波斯寺라 하였다. 天寶 4년의 조서를 깊이 연구해 보면, 波斯經教는 大秦에서 나왔으니, 소위 景教란, 실제로 波斯에서 왔으나, 그 원류를 추적해 보면 大秦에서 온 것임을 알 수 있다.

《唐書·西域傳》波斯距京師萬五千里, 其法祠祆神,[119] 與《唐會要》語同,

---

118 「玩」: '깊이 연구하다'의 의미이다.

119 「唐書 … 祆神」, 출전《新唐書·波斯》:「波斯, 居達遏水西, 距京師萬五千里而贏, 東與吐火羅, 康接, 北鄰突厥可薩部, 西南皆瀕海, 西北贏四千里, 拂菻也…. 俗尊右下左, 祠天地日

然亦無所謂景教者. 祆神字當從示從天, 讀呼煙切, 與從天者別. 《說文》
云:「關中謂天爲祆」,《廣韻》[120]云:「胡神」. 所謂關中者, 統西域而言. 西
北諸國, 事天最敬, 故君長謂之天可汗, 山謂之天山, 而神謂之天神. 延及
歐羅巴謂之天主, 皆以天該之. 唐傳記波斯國俗, 似與今回回相同, 此碑稱
「常然眞寂」,「戰隱眞威」,「亭午昇眞」,「眞常之道」,「占靑雲而載眞經」,
擧「眞」不一而足. 今所建回回堂謂之禮拜寺, 又謂之淸眞寺, 似乎今回回
之敎, 未始不源於景敎. 然其中自有同異, 特以彼敎難通, 未能剖析, 姑備
錄諸說[卽己上衆說爲王昶所備錄者], 以資博攷. 至碑稱景字之義, 文中只二語云:
「景宿告祥」,「懸景日以破暗府」, 是與景星, 景光, 臨照之義相符, 然則唐
避諱而以景代丙, 亦此義歟?

《唐書·西域傳》에서 波斯는 長安에서 만오천 리 떨어져 있다 했고, 그
법이 祆神에게 제사를 지낸다 했으니, 《唐會要》의 말과 같지만, 그러나
또한 景敎에 대해서는 언급이 없다. '祆神'의 '祆'이라는 글자는 '보일 示'
에 '하늘 天'자이며, '天'은 '呼煙'의 反切로 읽으니, '天'를 쓴 '祆'와는 구별
된다. 《說文》에서 가로되:「관중에서는 天을 祆이라 한다」, 《廣韻》에서 가
로되:「오랑캐의 신이다」. 소위 관중이라 함은, 서역 지방을 통칭하여 말
하는 것이다. 서북쪽의 여러 나라들은, 하늘을 숭경하는 것을 최고로 삼
았기 때문에, 군주를 일러 天可汗이라 하고, 산을 天山이라 부르며, 神을

月水火. 祠夕, 以麝揉蘇, 澤肜顔鼻耳. 西域諸胡受其法, 以祠祆.(波斯는 遏水의 서쪽에 위
치해 있으며, 長安에서 만오천 리 거리에 있고, 동으로는 吐火羅, 康과 접해 있으며, 북
으로는 돌궐의 可薩部와 인접해 있고, 서남쪽은 모두 바다에 접해 있으며, 서북쪽으로
4천 리를 가면 拂菻에 다다른다…. 오른쪽을 존대하고 왼쪽을 하대하는 습속이 있으
며, 天·地·日·月·水·火에 제사를 지낸다. 제사 지내는 밤에는, 사향을 차조기에
발라, 수염·얼굴·코·귀에 문질러 윤이 나게 한다. 서역의 여러 오랑캐들이 그 법을
받아서, 祆에게 제사를 지낸다.)」이 중「嬴」은 '뻗다, 확대되다'의 의미이다.

120 「廣韻」: 宋나라 眞宗 大中祥符 연간(1008-1017)에 陳彭年과 邱雍이 중수(重修)한 운서
(韻書)이며,《大宋重修廣韻》이라고도 부른다. 총 5권이며, 206개의 韻으로 나누었다.

天神이라 칭한다. 그것이 유럽에까지 미쳐서 天主라고 부르니, 하늘 '天' 자를 사용함이 모두 충분히 그럴 만하다. 唐 傳記 속의 페르시아의 습속은, 지금의 回回와 거의 같아서, 이 비석에서는「영원불변의 참 고요함」, 「참된 위엄을 감추심」,「정오에 참 神으로 승천하심」,「참되고 영원한 道」,「창공의 구름을 타고서 참된 경전을 싣고」라 칭하였으니,「眞」자를 여러 차례 언급하였다. 지금 건립한 回回의 예배당을 일러 '禮拜寺'라 하고, 또 '淸眞寺'라고도 부르니, 지금의 回回의 종교와 거의 유사하므로, 景教에서 기원하지 않은 것은 아니다. 그러나 그 가운데도 공통점과 상이점이 있어서, 특히 그 종교는 이해하기 어려운 바가 있어, 분석해 볼 수가 없으니, 여러 가지 설을 임시로 마련하여 기록하고즉 이미 위에서 여러 번 말한 것은 王昶이 기록한 것이다, 널리 고찰할 수 있는 자료로 제공코자 한다. 비석에서 '景'자의 의미를 언급한 것에 관해서는, 글월 중에 단지 두 차례의 언급만이 있는데:「크고 밝은 별이 기쁜 소식을 알림(景宿告祥)」,「큰 빛을 비추시어 어둠을 깨뜨리심(懸景日以破暗府)」, 이것은 '큰 별', '큰 빛'이 임하여 비추었다는 뜻에 부합하니, 그런즉 唐 시기에 '景'자로써 '丙'자를 피휘하였다는 것이, 또한 이러한 뜻인가?

《中西紀事》가 경교비를 논한 것을 기록함
(錄《中西紀事》[121]論景教碑事)

初西人奉釋氏之教, 自佛滅度[122]後六百年而耶穌生, 以爲人生一大事,

121 「中西紀事」: [淸] 夏燮 撰, 총 24권. 관련 내용은 〈猾夏之漸(중국에 대한 침범이 점차 일어남)〉의 문장으로서《中西紀事》권2, 1上~2下에 수록되어 있다.

122 「滅度」: 불교 용어이며, 의미는 '涅槃'을 가리킨다.

首在敬天, 爰追初祖,[123] 上溯鴻濛,[124] 判十字以定四方, 合氣, 水, 火, 土四行之精, 肇生萬物, 天外無神, 故無偶像, 无祈禱. 凡立廟, 陳牲, 設酒, 鼓樂, 讚頌神名者, 皆外道也.

처음 서쪽 사람들이 불교의 가르침을 받든 것은, 부처가 열반에 든 지 6백 년이 지나고 예수가 탄생하신 때이니, 예수가 인간의 모습으로 태어난 큰 사건은, 우선 하늘을 경외함에 있고, 그리하여 初祖를 추적하여, 극도의 혼돈 상태로 거슬러 올라가니, 십자를 판정하여 사방을 정했고, '氣·水·火·土' 네 가지 정기를 합하여, 만물을 창조하였으며, 하늘 밖에는 신이 없었으므로, 우상이 없고, 기도도 없었다. 무릇 사당을 세우고, 가축을 진설하며, 술을 차려 놓고, 음악을 연주하니, 신의 이름을 찬양하는 것은, 모두 외부에서 온 道이다.

耶穌以天爲父, 自稱神子, 厭世上仙, 代衆生受苦, 以救萬世, 故其死也, 西人以天主稱之. 然自唐以前不聞於中國, 迨太宗貞觀間, 有大秦上德阿羅本, 遠將經像, 來獻上京. 太宗詔立大秦寺, 度僧卄一人, 世閱七朝. 當建中二年, 有大秦寺僧景淨述其緣起, 撰《景教流行中國碑》, 後儒遂以爲天主教入中國之濫觴. 唯其所貢經二十七部無可攷, 而所貢之像, 則三一妙身无元眞主阿羅訶, 又有三一分身景尊彌施訶, 則三一妙身之母, 碑中所云室女, 誕聖於大秦者也.

예수는 하늘로써 아버지를 삼았으니, 스스로 신의 아들이라 칭하였고,

---

123 「初祖」: '종교, 종족, 정치 혹은 학술 등의 파벌을 개척한 사람'의 의미이다.
124 「鴻濛」: '우주가 극도로 혼돈된 상태'이며, 「濛鴻」으로도 쓴다. 「濛」, '어두컴컴한 모습'. 《漢書·解難》: 「爲其泰曼濛而不可知.(그 모양이 지극히 불분명하여 알 수가 없다.)」 [唐] 顏師古 注: 「曼濛, 不分別貌, 猶言濛鴻也.('曼濛'은, 모양을 구분할 수 없는 것이니, '濛鴻'이라는 말과 같다.)」 「鴻」, '크다, 왕성하다'의 의미.

세상을 미워하여 하늘로 올라가 신선이 되었으나, 중생이 고통받는 것을 대신하여, 온 세상을 구원한 고로, 죽음을 당하였으니, 서양인들은 그를 天主라 칭한다. 그러나 唐 이전에 중국에서는 듣지 못하였으나, 太宗 貞觀 연간에 이르러, 대진의 상덕 阿羅本이 있어, 멀리서 경전과 형상을 가지고, 장안에 와서 헌상하였다. 太宗이 칙령을 내려 대진사를 건립하였으니, 승려가 21명이었고, 대대로 일곱 朝代를 거쳤다. 建中 2년에, 대진사 승려 景淨이 그 내력을 풀어, 《景教流行中國碑》를 찬술하였으니, 후대의 유학자들이 이내 천주교가 중국에 들어온 기원이라 여겼다. 헌상했던 그 경전 27部는 고찰할 수 없으나, 공물로 바친 형상은, 즉 '三位一體의 신묘하신 분, 스스로 영원하신 참된 주 여호와'이고, 또 삼위일체 되신 예수 메시아이니, 즉 삼위일체의 어머니는, 비석에서 언급한 '室女'이고, 大秦에서 탄생한 자라.

一時中國又有三夷寺. 大秦一也, 祆神二也, 末尼三也. 解者曰:「大秦, 稱其國也; 祆神, 著其所祀之神; 若末尼, 則西女之入中國者.」三教悉淵源於外洋, 而祆神之天主, 遂西人假託, 以彼教之流行中土, 蓋千年於茲矣!

한때 중국에는 또한 세 가지 오랑캐 사원이 있었다. 大秦이 하나요, 祆神이 둘이고, 末尼가 세 번째이다. 해석한 이가 가로되:「大秦이란, 그 나라를 칭하는 것이고; 祆神은, 그 제사 지내는 신을 나타낸 것이며; 마니는, 즉 서양 여성이 중국에 들어온 것이다.」세 종교는 모두 바다 바깥에서 유래한 것인데, 祆神의 天主는, 곧 서양인들이 사상을 표현한 것으로서, 그 종교가 중국 땅에 퍼진 것은, 무릇 천 년이 지났도다!

當大秦經像之旣東時, 又有爲天方教者, 出於西印度之阿丹國, 主其教
者, 曰謨罕默德, 生於耶穌後六百年, 而辭世於隋開皇之十四年. 至唐而其
徒日盛, 遂以回紇朝貢之期, 挾摩尼俱至京師, 私創邸第, 佛祠, 朝廷弗能禁
也. 其教專闢大秦, 故自回回教行, 而大秦之教遂替, 宋元以來寂寂無聞焉.

大秦의 경전과 형상이 동쪽으로 갔을 때, 天方(아라비아)의 종교가 또 있
었으니, 서인도의 阿丹國에서 나왔고, 그 종교를 이끄는 자는, 모하메드
라 하였으며, 예수 이후 6백 년 후에 태어났고, 隋나라 開皇 14년에 세상
을 떠났다. 唐에 이르러 그 신도가 날로 늘었으며, 회흘이 조공을 바치던
때에, 마니교와 함께 長安에 도달하여, 몰래 귀족의 사택과 불교 사원을
지으니, 조정이 금지할 수 없었다. 그 가르침이 전적으로 大秦을 규탄하
였으니, 그래서 回回教라 스스로 행하였지만, 그러나 大秦의 종교가 마침
내 대체하게 되어, 宋元 이래로 그 흔적을 찾을 수가 없게 되었다.

又曰: 自唐以來, 西印度之各部皆回國也. 天主生於如德亞, 而其地已爲
回部所倂, 故《明史》但有阿丹, 天方等傳, 而如德亞之名, 僅附見於拂菻,
意大利傳中. 蓋西士欲張皇其教法之出自歐羅巴, 故合大秦, 如德亞而一
之, 而忘其相去之遠, 尚隔一地中海也. 如德亞卽西人所稱「猶太」者, 其
地在大秦之東南, 初降於波斯, 後滅於羅馬. 當東漢, 羅馬方強, 越海而有
之. 且其誤尚不止此也. 景教碑中有「室女誕聖於大秦」之語, 西人傅會
「室女」卽天主之母, 遂以天主爲大秦產, 不知其下文云:「景宿告祥, 波斯
睹耀以來貢」, 是天主經像來自波斯, 而大秦竊之以爲已有耳! 波斯在亞細
亞州中, 與如德亞最相近. 唐之初, 羅馬已弱, 則如德亞仍隸於波斯, 故其
教之西行, 卽在是時. 番僧夸誕, 不謂大秦之源於波斯, 反謂波斯之出自大
秦, 不亦顚倒之甚乎? 況賜名大秦寺, 太宗貞觀之詔不著於史, 而據《冊府

元龜》所記. 元宗天寶四年之詔, 則本名波斯寺, 至是始改爲大秦, 其沿革固可考. 而詔中所云: 「波斯經教, 出自大秦」者, 則仍襲番僧之誕說也.

또 가로되: 唐 이래로, 서인도의 각 지역은 모두 회교 국가였다. 天主가 如德亞(루띠아국)에서 태어났으나, 그 땅은 이미 回部(*譯者註: 청대 동투르키스탄 톈산남로(天山南路)의 지역 및 그곳에 있는 이슬람 교도 위구르족의 명칭)에 의해 병합되었으니, 그리하여 《明史》에는 단지 阿丹傳과 天方(아라비아)傳만 있고, 如德亞(루띠아국)의 이름은, 그저 拂菻傳과 意大利(이태리)傳에만 보일 뿐이다. 대개 서양의 선교사들은 그 교법이 유럽에서 나왔다고 위세를 부리려 했기 때문에, 大秦과 如德亞를 하나로 합치면서, 그 서로 간의 먼 거리가, 여전히 지중해 바다 하나를 사이에 두고 있음을 잊어버렸다. 如德亞는 즉 서양인들이 칭하는 「猶太(유대)」이며, 그 땅은 大秦의 동남쪽에 있어서, 처음에는 페르시아에 항복했다가, 후에 로마에게 멸망당했다. 東漢 때에야, 로마가 비로소 강성해졌으니, 바다를 건너면 바로 있었다, 또한 그 잘못은 여기에 그치지 않는다. 경교비에는 「동정녀가 大秦에서 성자 예수를 낳으셨다.」라는 말이 있는데, 서양인들이 「동정녀」를 천주의 어머니라고 억지로 갖다 붙이는 바람에, 천주가 大秦에서 태어났다고 했으나, 그 아래 문장이 말하는 바는 알지 못하였다: 「크고 밝은 별이 기쁜 소식을 알렸으며, 페르시아인들이 밝은 빛을 보고 와서 예물을 바쳤다.」 이것은 천주의 경전과 형상이 페르시아에서 왔다는 것이고, 그러나 大秦은 그것을 훔쳐서 이미 있다고 여긴 것일 뿐이다! 페르시아는 아시아州의 가운데에 있으며, 如德亞와 가장 근접해 있다. 唐 초기에, 로마는 이미 약해졌고, 如德亞는 여전히 페르시아에 예속돼 있었으니, 따라서 그 종교의 서쪽으로의 확장은, 바로 이때였던 것이다. 외국 승려들은 과장과 허풍이 심하여, 大秦이 페르시아에서 기원한 것은 말하지 않고, 도리어 페르시

아가 大秦에서 나왔다고 하는데, 이는 본말의 전도됨이 너무 심하지 않은가? 하물며 大秦寺라는 이름을 하사했는데, 太宗 貞觀 때의 조서는 역사서에 기록되지 않았고,《冊府元龜》의 기록에만 의존하고 있다. 元宗 天寶 4년의 조서에는, 본래의 이름이 波斯寺였는데, 이때에 이르러 大秦寺로 처음 바꾸었다고 되어 있으니, 그 연혁은 확실히 믿을 만하다. 조서에서 가로되:「波斯經教는, 大秦에서 나왔다.」라는 말은, 여전히 외래 승려들의 허황된 이야기를 답습한 것이다.

又曰《明史》修於西士入臺之後, 惟意大利一傳頗爲詳核, 其餘亦爲誚舛. 如傳中言:「耶穌生於如德亞, 其國在亞細亞州之中, 西行教於歐羅巴」,[125] 其說甚明. 乃又於拂菻傳中復言:「萬曆時, 大西洋人至京師, 言天主耶穌生於如德亞, 卽古大秦國」,[126] 此沿西士艾儒畧,[127] 南懷仁[128]之訛. 蓋西人初至中國, 本不識所謂大秦者, 及見景教碑, 遂以大秦爲天主誕生之地; 而不知如德亞實在亞細亞中, 不可强合, 是不審大秦之別爲一洲也. 拂菻乃

---

125 「耶穌 … 歐羅巴」,《明史·意大利亞》에서 인용.

126 「萬曆 … 秦國」,《明史·拂菻》에서 인용:「萬曆時…, 卽古**大秦國**也. 其國自開闢以來六千年, 史書所載, 世代相嬗, 及萬事萬物原始, 無不詳悉.(만력 시기에…, 즉 옛 대진국이다. 그 나라는 개국 이래 6천 년이 지났고, 사서의 기록에 의하면, 대대로 많은 변화를 겪었으며, 만사 만물의 원시에 이르기까지, 모두 상세히 알 수 있다.)」

127 「艾儒畧」(Giulio Aleni S.J., 1582-1649): 이탈리아 출신의 천주교 예수회 선교사. 明나라 때 중국 내지로 들어와 30여 년을 거주하면서 여러 곳에 교당을 지었다. 저작으로는 지리학 관련《職方外紀》5권과 천문학 관련《幾何要法》4권 등 여러 편이 있다.

128 「南懷仁」(Ferdinand Verbiest S.J., 1623-1688): 벨기에 브뤼셀 출신의 천주교 예수회 선교사이다. 淸나라 康熙 연간의 외국 공사(公使)였으며, 조정에 들어가 欽天監의 직을 맡으면서 天文, 曆法, 기상 관측 및 예측 등의 일을 맡아 보았다. 저서로는《坤輿圖志》2권이 있다.《淸史稿·外國公使觀見禮》:「康熙初, 外洋始入貢, 中朝款接, 稍異藩服. **南懷仁**官欽天監, 贈工部侍郞, 凡內廷召見, 並許侍立, 不行拜跪禮.(강희 초년, 외국에서 조공이 처음으로 들어왔고, 중국 조정은 이를 환대했는데, 가장 멀리 떨어진 藩服은 조금 달랐다. 南懷仁이 欽天監의 직을 맡았고, 후에 工部侍郞을 하사했으니, 무릇 궁정에서 소견하였는데, 많은 이들이 시립하였으나, 꿇어 절하는 예는 행하지 않았다.)」

西印度之地, 去大秦尚隔一海, 乃又襲《新唐書》之謬, 以拂菻爲大秦之異
名, 而意大利之確爲大秦者反遺之, 是不識拂菻之截然爲二洲也.

또 이르되《明史》는 서양 선교사가 중앙 무대에 들어온 이후 수정되었
는데, 유독 意大利傳만 꽤 상세히 검토되었고, 그 나머지는 또한 착오가
있다. 가령 傳 중에서 가로되:「예수는 如德亞에서 출생하였으니, 그 나
라는 아시아州 가운데에 있고, 유럽에서 서쪽으로 교리를 전파하였다.」
라 했으니, 그 설명이 매우 명확하다. 또 拂菻傳에서 가로되:「萬歷 때에,
대서양 사람들이 長安에 도착하여, 천주 예수가 如德亞에서 출생하였다
고 말했으니, 즉 옛 大秦國이다.」라 했는데, 이는 서양 선교사 Giulio
Aleni와 Ferdinand Verbiest의 오류를 따른 것이다. 무릇 서양인들이 처음
중국에 와서는, 소위 大秦에 대해 본래 알지 못하는데, 경교비를 보게 되
고서, 이내 大秦을 천주의 탄생지로 여기게 되지만; 如德亞가 실제로는
아시아에 있다는 것을 모르니, 억지로 합칠 수는 없는 것이며, 이것은 大
秦이 별도의 한 洲인 것을 상세히 검토하지 않은 탓이다. 拂菻은 곧 서인
도의 땅이니, 大秦과는 바다 하나를 사이에 두고 있고, 또한《新唐書》의
오류를 답습하여, 拂菻을 大秦의 다른 이름이라고 여겼는데, 이태리를 大
秦이라고 확정하면서 도리어 그것을 누락하였으니, 이것은 拂菻이 확실
히 두 대륙임을 알지 못한 것이다.

學士 李文田이 경교비를 논한 것을 기록함
(錄李學士文田[129]論景教碑事)

景教碑蓋唐代之祆教, 核其所云, 與今所謂天主耶穌者, 兩不相涉, 獨七日一薦及十字相合耳! 西人謂此碑卽耶穌教, 似不爾[130]也.

경교비는 무릇 당대의 조로아스터교이니, 그 말한 바를 자세히 살펴보면, 지금 말하는 천주 예수와, 서로 관련되지 않으며, 단지 칠 일마다 예배를 드리는 것과 십자가만이 서로 부합한다! 서양인들은 이 비석을 일러 예수교라 하는데, 그렇지는 않은 것 같다.

금석가가《景教碑事書後》를 논함
(金石家論《景教碑事書後》)

今而後知考古之難而多誤也. 諸家之失考, 總由景經失傳, 無所依據. 使無天主教人引證, 則景碑之出地, 不過爲金石家增輝, 資博古者談藪,[131] 若《來齋金石考畧》云耳.

이제야 고고학의 어려움을 알게 되어 많은 착오가 생겼다. 여러 학자들의 잘못된 고증은, 대개 경교 경전의 유실로 인하여, 근거할 자료가 없

---

129 「李文田」: 字는 芍農(1834-1895), 廣東 順德 사람으로서, 시호는 文誠이다. 淸 咸豐 연간의 進士였으며, 編修, 侍讀學士, 禮部侍郎 등을 역임했다. 저작으로는《元秘史注》15권과《和林金石錄》1권 등이 있다. 이에 관한 사적(事蹟)은《淸史稿·卷四四一·李文田》참고.

130 「不爾」: '이렇지 않다'의 의미이다.

131 「談藪」: '시골의 야담설(野談說)'. 「藪」, '초야, 민간'의 의미.

기 때문이다. 만일 천주교인의 인증이 없었으면, 경교비의 발굴은, 그저 금석가의 명예를 높여 주는 데 그쳤을 뿐, 고사(古事)에 정통한 이에게 의지하는 것은 시골의 야담설에 불과하니, 《來齋金石考畧》에서 말한 것과 같을 뿐이다.

自天主教流行於中國, 而諸君子抱猾夏[132]之憂, 遽焉昧焉, 辭而闢之, 遂流於誣謗. 用心雖苦, 其實不必爾也. 蓋考古自有體裁, 黜異必憑正理, 若錢氏, 杭氏, 夏氏^{夏氏非獨指上文所錄而言, 是指《皇朝經世文續編》所選《中西紀事》之文而言}之論, 涇渭不分, 指鹿爲馬, 微獨開罪於前人, 抑亦爲博古家之累. 聖有明訓, 知之爲知之, 不知爲不知, 信以傳信, 疑以傳疑, 以待後人, 安事武斷爲哉! 矧[133]景教失傳於中國者, 千年文獻不存, 夫人而知; 士生千載之後, 別無所據, 而欲窮其所以然, 雖聖人亦有所不能. 況景碑之出地, 實有天意存焉, 非所望於世人資之, 以爲詬厲之階也.

천주교가 중국에 전파된 이래로, 여러 군자들은 이것이 중국을 어지럽히지 않을까 걱정하며, 황급하면서도 우매하게, 그것을 거절하고 배척하였다가, 결국은 비방으로 흐르고 말았다. 마음은 비록 고생스럽지만, 사실은 그럴 필요가 없는 것이다. 무릇 고고학에는 자체적인 체재가 있기 때문에, 이상한 것을 없애려면 반드시 정확한 이론에 근거해야 하니, 錢氏, 杭氏, 夏氏^{夏氏는 윗글에서 기록한 것만을 가리켜 말한 것이 아니라, 《皇朝經世文續編》에서 선택한 《中西紀事》의 문장을 가리켜 말한 것이다.}의 논리처럼, 경위를 가리지 않고, 모순된 것을

---

132 「猾夏」: '중국을 침범하여 소요를 일으키다'의 의미이다. 「猾」, '어지럽히다'의 의미. 《尙書 · 舜典》: 「蠻夷猾夏, 寇賊姦宄.(蠻夷가 중국을 어지럽히고, 도적떼들이 안팎에 들끓고 있다.)」

133 「矧」: 이것은 '하물며, 게다가'로 해석한다. 《南史 · 顧覬之》: 「死且不憚, 矧伊刑罰, 身且不愛, 何況妻子.(죽음조차도 꺼리지 않는데, 하물며 그의 형벌은 어떠할 것이며, 자기 몸조차도 사랑하지 않는데, 하물며 아내이겠습니까.)」

우겨서 남을 속이려는 짓은, 단지 선인들에게 죄를 짓는 것일 뿐만 아니라, 그렇지 않으면 또한 고사(古事)에 정통한 이들에게 괴로움이 되기도 한다. 성인에게는 현명한 교훈이 있으니, 아는 것을 안다 하고, 모르는 것은 모른다 하며, 확실한 일은 확실하게 기록하고, 의문 되는 일은 의문 그대로 기록하여, 후세 사람들을 기다리면, 어찌 일이 독단적으로 처리되겠는가! 하물며 경교가 중국에서 실전(失傳)됨으로써, 천 년 간의 문헌이 존재하지 않음을, 무릇 사람들이 알고 있으니; 선비가 천 년 후에, 별다른 근거 없이, 그 까닭을 궁리하려 하면, 비록 성인이라도 또한 할 수 없는 바가 있는 것이다. 하물며 경교비의 출토는, 실로 하늘의 뜻이 거기에 남아 있음이니, 세상 사람들이 그것에 의지하기를 바라는 것이 아니며, 비난과 책망의 까닭으로 여기는 것이다.

嘗謂天下之大事, 至今而益變. 古之所謂垂象,[134] 今之所謂天學, 天學之學典, 而吉凶之象廢; 古之所謂靜方, 今之所謂地球, 地球之學典, 而法地之道失; 古之所謂蠻夷, 今之所謂大國, 大國之交密, 而蠻夷之論塞. 雷神也, 致役於郵傳; 五行[135]也, 馳驅於水陸; 百工也, 而一夫裕如. 其遞嬗[136]之際, 雖百口交爭, 及其究竟, 亦安之而已. 景敎之興, 亦猶是也; 殆

---

134 「垂象」: '하늘의 해, 달, 별, 바람, 눈, 구름, 비' 등 자연현상의 변화를 의미한다. 《周易・繫辭上》: 「天地變化, 聖人效之. 天垂象, 見吉凶, 聖人象之.(천지가 변화하니, 성인이 본받는 것이다. 하늘이 상을 드리워서, 길흉을 드러내 보이니, 이 또한 성인이 형상화하였다.)」

135 「五行」: '金, 木, 水, 火, 土' 다섯 가지 물질을 가리킨다. 고대에는 이상 다섯 가지 물질이 만물을 형성하는 기본 원소이며, 피차 상호 간의 작용을 통해 생성 변화한다고 여겼다. 《尚書・周書・洪範》: 「五行, 一曰水, 二曰火, 三曰木, 四曰金, 五曰土. 水曰潤下, 火曰炎上, 木曰曲直, 金曰從革, 土爰稼穡.(五行의 하나가 물이요, 둘은 불이요, 셋은 나무요, 넷은 쇠요, 다섯은 흙이다. 물은 가로되 적시면서 아래로 흐르고, 불은 가로되 불타오르고, 나무는 가로되 굽으면서 곧고, 쇠는 가로되 따르면서 단단하고, 흙은 이에 심고 거두느니라.)」

136 「嬗」: '擅'과 독음이 같으며, '대체하다, 변화 발전하다'의 의미이다.

有命焉, 寧敢貪天之功以爲己力, ^{予小子} 獲聞景道, 遍讀全經; 窮源別流, 旁通各教, 確見乎諸君子持論之失, 爰著《景教碑文紀事考正》以告夫好古之士, 而於吾道庶幾小進焉.

일찍이 천하의 대사를 말하였는바, 지금에 이르러서는 더욱 변화하였다. 옛날의 소위 '垂象'은, 지금은 '天學'이라 부르니, 천학의 학문은 흥성하자, 길흉의 상에 대한 것은 폐기되었다; 옛날의 소위 '靜方'은, 지금은 '地球'라 부르니, 지구의 학문이 흥성하자, 땅을 본받는 道는 상실되었다; 옛날의 소위 '蠻夷'는, 지금은 '大國'이라 부르니, 大國의 교류가 긴밀해지자, 蠻夷에 대한 논의는 막혀 버렸다. 뇌신(雷神)(*譯者註: 천둥과 번개를 일으키는 일을 맡고 있는 신)은, 우편으로 전하는 일에 부역하고 있고; 五行도, 뭍과 육지를 달리고 있으니; 수많은 일을 함에도, 한 사람으로 넉넉히 여유가 있게 된 것이다. 차례차례로 변화하는 때에, 비록 백 명이 서로 다툰다 하여도, 그 결말에 이르게 되면, 역시 그것을 안정시키게 될 뿐이다. 경교의 흥성도, 또한 이와 같아서; 운명이 위태로이 있으니, 어찌 감히 하늘의 공을 탐하여 자신의 공력으로 여길 것인가. ^{小子}가 경교의 道를 들을 수 있어, 전체 경전을 두루 읽고; 근원을 따지고 유파를 구별하여, 각 종교에 통달하면, 여러 군자들이 주장한 이론의 실수를 분명히 알 수 있을 것이다. 그리하여《景教碑文紀事考正》을 저술하여 무릇 옛것을 좋아하는 선비들에게 알리노니, 우리의 道에 작은 진보가 있기를 바라는 바이다.

大秦에 대한 확실한 고증(大秦確考)

夏, 商之世, 戎, 狄禍稀.「肇牽車牛, 遠服賈」,¹³⁷ 坦如也. 商, 周之後,

人民日衆, 交涉日繁, 智誘日開; 中外之關防漸密, 異邦之交接日疏. 姬周之世, 西域無聞焉. 秦興西戎, 弁巴蜀, 國勢日强, 西域諸小國無慮爲難焉, 故西域之聞中國者, 皆自嬴秦始.[138] 漢承秦後, 中國底定, 值雄才大畧之主出, 於是乎置酒泉,[139] 使張騫. 中國之所以確知亞細亞西方諸國者, 實自張騫始, 而甘英[140]繼之, 然究未嘗越今日之所謂泰西歐羅巴者之一步也.

夏, 商 왕조 때에는, 戎, 狄 오랑캐의 화가 드물었다. 「처음에 소와 수레를 끌고 먼 외지로 가서 장사를 하였다.」라고 한 것처럼, 평안하였다. 商,

---

137 「肇牽車牛, 遠服賈」: '처음에 소와 수레를 끌고 먼 외지로 가서 장사를 하다'. 출전《尚書‧周書‧酒誥》: **「肇牽車牛遠服賈**, 用孝養厥父母.(처음에 소와 수레를 끌고 먼 외지로 가서 장사를 하여, 효도로 그 부모를 봉양한다.)」「服賈」, '장사하다'; '농사가 끝나고 비로소 왕래하며 장사를 하여 그 부모가 필요로 하는 것을 공양하다'의 의미를 표시한다.

138 「秦興 … 秦始」,《漢書‧秦地》:「秦之先曰柏益, 出自帝顓頊, 堯時助禹治水, 爲舜朕虞, 養育草木鳥獸, 賜姓嬴氏, 歷夏, 殷爲諸侯…. 孫昭王開巴蜀, 滅周, 取九鼎. 昭王曾孫政幷六國, 稱皇帝, 負力怙威, 燔書阬儒, 自任私智. 至子胡亥, 天下畔之.(진나라의 선조를 백익이라고 말하고, 황제인 순욱에서 나왔다고 하며, 요임금 때 우임금의 치수를 도왔다. 순임금 때에 朕虞(*譯者註: 옛 관명으로서 산과 강을 관리하였다.)가 되어, 초목과 조수를 길러서, 嬴氏 성을 하사 받았다. 그 후손이 夏나라와 殷나라를 거치면서 제후가 되었다…. 그의 손자 秦昭王이 巴와 蜀을 개척하였고, 마침내 周를 멸하여, 九鼎을 빼앗았다. 소왕의 증손자인 政이 여섯 나라를 병탄하고, 황제라 칭하였으며, 또한 힘으로 밀어붙여 위엄을 믿고서, 서적을 불태우고 선비들을 땅에 묻어 죽이는 등, 스스로 사사로운 지혜에 의지하였다. 그의 아들 胡亥 때에 이르러, 천하가 秦나라를 배척하게 되었다.)」참고. 이 중 「巴蜀」은 '秦'을 가리키며, 漢나라 때의 巴國과 蜀國은 모두 지금의 四川省 경내에 있다.

139 「酒泉」: 지금의 甘肅省 河西走廊 서부 지역의 도시명. 중국 고대에 서역으로 통하는 요충지였다.《漢書‧武帝劉徹紀‧元狩二年》:「秋, 匈奴昆邪王殺休屠王, 幷將其衆合四萬餘人來降, 置五屬國以處之, 以其地爲武威, **酒泉**郡.(가을에, 흉노 곤사왕이 휴도왕을 죽이고, 그 무리 4만 명을 거느리고 투항하였는데, 이들을 다섯 개의 속국에 분산하여 거처하게 하였고, 흉노의 옛 그 땅에 무위군과 주천군을 설치하였다.)」

140 「甘英」: 張騫과 함께 서역 지방으로 사명을 받고 간 사신이다.《後漢書‧車師》:「西域風土之載, 前古未聞也. 漢世張騫懷致遠之略, 班超奮封候之志, 終能立功西遐, 羈服外域…. 其後**甘英**乃抵條支而歷安息, 臨西海以望大秦, 拒玉門, 陽關者四萬餘里, 靡不周盡焉.(서역 풍토에 대한 기록은, 이전에는 들어보지 못한 바라. 한나라 때 張騫이 먼 곳에 도달하고자 하는 지략을 품었고, 班超가 봉후를 진작하겠다는 뜻을 가졌기에, 마침내 서역 먼 곳으로 가 공을 세웠고, 변방 지역을 두려워 굴복하게 하였다…. 그 후에 甘英이 곧 조지아국에 도달했고 안식국을 거쳤으며, 서쪽 바다에 임하여 대진을 바라보았는데, 玉門에서 막혔고, 陽關은 4만여 리이니, 두루 다다르지 않은 곳이 없다.)」

周 왕조 이후, 사람이 날로 늘어나면서, 교섭이 날로 번잡해지고, 지혜의 유인이 날로 열렸으니; 중국과 외국의 관문이 점차 밀접해지면서, 이방 간의 교접이 날로 소원해졌다. 周 왕조 때에는, 서역에 대해 들은 바가 없었다. 秦나라가 西戎을 일으켰고, 巴蜀을 병합하니, 국력이 날로 강해 졌고, 서역의 여러 작은 나라들이 어려움에 처할 걱정이 없었으니, 그리 하여 서역에서 중국을 들은 것은, 모두 嬴氏의 秦나라로부터 시작된 것 이다. 漢이 秦을 계승한 이후, 중국은 안정되었고, 웅대한 재능과 원대한 지략을 가진 군주가 나타났으니, 그리하여 酒泉을 설치하고, 張騫을 파견 하였다. 중국이 아시아 서쪽의 여러 나라들을 확실히 알게 된 것은, 실제 로 張騫으로부터 시작된 것이고, 甘英이 그 뒤를 이었으며, 그러나 결국 오늘날의 소위 서양 유럽을 한 발짝도 넘지는 못하였다.

〈景碑〉之所謂大秦者, 波斯西隣之敘利亞也;《漢書》之所謂大秦者, 一 指敘利亞, 一指羅馬也.《唐書》,《唐會要》所謂之拂箖大秦者, 專指敘利亞 之大秦也.《明史》直敘大秦於拂箖傳中, 是信西士之所當信, 疑西士之所 當疑, 故混羅馬之大秦於不言也. 甘英等所記之大秦者, 一所至之敘利亞, 一所聞之羅馬也. 敘利亞者, 羅馬之省會; 羅馬者, 敘利亞之帝都. 帝都者, 甘英之所聞; 省會者, 甘英之所至也.

〈경교비〉에서 말한 大秦이란, 페르시아 서쪽 인근의 시리아이다;《漢 書》에서 말한 大秦은, 시리아를 가리키기도 하고, 로마를 가리키기도 한 다.《唐書》와《唐會要》에서 언급한 拂箖大秦은, 시리아의 大秦만을 가리 킨다.《明史》는 拂箖傳에서 大秦을 직접적으로 서술하고 있으니, 이는 서 양 선교사들이 마땅히 믿는 바를 믿은 것이고, 그들이 마땅히 의심하는 것을 의심한 것이니, 그리하여 로마의 大秦을 혼동하여 말하지는 않았다. 甘英 등의 사람이 기록한 大秦이라는 곳은, 시리아는 가 본 곳이고, 로마는 들은 것일 뿐이다. 시리아란, 로마의 성도(省都)이며; 로마란, 시리아의 제국 수도이다. 제국의 수도는, 甘英이 들은 바의 곳이고; 省都는, 甘英이 직접 가 본 곳이다.

曷言乎《漢書》之大秦一指羅馬也? 據云: 地在西海之西, 其國東西南北各數千里, 有四百餘城, 小國役屬者數十, 皆在版圖之內, 此卽英等所聞之帝都, 正東漢時羅馬之情形也. 遣使通好之安敦,[141] 卽羅馬十五代皇帝之名也. 安敦使臣之所以能達中國者, 以能航地中海, 越蘇彝士陸, 以入紅海故也. 甘英等之所以不能觀大秦之帝都者, 以不能航地中海故也. 古人船製遠遜今日, 地中海夙稱險惡, 使無大利所在, 雖舟子亦不願輕易來往也. 自時厥後,[142] 歷魏, 晉, 隋, 唐, 直至前明三保太監[143]七下西洋, 且並不識今日之歐羅巴, 遑問東漢之羅馬大秦乎?

《漢書》의 大秦이 로마를 가리킨다는 것은 무슨 말인가? 말하는 바에 의하면; 땅이 서해의 서쪽에 있고, 그 나라의 동서남북은 각 수천 리에 이르며, 4백여 성이 있고, 작은 속국이 수십 개이며, 모두 국가의 영역 안에 있으니, 이는 즉 甘英 등이 들은 제국의 도시들이며, 마침 東漢 시기 로마의 모습이다. 사신을 파견하여 왕래하고 친분을 맺은 Antoninus Pius는, 로마의 15대 황제의 이름이다. Antoninus Pius의 사신이 중국에 도달할

---

141 「安敦」: 로마 제15대 황제를 가리키며, Antoninus Pius이다. 기원 138-161년에 재위하였다.

142 「厥後」: '그 후'. 「厥」은 접속사로서 '그로 인해'의 의미이다.《尚書 · 周書 · 無逸》:「自時厥後立王, 生則逸. 生則逸, 不知稼穡之艱難.(이로부터 그 뒤로 즉위하는 임금들은, 태어나며 편안하였기 때문에, 농사의 어려움을 알지 못하였다.)」

143 「三保太監」: 明 成祖 '太監鄭和'를 지칭한다. 鄭和(1371-1435), 어릴 때의 이름은 三保, 본래 姓은 馬씨이며, 成祖가 鄭씨 성을 하사하였으며, 南洋, 페르시아, 인도 및 아프리카 동안 등지까지 항해할 수 있도록 허가하여 중국과 외국의 교통로를 개척하게 하였다.

수 있었던 것은, 지중해를 항해하고, 수에즈 땅을 넘어, 홍해로 들어갈 수 있었기 때문이다. 甘英 등이 大秦의 제국 수도를 볼 수 없었던 것은, 지중해를 항해할 수 없었기 때문이다. 옛 사람들의 조선 기술은 오늘날에 훨씬 못 미쳤고, 지중해는 이전부터 험악한 곳이라 불리어서, 가령 큰 이익이 있는 곳이 아니라면, 비록 뱃사람이라 하여도 또한 쉽게 왕래하고 싶어하지 않았다. 이로부터 그 뒤로, 魏, 晉, 隋, 唐을 거쳐, 明나라 太監 鄭和가 서쪽 바다를 일곱 번 항해할 때까지, 오늘날의 유럽에 대해서 전혀 알지 못하였으니, 어찌 東漢시대의 로마 大秦을 물을 수 있겠는가?

一指敍利亞者, 何也? 據云: 天竺國西與大秦通, 此卽英等所至之大秦也. 秦, 國名也; 大, 非國名也. 敍利亞何以名秦? 緩呼之則爲敍利亞, 急呼之則爲秦矣. 秦文雅馴, 故史官用秦也. 羅馬之秦固在海西, 敍利亞之秦亦在海西也, 史之所謂西海者, 非必地中海, 亦印度之西南洋也.

시리아라 지칭한 것은, 무엇인가? 말하는 바에 의하면: 천축국은 서쪽으로 대진과 통해 있으니, 이것은 甘英 등이 도달한 大秦인 것이다. 秦은 나라 이름이나; 大는 나라의 이름이 아니다. 시리아를 어찌하여 秦이라 칭하는가? 천천히 부르면 敍利亞요, 급하게 부르면 秦인 것이다. 秦이라는 글자가 전아(典雅)하기 때문에, 사관이 秦을 사용한 것이다. 로마의 秦은 확연히 바다 서쪽에 있고, 시리아의 秦 또한 바다 서쪽에 있는데, 사관이 말한 서쪽 바다는, 꼭 지중해를 가리키는 것은 아니고, 인도의 서남쪽 바다를 지칭하는 것이다.

敍利亞之大秦, 大秦本名也, 古名也, 前漢已知之矣. 羅馬之大秦, 本無之名也. 本無, 何以名? 因敍利亞而名也. 何也? 帝都本不爲大秦, 爲漢所

未聞省會, 古固名大秦, 爲史所已悉, 故亦曰大秦也. 此自中國史官記筆之
常事, 於泰西典籍無預焉. 宜利氏之至京師, 不能託大秦之名以自通於中
國矣. 及景教碑出地, 而後艾氏等始知《漢書》之所謂大秦者, 早知有羅馬
矣. 蓋直以景碑之大秦爲羅馬之大秦, 而不知《漢書》,《唐書》之大秦尚有
如許周折也. 所以然者, 則以艾氏等初不識碑面之左轉字爲敘利亞古文故
也, 後雖知之, 而亦無庸多事. 蓋以耶穌生於拂菻者, 自有眞也.

　시리아의 大秦이란, 大秦이 본명이자, 옛 이름이고, 漢나라 이전에 이
미 알고 있던 것이다. 로마의 大秦이란, 본래는 그 이름이 없던 것이다.
본래 없었는데, 어찌 이름이 있겠는가? 시리아로 이름지었다 함은, 무엇
인가? 제국의 수도는 본래 大秦이 아니었고, 漢나라 때 들어 보지 못했던
성도(省都)였는데, 고대에는 확실히 大秦이라 불렸으니, 사서(史書)에 이미
알려졌기 때문에, 大秦이라고도 부르는 것이다. 이는 중국 사관(史官)이
기록할 때 자주 일어나는 일이었으며, 서양의 전적(典籍)에서는 예기치
못할 일이다. 마테오 리치가 長安에 도달한 것은, 당연히 大秦이라는 이
름을 빌려 중국에서 통할 수는 없었다. 경교비가 출토됨에 따라, 후에 艾
儒畧(Giulio Aleni) 등은《漢書》에서 大秦이라 칭한 것을 처음 알았고, 로마
에 대해서는 일찍부터 알고 있었다. 대략 경교비의 大秦을 직접 로마의
大秦으로 알았으나,《漢書》와《唐書》에서의 大秦이 이렇게 많은 우여곡절
이 있는 줄은 몰랐던 것이다. 그렇게 된 까닭은, 즉 艾儒畧 등이 처음에
비면에 쓰여진 글자가 우측에서 좌측으로 쓰는 방식의 시리아의 고문임
을 몰랐던 까닭이며, 나중에 비록 알게 되었지만, 또한 많은 일을 필요로
하지는 않았다. 무릇 예수가 拂菻에서 태어난 것은, 진실이었기 때문이다.

《唐書》,《唐會要》之拂菻, 專指敘利亞之大秦者, 何也? 據《唐傳》云:「拂

菻一名大秦.」《唐會要》云:「波斯西與吐蕃, 康居接, 西北距拂菻, 卽大
秦.」此乃唐時見聞, 較確. 羅馬已衰, 置有四百餘城之大秦於不問, 卽波
斯經教出自大秦之言, 亦由當時往來者衆, 確有所知, 是以有天寶四年之
詔也.

《唐書》와《唐會要》의 拂菻은, 시리아의 大秦만을 가리킨다는 것은, 무
엇인가?《唐傳》의 기록에 의하면:「拂菻은 일명 大秦이라 한다.」《唐會要》
는 가로되:「페르시아의 서쪽은 吐蕃과 康居와 접해 있고, 서북쪽은 拂菻
과 거리를 두고 있으니, 즉 大秦이다.」이것은 곧 唐나라 시기의 견문으
로서, 비교적 확실하다. 로마는 이미 쇠퇴하여, 4백여 개의 성을 둔 大秦
은 아랑곳하지 않았으니, 즉 波斯經敎가 大秦에서 비롯되었다는 말은, 또
한 당시 왕래하는 사람들이 많았으므로, 확실히 알 수 있는 것은, 天寶 4
년의 조서가 있기 때문이다.

拂菻者, 猶太之一邑, 國滅久矣, 何以著名且曰大秦? 則有數故. 一以景
尊生身之本邑, 一以開封府挑筋教猶太人之宗國, 一以大秦之所以見重於
西域者, 實以拂菻而見重也. 至《明史》則取如德亞즉 유대. 漢나라 때는 國名, 魏晉 때
는 省名, 唐 시기는 地名, 지금 이름은 팔레스타인, 터키 남부에 있음., 拂菻之爲大秦, 而西士所
謂以大利之大秦者, 闕疑以俟後人考確也.

拂菻이란, 유대 지방의 한 邑이니, 나라가 멸망한 지 오래되었는데, 어
찌 그 이름을 일러 大秦이라 하는가? 몇 가지 까닭이 있다. 하나는 예수
께서 살아 계실 때의 본래 땅이요, 또 하나는 開封府 挑筋敎(도근교)(*譯者註:
유태교의 다른 이름) 유태인(*譯者註: 카이펑 유태인은 중화인민공화국 허난성 카이펑 시에 거주해 온 유태
인 사회를 뜻함)의 종주로 우러러 받드는 나라이며, 또 하나는 大秦이라는 까
닭으로 서역에서 중시를 받은 것이니, 실제로 拂菻으로서 중시를 받은

것이다. 《明史》에서 如德亞를 언급한 것은, 拂菻을 大秦이라 했으니, 서양 선교사들이 以大利(*譯者註: 意大利의 오기인 듯함)라 말한 大秦은, 의문스럽지만 당분간 보류하여 두어 후세 사람들의 확실한 고증을 기다리도록 하겠다.

考阿羅本所傳之中國所謂景教, 與利氏等所傳之中國所謂天主教者, 大秦, 泰西均無其名, 乃入中國而始立. 核其宗派, 實自耶穌降生後四百三十二年而始分, 門戶之私, 早經決裂. 故景教, 則隋, 唐時波斯歷代帝王爲之護法, 而天主教, 則羅馬帝及歷代教化王爲之主持. 其實, 羅馬之所謂大秦者, 唐代何嘗有傳教入中國之事? 所傳者乃與波斯拂菻爲隣之敍利亞大秦耳. 故謂景教與天主教同源, 則可; 謂景碑之大秦卽羅馬之大秦, 則不可. 何也? 敍利亞之與羅馬本不同洲, 不同國, 不同文, 而教亦不同宗派. 蓋大秦景經卽用景碑之文, 而羅馬景經則用臘丁文. 不過羅馬盛時, 越地中海而倂其地, 以建爲省, 然敍利亞之名至今猶未泯也. 迨夫六朝之世, 羅馬日衰, 各國紛然自立, 而敍利亞亦脫羅馬之軛, 以自託於波斯, 波斯與中國往來甚密, 迄於隋, 唐, 其教遂行於中國.

阿羅本이 전한 중국의 소위 경교와, 마테오 리치가 전한 중국의 소위 천주교를 살펴보면, 大秦과 泰西에는 모두 그 이름이 없으니, 즉 중국에 들어와 처음으로 생긴 것이다. 그 종파를 자세히 조사해 보면, 사실 예수가 강생한 후 432년에 갈라지기 시작하였으며, 각 파벌의 사사로움으로 인해, 일찍이 결렬된 것이다. 그리하여 경교는 隋, 唐 시기에 페르시아의 역대 제왕들이 옹호해 주었으나, 천주교는 로마 황제와 역대 교황들이 주관하였다. 사실은, 로마의 소위 大秦이, 唐代에 언제 중국에 선교하러 들어온 적이 있었는가? 전한 이는 곧 페르시아 拂菻과 이웃하고 있는 시리아 大秦일 뿐이다. 따라서 경교와 천주교가 같은 근원을 갖고 있다는 것은, 가능한 것이며; 경교비에서 大秦이라 한 것은 즉 로마의 大秦이 아니라는 것은, 무엇인가? 시리아는 본래 로마와 같은 대륙이 아니며, 같은 나라도 아니고, 문자도 같지 않으며, 종교 또한 다른 종파이다. 무릇 大秦 경교의 경전은 경교비의 문장을 사용하나, 로마 경교의 경전은 라틴어를 사용한다. 로마가 흥성했을 때는, 지중해를 넘어 그 땅을 병합하여, 省으로 만든 것에 불과하였고, 시리아의 이름은 지금까지도 아직 소멸되지 않았다. 六朝 시대에 이르러, 로마는 나날이 쇠퇴하였고, 각 국가들이 많이 일어났으니, 시리아도 로마의 굴레를 벗고, 스스로 페르시아에 의지하였으며, 페르시아와 중국의 왕래가 매우 밀접하여, 隋, 唐에 이르렀고, 그 가르침이 마침내 중국에서 행해진 것이다.

　然則敍利亞之大秦者,　果何所也?　緯線自赤度北三十度起至四十二度止, 經線自北京偏西六十八度起至九十度止; 南北三千里, 東西四千里; 東界波斯, 西界地中海, 南界亞拉伯, 北界黑海. 前漢時, 一土分爲三國, 東曰敍利亞, 西南曰猶太, 西北曰腓尼基, 三國文字, 教化, 風俗本不相同. 敍利亞古名亞蘭, 譯卽高原. 腓尼基^{或卽犁軒}, 古名迦南,[144] 譯曰原隰. 迦南分爲猶太, 譯曰讚美, 言讚美上帝之國也. 敍利亞京曰安提阿, 建於周赧王時; 腓尼基京曰推羅, 又曰西頓, 建於夏, 商之世; 猶太京曰耶路撒冷, 邑曰拂菻^{或曰白德稜, 或曰伯利恆}. 建於殷商之世, 恢廓[145]於周昭王時. 三國時有分合, 故史之所指, 則有地同而名異; 然其所以表現於世者, 三國俱各有所

---

144 「迦南」: 고대에는 아시아 지중해 연안과 요르단강 유역을 迦南이라 불렀다. 즉 지금의 팔레스타인 지역이다. 시리아, 레바논, 요르단 그리고 이집트 등의 나라들과 인접해 있다.

145 「恢廓」: '발전하다, 확대하다'의 의미이다.《金史·胥鼎》:「民心益固, 國用豐饒, 自可**恢廓**先業, 成中興之功.(민심이 더욱 공고해짐으로, 나라는 풍요로움으로써, 스스로 선업을 확대할 수 있게 되었으니, 중흥의 공을 이루어 내었다.)」

長. 論通商之早, 則秦, 漢以溯于夏, 商, 莫盛於腓尼基, 實爲歐羅巴人航海通商之所祖; 論天道之顯, 則伏羲以來迄于秦, 漢, 莫詳於猶太, 實爲萬國言天道者之所宗; 論授時之典則, 神農以降至于商, 周, 莫先於大秦, 實爲各國談天者之所本緣.

그런즉 시리아의 大秦은, 과연 어느 곳인가? 위도로는 적도 북위 30도에서 42도까지, 경도는 베이징에서 서쪽으로 68도에서 90도까지이며; 남북으로 3천 리, 동서로 4천 리이고; 동쪽 경계는 페르시아, 서쪽 경계는 지중해, 남쪽 경계는 아라비아, 북쪽 경계는 흑해이다. 前漢시기에는, 국토가 세 나라로 나뉘었으니, 동쪽은 시리아, 서남쪽은 유대, 서북쪽은 페니키아라 불렀고, 세 나라의 문자, 교화, 풍속은 모두 근본적으로 다르다. 시리아의 옛 이름은 '亞蘭(아란)'이었으니, 즉 '高原'이라는 의미이다. 페니키아혹은 犁軒의 옛 이름은 迦南(가나안, Ganaan)이며, 原隰(*譯著註: 원습지는 지리적으로 지형을 형용하는 명사로로, 평원과 낮은 곳을 의미한다.)이라는 의미이다. 迦南은 유대로 나뉘는데, 그 의미는 '찬미하다'이고, 하나님의 나라를 찬미함을 말한다. 시리아의 수도는 安提阿(안디옥)이며, 周나라 赧王(난왕) 때에 건립되었고; 페니키아의 수도는 推羅(*譯著註: 그리스어 Τύρος)이며, 西頓(시돈)이라고도 불렀고, 夏, 商나라 때에 건설되었다. 유대의 수도는 예루살렘이라 부르며, 도시의 이름은 拂菻白德稜이라고도 하고, 伯利恆이라고도 부른다.(*譯著註: Bethlehem)이고, 殷商 때에 건설되어, 周나라 昭王 때까지 확장되었다. 세 나라는 때때로 분열과 통일이 이루어졌으니, 따라서 역사서에서 말한 대로, 땅은 같으나 이름이 다른 것이며; 그 까닭이 세상에 나타났으니, 세 나라는 모두 각각의 특징을 가지고 있다. 무역 거래가 시작된 시기를 논한다면, 秦, 漢에서 夏, 商으로 거슬러 올라가는데, 페니키아보다 성행하지는 못하였으니, 실로 歐羅巴(구라파, 유럽) 사람들이 항해무역의 원조인 것이다; 하늘의 도를 드러냄을 논한다면, 伏羲씨 이래로 秦, 漢나라에 이르지만, 유대인보다 상세하지는 못하였으니, 실로 하늘의 도를 말한 수많은 나라들 중의 원조인 것이다; 하늘이 때를 주시는 법칙으로 말하자면, 神農씨 이래로 商, 周에 이르지만, 大秦을 앞서지는 못하였으니, 실로 하늘을 논하던 여러 국가들 중의 근본 유래가 되는 것이다.

大秦東百辣河間之地, 卽古巴比倫也. 若中國之乾坤, 閼逢, 困敦之屬, 皆巴比倫語耳. 考大秦之字, 古用巴比倫文, 中用敍利亞文; 卽景碑之文, 後與希利尼文並用, 至今無異也. 若猶太之文, 古用希伯來文, 景敎之古經卽用此種文字, 今名《舊約》. 迄周, 秦之世, 腓尼基人貿易於亞非利加之北, 傳葛爾達齊之文於猶太, 猶太習用之, 至寫景敎本經之時, 於是又與之並用矣. 腓尼基人用葛爾達齊文, 旣行於本土, 復西行於希臘, 希臘人師之而精益其精, 遂爲泰西文學之祖.

大秦과 동쪽 百辣河 사이의 땅은, 즉 옛 바빌론이다. 중국의 '乾坤(*譯者註: '하늘과 땅'을 이르는 말), 閼逢(*譯者註: 알봉ー古甲子 십간의 첫 번째), 困敦(*譯者註: 곤돈ー古甲子에서 십이지의 첫째를 이르는 말)'과 같은 부류의 경우는, 모두 바빌론어이다. 大秦의 문자를 고찰해 보면, 옛날 바빌론의 문자를 사용한 것이고, 중국에서는 시리아 문자를 사용한 것이니; 즉 경교비의 문자는, 후에 그리스 문자와 병용한 것이고, 지금까지도 차이가 없다. 유대의 문자에 관해서는, 옛날에는 히브리 문자를 사용했고, 경교의 구약(舊約)은 이러한 문자를 사용했으니, 오늘날 《舊約》이라 하는 것이다. 周, 秦 때에 이르러, 페니키아인들은 아프리카 북부 지역에서 무역을 하였고, 그리스 문자를 유대에 전해주었으며, 유대인들은 그것을 익숙하게 사용하였고, 경교의 본 경전들을 필사할 때에, 그리하여 또 그것과 병용한 것이다. 그리스인들은 그리스

문자를 사용하면서, 본토에서 운용했을 뿐만 아니라, 또 서쪽 그리스로
도 전파하였으니, 그리스인들은 그것을 본받아 더욱 갈고 닦아 내어, 마
침내 서양 문학의 원조가 되었다.

考其國運, 黃, 農之世, 巴比倫振興, 其餘則爲部落, 雖有諸王, 實不過
數族之長耳! 此等國運, 惟時最久. 周昭王時, 猶太大闢王崛興, 大秦之地
大半已入版圖. 至定王時, 巴比倫有尼布甲尼撒[146]者興, 盡有大秦, 猶太,
腓尼基之地. 周景王時, 波斯滅巴比倫, 有其地. 敬王時, 復猶太. 顯王時,
希臘, 馬其頓王勝波斯而廢之, 有大秦之地而存猶太. 赧王時, 希臘將安提
阿據大秦猶太之地, 而築安提阿城於大秦之俄倫河間爲京; 張騫使西域時,
卽此朝之子孫爲大秦王也. 漢文帝時, 猶太恢復疆土. 宣帝時, 羅馬勝大
秦, 建總統[147]於安提阿. 元帝時, 建藩王於猶太. 漢哀帝建平二年冬, 景尊
彌施訶降生於猶太省拂䅲邑. 平帝元始元年, 羅馬撒猶太之藩, 建爲省, 以
其地歸大秦總統節制. 建武七年, 景尊爲猶太人所害, 死於十字架, 越三日
復生, 四十日升天. 十三年, 大秦都會安提阿始聞景尊救世之道, 是年, 景
尊使徒保羅, 巴拿巴於大秦京立彌施訶聖會. 明帝永平九年, 猶太叛羅馬.
永平十三年, 羅馬滅猶太, 死者一百二十萬. 和帝永元九年, 甘英使西域,
其時正大秦國運邊而敎事興之時. 至景尊以前, 大秦之古敎則甚龐雜, 玆
不論已. 然則敘利亞之大秦者, 今何所也? 土耳其之東部曰敘利亞, 曰米
所波大米, 曰不利斯底尼者, 卽古大秦, 猶太之地也.

---

146 「尼布甲尼撒」: '바빌론왕'. 기원전 586년 즈음 예루살렘을 점령하였고, 성전을 불태우
고 유태인을 추방하였다. 열왕기하 24장 10절에서 25장 25절 참고.
147 「總統」: 관직명. 淸代 近衛營의 장관을 '總統'이라 했다.《淸史稿·禮九》:「三十三年, 設
虎槍營, 分隸上三旗, 置總統, 總領.(33년에, 虎槍營을 설치하였고, 上三旗를 각각 예속했
으며, 總統과 總領을 두었다.)」

국가의 운명을 고찰해 보자면, 황제 헌원씨와 염제 신농씨의 때에, 바빌론이 흥기하였고, 그 나머지는 부락들에 불과하였으니, 비록 여러 왕들이 있었지만, 실제로는 몇 개 부족의 장에 불과하였을 뿐이다! 이들 나라의 운명은, 유지한 시간이 가장 길었다. 周나라 昭王 때에, 유대의 大君王이 발흥하였으니, 大秦 땅의 대부분이 그 영역 안에 들어갔다. 定王 시기에 이르러, 바빌론에서 느부갓네살이라는 자가 흥기하였으니, 大秦, 猶太, 페니키아의 땅을 모두 정복하였다. 周나라 景王 때에는, 페르시아가 바빌론을 멸하였고, 그 땅을 차지하였는데, 敬王 때에는, 다시 유대의 것이 되었다. 顯王 때에, 그리스와 마케도니아 왕이 페르시아를 멸하였고, 大秦의 땅을 유대에 남겨 주었다. 赧王 때에는, 그리스가 안디옥을 大秦 유대의 땅으로 점거하였고, 大秦의 오론테스 강 사이에 안디옥 성을 축조하여 수도로 삼았다; 張騫(장건)이 사신으로 서역에 갔을 때는, 이 왕조의 자손이 大秦의 왕이 되었다. 漢나라 文帝 때에, 유대가 다시 강토를 회복하였다. 宣帝 시기에, 로마가 大秦에게 승리하여, 안디옥에 總統(총통)을 세웠다. 元帝 때에, 유대에 藩王(*譯者註: 藩王은 蕃王이라고도 부르며, 천자와 지방 관리 사이의 통치자이다.)을 세웠다. 漢 哀帝 建平 2년에, 예수 메시아가 유대성 베들레헴 읍에 강생하였다. 平帝 元始 원년에, 로마가 유대의 藩을 제거하여, 省을 세우고, 그 땅을 大秦의 總統에게 돌려주어 통제 관할하게 해 주었다. 建武 7년, 예수가 유대인들에게 모함을 받아, 십자가에서 죽었고, 3일이 지나 부활하였으며, 40일 만에 승천하였다. 建武 13년에, 大秦의 도시 안디옥이 예수 메시아의 가르침을 처음으로 들었고, 같은 해에, 예수의 사도 바울과 바나바가 大秦의 수도에 메시아 성회를 세웠다. 明帝 永平 9년에, 유대가 로마에 반역하였다. 永平 13년, 로마가 유대를 멸했으니, 죽은 이가 120만이었다. 和帝 永元 9년에, 甘英이 서역에 사신으로 갔고, 그 시기는 마침 大秦國의 운이 변화하여 교화 사업이 흥하였던 때이다. 예수

가 오기 전까지는, 大秦의 옛 종교가 매우 복잡하였으므로, 여기서 더 논
의하지는 않겠다. 그런즉 시리아의 大秦은, 지금의 어느 곳이란 말인가?
뛰르키예의 동부를 일러 시리아라고도 하고, 메소포타미아라고도 하며,
팔레스타인이라고도 부르니, 즉 옛 大秦과 猶太의 땅이다.

경교의 기원에 관한 고찰(景教源流考)

考景教之源, 則有赤瀝瀝者[148]在, 不待人之多言, 卽新, 舊約書是也. 所
謂約者, 何也? 謂阿羅訶與世人立約[149]也. 阿羅訶者, 拂箖人稱造化主[150]
之名也. 景教傳入大秦, 秦人習聞阿羅訶之名, 不必譯也. 景教傳入中國,
阿羅本仍用原音寫阿羅訶字, 則以爲不能譯也. 按其常用之名, 則有昊然
巨氣大力之意在內, 又是一位人所當拜之主, 故難譯也. 天主教入中國, 爲
譯此名, 大費唇舌, 卒請命於敎化王[151]審定, 譯爲天主. 耶穌敎會入中國

---

148 「赤瀝瀝者」: '피가 있고 살이 있는 살아 있는 사람'.
149 「阿羅訶與世人立約」: 이것은 '구약과 신약 중의 하나님 여호와께서 그가 선택하신 백
    성들과의 언약을 승낙하신 것'을 가리킨다. 출애굽기 34장 27-28절: 「여호와께서 모세
    에게 이르시되: 『너는 이 말들을 기록하라. 내가 이 말들의 뜻대로 너와 이스라엘과
    언약을 세웠음이니라.』하시니라. 모세가 여호와와 함께 사십 일 사십 야를 거기 있으
    면서 떡도 먹지 아니하였고 물도 마시지 아니하였으며, 여호와께서는 언약의 말씀 곧
    십계명을 그 판들에 기록하셨더라.」 이 열 가지 계명은 또 구약, 즉 율법의 약속이라
    고도 불린다. 그러나 신약은 바로 하나님의 외아들 예수 그리스도가 인간으로 강림하
    여 죄 없는 몸으로 자진하여 십자가에 못 박혀 죽으면서 생명의 구원을 완성하는 것을
    말한다. 마태복음 26장 26-28절: 「그들이 먹을 때에 예수께서 떡을 가지사 축복하시고
    떼어 제자들에게 주시며 이르시되: 『받아서 먹으라 이것은 내 몸이니라』하시고; 또
    잔을 가지사 감사 기도 하시고 그들에게 주시며 이르시되: 『너희가 다 이것을 마시라;
    이것은 죄 사함을 얻게 하려고 많은 사람을 위하여 흘리는바 나의 피 곧 언약의 피니
    라.』」
150 「造化主」: '만물을 화육하는 대자연의 주재자'.
151 「敎化王」: '종교'를 가리킨다.

時, 有譯上帝者, 有譯眞神者, 亦有沿天主教之舊, 仍用天主者, 其實眞難
恰合也.

경교의 기원을 고찰해 보면, 생생히 살아 있는 사람이 있는 듯하여, 사
람들의 많은 말을 기다리지 않아도, 그야말로 새로우니, 구약서가 이러
하다. 소위 '約'이란, 무엇인가? 阿羅訶(여호와)가 세상 사람들에게 약속을
세우심을 말한다. 阿羅訶는, 拂箖(*譯者註: 옛 지명. 「拂菻國」, 「拂懍國」이라고도 부름; 동로마제
국과 서아시아 지중해 연해 지역을 가리키며, 유대(Judea)를 포함한다.) 사람들이 칭하는 대자연의
주재자의 이름이다. 景教가 大秦에 전파되고서, 秦人들은 阿羅訶의 이름
을 익숙히 들었으니, 번역할 필요가 없다. 景教가 중국에 전파되었을 때,
阿羅本(아라본)은 여전히 원래의 소리에 맞추어 '阿羅訶'라는 글자를 썼으
니, 이는 번역할 수가 없다고 여겼기 때문이다. 그 자주 사용하는 이름에
따르면, '넓고 거대한 기운이 크게 힘을 쓴다'는 뜻이 있고, 또한 '한 사람
이 마땅히 숭배해야 하는 주인'이라는 뜻이 있으므로, 번역하기가 어렵
다. 천주교가 중국에 들어와서는, 이 이름을 번역하기 위해, 입이 닳도
록, 심사하여 결정해 달라고 교황에게 청하여, '天主'라는 이름으로 번역
하였다. 예수교회가 중국에 들어올 때는, '上帝'라고도 번역하고, '眞神'이
라고도 번역하였으니, 또한 천주교의 구습을 따른 바가 있으나, 여전히
'天主'를 사용하는 것은, 사실은 정말로 적절하지는 않은 것이다.

約之云者, 舊約守法則生, 犯法則死; 新約信者得救, 不信者獄成之約
也. 推景教之原, 則自人祖生死之誡始; 考景教之經, 則自摩西筆述而始著.

약속을 세웠다는 말은, 구약에서는 법을 지키면 살고, 법을 어기면 죽
는다는 것이며, 신약에서는 믿는 자는 구원을 얻고, 믿지 않는 자는 지옥
에 가게 된다는 약속인 것이다. 경교의 근원을 추론해 보면, 인간 조상의

생사의 계율로부터 시작되며; 경교의 경전을 고찰해 보면, 모세가 문자로 기록한 것으로부터 저술이 시작되었다.

摩西者, 商太戊時人也. 著五經曰創世記, 曰出埃及記, 曰利未記, 曰民數記, 曰申命記. 之五經者, 摩西之所述, 所作者也, 自古稱爲神天默示之書. 創世記所紀之事, 在摩西以前, 則爲述; 出埃及記以下, 當摩西之世, 則爲作.

모세는, 商나라 太戊 시기의 사람이다. 5경을 저술했다 함은 '창세기, 출애굽기, 레위기, 민수기, 신명기'를 일컫는 것이다. 이 다섯 가지 경전은, 모세가 써서 만든 것이니, 예부터 하나님의 묵시의 책이라 일컬었다. 창세기가 기록한 일은, 모세 이전에 있었던 것을, 서술한 것이며; 출애굽기 이하는, 모세 때에, 만들어진 것이다.

創世記中之要道, 卽爲景教之大原. 其第一節是乃萬世道學之宗, 其令人久而益信者, 則以各國各教所紀開天闢地之次序, 無一能與近時格致[152]實學諸家考明者相合, 惟創世記第一章之文, 則合若符節,[153] 眞天下絶奇

---

152 「格致」: '사물의 이치를 궁구하여 참된 지식을 얻다'의 의미이다. 《禮記·大學》: 「致知在格物, 物格而後知至; 知至而後意誠, 意誠而後心正; 心正而後身脩, 身脩而後家齊; 家齊而後國治, 國治而後天下平.(앎에 이르도록 하는 것은 사물을 연구함에 있고, 사물이 연구된 다음에는 앎이 지극해지고; 앎이 지극해지면 뒤에 뜻을 이루고자 하며, 뜻을 이루고자 하면 뒤에 마음이 바르게 되고; 마음이 바로 되면 뒤에 몸이 닦이며, 몸이 닦이면 뒤에 집안이 가지런해지고; 집안이 가지런해지면 뒤에 나라가 다스려지며, 나라가 다스려지면 뒤에 천하가 평안해진다.)」

153 「合若符節」: 고대에는 죽편, 목편, 옥 혹은 동편에 글자를 새긴 후 반을 갈라서 통관이나 병력의 이동, 장수의 파견 등에 증표로 삼았다. '두 개의 사물이 서로 부합함'을 비유한다. 《孟子·離婁下》: 「得志行乎中國, 若合符節, 先聖後聖, 其揆一也.(뜻을 얻어 도를 중국에 행한 것은 마치 부절을 합한 것과 같고, 앞서 난 성인이나 뒤에 난 성인이나 그 행하는 도는 같다.)」

之書也. 今揭其大要如下: 一紀阿羅訶創造天地萬物之次序.[154] 二紀立安
息聖日之故.[155] 三紀創造世人之始祖與阿羅訶有父子之親.[156] 四紀太和
之世.[157] 五紀性變之始, 罪惡之原.[158] 六紀天地萬物爲人所累, 致有缺
憾.[159] 七紀郊天正義.[160] 八紀善惡結局.[161] 九紀人道漸滅. 十紀義人碩果
僅存.[162] 十一紀洪水大張撻伐. 十二紀各國古祖恐懼, 修省立國淵源.[163]
十三紀萬國方言殊異之故.[164] 十四紀孝敬之福, 慢逆之禍.[165] 已上皆太初

---

154 「一紀 … 次序」, 神이 천지만물을 창조한 순서를 말한다: 첫째 날 빛을 만들어 낮과 밤
   을 구분하였고; 둘째 날 공기를 만들어 위, 아래를 구분하였으며; 셋째 날 대기 아래를
   땅과 바다로 나누어 지면에 수목과 채소가 자라날 수 있게 하였다. 넷째 날 해, 달, 별
   을 창조하여 낮과 밤을 분별하여 관리하였고, 다섯째 날에는 수중의 생물과 공중의 새
   그리고 땅 위의 가축과 짐승, 곤충을 만들었다. 여섯째 날 神의 형상대로 사람을 창조
   하였다. 창세기 1장 1-31절 및 2장 1절.
155 「二紀 … 之故」, 창세기 2장 2-3절: 「하나님이 그가 하시던 일을 일곱째 날에 마치시니
   그가 하시던 모든 일을 그치고 일곱째 날에 안식하시니라. 하나님이 그 일곱째 날을
   복되게 하사 거룩하게 하셨으니 이는 하나님이 그 창조하시며 만드시던 모든 일을 마
   치시고 그날에 안식하셨음이니라.」
156 「三紀 … 之親」, 이것은 '하나님이 땅의 흙과 생기로 인류의 시조인 아담을 창조하신
   것'을 가리킨다. 창세기 2장 7절.
157 「四紀 … 之世」, '遠古 시기 하나님이 아담의 갈비뼈로 하와를 만드신 후, 두 사람과 그
   후손들이 결합하여 번식이 많았던 때'를 가리킨다. 창세기 2장 21-24절, 3장-5장, 6장
   1-4절.
158 「五紀 … 之原」, '하나님이 사람은 노아를 제외하고는 그 마음과 생각의 모든 계획이
   항상 악할 뿐임을 보셨음'을 말한다. 창세기 6장 5절.
159 「六紀 … 缺憾」, '하나님께서 인간의 죄악으로 인해 노아 일가를 제외한 모든 인류와
   절대 다수의 동물들을 멸망시키기로 결정하셨음'을 일컫는다. 창세기 6장 6-8절, 6장
   11-13절.
160 「七紀 … 正義」, '노아가 대홍수가 물러간 후에 하나님을 위해 제단을 쌓고 번제를 드
   렸음'을 가리킨다. 창세기 8장 20-22절. 「郊」, '고대 시기 천지에 제사를 지내던 의례,
   즉 하나님을 향해 헌제하는 것'을 말한다.
161 「八紀 … 結局」, '하나님께서 지상의 악인을 멸한 후에 의인 노아의 일가에게 복을 내
   려 주셨음'을 말한다. 창세기 9장 1-7절.
162 「十紀 … 僅存」, '하나님께서 대홍수로 대부분의 인류를 멸망시키셨지만, 유독 의인 노
   아 일가의 목숨만은 남겨 두셨음'을 말한다.
163 「十二 … 淵源」, '노아의 세 아들'을 가리키는 것이다: 셈, 함, 야벳 그리고 그 후손들이
   나누어 거주하며 번성하여 나라를 세웠다. 창세기 10장.
164 「十三 … 之故」, '노아의 후손들은 말이 일치하여 점점 교만해졌기 때문에, 마침내 바
   벨성에 하늘과 통하는 탑을 세워 자신들의 명성을 떨치고자 하였으니, 그래서 하나님

古祖之家傳摩西, 著之於竹帛者.

창세기 중의 중요한 도리는, 바로 경교의 큰 근본이다. 그 첫 번째 절은 만세의 道學의 종지로서, 사람에게 오래도록 믿음을 더하게 하는 것이니, 즉 각국의 각 종교들이 기록한 하늘과 땅을 여는 순서는, 근래의 격물치지 실학의 여러 학자들이 규명한 것과 부합할 수 있는 것이 하나도 없지만, 오로지 창세기 제1장의 문장은, 부절을 맞춘 것처럼 꼭 들어맞으니, 진실로 천하의 신비한 책인 것이다. 지금 그 큰 요지를 아래와 같이 밝힌다: 첫째, 阿羅訶(여호와)께서 천지 만물을 창조한 순서를 기록하였다. 둘째, 안식일을 세운 까닭을 기록하였다. 셋째, 인간의 始祖를 창조한 일과 阿羅訶께서 부자의 관계가 있음을 기록하였다. 넷째, 평화의 세상을 기록하였다. 다섯째, 인간 본성이 변화되기 시작함이, 죄악의 근원임을 기록하였다. 여섯째, 천지 만물이 인간에 의해 증가되었으나, 부족하고 아쉬운 점이 있게 되었음을 기록하였다. 일곱째, 하늘에 제사 지내는 정확한 의미를 기술하였다. 여덟째, 선과 악의 결말을 기록하였다. 아홉째, 인간의 道의 소멸을 기록하였다. 열 번째, 의인의 큰 열매만

은 탑이 세워지기 전에 천하 인간들의 말을 흐트러뜨려서 그들이 서로 소통할 수 없게 하셨음'을 말하고 있다. 창세기 11장 1-9절.
165 「十四 … 之禍」, 하나님에 대한 숭배와 거역의 측면에서 볼 때, 아브라함은 하나님을 경배하여 그 명령을 준행하고 단단히 믿음으로써 복을 받았음을 의미하는 것이며(창세기 12장-24장 1절); 또한 소돔과 고모라의 죄악이 하늘까지 닿았을 때 滅城의 화를 입게 되었음을 의미하기도 한다(창세기 18장 20절에서 19장 25절). 그러나 효성과 오만함의 측면에서는, 즉 아브라함의 두 손자를 가리키는 것이니: 에서와 야곱이 행한 일을 말한다. 아브라함의 아들 이삭은 큰아들 에서가 사냥한 고기를 좋아하였으므로 그를 편애하였다; 그러나 그의 처 리브가는 작은아들 야곱을 지나치게 사랑하였다. 에서는 장자권을 가볍게 보았기 때문에 야곱에게서 팥죽을 받고 장자권을 곧 그에게 양도해 버렸다. 이어서 야곱은 어머니의 계략에 순종하여 에서의 모든 축복을 가로챘으나 아버지에게 거짓말한 것이 들통나서 여러 해 동안 바깥으로 떠돌아다니게 되었다; 그러나 에서는 아버지에게 순종하고 효성을 다하였으며, 장자의 명분과 축복은 야곱에게 빼앗겼을지라도 여전히 칼에 의지하여 생활하고 자기 몸의 멍에를 풀 수 있었다.(창세기 25장 27절에서 49장 28절.)

이 남게 됨을 기록하였다. 열한 번째, 홍수가 크게 일어 징벌함을 기록하였다. 열두 번째, 각국의 옛 조상들이 두려워하여, 나라를 세운 연원을 수양하고 성찰하였음을 기록하였다. 열세 번째, 만국의 방언이 각각 달라진 까닭을 기록하였다. 열네 번째, 효도와 공경의 복, 그리고 불경(不敬)과 거역의 화를 기록하였다. 이상은 모두 태초에 옛 선조의 가문에서 모세에게 전하여, 죽간(竹簡)과 포백(布帛)에 저술한 것이다.

十五紀阿羅訶特選亞伯蘭爲萬國信阿羅訶者之祖, 當其未受選之前, 本名亞伯蘭, 譯卽一民之祖. 及登道岸之後, 阿羅訶更其名曰亞伯拉罕, 譯卽萬民之祖.[166]

열다섯째, 阿羅訶(여호와)께서 아브람을 특별히 선택하여 阿羅訶를 믿는 만국 사람들의 시조가 되게 하였고, 아직 선택되기 전, 본명이 아브람이었으니, 번역한즉 '민족의 시조'이다.

十六紀阿羅訶應許亞伯拉罕, 救主彌施訶必由其裔降生, 爲萬邦之救者. 十七紀阿羅訶彰善癉惡之公理.[167] 十八紀阿羅訶陰隲下民[168]之妙法.

열여섯째, 阿羅訶께서 아브라함에게 허락하여, 구주 메시아가 그 후손

---

166 「十五 … 之祖」, 창세기 17장 3-6절:「하나님이 또 그에게 말씀하여 이르시되:『보라 내 언약이 너와 함께 있으니 너는 여러 민족의 아버지가 될지라. 이제 후로는 네 이름을 아브람이라 하지 아니하고 아브라함이라 하리니, 이는 내가 너를 여러 민족의 아버지가 되게 함이니라. 내가 너로 심히 번성하게 하리니, 내가 네게서 민족들이 나게 하며 왕들이 네게로부터 나오리라.』」.

167 「十七 … 公理」, '하나님이 소돔과 고모라 두 죄악의 도시를 징벌하여 멸하셨지만, 그 속에서 의인 롯 일가를 구원하신 일'을 가리킨다. 창세기 18장 20절에서 19장 25절.

168 「陰隲下民」: '백성들에게 몰래 베풀어 드러나지 않는 덕성'을 말한다. 「隲」, '안정시키다'. 출전《尙書 · 周書 · 洪範》:「惟天**陰隲下民**, 相協厥居.(오로지 하늘만이 아래 백성들을 도우니, 서로 협력하여 그곳에서 살기를 바란다.)」

으로부터 반드시 강생하여, 만방의 구주가 될 것임을 기술하였다. 열일곱째, 阿羅訶께서 선한 것을 표창하고 악한 것을 징벌하시는 공리를 기술하였다. 열여덟째, 阿羅訶께서 백성들에게 몰래 베풂으로 드러나지 않는 덕성의 신묘한 法을 기술하였다.

已上皆摩西得於列祖之家譜者, 總集而爲創世記焉. 書凡五十章, 書中所述諸要道, 多非世人本智所能識, 乃阿羅訶以行與事, 顯示古人列國始祖分散之時, 各有所紀, 歷世增益, 遂成世敎. 得之, 則日進高明; 失之, 則日流汙下. 稽之萬國之興衰, 確有明徵者也. 其最關於天下萬世之大事者, 則亞伯拉罕之祭典, 阿羅訶應許降生救主之恩道是已.

이상은 모두 모세가 역대 조상의 가보에서 얻은 것들로서, 모두 모여 창세기가 되었다. 창세기는 모두 50章이며, 책 속에서 서술한 여러 중요한 도리는, 대부분 세상 사람의 본래 지식으로는 알 수 있는 것이 아니니, 곧 阿羅訶께서 행위와 사건으로써, 고대 열국의 시조들이 분산되는 모습을 나타내 보여 주었을 때, 각각 기록한 바가 있었고, 역대로 계속하여 증가되어, 마침내 세상의 가르침이 된 것이다. 그것을 얻으면, 날로 총명하여 훌륭해지고; 그것을 잃으면, 날로 혼탁하고 저급한 곳으로 흐르게 된다. 만국의 흥망성쇠를 고찰해 보면, 확실히 명징한 사실을 알 수 있다. 천하 만세의 대사에 관하여 가장 중요한 일은, 아브라함의 제사 의식이니, 阿羅訶께서 구주를 강생하시는 은혜의 道를 허락하심이 이것이다.

出埃及記書, 凡四十章. 首記阿羅訶特生聖人拯斯民[169]於水火之中.[170]

---

169 「斯民」: '백성'을 의미함. 《孟子 · 萬章上》:「予將以斯道覺斯民也.(나는 장차 이 道로써 이 백성을 깨우치려 한다.)」
170 「出埃 … 之中」, '이스라엘 민족이 에굽에서 노예와 같은 혹독한 대우와 통제를 받고

次記阿羅訶神體是自然而有, 以耶和華爲阿羅訶永遠至尊之名, 耶和華譯
卽自有者.[171] 三記耶和華爲造化之主, 人所當拜之阿羅訶[阿羅訶, 或譯上帝, 或譯]
[天主, 或譯眞神] 四記阿羅訶頒世人當守之天律.[172] 五記世人分當敬愛造化之
主.[173] 六記事阿羅訶之聖殿禮器.[174] 七記凡妄稱受造之萬物爲造化之神
者, 其道必遭禍敗.[175] 八記阿羅訶聖潔慈仁, 爲世人所當克肖.[176] 考此一
經, 允爲萬世黜異端,[177] 崇正道之極軌.

출애굽기는 모두 40장이다. 첫 번째는, 阿羅訶께서 특별히 성인을 태
어나게 하셔서 백성들을 물과 불에서 구원하셨음을 기록하였다. 두 번째
는, 阿羅訶의 신비한 몸체는 자연적으로 있는 것이며, 耶和華(여호와)로써
阿羅訶의 영원 지존하신 이름을 삼았고, 耶和華(여호와)는 '스스로 있는
자'라는 뜻으로 번역됨을 기술하였다. 세 번째는, 여호와는 창조의 주이
시며, 인간이 마땅히 경배해야 하는 阿羅訶[阿羅訶, 혹은 上帝, 혹은 天主, 혹은 眞神]이심

있다가, 하나님이 모세에게 명하여 이스라엘 민족을 데리고 애굽에서 나오게 한 일'을
가리킨다. 출애굽기 3장 7-12절.

171 「次記 … 有者」, '하나님이 모세에게 이르시기를 「나는 스스로 영원히 있는 자, 여호
와」라 한다'라는 말씀을 나타낸다. 출애굽기 3장 14-15절.

172 「四記 … 天律」, '하나님이 시내산에서 모세에게 백성들이 지켜야 할 열 가지 계명을
전하라고 분부하셨음'을 일컫는다. 출애굽기 20장 1-17절.

173 「五記 … 之主」, 출애굽기 20장 6절 참고. 하나님께서 분부하시기를: 「나를 사랑하고
내 계명을 지키는 자에게는 천 대까지 은혜를 베푸느니라」.

174 「六記 … 禮器」, 하나님은 시내산에서 모세에게 어떻게 성소와 그 안의 모든 기구 그
리고 복식을 세울 지를 똑똑히 알려 주셨다. 언약궤, 속죄소, 떡상, 금촛대, 제주병(祭
酒甁), 성막, 번제단, 분향단, 등잔 기름, 향신료 및 제사장의 성복 등이 포함되어 있다.
출애굽기 25장 8절에서 31장 18절.

175 「七記 … 禍敗」, 출애굽기 20장 7절 참고.

176 「八記 … 克肖」, 출애굽기 34장 6-7절 참고. 여호와께서 그의 앞으로 지나시며 반포하
시되: 「여호와로라 여호와로라. 자비롭고 은혜롭고 노하기를 더디 하고 인자와 진실
이 많은 하나님이로라. 인자를 천 대까지 베풀며 악과 과실과 죄를 용서하나, 형벌 받
을 자는 결단코 면죄하지 않고 아비의 악행을 자손 삼사 대까지 보응하리라」. 「克肖」,
'본받을 수 있다'의 의미이다.

177 「異端」: 이것은 '종교 신앙의 관점에서 신념과 배치되는 종파'를 가리킨다.

을 기술하였다. 네 번째, 阿羅訶께서 세상 사람들이 마땅히 지켜야 하는 하늘의 계율을 반포하심을 기록하였다. 다섯째, 세상 사람들이 분별하여 마땅히 창조의 주를 경애해야 함을 기록하고 있다. 여섯째, 阿羅訶 성전의 의식에 쓰이는 기구들을 기록하였다. 일곱째, 무릇 피조 만물이 창조의 신을 망령되이 일컬으면, 그 길에 반드시 화를 만나 패퇴함이 있을 것을 기록하였다. 여덟째, 阿羅訶는 성결하고 인자하시니, 세상 사람들의 마땅히 본받는 바가 됨을 기술하였다. 이 경전을 고찰해 보면, 만세토록 이단 교파를 배척하고, 正道의 지극한 법도를 숭배함을 윤허하고 있다.

利末記書, 凡二十七章. 一記獻祭阿羅訶之禮物.[178] 二論潔淨之儀文.[179] 三論飮食之禮節.[180] 四定嫁娶之次序.[181] 五論祭司之聖品.[182] 六論聖會之

---

[178] 「一記 … 禮物」, 레위기 1장에서 7장까지 참고. 즉 '하나님께서 모세에게 어떻게 번제(燔祭), 소제(素祭), 속죄제, 화목제를 드릴 것인지, 헌제(獻祭) 시의 주의사항과 의례 규율은 무엇인지 등을 명하신 내용'을 서술하고 있다.

[179] 「二論 … 儀文」, 레위기 12장에서 16장 참고. 하나님께서 모세에게 정결의 여부와 어떻게 정결케 할 것인지에 대한 규례에 대해 명확히 알려 주시는 내용을 주로 서술하고 있다. 가령 14장 2-7절:「나병 환자가 정결하게 되는 날의 규례는 이러하니: 곧 그 사람을 제사장에게로 데려갈 것이요; 제사장은 진영에서 나가 진찰할지니 그 환자에게 있던 나병 환부가 나았으면, 제사장은 그 정결함을 받을 자를 위하여 명령하여 살아 있는 정결한 새 두 마리와 백향목과 홍색 실과 우슬초를 가져오게 하고, 제사장은 또 명령하여 그 새 하나는 흐르는 물 위 질그릇 안에서 잡게 하고, 다른 새는 산 채로 가져다가 백향목과 홍색 실과 우슬초와 함께 가져다가 흐르는 물 위에서 잡은 새의 피를 찍어, 나병에서 정결함을 받을 자에게 일곱 번 뿌려 정하다 하고 그 살아 있는 새는 들에 놓을지며.」

[180] 「三論 … 禮節」, 레위기 11장 참고. 식용 여부가 상세히 기록된 음식물 규례. 예를 들면: 11장 9-11절:「물에 있는 모든 것 중에서 너희가 먹을 만한 것은 이것이니: 강과 바다와 다른 물에 있는 모든 것 중에서 지느러미와 비늘 있는 것은 너희가 먹되, 물에서 움직이는 모든 것과 물에서 사는 모든 것 곧 강과 바다에 있는 것으로서 지느러미와 비늘 없는 모든 것은 너희에게 가증한 것이라. 이들은 너희에게 가증한 것이니 너희는 그 고기를 먹지 말고 그 주검을 가증히 여기라.」

[181] 「嫁娶之次序」, 주로 '남녀 간의 혼배(婚配)와 교합(交合)에서 근친상간을 피해야 함'을 말하고 있다. 레위기 18장 6-18절 참고.

[182] 「祭司」에서 聖品들을 진열하는 일에 대해 말하고 있다. 레위기 21장 참고. 하나님께서

節期.[183] 七論明順逆之禍福.[184]

레위기는, 총 27장이다. 첫째, 阿羅訶께 헌제하는 예물을 기록하였다. 둘째, 정결한 의례문에 대해 논하고 있다. 셋째, 음식물 규례에 대해 논하고 있다. 넷째, 시집가고 장가듦의 순서를 정하였다. 다섯째, 祭司에서 聖品들의 진열하는 일에 대해 말하고 있다. 여섯째, 聖會의 절기를 논하였다. 일곱째, 순응과 거역의 화와 복을 논하여 밝히고 있다.

民數記書, 凡三十六章. 所紀皆民衆順逆吉凶, 捷如影響之事.

민수기는, 총 36장이다. 모두 민중들의 순응과 역행 그리고 길과 흉이, 재빠르게 영향을 미친 일들을 기록하고 있다.

申命記書, 凡三十四章. 所紀皆摩西生平所歷大事, 爲萬民所共見共聞者, 簡約爲書, 重申敎命,[185] 終多預言後世, 阿羅訶之道, 必爲萬國所信服.

모세에게 제사장으로서 백성들 가운데 첫 자리에 위치하여 거룩하게 구별되어져야 하는 관련 규례를 명하시고 있다. 가령, 「그의 살붙이인 그의 어머니나 아버지나 그의 아들이나 딸이나 그의 형제나 출가하지 아니한 처녀인 그의 자매로 말미암아서는 몸을 더럽힐 수 있느니라; 그는 처녀를 데려다가 아내를 삼을지니 과부나 이혼 당한 여자나 창녀 짓을 하는 더러운 여인을 취하지 말고, 자기 백성 중에서 처녀를 취하여 아내를 삼아 그의 자손이 그의 백성 중에서 속되게 하지 말지니; 제사장들은 머리털을 깎아 대머리 같게 하지 말며, 자기의 수염 양쪽을 깎지 말며, 살을 베지 말고 옷을 찢지 말 것이라.」

183 「聖會之節期」, 레위기 23장 참고. 하나님께서 제7일을 안식일로 정하셨고, 정월 14일은 유월절(逾越節), 정월 15일은 무교절(無酵節), 7월 1일은 성 안식일(聖安息日), 7월 10일은 속죄일(贖罪日), 7월 15일은 초막절(草幕節) 등으로 정하셨다. 여기서는 또한 성회에서 드리는 제사와 수고해서는 아니 되는 일 등에 관해 설명하고 있다.

184 「明順逆之禍福」, 즉 '하나님의 규례와 계명을 준행하는 자는 복을 얻으리니, 하나님이 철 따라 비를 주어 땅은 그 산물을 내고 밭의 나무가 열매를 맺으며, 평화를 주실 것인 즉 적이 침범치 않을 것이다'라는 내용이다. '그러나 우리가 하나님을 청종치 아니하여 그 모든 명령을 준행하지 않으면 각양각색의 화가 미칠 것이라. 땅이 그 산물을 내지 아니하고 나무는 열매를 맺지 아니하며 들짐승이 사람을 잡아먹고 재난과 질병이 끊이질 않고 적들이 침범해 올 것이다'. 레위기 26장 3-34절 참고.

신명기는, 모두 30장이다. 모세가 살아서 겪은 큰 일들을 모두 기록하였으니, 만민에 의해 함께 보고 들은 것들을, 간략하게 책으로 만들어, 계명을 다시 설명하였고, 결국 후세에 많은 예언을 남겨, 阿羅訶의 道를, 만국이 반드시 믿고 복종할 것이라는 내용을 담았다.

> 總此五經皆摩西手筆, 上自開闢之始, 下及唐, 虞, 至于夏, 商. 伊古以來, 拂菻人奉之以爲敬天勤民, 誠正修齊之本.[186]

총 다섯 가지의 이 경전들은 모두 모세가 손으로 쓴 것이며, 위로는 천지 개벽의 시작부터, 아래로 唐(* 譯者註: 堯가 세웠다는 전설상의 나라.), 虞(* 譯者註: 전설상의 왕조로 舜이 건국했다고 함.)까지, 夏, 商에 이르렀다. 자고이래로, 拂菻 사람들은 하늘을 숭경하고 백성을 도와주는 것, 그리고 성실과 정직을 수신과 제가의 근본으로 여기고 신봉하였다.

> 其餘之古經皆屬史類, 語類, 共卅五卷. 一曰約書亞記書, 凡卄四章. 所紀皆奉天征討[187]之義, 司空「居四民, 時地利」[188]之宜; 士師「宥過無大, 刑

---

185 「教命」: 가장 중요한 것은 바로 하나님께서 모세에게 일러 주신 '열 가지 계명'인 것이다. 신명기 5장 7-21절: 「나 외에는 다른 신들을 네게 두지 말지니라. 자기를 위하여 새긴 우상을 만들지 말고…. 여호와 네 하나님의 이름을 망령되이 일컫지 말라…, 하나님 여호와가 네게 명령한 대로 안식일을 지켜 거룩하게 하라…. 네 하나님 여호와께서 명령한 대로 네 부모를 공경하라…. 살인하지 말지니라. 간음하지 말지니라. 도둑질하지 말지니라. 네 이웃에 대하여 거짓 증거하지 말지니라. 네 이웃의 아내를 탐내지 말지니라; 네 이웃의 집이나 그의 밭이나 그의 남종이나 그의 여종이나 그의 소나 그의 나귀나 네 이웃의 모든 소유를 탐내지 말지니라.」 이 밖에도 하나님이 모세를 통하여 반포하신 다른 규례들도 포함되어 있다. 예를 들어 신명기 14장에서 먹는 것에 대한 규례와 레위인을 대하는 방식에 대해서도 거듭 강조하고 있다(신명기 14장 27-29절, 18장 1-5절, 26장 12절); 헌제물에 대한 금기(신명기 17장 1절).

186 「總此 … 之本」, 이는 모세 오경으로서 하나님께서 모세에게 일러 주신 율례 규약이며, 진실되고 바른 마음 그리고 수신과 제가의 道가 되는 것이다.

187 「奉天征討」: 이것은 '하나님께서 여호수아에게 가나안 즉 요단강 동쪽을 정복하라고 명령하심'을 가리키는 것이다. 여호수아 1장 1-4절: 「여호와의 종 모세가 죽은 후에 여

故無小」[189]之法.

　그 외의 구약(舊約)은 모두 역사서나 어록류들로서, 총 35권이다. 첫째
는 여호수아서이며, 총 24장이다. 기록된 것은 모두 하나님께서 정복하
라 하신 義를 받드는 것, 司空의「백성을 편안하게 하며, 하늘의 때와 땅
의 이로움을 다하게 하는 일」의 적합함; 士師(판관)의「용서에는 큰 것이
없고, 과오에는 작은 것이 없음」의 法이다.

　二曰士師記書, 凡卄一章. 所紀皆下民順逆吉凶之道, 記十四代士師[190]
奉天律以治世, 未立國君之時, 民多任性, 爭戰頻仍之事; 而於阿羅訶含忍
寬容, 法外施仁之道, 則極顯著焉.

　둘째는 사사기서로서, 총 21장이다. 기록된 내용들은 모두 백성들의
순응과 역행 그리고 길과 흉의 道이며, 14대 士師가 하늘의 율법을 받들

　　호와께서 모세의 수종자 눈의 아들 여호수아에게 말씀하여 이르시되:『내 종 모세가
　　죽었으니 이제 너는 이 모든 백성과 더불어 일어나 이 요단을 건너 내가 그들 곧 이스
　　라엘 자손에게 주는 그 땅으로 가라…. 곧 광야와 이 레바논에서부터 큰 강 곧 유브라
　　데강까지 헷 족속의 온 땅과 또 해 지는 쪽 대해까지 너희의 영토가 되리라.』」

188　「居四民, 時地利」: '백성을 편안히 살게 하고 즐겁게 일하게 하며, 하늘의 때와 땅의 이
　　로움을 다하게 하는 일'. 출전《尙書·周書·周官》:「司空掌邦土, 居四民, 時地利.(司空
　　은 나라의 땅을 관장하고, 四民을 살게 하며, 때에 맞추어 땅을 이롭게 한다.)」이것은
　　「여호수아」를 周나라 때 국토를 관장하고 백성을 위로하며 天時 地利에 순응하던「司
　　空」의 직책에 비유한 것이다.「司空」, 周나라 때 六卿 중의 하나이며, 秦과 漢 초기에는
　　御史大夫라 불렸고, 漢 成帝 때는「大司空」으로 개칭하였다. 또한 隋, 唐 시기에 工部尙
　　書를 大司空이라 부르기도 했다.

189　「有過無大, 刑故無小」: '아무리 큰 과오라도 또 용서할 수 있다; 고의로 죄를 저지르면
　　과오가 작아도 처벌한다'의 의미이다. 이것은 여호수아를 賢君이었던 禹임금에 비유
　　한 것이다. 하나님의 율례와 규범은 이스라엘 사람들을 이끌고 다스리는 것으로서, 비
　　록 상벌이 있긴 하지만, 하나님이 그 백성들에 대하여 은혜와 인자함을 나타내고 있는
　　것이다.

190　「士師」: '이스라엘이 아직 군왕을 세우지 못했을 때, 하나님의 율령과 규례를 이끌고
　　가르치던 지도자 혹은 백성들을 호위하여 구출한 뛰어난 공로가 있는 민족의 영웅들'
　　을 가리킨다.(사사기 2장 16절) 이 중 언급된 사사들은 '옷니엘, 에훗, 삼갈, 드로바,
　　기드온, 돌라, 야일, 입다, 입산, 엘론, 압돈, 삼손' 등이 있다.

어 치세하는 내용이니, 아직 군왕을 세우지 못했을 때, 다수의 백성들이 제멋대로 굴고, 빈번하게 전쟁을 일으켰지만; 阿羅訶의 인내와 관용으로, 죄지은 자를 관대하게 처벌하였음이, 지극히 현저하였다는 것이다.

三曰路得記書, 凡四章. 所紀路得[191]一人之事, 爲節孝之準繩.

세 번째는 룻기이며, 총 4장이다. 룻 한 사람의 일을 기록하였으며, 그녀는 효와 충절의 표본이었다.

四曰撒母耳上書, 凡三十一章. 所紀皆帝王大事. 曰「天難諶, 命靡常」[192]之道, 曰：「聖罔念, 作狂; 狂敬命, 作聖」之道, 曰「畏天委命」[193]之道, 曰「潛龍」[194]之道, 曰「臨大節, 而不可奪」[195] 之道, 曰「化仇敵」之道,

---

191 「路得」: 모압 여인의 이름인 '룻'. 그는 기근의 시기에 이스라엘 사람 기룐과 결혼하였는데, 결혼 후 10년 만에 남편이 사망하여 과부가 되었다. 그녀의 시어머니 나오미가 그녀에게 개가를 위해 친정으로 돌아가라고 권했을 때, 룻은 시어머니를 따라 이스라엘로 돌아와 그녀를 곁에서 돌보았다. 그 효심이 지극하여 하나님이 복을 내리셨으니, 그 시대의 친족들 가운데서 따로 인연을 찾았을 뿐만 아니라 그녀의 증손자인 다윗 역시 훗날 이스라엘에서 왕이 되었다.

192 「天難諶, 命靡常」: '하늘의 뜻은 믿기 어렵고, 운명 중의 복은 헤아리기 어렵다'. 「諶」, '신뢰하다'의 의미. 「無常」, '복을 얻거나 화를 당하거나 하는 일정한 법칙은 없다'. 출전 《尚書・商書・咸有一德》: 「伊尹既復政厥辟, 將告歸, 乃陳戒於德, 曰：『嗚呼, 天難諶, 命靡常; 常厥德, 保厥位.』(伊尹이 이미 정권을 임금에게 되돌려 주고, 장차 돌아갈 것을 고할 적에, 이에 덕으로 경계하는 말씀을 올려 말하기를：『오호, 하늘을 믿기 어려움은 천명이 일정하지 않기 때문이니; 그 덕을 일정하게 지니면, 그 지위를 보존할 수 있다.』라 하였다.) 伊尹은 商나라 초기의 어진 재상이었으나 湯王의 손자 太甲이 주색에 빠져 무도하게 되자, 그를 桐宮으로 3년 간 내쫓았다. 太甲왕이 동궁에서 3년 동안 개과하여 선한 사람으로 돌아오자 이윤은 그를 조정으로 맞이하고 정권을 돌려주었다. 이에 이윤은 공이 이루어지자 물러나 오직 덕성을 수양하고 간곡하게 진언하는 일을 잊지 않았다.

193 「畏天委命」: '하늘을 경외하고 천명을 따른다'는 의미이다. 이것은 「하나님」을 「하늘」에 비유한 것이다. 《漢書・馮異》: 「彼皆畏天知命, 睹存亡之符, 見廢興之時, 故能成功於一時, 垂業於後世也.(저들이 모두 하늘을 경외하고 천명을 따랐으며, 존망의 징조를 보고, 흥망성쇠의 때를 보았으니, 그리하여 한때에 성공할 수 있었으며, 후세에 업을 전하였다.)」

曰「盛衰不易其志」之道, 曰「保泰持盈」[196]之道, 皆於是書取正焉. 而最要之道, 則阿羅訶重申應許亞伯拉罕之約,[197] 謂彌施訶[198]必由其裔降生, 爲萬國之救主之道也.

네 번째는 사무엘상이며, 모두 31장이다. 기록된 것은 모두 제왕의 대사이다. 「하늘의 뜻은 믿기 어렵고, 운명 중의 복은 헤아리기 어려움」의 道를 말하며, 「성스러운 이가 속마음을 감추어, 미친 척하고; 미친 척하는 이가 명을 받들어, 성스러워짐」의 道를 말하고, 「하늘을 경외하고 천명을 따름」의 道를 말하며, 「은둔해 있는 聖人」의 道를 말하고, 「생사 존망이 걸린 고비에도 변하지 않는 절개」의 道를 말하며, 「원수를 교화시

---

194 「潛龍」: '은둔해 있는 聖人 혹은 세상에 중용되지 않은 賢才'를 가리킨다. 출전《周易・乾》:「初九曰:『潛龍勿用, 何謂也?』子曰:『龍德而隱也, 不易乎世, 不成乎名, 遯世無悶. 不見是而無悶, 樂則行之, 憂則違之, 確乎其不可拔, 潛龍也.』(初九가 말하되:『潛龍은 쓰지 않는다는 것이 무엇을 말하는 것입니까?』공자께서 말씀하시기를:『龍의 德을 갖추고 있으면서도 아직 세상에 드러내지 않고 숨어 있는 것을 말한다. 세속에 영합하여 마음을 바꾸지 아니하며, 명성을 구하지도 아니한다. 세상에 숨어 살아도 번민하지 아니하고, 자기의 올바름을 세상이 알아주지 않아도 번민하지 아니한다. 태평한 세상이 되면 조정에 벼슬하여 도를 행하고, 세상이 어지러우면 물러나 도를 고수하여 변함이 없다. 이것이 잠룡인 것이다.』) 이것은 '다윗이 사울왕의 미움을 받아 잠시 도망가 있던 일'을 말하는 것이다.

195 「臨大節, 而不可奪」: '생사 존망이 걸린 고비에도 변하지 않는 절개'를 가리킨다. 출전《論語・泰伯》:「曾子曰:『可以託六尺之孤, 可以寄百里之命. 臨大節, 而不可奪也.』(증자가 가로되: 육 척의 어린 임금을 맡길 만하고, 제후국을 다스리는 임무를 부탁할 만하며, 중대한 일에 임하였을 때 절개를 빼앗을 수 없는 것이다.)

196 「保泰持盈」: '천하의 태평을 영원히 보호하고, 풍부하고 충족함을 유지한다'는 의미이다. 출전《明史・弘治十八年》:「而晏安則易耽怠玩, 富盛則漸啟驕奢. 孝宗獨能恭儉有制, 勤政愛民, 兢兢於保泰持盈之道, 用使朝序清寧, 民物康阜.(孝宗이 오직 공손하고 검소함에 제도를 두었고, 정사에 열중하고 백성을 사랑하였으며, 태평을 보호하고 충족을 유지할 수 있는 길에 주의를 기울였으니, 이를 씀으로 조정의 질서가 평안해지고, 백성과 물자가 안락하고 풍요로워졌다.)」

197 「應許亞伯拉罕之約」, '여호와 하나님께서 모세와 아론의 곤고한 이스라엘 백성을 애굽 땅에서 인도하여 내시고, 아브라함의 후손이 재난을 당했을 때 입다, 사무엘 등을 보내 원수의 손에서 그들을 건져 내신 것'을 가리킨다. 사무엘상 12장 6-24절.

198 「彌施訶」: 즉 '구세주'를 가리킨다. 현대 중국어 성경은 「彌賽亞」 혹은 「默西亞」로 번역하였다.

킴」의 道를 말하고,「성쇠가 그 뜻을 바꿀 수 없음」의 道를 말하며,「천하
의 태평을 영원히 보호하고, 풍부하고 충족함을 유지함」의 道를 말하고
있으니, 모든 것이 이 경전에서 올바름을 취하고 있는 것이다. 그러나 가
장 중요한 道는, 阿羅訶께서 아브라함에게 응낙하신 약속을 다시 설명하
는 것이니, 메시아가 반드시 그 후손으로부터 강생하여, 만국의 구주가
된다는 말씀인 것이다.

五曰撒母耳下書, 凡卄四章. 則紀人君君臨天下, 立政立事之道;[199] 亦
紀人君失德, 阿羅訶降罰, 毫無假借之道;[200] 又著史官善善癉惡, 不諱人
君之直道.[201]

다섯째는 사무엘하로서, 총 24장이다. 임금이 천하에 군림하여, 정치
를 세우고 일을 하는 도리를 기술하였으며; 또한 임금이 덕을 잃어서, 阿
羅訶가 벌을 내리심에, 조금도 관용이 없으셨음을 기록하였고; 또 사관
나단이 선을 행하고 악을 미워함과 임금의 바른 道를 꺼리지 않았음을
분명히 하였다.

---

[199] 「則紀 … 之道」, 이것은 '다윗이 사울의 뒤를 이어 왕이 되고, 남방 유대와 북방 이스라
엘에 이르기까지 통치를 하고, 하나님을 경외하며 주위 네 나라와 전쟁에서 승리를 거
둔 일'에 대해 묘사하고 있다.
[200] 「亦紀 … 之道」, '사울이 하나님의 명에 순종치 않았기 때문에 아말렉 사람과 그들이
가진 모든 것을 멸망시켰고, 이에 하나님이 마침내 사무엘로 하여금 기름부음을 받은
자인 다윗을 왕으로 세우게 하셨으며, 사울은 천수를 다하지 못하였음'을 말하고 있
다.(사무엘하 1장 4-12절).「假借」는 '관용하다, 너그럽게 받아들이다'의 의미이다.《戰
國策·燕策三》:「北蠻夷之鄙人, 未嘗見天子, 故振慴, 願大王少假借之.(북방 오랑캐의 촌
놈이, 아직 천자를 뵙지 못한 터라, 그리하여 저렇게 질려 있는 것이니, 원컨대 대왕께
서는 너그러이 용서해 주십시오.)」'振慴'은 '놀라 두려워하다'의 의미를 나타낸다.
[201] 성경 사무엘하 중의 소위「史官」은 선지자 나단을 가리킨다. 다윗왕이 전사 우리아의
아내 밧세바를 빼앗기 위하여 일부러 전쟁 상황이 맹렬한 최전선에 그를 파견한 후에
홀로 적과 싸우다 죽도록 계획하였다. 이에 나단이 가난한 사람의 유일한 어린 양 한
마리가 부자에게 도살당하는 것을 연회객에 비유하여 다윗의 죄악과 과실을 지적한
것이다. 사무엘하 12장 1-15절.

六日列王紀上書, 凡二十二章. 七曰「下」書, 凡二十五章. 所紀皆人君「順天者昌, 逆天者亡」之道; 而阿羅訶善善惡惡, 改過則宥之, 情亦彰明較著矣!

여섯째는 열왕기상으로서, 총 22장이다. 일곱째는 열왕기하이며, 모두 25장이다. 임금의「하늘에 순응하는 자는 창성하고, 하늘을 거역하는 자는 망함」의 道를 기술하고 있으며; 阿羅訶께서 선한 것을 좋아하고 악한 것을 싫어하셔서, 잘못을 고치면 그를 용서해 주셨나니, 그 정이 또한 뚜렷하게 드러나고 있다!

八曰歷代志上書, 凡二十九章. 九曰「下」書, 凡三十六章. 亦史類也. 其大旨與列王紀二書同.

여덟째는 역대상으로서, 총 29장이다. 아홉째는 역대하이며, 모두 36장이다. 또한 史書類이다. 그 대략의 요지는 열왕기 상하 두 권과 같다.

十曰以士喇書,[202] 凡十章. 十一曰尼希米[203]書, 凡十三章. 備述阿羅訶雖震怒其民, 祝降大喪,[204] 國破家亡, 流離遷徙. 及其痛悔怨艾之時, 弊絶風清之日, 天心[205]克順, 又眷顧之, 俾其復興之理.

---

202 「以斯喇書」: 현재 '에스라記'로 번역한다. 「에스라」는 대제사장 아론의 후손으로서 하나님이 모세에게 준 법률 조례에 정통하였다. 그는 바빌론으로 떠도는 이스라엘 백성을 이끌고 예루살렘으로 돌아가 하나님의 규례와 율령을 준행하였다. 에스라 7장 6-10절.

203 「尼希米」: 유태인. 페르시아왕 아닥사스다 1세의 신임을 얻어 곁에서 술을 맡는 관원으로 일하였다. 바빌론 포로생활에서 예루살렘으로 돌아온 동포들에 감명을 받아 금식기도로 하나님의 도우심을 간구하였고, 아닥사스다왕의 허락을 얻은 후 그들을 인솔하여 예루살렘으로 귀환하여 성벽을 재건하였다.

204 「大喪」: '몸을 죽이고 나라를 망치는 커다란 화'를 가리킨다. 《尚書 · 周書 · 多士》:「惟時上帝不保, 降若玆大喪.(오직 이에 상제가 보전하지 아니하시어, 이렇게 몸을 죽이고 나라를 망치는 커다란 화를 내리셨느니라.)」

열 번째는 에스라記로서, 총 10장이다. 열한 번째는 느헤미야서이며, 총 13장이다. 阿羅訶께서 그 백성들에게 진노하셔서, 큰 화를 내리셨기에, 비록 나라가 쪼개지고 가정이 망하여, 정처없이 떠돌아 옮겨 다니게 되었지만, 그들이 몹시 후회하고 뉘우쳤을 때, 폐해가 끊어지고 바람이 맑은 날, 하나님의 마음이 순해지셔서, 또 그들을 돌봐 주심으로, 다시금 부흥하게 하신 이치를 상세히 묘사하였다.

十二曰以士帖記,[206] 凡十章. 所紀一事, 其道則爲天佑善人, 履險如夷,[207] 雖困必興報施, 惡人自投陷阱, 雖高必傾之理.[208]

열두 번째는 에스더記이니, 총 10장이다. 한 가지 일을 기록하였는바, 그 말한 바는 즉 하나님께서 착한 사람을 보우하시어, 어려움을 겪어도 의연하게 대처하게 하시고, 비록 곤궁할지라도 반드시 일으켜 은혜를 베푸시지만, 악인은 스스로 함정에 빠져서, 비록 높을지라도 반드시 무너지고야 마는 이치를 말하고 있다.

---

205 「天心」: 본래 의미는 '天帝의 뜻'이지만, 여기서는 '하나님의 의도'로 비유한 것이다. 《尙書·商書·咸有一德》: 「咸有一德, 克享天心.(한결같은 덕을 소유하여, 능히 하늘의 마음을 향유한다.)」
206 「以士帖記」: 「以斯帖記」로도 쓴다. 「에스더」는 유대 여성의 이름이다. 그녀는 그 미모로 인하여 페르시아 황궁에서 왕비 와스디를 이어 왕비가 되었다; 또한 동포에 대한 사랑과 용기로 인하여 죽음을 무릅쓰고 간언을 올려 마침내 그 나라 안의 유태인 멸족의 화를 면케 하였다.
207 「履險如夷」: '사람이 어려운 환경 속에서도 도리어 의연하고 침착하게 대처하는 것'을 비유한 것이다. 「履」, '걷다'; 「夷」, '평탄하다'.
208 에스더記 중의 「惡人」, 아하슈로에스왕의 재상인 '하만'을 가리킨다. 하만은 에스더의 양아버지 모르데카이가 오로지 하나님께만 경배할 뿐 자신에게 무릎을 꿇지 않는다고 고집하자, 아하슈로에스왕을 설득하여 나라 안의 모든 유태인을 멸절시켰다; 또한 교수대를 하나 만들어서 모르데카이를 목매 죽이려고까지 하였으나, 종국에는 하만 자신이 바로 그 교수대에서 처형당하고 말았다.

十三曰約百記,[209] 凡四十二章. 所紀之道奧妙無窮, 不可思議, 眞天下
絶奇之書也. 考是書實爲堯舜時之古書, 後人考定而爲經者, 景經娑殫[210]
之名, 始見於本書. 其中備述上帝子伏魔之神能, 顯維皇降衷之大力, 達天
生蒸民之正旨, 通幽明死生之故, 洩復生永生之隱. 明其道者, 則伊古以
來, 天下所不能解之理, 如辛紂[211]飛; 微子[212]伏, 西伯[213]囚, 比干[214]死, 箕

---

209 「約百記」:「約伯記」라고도 쓴다. 「約伯(욥)」은 하나님이 칭찬하시는 「정직한 의인」이
다. 그러나 사탄(마귀)은 욥의 정직함이 단지 하나님과의 이익 교환만이 존재할 뿐이
라고 여겼기 때문에, 하나님께 욥의 신념을 시험할 것을 허락해 달라고 요청하였다.
그래서 하나님은 사탄이 욥의 모든 것, 즉 모든 자녀, 재산, 건강 등을 빼앗아 가도록
허락하셨는데, 유독 욥의 생명을 해치지는 못하게 하셨다. 의인 욥은 죽음을 무릅쓰고
도 굴하지 않았으며, 설사 친구들의 비난의 대상이 되더라도 무죄를 유죄라 하지 않았
으며, 하나님 앞에서 또한 자신의 청렴과 결백함을 용감하게 진술하였다. 욥이 모든
재난을 겪은 후에, 하나님께서는 그에게 복을 배로 내리셨고, 또한 천수를 다할 수 있
도록 장수의 복을 주셨다.

210 「娑殫」:「撒但」으로도 쓴다. 성경은 그를 '사기꾼의 아버지'로 부른다(사도행전 13장
10절). 또한 「魔鬼」, 「戾龍」, 「古蛇」 혹은 「撒但」으로도 부른다. 창세 초부터 아담과
하와에게 에덴동산의 금단의 과실을 먹도록 유혹하여, 인간으로 하여금 하나님께 죄
를 지어 영원한 생명이 단절되도록 하였다. 그들은 땅 위를 자유롭게 노닐면서 끊임없
이 유혹하고 속이는 일을 하다가, 세상 종말의 날 하나님이 구원을 시행하는 때가 되
면 비로소 심하게 땅속으로 떨어지게 될 것이다. (요한계시록 12장 9-10절) 참고.

211 「辛紂」: 포학무도하고 사치스럽게 낭비하며, 거하는 궁실이 웅장하고 화려하다. 《晉
書·食貨》:「辛紂暴虐, 玩其經費, 金縷傾宮, 廣延百里, 玉飾鹿臺, 崇高千仞.(포학무도하
고, 경비를 부당하게 쓰며, 화려하게 우뚝 솟은 궁전을 짓고, 사치스럽게 연회를 베풀
며, 재물 창고를 화려하게 꾸미고, 높고 화려한 것만을 숭상한다.)」

212 「微子」: 周나라 때 宋나라의 시조이며, 商나라 紂王의 서형(庶兄)이다. 紂王이 음란 방
탕하니, 微子가 여러 차례 충언했으나 듣지 않자 곧 殷나라를 떠나 버렸다. 周 武王이
紂를 멸하기를 기다렸다가 비로소 관직으로 돌아왔고; 成王 때에는 宋나라에 봉해졌다.

213 「西伯」: 본래는 서쪽 제후들의 우두머리를 가리켰으나, 후에 商나라이 周 文王을 西伯으
로 임명했기 때문에, 나중에는 전적으로 周 文王을 일컫는 데 사용되었다. 商나라 紂王
이 周 文王을 유리(羑里)에 유폐(幽閉)시켰기 때문에, 그래서 그곳에 거하면서 《周易》
을 만들었다.

214 「比干」: 商나라 紂王의 숙부로서, 紂王에게 간언하였다가 피살당하였다. 그는 微子, 箕
子와 함께 殷나라의 '三仁'으로 일컬어진다. 《史記·殷本紀》:「紂愈淫亂不止. 微子數諫
不聽, 乃與大師, 少師謀, 遂去. 比干曰:『爲人臣者, 不得不以死爭.』乃彊諫紂. 紂怒曰:『吾
聞聖人心有七竅』剖比干, 觀其心.(紂왕은 점점 더 음란해져 그칠 줄 몰랐다. 微子가 여
러 차례 간하였으나 듣지 않자, 이내 大師, 少師와 함께 모의하여 마침내 떠나고 말았
다. 比干이 말하기를:『신하된 자는 죽음으로써 간언하지 않을 수 없다.』라 하였고, 이
에 紂왕에게 강하게 간언하였다. 그러자 紂왕이 노하여 말하기를:『내가 듣기에 성인

子²¹⁵奴, 夷齊²¹⁶餓, 孔子陋,²¹⁷ 顏子²¹⁸夭, 子路²¹⁹醢, 伯牛²²⁰疾. 原憲²²¹

의 심장에는 일곱 개의 구멍이 있다고 하였다.』하며 比干의 가슴을 갈라 그 심장을 보았다.)」

215 「箕子」: 이름은 胥餘. 商나라 때 관직이 太師에 이르렀다. 紂王이 주색에 빠져 방탕 무도하였기에 여러 차례 간언하였으나 받아들여지지 않았고, 또한 比干이 심장이 도려내어져 죽음을 당하는 것을 보자 미치광이가 된 척하였다가 감옥에 갇히게 되었다. 이후 周 武王이 商을 멸하자 석방되었다. 《史記·殷本紀》:「**箕子**懼, 乃詳狂爲奴, 紂又囚之.(箕子가 두려워 미친 척하고 남의 노비가 되었는데, 紂왕이 다시 그를 가두었다.)」

216 「夷齊」: 伯夷와 叔齊의 合稱이다. 伯夷의 이름은 允, 字는 公信이다; 叔齊의 이름은 致, 字는 公達이다. 두 사람은 周 武王이 殷나라 紂를 토멸하자 신하가 천자를 토벌한다고 반대하며 周나라의 곡식을 먹기를 거부하고 마침내 首陽山에서 굶어 죽었다. 《史記·伯夷列傳》:「武王已平殷亂, 天下宗周, 而**伯夷**, **叔齊**恥之, 義不食周粟, 隱於首陽山, 采薇而食之. 及餓且死, 作歌. 其辭曰:『登彼西山兮, 采其薇矣. 以暴易暴兮, 不知其非矣. …逐餓死於首陽山.(武王이 殷나라의 난리를 평정하자, 천하가 周나라를 받들었지만, 伯夷와 叔齊는 그것을 부끄럽게 여겼으니, 周나라의 곡식을 먹지 않고, 수양산에 숨어들어, 고비를 따서 먹었다. 굶어 죽기에 앞서 노래를 지었는데, 그 가사가 말하기를:『저 西山에 올라 고비를 뜯어 먹는다. 폭정으로써 폭정을 바꾸고도, 그 잘못을 알지 못하는구나.』라 하였다. …그들은 마침내 수양산에서 굶어 죽었다.)」

217 「孔子陋」: 이는 '공자가 비록 성덕이 있기는 하나, 여러 나라를 주유하는 것은 결국 쓸모없는 일'이라는 것을 말하고 있다.

218 「顏子」: '顏回(BC 521-490)'를 가리킨다. 춘추시대 魯나라 사람으로서, 字는 子淵이다. 본래 덕성이 있고 안빈낙도하였으나, 불행히도 요절하였다. 《論語·雍也》:「哀公問:『弟子孰爲好學?』孔子對曰:『有**顏回**者好學, 不遷怒, 不貳過. 不幸短命死矣! 今也則亡, 未聞好學者也.』(哀公이 물었다.『제자 중 누가 배우기를 좋아합니까?』공자가 대답하여 가로되:『顏回가 배우기를 좋아하여, 노여움을 남에게 옮기지 않으며, 잘못을 두 번 저지르지 않았는데, 불행히도 단명하여 죽었습니다! 그리하여 지금은 없으며, 배움을 좋아하는 이를 듣지 못하였습니다.』) 又「子曰:『賢哉**回**也. 一簞食, 一瓢飲, 在陋巷, 人不堪其憂, **回**也不改其樂. 賢哉**回**也.』(또 공자가 말씀하시기를:『현명하구나 顏回여! 한 그릇 밥과 한 바가지 물로, 누추한 골목에서 사람들은 그 근심을 견뎌내지 못하는데, 顏回는 그 즐거움을 바꾸지 아니하니, 훌륭하도다 顏回여!』)

219 「子路」: 춘추시대 魯나라 卞 사람으로, 姓은 仲이고, 이름은 由이며, 字는 子路(BC 542-480)이다. 그는 孔子의 제자로서, 성격이 용맹하고 親孝를 행하며 정치에 뛰어난 자질을 가졌으나, '孔悝之難' 때에 살해되어 젓갈로 담가지는 수모를 당했다. 《禮記·檀弓上》:「孔子哭**子路**於中庭. 有人弔者, 而夫子拜之. 既哭, 進使者而問故, 使者曰:『醢之矣.』遂命覆醢. (공자가 중정에서 子路를 위해 곡을 하고 있었다. 어떤 사람이 조문하러 오니, 공자가 그에게 절하였다. 공자가 곡을 마치고, 사자에게 다가가 자로가 죽은 까닭을 물어보니, 사자가 말하기를:『자로는 젓갈이 되었습니다.』이에 공자는 명하여 모든 젓갈을 엎어 버리게 하였다.)」「醢」, '젓갈, 잘게 다져진 고기'.

220 「伯牛」: 춘추시대 魯나라 사람으로, 姓은 冉, 이름은 耕, 字는 伯牛(BC 554-?)이다. 그는 孔子의 제자로서, 孔門 德性科에 이름을 올렸으나, 독한 질병에 걸려 집에 은거하다가 사망하였다. 《論語·雍也》:「**伯牛**有疾, 子問之. 自牖執其手, 曰:『亡之, 命矣夫! 斯人也而

貧; 盜蹠²²²富. 堯, 舜子不肖;²²³ 瞽, 鯀子克家²²⁴之類, 皆迎刃而解. 彼無量因緣, 輪廻六道²²⁵之說, 如瞽者辨五色矣!

有斯疾也. 斯人也而有斯疾也.』(伯牛가 병을 앓자 공자께서 그것을 물으셨다. 창문으로부터 그의 손을 잡고, 말씀하셨다.『맥이 없구나! 명이 다했도다! 이 사람이 이런 병에 걸리다니!』). 牖는 '창문'.

221 「原憲」: 춘추시대 사람으로 字는 子思(BC 515-?)이다. 孔子의 제자이며, 생활이 가난한 데도 빈곤함에 거하며 초심을 잃지 않았다. 《史記 · 仲尼弟子列傳》:「孔子卒, 原憲遂亡在草澤中. 子貢相衛, 而結駟連騎, 排藜藿入窮閭, 過謝原憲. 憲攝敝衣冠見子貢. 子貢恥之, 曰:『夫子豈病乎?』原憲曰:『吾聞之, 無財者謂之貧, 學道而不能行者謂之病, 若憲, 貧也, 非病也.』子貢慚.(공자가 죽은 뒤, 原憲은 세상을 등지고 풀이 무성한 늪가에 숨어 살았다. 衛나라 재상이 된 子貢이, 말 네 필이 끄는 화려한 마차를 타고 호위병들과 함께, 명아주 갈대 수풀의 늪을 헤치고 궁색한 초가집 흙담 문을 들어서며, 지나는 길에 原憲에게 실례를 하였다. 原憲은 낡아 빠진 관과 옷을 입고 그를 맞이하였다. 子貢이 原憲의 초라한 행색을 부끄러이 여겨 말했다.『夫子께서 어찌 이리 병이 드셨습니까?』原憲이 말했다.『내가 듣건대, 재물이 없는 사람을 가난하다고 일컫는데, 저는 道를 배우고도 실천하지 않는 사람을 병들었다 일컫습니다. 저는 가난하지만, 병이 들어 본 적이 없습니다.』子貢이 이를 듣고 부끄러워하였다.)」

222 「盜蹠」: 黃帝시기의 大盜의 이름이며,「盜跖」이라고도 한다. 《史記 · 伯夷列傳》:「盜蹠日殺不辜, 肝人之肉, 暴戾恣睢, 聚黨數千人橫行天下, 竟以壽終.(盜蹠은 날마다 무고한 사람을 죽이고, 사람 고기를 회를 쳐서 먹으며, 포악한 짓을 제멋대로 저지르고, 수천 명의 패거리를 모아 천하를 마구 휘젓고 다녔지만, 마침내 천수를 누리고 죽었다.)」

223 「堯, 舜子不肖」: '堯와 舜의 아들은 곧 완고하고 현명하지 못하다'의 의미이다. 堯임금의 아들 丹朱는 흉포하고 완고하여 帝位에 오르지 못했으며, 그리하여 舜에게 자리를 내주었다;《史記 · 帝堯》:「堯曰:『誰可順此事?』放齊曰:『嗣子丹朱開明.』堯曰:『吁! 頑凶, 不用.』」而舜子「商均」亦不肖, 故舜始禪讓於禹. 《史記 · 帝舜》:「舜子商均亦不肖, 舜乃豫薦禹於天.(堯가 묻기를:『누가 이 일을 할 수 있겠는가?』放齊가 가로되:『아드님 丹朱가 사리에 밝고 명석합니다.』堯가 가로되:『오! 그 아이는 완고하고 흉악하여 쓸모가 없네.』라 했다. 舜의 아들 商均 또한 불초하여, 舜은 사전에 禹를 하늘에 천거하였다.)」

224 「瞽, 鯀子克家」: '瞽와 鯀과 같이 어질지 못한 사람도 가업을 이을 만한 현명한 아들이 있다'의 의미를 표현한 것이다. 「瞽」는 舜의 부친으로 전해져 오는데, 두 눈이 어두워 후처의 아들을 사랑하였고, 舜을 여러 차례 죽이려고 하였다. 《史記 · 帝舜》:「舜父瞽叟盲, 而舜母死, 瞽叟更娶妻而生象, 象傲. 瞽叟愛後妻子, 常欲殺舜, 舜避逃.(舜의 아버지 瞽叟는 맹인이었는데, 舜의 어머니가 죽자, 瞽叟는 다시 아내를 얻어 象을 낳았고, 象은 오만하였다. 瞽叟는 후처의 아들을 사랑하여, 늘 舜을 죽이고자 했고, 그래서 舜은 피해서 도망을 갔다.)」「鯀」, 夏나라 禹王의 아버지이며, 治水사업에 공을 세우지 못해 羽山에서 살해되었다; 그러나 禹는 治水에 공적을 쌓았고, 舜의 양위를 받아 夏나라를 건국하였다.

225 「輪迴六道」: 불교에서는 아직 해탈에 이르지 못한 모든 중생, 영혼들은 '天道, 人道, 阿修羅道, 餓鬼道, 畜生道, 地獄道' 등의 六道 안에서 쉼 없이 순환하고 있다고 믿는다.

열세 번째는 욥기이며, 총 42장이다. 기록한 말씀은 오묘하고 무궁하며, 불가사의하여, 진실로 천하의 기묘한 책이다. 이 책을 고찰하는 것은 실로 堯舜 시대의 고서와도 같아서, 후세 사람들이 고증하여 경전으로 정한 것이며, 경교 경전의 사탄의 이름들은, 이 책에서 비롯된 것이다. 그 안에는 하나님의 아들이 악마를 굴복시킨 신비한 능력, 하나님께서 복을 내리시는 큰 힘을 보여 주신 것, 하늘이 온 백성을 만드신 바른 취지에 도달하는 것, 이승과 저승 그리고 삶과 죽음에 통하는 까닭, 다시 태어나 영생을 누리는 은밀함을 드러내는 내용들을 상세히 기술하고 있다. 그 道를 밝히는 것은, 자고 이래로, 천하에서는 이해할 수 없는 이치이니, 가령 商나라 紂王이 포학무도하여; 그의 서형(庶兄) 微子가 굴복하였고, 周 文王이 유폐되었으며, 比干이 피살당하였고, 箕子가 노비가 되었으며, 伯夷와 叔齊가 굶어 죽은 바 있다. 孔子가 비록 성덕이 있기는 하나, 여러 나라를 주유하는 것은 결국 쓸모없는 일이었으니, 顔子가 요절하였고, 子路가 젓갈로 담가졌으며, 伯牛가 독한 질병에 걸려 죽어 버렸다. 原憲은 빈한하였으나; 盜蹠은 부유하였고, 堯와 舜의 아들은 不肖하였으나; 瞽와 鯀의 자식은 가업을 이을 만한 사람들이었으니, 모두가 주요한 문제를 해결하면 관련된 문제도 쉽게 해결되는 법이다. 저들의 헤아릴 수 없는 인연과 輪廻의 六道의 이야기는, 맹인이 다섯 가지 색을 분별하는 것과도 같도다!

十四曰詩篇, 凡一百零五篇. 中備太古之元音, 盛世之雅頌; 悔罪之情辭, 祈禱之心法. 陶淑萬世之性情, 策赴天道之正軌者, 必此書也.

열네 번째는 시편이니, 총 105편이다. 중국에는 태고의 원음과, 성세시절 詩經의 雅頌이 있었으니; 죄를 뉘우치는 정감어린 말들과, 기도하는 마음의 법이었다. 만세의 성정을 도야하고, 天道의 바른 길로 나아감에, 반드시 이 책이 필요하다.

十五日箴言書, 凡三十一章. 文若丹書[226]之格, 訓若五子之歌.[227] 俗雖不離猶太, 理則萬國皆同. 可以家絃戶誦, 尤便於田婦村農.

열다섯 번째는 잠언서이며, 총 31장이다. 문장이 '丹書之格'과 같으며, 훈계하기가 '五子之歌'와 같다. 세속이 비록 유대를 떠나지 않았으나, 그 도리는 만국이 모두 같다. 집집마다 읊고 낭송할 만하니, 특히 농부들에게 좋다.

十六日傳道, 凡十二章. 作之者爲榮華已極之王, 究其理, 則爲窮虛覈實之道, 總由萬關勘破. 早見乎後世諸佛祇識一邊一德, 協天實踐之, 始覺肉軀中之有我, 是其旨矣!

열여섯 번째는 전도서이니, 총 12장이다. 이것을 지은 이는 영화가 이

---

226 「丹書」: 이것은 '붉은 색 글씨로 쓴 조서(詔書)'를 가리킨다. 성경의 잠언은 솔로몬왕과 아굴이 지은 것인데, 내용이 대부분 도덕적 권계이면서 복을 바라고 재난을 피하려는 지혜의 언어로 되어 있다. 따라서 작자는 붉은 글씨로써 그 내용의 중요성을 비유하고 있는 것이다.

227 「五子之歌」: 《尚書》의 篇名이다. 夏나라 제3대 군주인 太康은 헛되이 돌아다니기를 좋아하며 절도가 없었기에, 有窮國의 군주인 后羿가 쫓아내 버렸다. 그러자 그의 다섯 아우들이 노래를 지어 이를 꾸짖었다고 한다. 《尚書 · 夏書 · 五子之歌》: 「太康失邦, 昆弟五人須于洛汭, 作〈五子之歌〉. 太康尸位以逸豫滅厥德, 黎民咸貳. 乃盤遊無度, 畋于有洛之表, 十旬弗反. 有窮后羿因民弗忍, 距于河. 厥弟五人御其母以從, 俟于洛之汭. 五子咸怨, 述大禹之戒以作歌.(太康이 나라를 잃게 되자, 형제들 다섯이 洛汭에서 이를 한탄하며, 〈五子之歌〉를 지어 불렀다. 太康이 왕위를 잃은 것은 할 일 없이 헛되이 그 덕을 멸하였기 때문이며, 이에 백성들이 모두 두 마음을 지니게 되었다. 절도(節度) 없이 돌아다니며 놀이에만 급급하고, 낙수의 북쪽으로 사냥을 떠나 백 일이 지나도록 돌아오지 않았다. 有窮씨의 제후인 羿가 백성들이 견디지 못한다는 이유로 황하에서 그를 막았다. 그의 아우 다섯은 그들의 어머니를 모시고 가서 낙수의 물가에서 기다렸다. 다섯 아우가 모두 원통하여 禹임금의 훈계를 서술하여 노래를 지었다.)」

미 극에 달한 왕으로서, 그 이치를 따져 보면, 공허함을 궁구하고 실제를 따지는 말씀이니, 무릇 모든 관문들로부터 깨뜨릴 수가 있는 것이다. 일찍이 후세의 여러 불교에서 볼 수 있는 것들로서, 단지 한쪽의 순일(純一)한 덕행(德行)을 알고, 하늘에 복종하여 그것을 실천하면, 육체 가운데에 내가 있음을 비로소 깨닫게 되니, 이것이 바로 그 취지인 것이다!

十七曰雅歌, 凡八章. 體近比興,[228] 假此世間貞一新婚之悅慕, 譬彼神天愛世樂善之深情. 三復之而神飛, 三復之而志篤矣!

열일곱째는 아가서이며, 모두 8장이다. 문체가 '比興'에 가까우니, 이 세상의 정직하고 한결같은 신혼의 사모함을 빌려, 하나님께서 세상을 사랑하여 선을 베푸시는 깊은 정을 비유하고 있다. 세 번 반복하여 읽으면 의기양양해지고, 세 번 반복하여 읽으면 의지가 돈독해진다!

十八曰以賽亞書, 凡六十六章.

열여덟째는 이사야서이며, 총 66장이다.

十九曰耶利米書, 凡五十二章.

열아홉째는 예레미야서이며, 총 52장이다.

廿曰耶利米哀歌, 凡五章.

스무번째는 예레미야애가서이며, 모두 5장이다.

---

228 「比興」: '比'는 '비유법'; 저것으로 이 물건을 비유하면 상징의 효과가 있다. '興'이란 풍물을 빌려 情을 기탁하고 흥을 돋우니, 암시의 효과가 있다. 위 두 가지는 모두《詩經》 '六義: 風, 雅, 頌, 賦, 比, 興' 중의 作詩法이다.

廿一曰以西結書, 凡四十八章.

스물한 번째는 에스겔서이며, 총 48장이다.

廿二曰但以理書, 凡十二章.[229]

스물두 번째는 다니엘서이며, 총 12장이다.

廿三曰何西書,[230] 凡十四章.

스물세 번째는 호세아서이며, 총 14장이다.

廿四曰約耳書,[231] 凡三章.

스물네 번째는 요엘서이며, 모두 3장이다.

廿五曰亞摩士書,[232] 凡九章.

---

229 「以賽亞書, 耶利米書, 以西結書, 但以理書」: '이사야서, 예레미야서, 에스겔서, 다니엘서', 이 네 경전을 합하여 구약 4대 선지서라 한다. 네 편 모두 그 시대 배경의 대표성을 가지고 있으며, 저자가 전하는 메시지와 그 자신의 신앙 경험도 매우 명확하며, 많은 부분이 신약의 예언으로 여겨진다.

230 「何西書」: '호세아서'를 말한다. 내용은 선지자 호세아가 북이스라엘 백성들이 하나님과의 약속을 저버린 불충한 소식들, 그리고 하나님이 백성들을 사랑하셔서 다시 회개하고 돌아올 수 있도록 해 주신 내용들을 설명하고 있다.

231 「約耳書」: '요엘서'. 이것은 대략 페르시아 제국이 유대를 통치하던 시기에 쓰여졌고, 선지자 요엘이 하나님의 뜻을 전달하는 내용을 서술하고 있다.—농지의 기근은 바로 하나님의 경고임을 직시해야 하며, 백성들에게 회개할 것을 호소하고, 또 진심으로 회개한 후에 하나님께서 다시 복을 내려 부흥시키신다는 것, 그리고 유대와 예루살렘을 업신여겼던 열국을 심판하시리라는 것이다.

232 「亞摩士書」: '아모스서'. 내용은 웃시야가 남유대의 왕이고 여로보암 2세가 북이스라엘의 왕일 때, 하나님께서 선지자 아모스에게 내려 주신 말씀들에 대해 서술하고 있다.—즉 이스라엘 인접국 백성들의 범죄에 대한 심판, 예컨대 시리아인, 블레셋인, 두로인, 에돔인, 암몬인, 모압인, 유대인 등; 이스라엘 백성들에게 거듭된 범죄 후에 직면하게 될 고난과 파멸의 비운을 일깨워 주며; 그러나 결국 야곱의 후손들을 남겨 두어

스물다섯 번째는 아모스서이며, 총 9장이다.

廿六曰阿巴底書,[233] 凡一章.

스물여섯 번째는 오바댜서이며, 총 1장이다.

廿七曰約拏書,[234] 凡四章.

스물일곱 번째는 요나서이며, 총 4장이다.

廿八曰米迦書,[235] 凡七章.

스물여덟 번째는 미가서이며, 총 7장이다.

廿九曰拏翁書,[236] 凡三章.

스물아홉 번째는 나훔서이며, 총 3장이다.

卅曰哈巴谷書,[237] 凡三章.

다시 이스라엘을 재건한다는 것이다.

[233] 「阿巴底書」: '오바댜서'. 예루살렘이 함락된 후, 하나님은 선지자 오바댜를 보내 하나님이 에돔을 징벌하려 한다는 사실과 이스라엘인 중 야곱의 후손이 본토로 돌아가 에돔인을 물리치고 집을 재건할 것이라는 사실을 전하였다.

[234] 「約拏書」: '요나서'. 본서는 '요나가 선지자의 직을 받아들이기를 원하지 않자 큰 물고기에 먹힌 후 3일이 지나 회개하고 죽음으로부터 도망쳐 나왔다. 본래 훼멸될 예정이었던 니느웨 성민들은 요나의 소식을 듣고 회개하여 하나님의 용서를 얻었다'는 내용을 말하고 있다.

[235] 「米迦書」: '미가서'. 선지자 미가는 '하나님이 자신의 백성들과 북국 이스라엘의 수도 사마리아 그리고 남국 유대의 수도 예루살렘이 장차 황야의 폐허가 될 것이라는 사실, 그러나 후에 하나님은 다시 연민과 구원을 베풀어 아브라함과 야곱의 남은 후손들이 나라를 재건하게 할 것이라는 사실'을 알리었다.

[236] 「拏翁書」: '나훔서'. 선지자 나훔이 앗시리아 제국의 수도 니느웨 성이 전복되어 멸망할 것이라는 내용을 기술하고 있다.

서른 번째는 하박국서이며, 총 3장이다.

卅一曰西番雅書,[238] 凡三章.

서른한 번째는 스바냐서이며, 총 3장이다.

卅二曰哈基書,[239] 凡二章.

서른두 번째는 학개서이며, 총 2장이다.

卅三曰撒加利亞書,[240] 凡十四章.

서른세 번째는 스가랴서이며, 총 14장이다.

卅四曰馬拉基書,[241] 凡四章.

---

237 「哈巴谷書」: '하박국서'. '12소예언서' 중의 하나이며, 이스라엘이 유일신 하나님께로 돌아서기를 권고하고 있고, 고통스러운 문제에 대한 토론도 담고 있다.

238 「西番雅書」: '스바냐서'. 선지자 스바냐는 '요시야가 유대의 왕이던 시기에 하나님께서 예루살렘과 유대의 백성들이 저지른 부패와 우상 숭배의 죄를 징벌할 것이라는 내용, 그리고 이스라엘 이웃 나라들의 교만함과 하나님을 모욕한 죄도 처벌해야 할 것, 그러나 마지막에 하나님은 이스라엘 중의 겸손하고 비천한 사람들에게 다시 구원을 실행하실 것'을 알리고 있다.

239 「哈基書」: '학개서'. 학개서의 내용은 '다리우스가 페르시아 왕이던 때, 선지자 학개가 유대 총독 스룹바벨과 대사제 여호수아에게 반드시 성전을 재건해야 하며, 만국이 곧 전복될 것이니 성전이 재건될 때 다시 복을 받을 것이라고 전하는 메시지'를 알리고 있다.

240 「撒加利亞書」: '스가랴서'. 본서는 '다리우스가 페르시아 왕이던 때, 하나님은 선지자 스가랴를 통해 이스라엘 자손이 회개하고 다시는 죄를 짓지 않기를 바란다는 말씀을 전하면서, 여러 가지 기이한 현상으로 적대 세력의 훼멸과 예루살렘의 영화로운 재건을 예언하였고, 또한 미래의 왕이신 메시아의 강림을 허락한다'는 내용들을 기술하고 있다. 또한 '유대와 이스라엘의 부흥, 종국에는 예루살렘과 열국들이 모두 장차 전쟁과 역병에 의해 정련될 것이며, 온 땅의 생존자들이 모두 하나님은 유일하신 진리의 신이라는 사실을 인정해야만 한다'는 사실도 설명하고 있다.

241 「馬拉基書」: '말라기서'. 본서는 예루살렘 성전이 재건된 후, 하나님이 선지자 말라기

서른네 번째는 말라기서이며, 총 4장이다.

總爲十六先知之書, 上自周厲王之十八年, 下至周威烈王之元年. 書成, 其中所述之道, 則關於敎誨督責, 正己學義之事. 論其守道之堅貞, 則有歷九死而不悔, 遭顚沛而弗離者, 非徒託之空言, 一一皆徵於實事, 誠以彌施訶將次降臨, 故諸先知皆爲之備道. 是以各書之所紀, 皆預言彌施訶降臨之大事, 或言其聖體, 或言其尊大, 或言其光華, 或言其品位, 或論其慈悲, 或論其公義, 或論其威權, 或論其國度, 或宣其恩寵, 或表其熱愛, 或播其奧名, 或揚其盛德, 或狀其苦難, 或詳其遇害, 或指其復生, 或頌其上升. 言不能盡, 數不勝數, 皆於景尊臨世之日而取驗, 將以堅萬世之信, 端萬民之望者也.

총 16명 선지자의 책으로서, 위로 周 厲王 18년부터, 아래로 周 威烈王 원년까지이다. 책이 완성되었고, 그중에 기술한 道理는, 깨우치고 감찰하며 자신의 배움의 의리를 바로잡는 일에 관한 것들이다. 그들의 도를 지키는 굳건함을 논하자면, 구사일생을 겪고도 후회하지 않았으며, 곤궁에 처했어도 떠나지 않았으니, 헛되이 공언을 하는 것이 아니라, 하나하나 모두 실제 사실로 증명된 것들이니, 진실로 메시아가 장차 강림할 것이기 때문에, 모든 선지자들이 이를 위해 道理를 준비한 것이다. 이로써 각 선지서들이 기록한 것들은, 모두 메시아께서 강림하실 큰일을 예언한 것이니, 혹자는 그의 성스러운 몸을 말하였고, 혹자는 그의 존귀하고 위

를 통하여 이스라엘 백성들에게 전하고자 하신 메시지들을 담고 있다. 즉, 그들이 우상 숭배하는 이방 여성을 취하여 하나님과 아내에게 불충하고 제사와 헌제에 소홀히 한 일; 그리고 제사장이 참된 길을 버리고 백성들을 잘못 교도한 점 등이다. 그리하여 '하나님은 악한 자를 징벌하고 의인을 불쌍히 여기시며, 선지자 엘리야의 강림이 화목한 구원의 기회를 가져오게 될 것'이라고 예언하였다.

대하심을 말하였으며, 혹자는 그의 광휘와 영광을 말하였고, 혹자는 그의 품위를 말하였으며, 혹자는 그의 자비를 말하였고, 혹자는 그의 공의를 말하였으며, 혹자는 그의 위엄과 권위를 논하였고, 혹자는 그의 나라를 언급하였으며, 혹자는 그의 은총을 선포하였고, 혹자는 그의 뜨거운 사랑을 표현하였으며, 혹자는 그의 오묘한 이름을 전파하였고, 혹자는 그의 훌륭한 품덕을 드날렸으며, 혹자는 그의 고난을 형용하였고, 혹자는 그의 고난 당하심을 상술하였으며, 혹자는 그의 부활을 말하였고, 혹자는 그의 승천하심을 찬양하였다. 말로 다할 수가 없고, 수로 헤아릴 수가 없으니, 모두가 예수의 재림 날에 체득하게 될 것이니, 장차 견고한 만세의 믿음으로, 천하 만민의 바람을 받들 것이다.

自時厥後, 先知絶筆, 經成舊約, 世有所宗. 繙希臘之文, 佈於泰西; 散猶太之衆, 遍於東土 河南省開封府之拂箖人,始於漢初東徙. 讀先知之書, 彌施訶宛在目前, 驗世道之衰, 有心人殷然冀望, 如是者四百有二十年, 否極泰來. 於是我三一分身景尊彌施訶戰隱眞威, 同人出代; 神天宣慶, 室女誕聖於拂箖. 眞人也, 而有造化之能; 眞神也, 而有飲食之節. 卅九卷之古經注腳, 胥驗於一人; 八十二位宗徒道種, 覃敷於萬國. 降諸魔道, 日正天中; 拯救斯民, 恩同再造. 僞善之徒, 欺天自聖; 景尊至行, 燭照無遺. 羣聖淸亂, 折衷於景尊之訓; 異端充斥, 掃蕩於光宗一人. 萬國聖賢洗滌之而不淸者, 人心之欲也. 景尊以大榮示之, 忘乎其所欲矣! 天下仁人解救之而不得者, 罪尊之報也. 景尊以一身負之, 安乎其所歸矣! 喪天下士修行之心者, 失足之易也; 沮天下士銳進之志者, 衰暮之來也. 景尊以赦罪永生之確據示之, 則自訟之哲士, 垂死之穎頓, 亦足以自奮矣! 報應顚倒, 塞天下勸善之口; 百氏爭鳴, 聾天下聽道之耳; 虐威刦胁, 敗天下士之節; 死亡覆滅, 寒天下士之心. 乃景尊則洞開後壁, 俾灼見以無疑; 克一協天, 立斯民之正軌. 馳驅虎

口, 磨不磷而涅不淄;[242] 毁譽交加, 尊不榮而卑不辱. 化欲成理, 氣至大而體至剛; 出死入生, 奏凱旋而登天國. 備乃聖域, 來我後人.

당시 정치적 조치의 문제가 있은 후로부터, 선지자들은 절필을 하였고, 구약이 만들어지는 과정을 통해서, 세상에 종교가 있게 되었다. 그리스의 문장을 번역하여, 서양에 선포하였고; 유대의 민중에게 퍼뜨림으로써, 동쪽 땅에까지 두루 퍼졌다. 河南省 開封府의 유태인들로서, 漢나라 초기에 동쪽으로 이주를 시작하였다. 선지서들을 읽어 보면, 메시아께서 흡사 눈앞에 계신 것 같으니, 세상의 道의 쇠락을 고찰하고, 믿음 있는 사람들이 풍족히 기원을 하며, 이와 같은 세월이 420년이었으니, 부정이 극에 달하면 평화가 오는 것이다. 이에 우리의 삼위일체 되신 존귀하신 메시아께서는 참된 위엄을 감추시고, 인간과 같은 모습으로 세상에 나셨으니; 하늘 천사가 예수 탄생의 기쁜 소식을 선포하였고, 동정녀가 베들레헴에서 성자 예수를 낳으셨다. 참된 인간으로서, 창조의 능력이 있으며; 참된 신으로서는 먹고 마심에 절도가 있었다. 39권 구약(舊約)의 주해(注解)는, 모두 한 사람으로부터 고증된 것이며; 82명 신도들의 신앙의 씨앗이, 온 세상에 깊이 전파되었다. 모든 사악한 道를 굴복시키셨으니, 해가 하늘 가운데에 떠 있었고; 백성들을 구원하셨으니, 그 은혜가 다시 태어난 것과도 같았다. 위선의 무리들이, 하늘의 성스러우심을 업신여겼으나; 예수의 지극하신 행위가, 촛불처럼 비추어 남김이 없었다. 뭇 성인들이 혼란을 야기하였으나, 예수의 교훈으로 잘 어우러졌고; 이단들이 가득하였으나, 빛과 같은 조상

---

242 「磨不磷而涅不淄」: '비록 외적 환경이 아무리 어렵다 할지라도 자신의 의지를 결코 바꾸지 않음'을 비유한 것이다. 「磨」, '날카롭게 갈다, 연마하다'. 「磷」, '갈아서 얇아지다'. 「涅」, 검정색 염료로 만들 수 있는 광석, 즉 반석; '검정색으로 물들이다'라는 뜻의 동사. 「淄」, 고대에는 「緇」로도 썼다. 《論語 · 陽貨》: 「不曰堅乎, 磨而不磷; 不曰白乎, 涅而不淄.(단단하다고 말하지 않겠는가, 갈아도 얇아지지 않는다; 희다고 말하지 않겠는가, 검은 물을 들여도 검어지지 않는다.)」

한 사람에게 소탕되었다. 온 세상의 성현들이 깨끗이 씻어 내지 못하는 것은, 사람 마음속의 욕심이다. 예수께서 큰 영광으로 그것을 보여 주셨는데, 그 바라는 바를 잊어버렸구나! 천하의 인자가 그들을 해방하여 구원해 주었는데도 구원받지 못하는 것은, 죄업의 업보인 것이다. 예수께서 한 사람의 몸으로써 그것을 짊어지셨으니, 어찌 돌아갈 곳이 있겠는가! 천하 선비들의 수행의 마음이 상실되면, 실족하기가 쉽고; 천하 선비들의 신속히 나아가려는 뜻을 꺾는 자에게는, 쇠락이 오고야 말 것이다. 예수께서 죄 사함과 영생의 확고한 증거를 그들에게 보여 주시면, 스스로 시비를 논하는 현자들이, 죽음에 직면할 정도의 쇠약과 피로를 겪게 되니, 또한 스스로 분발하기에 충분하도다! 인과응보가 뒤바뀌어, 천하의 선을 권하는 입을 막아 버리고; 백가쟁명으로, 천하의 도를 듣는 귀를 멀게 하며; 잔학한 위력과 협박이, 천하 선비들의 절개를 패퇴시키나니; 사망이 뒤집어 소멸시키고, 천하 선비들의 열의를 식어 버리게 한다. 예수께서 뒷벽을 개방하여, 명철한 견해로 하여금 의심이 없게 하였고; 하늘의 뜻에 부합하여, 백성의 바른 길을 세웠다. 위험한 곳으로 달려가더라도, 갈아도 얇아지지 않고 검게 물들여도 검어지지 않을 만큼 강한 의지로 환경의 영향을 받지 아니하며; 비방과 칭찬이 서로 교차하매, 존귀가 영화롭지 못하여도 비굴함에 모욕이 없다. 욕망의 실현이 이치가 되고, 기운이 지극히 커지고 몸은 지극히 단단해지며, 죽음에서 나와 생명을 얻고, 개선의 노래를 부르며 천국으로 올라간다. 그 성역을 준비하면, 우리의 후손이 올 것이라.

偉哉! 神哉! 聖哉! 聖哉! 傳其事者, 則有若馬太, 馬可, 路加, 約翰; 詳其說者, 則有保羅, 雅各, 猶大, 彼得.[243] 書成廿七卷, 額曰本經, 是名新約. 景碑之所謂經留廿七部者, 卽此經也. 詳述景尊臨世救人之大道, 揭

其綱領. 首曰阿羅訶踐其應許元祖之約, 應亞伯拉罕, 以撒, 雅各, 大闢[244]
之誓, 降生彌施訶, 爲萬邦之救主. 二曰以馬內利^{譯即上帝在人}爲第二世界新
民之祖. 三曰彌施訶一生經歷, 盡應前知之預言. 四曰彌施訶盡破魔鬼害
人之術. 五曰彌施訶印證萬國聖人之心法. 六曰彌施訶爲道德之王. 七曰
彌施訶爲兆民立極. 八曰彌施訶顯阿羅訶愛人之深心. 九曰彌施訶操赦罪
之全權. 十曰彌施訶甦萬民之困苦. 十一曰彌施訶顯造化之權. 十二曰彌
施訶負萬民之罪. 十三曰彌施訶勝死亡之權. 十四曰彌施訶顯上帝之光
華. 十五曰彌施訶開復生之始基. 十六曰彌施訶證永生之要道. 十七曰彌
施訶遣聖神相助爲理. 十八曰聖神宏開聖會. 十九曰聖神立人傳道. 廿曰
聖會遣人傳道. 廿一曰聖神賦人才能. 廿二曰聖神淸潔教會. 廿三曰聖神
鑒別萬理. 廿四曰聖神正萬世得救之信.

위대하도다! 신이시여! 거룩하도다! 거룩하도다! 그 일을 전한 자는,
마태, 마가, 누가, 요한과 같은 이들이 있으며; 그 이야기를 상세히 한 사
람으로는, 바울, 야곱, 유다, 베드로가 있다. 경전은 27권으로 이루어졌
고, 이를 '본경'이라고 하는데, '신약'이라고 이름한다. 경교비에서 말하는
'경전 27부를 남겼다' 함은, 바로 이 경전들을 말하는 것이다. 예수께서
세상에 임하여 인간을 구원하시는 큰 道를 상술하였으며, 그 강령들을

---

243 「馬太(마태)」, 「約翰(요한)」, 「雅各(야곱)」, 「猶大(유대)」 그리고 「彼得(베드로)」 모두
   예수께서 제자들 중에서 선별하신 사도들이다(누가복음 6장 12-16절). 그들은 근거리
   에서 예수를 따라다니며 각지로 가서 복음을 전하고 병을 고치고 귀신을 쫓고 각종 이
   적을 행하였는데, 후에 또한 예수께서 그들에게 권세를 주셨다. 누가복음 9장 1-2절:
   「예수께서 열두 제자를 불러 모으사 모든 귀신을 제어하며 병을 고치는 능력과 권위
   를 주시고, 하나님의 나라를 전파하며 앓는 자를 고치게 하려고 내보내시며」.
244 「大闢」:《新舊約聖書》(Delegates' Version)에는 「大闢」으로 되어 있고,《新遺詔聖書》판
   에는 본래 「大辟」으로 표기되어 있다. 현대 중문 역본과 新標點 和合本에는 「大衛(다
   윗)」으로 표시되어 있다. 다윗과 야곱은 모두 아브라함의 후예이며, 사울 왕을 뒤이어
   南유대를 먼저 통치하고 다시 이스라엘을 통일시켰다. 그 생평 사적들은 성경 사무엘
   기 상·하를 참고해야 한다.

드러내셨다. 첫째는 阿羅訶(여호와)께서 믿음의 조상에게 응낙하신 약속을 실천하시려, 아브라함, 이삭, 야곱, 다윗의 맹세에 응하셨으며, 메시아를 강생시키셔서, 온 세상의 구주로 삼으신 일을 말하였다. 둘째는 임마누엘번역한즉 '하나님께서 함께 계시다'이 제2세계 신민의 조상이 된 것이다. 셋째는 메시아의 일생의 경험을 말하는 것으로서, 이전에 알고 있던 예언에 모두 응하는 것이다. 넷째는 메시아가 사람을 해치는 마귀의 모든 술수를 깨뜨리는 것이다. 다섯째는 메시아가 만국 성인의 心法임을 증명하는 것이다. 여섯째는 메시아가 도덕의 왕이심을 말한다. 일곱째는 메시아가 만백성의 제왕으로 오르심이다. 여덟째는 인간을 향하신 阿羅訶의 깊은 마음을 메시아가 드러내 보이는 것이다. 아홉째는 메시아가 죄를 사면해 주는 전권을 갖고 있음을 말한다. 열째는 메시아가 만민의 고통을 구제해 주심이다. 열한 번째는 메시아가 창조의 권세를 드러내심이다. 열두 번째는 메시아가 만민의 죄를 짊어지심이다. 열세 번째는 메시아가 사망의 권세를 이기심이다. 열네 번째는 메시아가 하나님의 영광을 드러내심이다. 열다섯째는 메시아가 부활의 기초를 여셨음이다. 열여섯 째는 메시아가 영생의 길에 오르심이다. 열일곱째는 메시아께서 성령님을 보내시어 서로 도우심이 이치에 맞았다. 열여덟째는 성령님께서 성회를 크게 여심이다. 열아홉째는 성령님께서 사람을 세워 진리의 道를 전하심이다. 스무 번째는 성회가 사람을 보내어 道를 전함이다. 스물한 번째는 성령님께서 사람에게 재능을 부여하심이다. 스물두 번째는 성령님께서 교회를 깨끗케 하심이다. 스물세 번째는 성령님께서 모든 이치를 감별하심이다. 스물네 번째는 성령님께서 만세의 구원의 믿음을 바로 하심이다.

於是乎天道昌明, 神戰之陣門大開, 聖會之興圖日闢. 繼芳蹤而演薪傳者, 十二宗徒, 七十弟子. 爲此道而遭[245]難者實繁, 有徒證斯道而遇害者

數盈巨萬. 奇之又奇, 亘古未聞; 眞之又眞, 於今爲烈. 當宗徒之世, 東至于印度, 西至于羅馬, 南至于埃及, 北至于米西亞. 凡希利尼, 希伯來, 拉丁, 大秦, 同文之國, 宗徒足跡殆遍, 信其道者, 奚止萬億? 然自古以來爲景敎之患者, 不在患難而在安樂, 不在鄙屈而在尊崇, 不在卑弱而在權力.

그리하여 하늘의 도가 흥성하여 발전하고, 신전의 진문이 활짝 열렸으며, 성회의 강토가 날로 확장되었다. 향기로운 발자취를 따라 道를 계속 전수하는 자들이, 열두 사도, 칠십 제자에 이르렀다. 이 道로 인하여 어려움을 겪는 자가 실로 많았으나, 이 道를 증명하며 고난을 당한 자가 수만 명에 달하였다. 기이하고도 기이함이, 오랜 옛날에는 들어 보지 못했으나; 참되고도 참됨이 지금에 와서는 더욱 맹렬해졌다. 사도의 시대에 동쪽으로 인도에 이르렀고, 서쪽으로 로마에 이르렀으며, 남으로는 이집트에 이르렀고, 북으로는 마케도니아에까지 이르렀다. 무릇 그리스, 히브리, 라틴, 대진은 같은 글을 쓰는 나라들이니, 사도들의 발자취가 거의 다 남겨졌는데, 그 道를 믿는 자가 어찌 만억에만 그치겠는가? 그러나 자고 이래로 경교의 우환이 되는 것은, 고난을 겪지 않고 안락하게 지내려 하는 것이며, 비굴함에 있지 않고 존숭을 받으려 함이고, 유약함에 머물지 않고 권세에 거하려 하는 것이다.

稽之往古, 驗之來今, 瞭如指掌, 古拂箖人尊古經之極, 遂稽古聖之緒餘, 集其語言, 行事, 家敎, 訓誡, 文辭, 書札之屬, 爲書別曰遺傳. 有名大母地者, 有名阿博別法者. 其始也, 藉以爲解經之助; 其繼也, 假以爲異端之祖. 遂致古敎之終, 流分三派. 曰「法利賽敎」[246]者, 墨守師承, 不明大義

---

245 「遘」: 독음이 「夠」와 같음. '조우하다, 맞닥뜨리다'의 의미.
246 「法利賽敎」: 유대교 바리새파를 신봉하는 신도이다. 구전되어진 율법을 엄격히 준수할 것을 주장하며, 모세가 전한 교리를 굳게 믿는다. 그러나 예수는 바리새인들이 금

者也; 其弊遂流於忍心害理, 僞善文飾. 曰「撒土該」[247]者, 止計今生之禍福, 弗問將來之報應; 其弊流於希榮慕勢, 縱欲喪心. 曰「以西尼」[248]者, 探頤索隱,[249] 遺世獨立, 不畜妻子, 安貧自足; 其弊流於廢棄人倫, 矯枉過正.

옛날을 고찰하고 오늘날을 검증해 보면, 손바닥 보듯 잘 알 수 있으니, 옛 拂箖 사람들은 구약(舊約)의 극치를 존숭하여, 마침내 옛 성현들의 남은 업적을 고찰하였으니, 그 언어, 행위, 가문의 가르침, 훈계, 문장, 서찰 등속을 모아, 책으로 만들고 별도로 '전해져 오는 바'라 불렀다. '大母地' 라 이름하는 것이 있고, '阿博別法'이라 이름하는 것이 있다. 그 시작은, 가령 경전을 풀이하는 데에 도움이 되었으나; 그 뒤를 이은 것은, 이단의 시조로 가장하게 되었다. 마침내 옛 종교의 종말에 이르러서는, 세 파로 나뉘어졌으니, 「바리새교」라고 하는 것은, 스승으로부터 이어받은 계통

식, 청결, 안식일 등의 의례 지키기를 중시하여 다른 사람들을 정죄하기를 좋아하였지 만, 이는 대부분 위선적인 것이며, 도리어 하나님의 계명을 어기는 일이라고 생각하였 다. 마태복음 15장 1-7절, 23장 1-35절.

[247] 「撒土該」: 「사두개」를 일컫는다. 사두개인들은 율법의 교훈을 중시하나, 하나님의 율 법 규례를 진정으로 이해하지는 못했다. 심지어는 「부활이 없음」(마태복음 22장 23-33절)을 강론하였으므로, 예수는 그들을 바리새인과 같은 부류로 분류하였다. 마태 복음 16장 11-12절 참고: 「어찌 내 말한 것이 떡에 관함이 아닌 줄을 깨닫지 못하느냐? 오직 바리새인과 사두개인들의 누룩을 주의하라 하시니, 그제서야 제자들이 떡의 누 룩이 아니요 바리새인과 사두개인들의 교훈을 삼가라고 말씀하신 줄을 깨달으니라.」

[248] 「以西尼」: '에세네'이며, 「艾賽尼」로도 쓴다. 에세네파는 약 기원전 2세기에 시작되었 으며, 생명의 성결함을 중시하였다. 이 종파의 신도들은 재산을 공유하였으며, 아침 기도와 성스러운 의식을 중시하고, 향락을 거부하여 결혼하지 않으며, 평등함을 강조 하고 가난한 자를 구제하며 불결한 자를 가까이하지 않았다. 그들 생활의 엄격함은 레 위인 제사장과 하나님께 귀의코자 하는 나시르인(세속을 떠난 자)들 사이에 있다고 할 수 있다. 韋伯, 〈艾賽尼派及其與耶穌教說的關係〉, 康樂, 簡惠美 譯《古猶太敎Ⅱ》(臺北市: 遠流, 2005), 555-566쪽 참고.

[249] 「探頤索隱」: '심오하고 현묘함을 탐구하고 은밀한 사리를 밝히다'. 「頤」는 일반적으로 「賾」으로 쓴다. 《周易·繫辭上》:「**探賾索隱**, 鉤深致遠, 以定天下之吉凶.(심오한 것을 탐 색하고 은밀한 사리를 찾으며, 깊은 것을 끌어내어 먼 것을 이룸으로써, 천하의 길흉 을 정한다.)」《隋書·律曆中》:「**高祖武皇帝索隱探賾**, 盡性窮理, 以爲此曆雖行, 未臻其 妙.(高祖 武皇帝는 현묘함을 탐구하고 은밀한 사리를 밝히며, 정성을 다하여 이치를 궁 구함으로, 이 역법을 비록 행하였으나, 그 오묘함에는 이르지 못하였다.)」

을 고수하지만, 대의를 모르는 자들로서; 그 폐단은 결국 잔인한 마음으로 이치를 해치는 데로 흐르고, 위선적인 문식이 되고야 말았다. 「사두개」라고 하는 자들은, 단지 금생의 화복만을 계산하고, 장래의 보응을 묻지 않으니; 그 폐해는 영화를 바라고 권세에 아첨하는 방향으로 흘러, 제멋대로 마음을 상하게 하였다. 「에세네」라고 하는 자들은, 심오하고 현묘한 것을 탐구하며, 세속을 잊어버리고 홀로 살고자 함으로, 아내를 부양하지 않고, 가난 속에 편히 거하며 스스로 만족해 하니; 그 폐해가 인륜을 폐기하고, 과오를 바로잡으려다 너무 지나치어 오히려 나쁘게 되어버리는 결과가 되었다.

察三教之理, 各有所偏; 衡古經之道, 皆爲脫軌. 及景尊臨世之後, 其能爲患於救世大道者有三: 一曰古經之儀文, 實爲阿羅訶訓蒙之小學,[250] 後人尊之與救世大道等. 二爲宗徒以後之人, 非目擊耳聞景尊之言行, 得自訛傳而作之僞經. 三曰景教流行各國, 有各國之古道古禮攙入, 如景碑之十字定四方, 元風生二氣, 東禮趨生, 存鬚削頂之類, 考之景經, 均無是說, 實卽波斯, 埃及之理法所混耳! 是以景尊敎行三百年, 而異端漸多; 至三百六十年, 而敎規經解, 則有東西之別.

세 교파의 이치를 살펴보면, 각자 편향된 점이 있다; 구약의 道를 가늠해 보면, 모두 궤를 벗어나 있다. 메시아께서 세상에 오신 이후로, 세상을 구원하는 大道에 해가 될 수 있는 것이 세 가지가 있었으니: 첫째는 옛 경전의 예의(禮儀)의 형식이, 사실은 阿羅訶가 훈몽하는 대수롭지 않은 학문인 것인데, 후세 사람들이 그것을 세상 구원의 大道로 받들었다. 두 번째는 사도 이후의 사람들이 예수의 언행을 눈으로 목격하고 귀로 들은

---

250 「小學」: 여기서는 '小道, 즉 유학 이외의 하찮은 학문'이라는 의미이다.

것이 아닌데도, 스스로 와전시켜 위경(僞經)으로 만들 수 있었던 것이다. 셋째는 경교가 각국에서 유행하면서, 각국의 옛 道와 禮가 섞여 버린 것이니, 예를 들어 경교비의 '十字로 구별하여 四方을 정하다', '성령이 陰과 陽 두 기운을 만들다', '동쪽으로 예배하여 생명의 길로 달려가다', '수염을 보존하고 정수리를 삭발하다'와 같은 내용들이, 실제로 경교 경전을 고증해 보면, 모두 이러한 말이 없으니, 사실은 페르시아와 이집트의 관습이 혼재되어 있는 것이다! 이로써 메시아의 가르침이 300년 간 행해졌으나, 이단이 점점 많아졌고; 360년에 이르러, 교칙과 경전이 해석되었으니, 즉 동과 서의 차이가 있는 것이다.

東以土耳其爲首善之區, 其大秦, 希臘, 小亞西亞, 波斯, 印度, 俄族之會皆屬焉. 西以羅馬爲敎化之祖, 凡今之歐州諸國皆屬焉. 分之故, 則以方言, 風俗, 見解之不同. 分之局, 成於羅馬帝遷都於土耳其, 兩京監督, 皆秉國敎之權. 究其實, 兩宗皆以小學混大道, 僞經亂本經.

동쪽으로는 튀르키예를 최선의 지역으로 하였으니, 대진, 그리스, 소아시아, 페르시아, 인도, 러시아족의 모임이 모두 여기에 속한다. 서쪽으로는 로마를 교화의 시조로 삼았으니, 오늘날 유럽의 여러 나라들이 모두 여기에 속한다. 그것을 나눈 까닭은 방언, 풍속, 견해가 다르기 때문이며, 分局을 한 것은, 로마 황제가 튀르키예로 수도를 옮겼고, 두 수도의 감독이, 국가 종교의 권한을 모두 쥐고 있었기 때문이다. 사실을 관찰해 보면, 두 종교는 모두 小學으로써 大道를 혼란케 한 것이고, 僞經으로써 신약(新約)을 어지럽힌 것이다.

惟解三一之理, 定婚娶之例, 則有不同. 蓋西宗則以聖神由聖父, 聖子所

出, 東派則以聖神由聖父所出. 其婚娶之例, 西宗則凡主教者, 無論尊卑,
例不婚娶; 東派則獨總監督始不娶妻, 其餘各從其本, 但旣娶不可棄, 未娶
不可求; 旣死不可續, 卽敎友亦不可續至三次. 其外諸儀文小道, 皆不過小
異而大同耳!

단지 삼위일체의 이치에 대한 이해와, 정혼하여 장가드는 예가, 서로
다를 뿐이다. 무릇 서쪽 종파는 성령이 성부와 성자로부터 나오는 것이
고, 동쪽의 종파는 성령이 성부로부터 나오는 것이라 한다. 혼인을 예로
들면, 서쪽 종파는 무릇 주교자가, 존비를 막론하고, 혼인을 하지 않는
법인데; 동쪽 종파는 유독 총감독만 처음부터 아내를 취하지 않을 뿐, 그
나머지 사람들은 각자의 본분을 따르는데, 단 장가를 들었으면 아내를
버릴 수 없고, 장가들지 않았으면 구할 수 없는 것이며; 이미 죽었으면
이어서 재혼할 수 없으니, 즉 교우는 또한 세 번까지 계속할 수는 없다.
그 밖의 모든 예의(禮儀)의 형식은 작은 길과 같아서, 모두 작은 차이에 지
나지 않고 크게는 같은 것이라!

至四百三十年, 東派有尼士陀利[251]者出, 此卽唐時傳景敎入中國之敎會
之祖也. 宋元嘉十五年, 授大秦安提阿敎主; 廿五年, 升土耳其監督. 夷考
其人, 聲聞卓著, 熱心衞道, 嫉惡如仇. 當時各監督, 論彌施訶之妙性, 頗
有異同, 有以彌施訶本身與常人無異, 惟至受洗之時, 聖神降臨之後, 始有
神性. 斯論也, 尼氏惡之, 以其害道也. 又有以馬利亞爲非常之人, 所生之
彌施訶, 卽阿羅訶, 是以有馬利亞生阿羅訶之說, 至今東, 西兩宗皆同此
說. 中國之天主敎, 正西宗之的派, 所以亦有馬利亞生天主之言. 是說也,
尼氏又惡之, 謂其與景經不合. 原尼氏按景經所紀, 彌施訶是元始生命之

---

251 「尼士陀利」: 音譯의 일종으로「聶斯多留(네스토리우스)」를 가리킨다. 〈導論〉 참고.

道, 與人性渾合無間, 居於聖神, 感馬利亞所生之子, 之身, 成爲一位救主;
是人而非純乎人, 是神而非純乎神. 人也, 神也; 分之無間可尋, 合之無跡
可混. 其飢渴, 受苦, 受死之彌施訶, 乃人彌施訶, 非神彌施訶也. 其意以
爲道體, 無所謂受苦, 受難, 受死之理, 其受苦, 受難, 受死, 贖萬民之罪
者, 乃道在厥身之人耳! 尼氏堅持此論, 提倡後學, 當時服其論者, 如水赴
壑. 而與尼氏爲敵者, 厥爲監督, 西里宜[252]聯各方監督, 訟尼氏於土耳其
總監督. 旣而尼氏落職, 幽於靜院. 惟尼氏門人, 百折不回, 分爭益甚, 國
君欲和之而不得, 乃竄尼氏於埃及, 病死. 而逐尼氏之徒, 遂東徙於波斯,
時在梁天監十八年也.

　430년이 되자, 동쪽 종파에 네스토리우스라는 이가 나왔는데, 이 사람
은 즉 당나라 때 경교가 중국 교회로 들어올 때의 시조인 것이다. 宋나라
元嘉 15년에, 大秦의 안디옥 교주에게 가르쳤고; 25년에, 튀르키예 감독
으로 승진하였다. 이 사람을 고찰해 보자면, 명성이 탁월하고, 열성적으
로 道를 지켰으며, 악을 원수처럼 미워한 사람이다. 당시의 각 감독들은
메시아의 기묘한 위격을 논하면서, 견해차가 매우 컸었는데, 메시아 자
체가 일반인과 다름없다는 이가 있었으니, 단지 세례를 받을 때에 이르
러, 성령이 강림한 후에, 비로소 神性이 생겨났다는 것이다. 이 논의에
대해, 네스토리우스는 道를 해치는 것이라 하며 반대하였다. 또 마리아
는 특별한 사람으로서, 그녀가 낳은 메시아가, 바로 阿羅訶라는 말이 있
었으니, 이 때문에 마리아가 阿羅訶를 낳았다는 설이 있었고, 지금까지
동서 두 종파가 모두 이 설에 동의하고 있다. 중국의 천주교는, 정확히

---

252 「西里宜」: '알렉산드리아의 키릴(Cyril of Alexandria, 376-444)'을 지칭한다. 「天主之母
(하나님의 어머니)」 논쟁에서 안디옥 학파의 네스토리우스에게 반발을 샀다; 그리고
훗날 알렉산드리아 학파의 그리스도 單性論과 안디옥 학파의 그리스도 神人 兩性論 간
의 분쟁을 불러일으켰다.

서쪽 종파에 속하기 때문에, 마리아가 천주를 낳았다는 말이 있다. 이 말에 대해, 네스토리우스는 또한 반대를 하였으니, 그것이 경교 경전의 내용과 맞지 않음을 말하고 있다. 본래 네스토리우스는 경교 경전의 기록에 근거하여 말하기를, 메시아는 만물의 근원인 생명의 길이시며, 인성과 혼재되어 간극이 없고, 성령 안에 거하시니, 마리아가 낳은 아들과 몸을 감응시켜, 하나의 구원자가 되었으며; 이는 사람이지만 순수한 사람이 아니고, 神이지만 순수한 神이 아닌 것이라 하였다. 인간이기도 하고, 신이기도 하니: 갈라놓을 간극이 없고, 합치면 혼재된 흔적이 없는 것이다. 그 목마르고 굶주리며, 고통 받고, 죽음을 당한 메시아는, 즉 사람인 메시아이지, 신으로서의 메시아가 아니라 하였다. 그 뜻을 道의 몸체로 여겨, 고생과 수난, 죽음의 이치를 상관하지 않았으며, 고생, 수난, 죽음을 당함으로써, 만민의 죄를 씻은 자이니, 바로 道가 그 몸에 있는 사람인 것이다! 네스토리우스는 이 이론을 고수하였고, 후학들에게 제창하였는데, 당시 그의 이론을 따르는 자들이, 물밀듯이 몰려들었다. 그러나 네스토리우스와 적이 된 사람이 있었고, 그가 감독을 맡게 되었으니, 바로 알렉산드리아의 키릴이 각 지방의 감독들에게 연락하여, 네스토리우스를 튀르키예의 총감독에게 고소하였다. 이윽고 네스토리우스는 좌천되어, 조용한 곳으로 유배되었다. 오로지 네스토리우스의 제자들이, 백 번 꺾여도 굴하지 않았으므로, 분쟁이 더욱 심해지자, 나라의 군주가 화해를 시도하였으나 이루지 못했고, 네스토리우스는 이집트로 쫓겨나게 되었으니, 그는 거기서 병사하고 말았다. 그리고 네스토리우스의 무리를 쫓아내었으니, 결국 동쪽 페르시아로 이주하였는데, 때는 梁나라 天監 18년이었다.

先是, 有監督某將尼氏與西里宜, 及各監督剖辯之說, 並詳書之, 函寄駐

波斯監督. 該督是尼氏之說, 乃言於波斯君相, 波王亦以尼氏說爲然. 迨士京逐尼氏弟子時, 波王納之, 恩禮有加, 以西路士亞[253]爲尼氏會總監督所駐之地, 而諸弟子則於尼司備士[254]地方立傳道大書院, 造就人才. 後來大秦, 埃及, 印度, 亞拉伯, 西域, 蒙古, 中國之監督, 半出其門.

먼저, 네스토리우스와 키릴을 관할하는 어떤 감독이 있었으니, 각 감독의 해명의 말을 비교하여, 내용을 상세하게 서신으로 써서, 駐페르시아 감독에게 우편으로 보냈다. 이 감독은 네스토리우스의 말이 옳다고 여겨, 즉시 페르시아의 왕과 재상들에게 말을 했고, 페르시아 왕도 네스토리우스의 설이 옳다고 여겼다. 이스탄불이 네스토리우스의 제자들을 축출하였을 때, 페르시아 왕이 그들을 받아들였고, 은혜와 예절을 더하였으니, Seleucia를 네스토리우스會 총감독 관할 지역으로 삼았고, 제자들은 Nisibis 지방에 선교를 위한 대서원을 세워, 인재들을 양성해 내었다. 훗날 대진, 이집트, 인도, 아라비아, 서역, 몽골, 중국의 감독들이, 대부분 여기서 나왔다.

彌施訶降生四百九十八年,[255] 尼氏會各方監督, 大會於波斯之西路士亞, 定本會所信之道, 其綱領與東西兩宗, 有何同異? 後至馬安必安[256]爲總監督時, 再爲整頓, 將希臘文聖經再譯大秦文,[257] 復定監督不娶妻之例;

253 「西路士亞」: 地名, 'Seleucia'를 지칭한다. 메소포타미아의 티그리스 강변에 위치해 있으며, 오늘날 이라크 경내에 있다.
254 「尼司備士」: 地名, 'Nisibis'를 지칭한다. 네스토리우스가 에베소공의회(431)에서 쫓겨난 후, 그 일파들이 이곳에 다시 신학교를 세웠다. 지금의 튀르키예 경내의 누사이빈(Nusaybin)에 위치해 있다.
255 「四百九十八年」: 네스토리우스가 451년에 사망했기 때문에 428년이 맞을 것이다.
256 「馬安必安」: 여기서는 아마도 Mabbogh의 주교 필록세누스(Philoxenus of Mabbogh, 485-519)를 가리키는 듯하다. 기원 508년 시리아어 성경 번역을 완료하여 Mabbogh에서 발행하였다.
257 「大秦文」: '시리아文'을 지칭한다.

而教會中道德學問人才極盛, 波斯歷代帝王大加襃寵, 東西兩宗無能出其右者.

메시아가 강생한 후 498년에, 네스토리우스會는 각 방면의 감독을 맡았고, 페르시아의 Seleucia에서 총회를 열어, 본회가 믿는 道를 정하였는데, 그 강령에 있어 동서의 두 종파가, 무엇이 다른 것인가? 이후에 Mabbogh의 주교 필록세누스가 총감독일 때, 다시 정돈을 하였으며, 그리스어 성경을 시리아文으로 다시 번역하고, 감독이 아내를 취하지 않는다는 규율을 재정비하였다; 그리고 교회에는 도덕 학문의 인재들이 매우 번성하였으니, 페르시아의 역대 제왕들이 크게 총애하였기 때문에, 동서의 두 종파 중 그 뛰어난 자를 가늠할 수가 없었다.

貞觀初年, 監督阿羅本, 遂至中國. 凡崑崙山東西南北之國, 莫不有尼氏景教會之徒焉. 然教化雖盛, 若按景經而詳考之, 則有大病者四:

貞觀 원년에, 감독 阿羅本이, 마침내 중국에 도달하였다. 무릇 곤륜산 동서남북의 나라가, 네스토리우스 경교회의 성도가 없는 곳이 없었다. 그러나 교화가 비록 성행하였지만, 경교 경전에 따라 자세히 고찰해 보면, 커다란 폐해가 네 가지 있었다:

一, 尼氏會傳道開基, 掌教多賴人力, 少賴聖神. 雖不以僞經爲經, 然解經之權, 屬於監督, 則監督日久, 自可變爲僞經之別派.

첫째, 네스토리우스會는 선교사업의 기초를 닦는 데 있어, 教務를 주관하면서 주로 인력에만 의지하였고, 성령에게 의지함이 적었다. 비록 僞經을 경전으로 삼지는 않았지만, 경전 해독의 권리가 감독에게만 속해 있었으니, 감독을 오래하게 되면, 스스로 僞經의 별도의 종파로 변질될 수 있었다.

二, 景古經之小學, 與景尊救世之大道混, 若聖祭儀文之屬是也.

둘째, 경교의 구약(舊約)을 고찰하는 일을, 예수가 세상을 구원하는 大道와 혼동하였으니, 가령 성스러운 제사의 儀禮文 같은 것들이 이에 속한다.

三, 習染別教相似之理法於不覺, 若十字定四方, 東禮趨生榮之類是也.

셋째, 부지불식간에 다른 종교의 비슷한 교리에 익숙해져 버렸으니, 가령 '十字로 구별하여 四方을 정하다'와 '동쪽으로 예배하여 생명과 번영의 길로 달려가다'와 같은 것들이 이것이다.

四, 彌施訶在十字架受死贖罪之道爲諸僞, 爲深奧之十字說所蒙. 誠以景尊代負世人之罪, 必當受律法之詛而死以全義, 亦以代死以全仁, 一擧而仁至義盡. 是爲景尊救世大力之原此而晦昧, 則生機日蹙矣!

넷째, 메시아가 십자가에서 죽음으로 속죄한 道가 모두 거짓이라며, 심오하다는 십자가說에 의해 덮여 버린 것이다. 사실은 메시아가 세상 사람들의 죄를 대신 짊어짐으로써, 율법의 저주를 감당해야 했으나 죽음으로 義를 온전케 하였으며, 또한 대신 죽음으로써 仁을 완성한 것이니, 일거에 仁에서 義까지 책임을 다한 것이다. 이는 메시아의 세상 구원의 큰 힘의 원천인데도 의미가 불분명해졌으니, 삶의 희망이 날로 곤궁해졌다!

自是以來, 景教尼氏派之教會, 每視各國帝王尊崇與否爲轉移. 如立於中國之會, 唐代人主尊之護之, 則來中國傳教之士, 約有數千之衆. 及武宗禁佛, 凡異邦來傳之教, 並遭牽累, 又數傳, 而天下大亂. 至五代, 而尼氏

之徒與衆同死於兵戈, 水火之阨, 幾於靡有孑遺[258]矣!

　이로부터, 경교 네스토리우스派의 교회는, 각국의 제왕들이 존숭하는 가 아닌가에 따라 변화하였다. 가령 중국에 세워진 교회의 경우, 당나라 사람들이 주로 그를 숭앙하고 보호하였으니, 중국에 와서 선교하는 사람들이, 약 수천 명에 이르렀다. 武宗의 불교 탄압에 이르러서는, 무릇 이 방에서 와 가르침을 전하는 종교들이, 함께 환란을 당하였고, 또한 이것이 여러 차례 이어졌으니, 천하가 크게 혼란스러웠다. 五代에 이르러, 네스토리우스의 무리와 군중들이 함께 전쟁에서 죽었고, 물과 불의 재난으로, 거의 남은 이들이 없었다!

　然景教之所以不留於中國者, 究在彼而不在此. 原回教始祖謨罕默德, 興於西南之亞拉伯, 歷唐, 宋, 元, 明, 更三朝之主, 皆以兵力開疆闢土, 一爲亞拉伯朝, 二爲土耳其朝, 三爲蒙古朝. 其所爭戰之地, 皆景教尼氏會廣行之地, 東至于蒙古, 西至于歐羅巴, 南至于印度, 北至于俄國. 尼氏之徒死於兵戈, 盜賊, 水火之間者, 不知凡幾; 死於時君之好惡者, 不知凡幾. 至帖木兒時, 窘迫彌甚.

　그러나 경교가 중국에 남아 있지 않은 이유는, 결국 다른 곳에 있지 않고 여기에 있다. 본래 回教의 시조인 무함마드는, 서남쪽의 아라비아에서 흥성하였고, 唐, 宋, 元, 明을 거치면서, 세 왕조의 주인을 바꾸었는데, 매번 군사력으로 나라를 개척하였으니, 첫째는 아라비아 왕조요, 둘째는 튀르키예 왕조이며, 셋째는 몽골 왕조였다. 그들이 싸웠던 곳은, 모두 경교 네스토리우스 교회가 널리 전파된 곳으로서, 동쪽으로는 몽골, 서쪽

258　「靡有孑遺」: '남은 것이 하나도 없다'. 《詩經·大雅·雲漢》:「周餘黎民, **靡有孑遺**.(周나라에 남은 백성이, 한 사람도 있지 않다.)」「孑」은 '남기다, 남아 있다'로 해석한다.

으로는 유럽, 남쪽으로는 인도, 북쪽으로는 러시아에까지 이르렀다. 네스토리우스의 무리가 전쟁에서 죽고, 도적질 당하며, 수재와 화재를 당한 것이, 몇 번인지도 모를 정도이니; 때마다 군주의 호불호에 따라 죽은 이들이, 몇인지도 알 수가 없다. 티무르(Timur)(*譯者註: 몽골인의 존칭.) 때에 이르러, 입지가 더욱더 어려워졌다.

越至于今, 凡回教秉權之國, 日就衰微; 而尼氏會之徒, 亦僅若晨星. 波斯, 大秦之間, 尚存十餘萬衆; 其餘埃及, 印度之屬, 或三萬, 或二萬, 皆椎魯無文.[259] 道光[260]中年, 美國長老會傳教士鐎(勃)爾禁至波斯. 乙未九月, 偕醫士革蘭, 得詣烏魯米, 止景教尼氏會衆之邨里. 景教人晉接之, 景教師往來印證道妙者不少, 並請鐎氏到己會堂宣道. 鐎氏等見其墨守儀文, 眞道隱晦, 乃大索景經, 古經, 除詩篇之外, 其三十八卷或數卷存於此, 或數卷存於彼, 總無全帙. 而本經則第二十七卷已全失, 惟得二十六卷而已. 諸經皆用古大秦文 卽景碑之字樣, 殊不便用, 遂以近日方言與古文作合璧聖經, 又另全以近日方言繹景經, 並繹近四百年經解辯正諸書印送. 又因其習回教, 輕視婦女之俗, 乃設女義學.[261] 辛丑年, 有義學十七所. 癸卯, 有四十所, 景教師相助爲理. 至癸丑年, 增至七十八所. 烏魯米四方之村, 聞而興起者甚衆, 遂傳及深山邨里. 古景教監督忌之, 甚禁其徒不得入外洋景教會, 有不聽者, 卽虐遇之. 無何, 監督之弟亦改入長老會, 暨主教亦然. 美教士何墨士至, 醫士革蘭得攜兩主教歸美國, 觀景教振興之象. 咸豐[262]辛

259 「椎魯無文」: '우둔하여 文治 敎化가 없다'는 의미. '椎魯'는 '우매하고 둔하다'는 뜻이다. 《明史·滿桂》:「桂椎魯甚, 然忠勇絶倫, 不好聲色.(滿桂가 심히 우매하고 둔하였으나, 충절과 용맹이 빼어났으며, 가무와 여색을 좋아하지 않았다.)」

260 「道光」: '淸나라 宣宗 愛新覺羅·旻寧(Aisin Gioro)의 연호'이다. 1821-1850년.

261 「義學」: '개인적인 장학기금 모집을 바탕으로 민중들에게 무료로 학습할 수 있도록 만든 곳'. 《淸史稿·康熙五十四年》:「宜令窮僻鄕壤廣設義學, 勸令讀書.(마땅히 명을 내려 궁벽한 시골 마을에 義學을 널리 설치하여, 독서를 할 수 있도록 권장하였다.)」

丑, 美教士可恆李亞同, 至居茄滑, 距烏魯米二百里, 傳道土官恆苦之, 而教士不爲動. 又於各部設義學, 生童就學者數千人. 波斯王降諭褒美, 而兵部大不以爲然, 緣某大帥前曾主議禁外洋傳教, 其例甚嚴. 一訓廸女子, 二開義學, 三習西洋文, 四本地人代傳教, 五遊歷傳教, 六民入會堂. 設官察所印書, 不得與古景教不合.

오늘날에 이르러, 무릇 회교가 정권을 잡은 나라들은, 날로 쇠약해졌으나; 네스토리우스會의 무리들은, 그저 또한 새벽별과도 같이 빛났다. 페르시아와 대진 사이에, 아직도 십여만 명이 남아 있고; 나머지는 이집트와 인도 등에, 3만 혹은 2만이 있다고 하나, 모두가 우둔하여 文治 敎化가 없었다. 淸 道光 중엽, 미국 장로회 선교사 Asahel Grant(1807-1844)가 페르시아에 들어갈 수 있었다. 乙未년 9월, 의사인 Hans Christian Gram을 동반하여, 아제르바이잔의 우르미아를 방문하였고, 경교 네스토리우스 회중의 마을에 머무를 수 있었다. 경교인들이 나아가 맞이하였고, 景教師들 중 왕래하며 오묘한 道를 증명하는 사람이 적지 않았으며, Grant에게 자신들의 회당에 와서 道를 설파해 달라고 부탁하였다. Grant 등이 그 의례문을 고수하는 것을 보고서, 이는 참된 道가 가려져 명확하지 않다 여겼고, 이에 곧 경교 경전과 옛 경전들을 대대적으로 찾았는데, 시편을 제외하고, 38권 또는 몇 권이 여기저기에 남아 있거나 하니, 어쨌든 전체 책이 사라지고 없더라. 그리고 신약(新約) 중 즉 제27권 전체가 이미 소실되어, 단지 26권밖에 얻지 못하였다. 모든 경전이 고대 大秦의 문자 즉 경교비의 글자 모양를 사용하였으니, 사용하기가 매우 불편하여, 최근의 방언과 고문을, 서로 잘 절충하여 성경으로 만들었고, 또한 별도로 최근의 방언으로 경교 경전을 번역하였으며, 근 400년 경전 해석 번역의 실마리를

262 「咸豊」: 淸 文宗 愛新覺羅·奕의 연호. 1851-1861년.

찾아내어 여러 책을 인쇄하여 보냈다. 또한 회교에 익숙함으로 인하여, 부녀자를 경시하는 풍속이 있었으니, 이에 여자 義學을 설립하였다. 신축년에는, 義學 17곳이 있었고, 계묘년에는, 40곳이 있었는데, 景教師들이 서로 도와 일을 처리하였고, 계축년에 이르러, 78곳으로 늘어났다. 우르미아 사방의 마을에, 소문을 듣고 몰려온 사람들이 매우 많아서, 마침내 깊은 산골에까지 복음이 전해졌다. 옛 경교의 감독이 그것을 꺼리어, 그 무리가 외국 경교회에 들어가지 못하게 엄히 금지하였으며, 듣지 않는 사람이 있으면, 그들을 거칠게 대하곤 하였다. 오래지 않아, 감독의 동생도 개종하여 장로회에 들어갔고, 주교도 또한 마찬가지였다. 미국인 선교사 Rev. H. A. Homes가 오자, 의사인 Gram은 두 주교를 데리고 미국으로 돌아갈 수 있었으며, 이후 경교가 흥성하게 된 모습을 보았다. 淸咸豐 신축년에, 미국인 선교사 Edwin H. Crane과 Samuel A. Rhea가, Gavar에 왔으니, 우르미아에서 200리 떨어진 곳인데, 지역 관리들에게 복음을 전하면서 늘 그것을 어렵게 여겼으나, 선교사들은 동요하지 않았다. 또 각 부에 義學을 설치하니, 와서 공부하는 生員(*譯者註: 明淸 시대, 가장 낮은 과거시험에 합격하여 府學 · 縣學에서 공부할 수 있는 사람. 통칭 秀才라 하였음.)과 童生(*譯者註: 明淸 시대에 秀才 시험을 보지 않았거나, 그 시험에 낙방한 사람.)이 수천 명에 이르렀다. 페르시아 왕이 분부를 내려 칭찬하였지만, 兵部에서는 그리 크게 여기지 않았고, 어떤 사령관이 전에 외국의 선교를 금지하자고 주장하였기 때문에, 그 사례가 심히 엄격하였다. 첫째, 여자를 훈계하여 인도하고, 둘째, 義學을 열며, 셋째, 서양의 글을 학습하고, 넷째, 현지인이 대신하여 선교를 하며, 다섯째, 두루 돌아다니며 선교하고, 여섯째는 백성들이 회당으로 들어가는 것이다. 관찰소를 세워 책을 인쇄하였으니, 옛 경교와 부합하였다.

初, 禁尙寬, 及與英國失和, 禁驟嚴, 凡美國教士所開之義學, 盡行封閉.

迨和議成, 禁盡弛. 其實英國之與美國, 絕不相干, 亞細亞洲諸國之待歐洲
人處處如此, 亦一奇也. 今日者, 美國有兩聖會在彼傳道, 一爲長老會, 一
爲吭紀臣會.[263] 其傳道光景, 稍勝於中國, 此卽景教尼氏會近日之實在情
形也.

처음에는, 금령이 아직 관대하였으나, 영국과 사이가 나빠지고서는,
금령이 갑작스레 엄격해졌으니, 미국 선교사가 개설한 義學은, 모두 폐
쇄되고 말았다. 이후 화해가 이루어진 틈을 타서는, 금령이 모두 느슨해
졌다. 사실 영국과 미국은, 결코 아무런 상관이 없으나, 아시아 여러 나
라들이 유럽인을 대하는 것은 곳곳에서 이와 같았으니, 또한 신기한 일
이다. 오늘날, 미국에는 두 개의 聖會가 그곳에서 전도를 하는데, 하나는
長老會요, 또 하나는 公理會이다. 그 전도하는 모습이, 중국보다는 약간
나으니, 이것이 즉 경교 네스토리우스會의 최근의 실제 모습이다.

然則今之所謂天主教, 耶穌教者, 何謂也? 天主教者, 卽西宗之的派; 耶
穌教者, 則以西宗積弊千年, 去古愈遠, 離經叛道之說愈多, 甚而至於以
十字爲有靈, 禁遏景經, 不使教友全讀. 祇以聖經擇錦, 經主教等解定之
書爲經, 而人手所作之書, 以名經者更多, 遂至教友終身未嘗得一見景經
之面者.

그러한즉 지금의 소위 천주교와 예수교라는 것은 무엇을 말하는가?
천주교는, 즉 서양 종교의 확실한 종파이며; 예수교는 서양 종교의 적폐
로서 천 년을 이어 온 것이니, 예로부터 멀리 내려올수록, 경전의 말씀에
서 벗어나 상도(常道)를 어기는 말들이 더욱 많아졌으며, 심지어는 십자
가에 영혼이 있다는 데에까지 이르렀고, 경교 경전을 금지하여, 교우들

---

263 「吭紀臣會」: 「公理會」(Congregational church)를 음역한 것이다.

이 모두 읽지 못하도록 하였다. 단지 성경으로 비단을 골라서, 주교 등이 해석을 거쳐 경전으로 정하고, 사람이 손으로 만든 책을, 경전이라 이름 하는 경우가 많으니, 마침내 교우들이 평생토록 경교 경전의 진면목을 보지 못하게 되는 지경에 이르렀다.

惟主教神父始有解經之權, 故教友專以神父之訓爲主; 又以作諸善功, 能免陰間先人煉獄之苦. 蓋以煉獄之異說一開, 其末流遂若佛氏之瑜伽密教, 超度者. 又以教王, 神父, 主教有赦罪之權, 故教友之自覺其非者, 可詣神父前告解. 神父訓飭[264]之後, 任意罰作如許善事, 方准赦罪. 蓋純以私智誘人行善, 揆之景經, 殊非正道. 大而禁遏聖經, 事馬利亞如天主; 小而繁文縟節, 佩十字印若靈符. 是以四百年前, 歐洲各國, 敬虔之士, 嘗思修理正教, 排斥異端, 然其事大不易爲. 及教化王賣赦罪票之事出, 而衆大疑赦罪票者, 人無論爲己爲先人買之, 則可以銷陰陽兩間之罪案. 蓋教王以善功之事, 費財甚多, 欲以此法斂財, 而不知已深入魔道矣!

오직 주교 신부만이 경전을 해석할 권리가 있기 때문에, 신도들은 전 적으로 신부의 가르침을 위주로 하는데; 또한 여러 선한 공덕을 쌓으면, 저승 선조들의 연옥의 고통을 면할 수 있다고 한다. 무릇 연옥의 異說이 한번 열리고서, 그 말세의 타락한 풍속이 마침내 부처의 瑜伽密教, 超度 와 같았다. 또 교황, 신부, 주교는 죄를 사해 줄 권리가 있기 때문에, 신도 가 스스로 잘못되었다 느끼면, 그 잘못을 신부에게 가서 고할 수 있었다. 신부가 훈계하고 격려한 후에, 임의로 벌을 주고 선행을 칭찬한 것처럼

---

264 「訓飭」: '훈계하고 격려하다'. [宋] 葉適, 〈母杜氏墓誌〉: 「惟夫人之志所嘗以訓飭其孤, 而他日庶幾奉以不忝者, 猶有天下之名義而已.(오로지 부인의 뜻은 그 외로운 이를 훈계하고 격려하고자 함인데, 그러나 뒷날 거의 받들어 욕되게 하지 않는다면, 아마도 천하의 명의만 있는 것과 같다.)」

하면, 비로소 죄 사함을 받을 수 있었다. 무릇 순전히 사사로운 지혜로 사람이 선행을 하도록 유도하는 것이니, 경교 경전을 헤아려 보면, 전혀 바른 道가 아닌 것이다. 크게는 성경을 금지하고, 마리아를 천주처럼 섬기며; 작게는 번거롭고 불필요한 의식으로 예절을 번잡하게 하였으니, 십자가 차는 것을 부적과 같이 하였다. 400년 전, 유럽 각 나라들의, 경건한 선비들이, 일찍이 바른 종교를 세우고, 이단을 배척하려 했지만, 그일은 매우 쉽지 않았다. 교황이 면죄부를 파는 일이 일어나고서는, 많은 사람들이 면죄부라는 것을 크게 의심하였으나, 사람들이 자신을 위해 사든 조상을 위해 사든 간에, 이승과 저승 두 곳의 죄를 모두 제거할 수 있다고 믿었다. 대개 교황은 선한 공덕을 쌓는 일에는, 돈이 많이 들었기 때문에, 이러한 방법으로 재물을 모으려 하였으나, 이미 사악한 길로 깊이 빠지게 된 것은 몰랐던 것이다!

有路得馬丁[265]者, 日耳曼人, 生于景尊臨世後一千四百八十三年, 年卄有六歲, 升授主教之職, 爲當時熱心敬虔之士, 得竊讀景教全經, 深惡當時羅馬城中之教者, 學者. 在本國傳道, 援引景經, 攻駁異端, 不遺餘力, 時諸監督主教多嫉之. 至賣赦罪票之事, 行至路得所屬之地, 有多人爲其所惑, 亦有多人疑其不合正理, 惟路氏惡之, 如惡惡臭, 司其事者, 爲提汎約翰, 威嚇萬端. 路得不畏, 更不肯稍爲寬假. 終至教王遣使, 臨日耳曼訊斷, 使者轄路得服罪, 路得引景經攻之, 使者無辭以對, 惟強路氏認罪而已. 路氏以其不公不明, 據日耳曼侯護照, 遽離使者而歸; 使者大懼, 以辨理不善

---

265 「路得馬丁」:「마르틴 루터」(Martin Luther)이며, 16세기에 기독교 루터교를 창시했다. 그는 독일 작센에서 태어났고, 일찍이 아우구스티누스 수도회(Augustinian Order)에 들어가 신부의 길을 걷기 시작했다. 그는 1517년 '95개 조의 논제'를 게시하였고, 교회가 분열되자 세 가지 「sola」(오직 믿음, 은총, 성경)를 제시하여 교회와 전통의 권위를 타파하였다. 기독교에 혁명적인 변화를 가져왔고, 유럽의 30년 전쟁을 야기하였다.

革職. 復派尊大使臣, 再臨日耳曼, 察覈路氏所傳之道, 凡攻駁總會之謬誤者數十條, 該使者不能辯. 惟欲暫事羈縻,[266] 遂與路氏約, 一禁路氏後日不得再攻駁總會, 一使者速請教皇派一明允之監督長, 查明路氏之書, 如有離經叛道之處, 路氏必服罪.

마르틴 루터라는 사람이 있었으니, 게르만 사람이었고, 예수가 강림한 후 1483년에 태어났으며, 스물여섯 살에 주교직을 수여받았다. 그는 당시 신실하고 경건한 사람이었으니, 경교 경전 전체를 남몰래 읽을 수 있었는데, 당시 로마의 종교인과 학자들을 몹시 미워하였다. 본국에서 전도를 하면서, 경교 경전을 인용하여, 이단들을 반박하는 데에, 전력을 다하였으니, 그때의 여러 감독 주교들이 그를 많이 미워하였다. 면죄부를 판매하는 일이, 루터가 속한 지역에까지 이르렀고, 여러 사람들이 거기에 미혹되었으며, 또한 그것이 바른 도리에 맞지 않는다고 의심하는 사람들이 많았으나, 오로지 루터만이 그것을 증오하여, 악취를 싫어하는 것과 같이 하였으니, 그 일을 처리하던 자들이, 떠돌이 요한을 들먹이면서, 여러 방면으로 위협을 가하였다. 루터는 두려워하지 않았고, 조금도 사정을 봐주려 하지 않았다. 마침내 교황이 사신을 파견하기에 이르러, 게르만에 대한 신문과 판결이 임박하였으며, 사신은 루터가 자신의 죄를 인정할 것을 지시받았는데, 루터가 경교 경전을 인용하여 그를 공격하니, 사자는 대답할 말이 없었고, 단지 루터가 죄를 인정하도록 강제만 할 뿐이었다. 루터는 이것이 공정하지 않고 명확하지 않다고 여겨, 게르만 후작의 여권에 의지하여, 곧 사자를 떠나 돌아와 버렸다. 사자는 크게 두

---

266 「羈縻」: '견제하다, 서로 잡아당기다'의 의미로 파생되었다. 「縻」, '소를 매는 밧줄'. 《魏書·奕斤》: 「去歲新征, 士馬疲弊, 未可大擧, 宜且羈縻.(지난 해에 새로이 정복을 함으로, 병졸과 기마가 크게 피로하니, 아직 크게 일으킬 수 없어, 마땅히 잠깐 동안 묶어 두어야 하리라.)」

려워하였고, 변리를 잘하지 못한 이유로 면직되고 말았다. 교황은 오만한 사신 한 명을 다시 파견하여, 그가 게르만에 다시 도달하였고, 루터가 전한 道를 자세히 조사하였으나, 루터가 총회의 잘못을 반박한 것이 수십 개 조에 이르렀으니, 이 사자는 더 이상 변명할 수가 없었다. 다만 잠시 속박을 하려다가, 결국에는 루터와 약속을 하게 되었는데, 첫째는 루터가 나중에 다시는 총회를 공박할 수 없다는 것이었고, 또 하나는 사자가 교황에게 속히 청하여 명찰하고 성실한 감독장 한 명을 파견하여, 루터의 책들을 조사 판명해 달라는 것이었는데, 만일 경전을 벗어나 교리를 거역하는 곳이 있다면, 루터가 반드시 자신의 죄를 인정한다는 것이었다.

惟路氏所著之書, 已不脛而走矣! 各國之人讀路氏之書, 有大悟羅馬總會之非者; 又有請教王速滅路氏, 焚其書, 不然, 總會必受傷損者. 教王乃頒嚴旨, 定路得之罪. 日耳曼王奉教王諭旨, 集大會於娥摩[267]邑. 凡日耳曼之政教大臣皆到會, 召路得聽勘, 路得所屬之諸侯覆曰:「不給路得護身照, 不准離其境也.」日王無如之何, 乃授之. 路得至, 觀者塞道不能行, 軍士辟路, 始至會中. 訊者指案上之書, 問此皆爾所著否? 曰:「然.」曰:「是眞理乎? 抑異端乎?」路得援引景經歷證所傳之道, 俱合乎聖經. 會衆奇其口才, 膽量. 會正謂之曰:「若汝不服汝之誤, 大會定以背道之書, 俱宜焚之.」路氏不服, 王以路氏强梗, 命之速回本邑, 大會遂定路得之道爲遺臭萬年之異端.

루터가 저술한 책들은, 이미 신속하게 널리 퍼져 나가 버렸다! 각국의

---

267 「娥摩」: '보름스(Worms)'. 즉 1521년 보름스 국회(Diet of Worms)의 장소이며, 마르틴 루터의 개혁을 위한 심판지였고, 그 후 카를 5세(Charles V, 1500-1558)의 보호 아래 공교회와 결별하였다.

사람들이 루터의 책을 읽었고, 로마 총회의 잘못을 크게 깨달은 사람이 있었으며; 또 교황에게 루터를 빨리 제거하고, 그 책을 불태우지 않으면, 반드시 손해를 입을 것이라고 청한 사람들도 있었다. 교황은 즉시 엄중한 지시를 내려, 루터를 정죄하였다. 게르만 왕이 교황의 명을 받들어, 보름스에서 큰 회의를 열었다. 무릇 게르만의 政敎 대신들이 모두 회의에 참석하여, 루터를 소환하여 조사를 진행하였는데, 루터가 소속된 제후들이 엄호하여 말하기를:「루터에게 여권을 주지 않을 것이고, 국경을 떠나지 못하게 하겠소.」라 하였으니, 게르만 왕이 어찌할 도리가 없어, 곧 그것을 넘겨주고 말았다. 루터가 도착하였고, 지키던 자들이 길을 막고 다니지 못하게 하였으나, 군사가 길을 열어, 가까스로 회의 중에 도착하였다. 심문하는 자가 사건의 책들을 가리키며, 이것들이 모두 당신이 저술한 것이냐고 물었다. 가로되:「그렇습니다.」 가로되:「진리인가? 아니면 이단을 억압하기 위함인가?」 루터는 경교 경전에서 증명하여 전해진 道를 인용하였으니, 모두가 성경과 부합하였다. 회중이 그의 말솜씨와 담력을 기이히 여겼다. 회의에서 마침 그에게 일러 말하였다:「만일 당신이 당신의 잘못을 인정하지 않는다면, 이 회의는 교리를 거역한 책으로 지정하여, 모두 불태워야 함이 마땅하다.」 루터가 불복하자, 왕은 루터가 너무 완강하다 여기고, 속히 본읍으로 돌아갈 것을 명령하였고, 대회는 마침내 루터의 교리가 악명을 남긴 만년의 이단인 것으로 규정하고 말았다.

路得之身, 無許人佑之, 助之, 納之, 違者以謀反論. 凡遇之者, 皆可以執送教皇處死. 斯時也, 路得出萬死一生之餘, 卒保首領, 以延道統, 平常於大庭廣衆之中, 辯折羣醜之言, 早已深入人心, 傳播遐邇. 至此而路得滅跡潛蹤, 所屬諸侯千方萬法以護之, 故得以將拉丁文景經繹日耳曼文, 各

國哲士從而繹之，遂脫拉丁文之軛，而景經復出，益以知羅馬總會之離經叛道也久矣!

　루터의 몸은, 그를 보우하고 도와주고 받아들이는 사람이 허락되지 않았으니, 거역하는 자는 반대 의견을 도모하는 자가 되었다. 무릇 그와 마주치는 자는, 모두 잡아 교황에게로 압송하여 처형할 수 있었다. 이때, 루터는 만사 일생의 기회를 내어, 마침내 수령(首領)을 지키면서, 道統을 연장할 수 있었으니, 평상시에는 수많은 대중 가운데서, 많은 추악한 말들을 반박하여, 사람들 마음속에 일찍이 깊이 파고듦이, 사방에 널리 전파되었다. 여기에 이르자 루터는 종적을 감춰 사라져 버렸고, 소속된 제후들이 천 가지 방책과 만 가지 법으로 그를 보호하였기 때문에, 라틴어로 된 성경을 게르만어로 번역할 수 있었다. 각국의 지식인들이 따라서 그 뒤를 이었으니, 마침내 라틴어의 멍에를 벗을 수 있었고, 경교 경전이 다시 나오게 되자, 로마 총회의 경전을 벗어나 교리를 거역하는 일이 오래되었음을 더욱 알게 되었노라!

　初, 路得常屢勸教皇改正教會, 教皇弗恤, 遂至土崩瓦解, 恫喝詬爭者百十年, 則以此舉關於各國政教心術之大事故也. 越至于今, 凡英, 美, 德, 荷, 丹, 瑞, 威, 瑞士, 挪威之國, 皆宗路得一派, 雖分爲數支, 不無小異之處, 而大綱則皆同也. 其義, 法, 奧, 比, 日, 葡, 秘等國, 皆主西宗一派, 亦分有數支, 而大綱則同. 然凡宗路得一派之國, 必有羅馬總會舊派參於其間, 則以路得之派, 不以權强人, 非若羅馬總會之動以教王之尊而壓人也.

　처음에, 루터는 교황에게 교회를 개혁해야만 한다고 자주 권하였으나, 교황은 이를 고려하지 않았고, 마침내 산산이 와해되는 지경에까지 이르게 되었으니, 공갈하고 욕하며 다투는 자들이 백십 년에 이르렀고, 이 사건으로 인하여 각국이 정치와 종교의 계략에 관한 큰 사례에 갇혀 버리게 되었다. 더욱이 오늘날에 이르러서는, 영국, 미국, 독일, 네델란드, 덴마크, 스웨던, 웨일스, 스위스, 노르웨이 등의 나라들이, 모두 종파에서 하나의 파벌을 얻었으니, 비록 몇 가지로 나뉘기는 하지만, 작은 차이점이 없고, 대강은 모두 같은 것이다. 또한 이태리, 프랑스, 오스트리아, 벨기에, 일본, 포르투갈, 페루(Peru) 등의 국가들은, 모두 서쪽 종파를 따르고 있는데, 또한 몇 가지로 나뉘기는 하지만, 대강은 같은 것이다. 그러나 무릇 루터 일파를 따르는 나라는, 반드시 로마 총회의 舊派가 그 사이에 참여하고는 있으나, 즉 루터 종파가 주도할 뿐, 권력으로 사람을 강제하지는 않으니, 로마 총회의 움직임이 교황의 존엄으로써 사람을 억압하는 것 같지는 않다.

至若東派之會, 則仍以俄國爲最盛, 俄帝兼掌政敎之權, 無預於紛爭之事, 而於遠方傳敎之擧, 亦未若英, 美, 德, 法, 意之汲汲也. 然則中國之所謂耶穌敎者, 卽天主敎皇所詛爲遺臭萬代之異端是也. 所謂異端者, 卽萬事萬理皆以景經正文爲經, 不以歷代敎王之經解爲經; 以景經眞理爲主, 不以敎規儀文爲主, 以敎會與國政分權, 不欲干預人家國事, 祇以悔罪改過信主, 力行爲得救; 不以告解, 念經, 立功, 守貞等爲聖族之類是己.

동쪽 종파로 말하자면, 여전히 러시아에서 가장 성행하고 있는데, 러시아의 황제는 정치와 종교의 권력을 함께 장악하고 있으나, 분쟁을 예측하지는 못하였으니, 그러나 먼 곳에서 선교하는 일이, 또한 영국, 미국, 독일, 프랑스, 이태리처럼 급급해하는 것 같지는 않았다. 그러나 중국의 이른바 예수교라는 것은, 천주교 교황이 저주하여 만대의 이단이라는 악명을 남긴 것이 바로 이것이다. 소위 이단이라고는 하지만, 즉 만사 만리는 모두 경교 경전의 본문을 경으로 하고, 역대 교황의 경전 해석을 경으로 삼지는 않으니; 경교 경전의 진리를 위주로 할 뿐, 교회의 규율과 의례문을 위주로 하지 않으며, 교회와 국정의 권한을 나누고, 다른 국가의 일에 관여하려 하지 않으며, 그저 죄를 뉘우치고 잘못을 고쳐 주를 믿음으로써, 구원을 위해 노력하고, 고해와 염불, 공로, 수절 등을 거룩한 족속의 것으로 삼지 않음이 바로 이것이다.

개봉부 도근교인 고찰(開封府挑筋敎人考)

豫省[268]開封府有古禮拜寺, 乃大府[269]奉詔爲之建造者, 寺內供有萬歲牌, 牌旁書有左轉字, 壁上亦然. 考其世系, 來自漢初, 迄于唐宋, 至今戶口萬餘, 七日禮拜, 並無偶像; 非回非景, 更非天主, 俗則稱爲挑筋敎者, 果何許人也? 曰此正拂菻人也. 漢曰「大秦」, 唐曰「拂菻」, 明曰「如德亞」. 國朝曰猶太, 其實一也. 曰「大秦」者, 指省會[270]而言也; 曰「拂菻」者, 指古京邑[271]而言也; 曰「如德亞」, 「猶太」者, 指古國名而言也.

하남성 개봉부에는 옛 예배사(禮拜寺)가 있으니, 곧 대부(大府)에서 명령

---

268 「豫省」: '河南省'의 약칭. 《淸史稿·食貨三》: 「嘉慶初, 因東省輪免漕糧, 先令**豫省**兌運.(가경 초에, 東省에서 조운하는 곡물류를 차례로 면하여 주었으니, 우선 하남성에 명하여 원조 운반을 하도록 했다.)」

269 「大府」: 漢나라 때는 본래 '宰相'이나 '군왕의 저택'을 가리켰고, '녹을 받는 고관'을 뜻하기도 했다. 《漢書·張湯傳第二十九》: 「以湯爲無害, 言**大府**, 調茂陵尉.(張湯이 해가 되지 않았으므로, 승상부에 그를 추천하였고, 그리하여 茂陵尉로 전근되었다.)」

270 「省會」: '省 정부의 소재지'. 「省城」 혹은 「省垣」으로 칭하기도 했다. 《淸史稿·文宗本紀》: 「以廬州爲安徽**省會**.(廬州로 安徽省의 省 정부 소재지로 삼다.)」

271 「京邑」: '國都'를 가리켜 말하는 것이다. 《魏書·高祖紀》: 「宴**京邑**耆老年七十已上於太華殿, 賜以衣服.(수도에서 연회를 열어 존경받는 70세 이상 노인들을 태화전에 불렀고, 의복을 하사하여 주었다.)」

을 받들어 지은 것인데, 사찰 안에는 만세패(萬歲牌)(*譯者註: 신하가 왕실을 공경하는 마음으로 임금을 비롯한 왕실 여러 사람들의 만수무강을 축원하여 신전에 봉안해 두는 나무패.)가 제공되었고, 패 옆에는 우측에서 좌측으로 쓰는 방식의 글자들이 있으며, 벽에도 또한 그러하다. 그 혈통을 살펴보면, 漢나라 초기에 중국으로 왔으며, 唐宋에 이르기까지, 지금까지 호적이 만여 명에 달하고, 7일마다 예배를 드리는데, 우상은 없다; 회교도 아니고 경교도 아니며, 더더욱 천주교도 아니니, 속칭 '도근교'라고 하는데, 과연 어떠한 사람들인가? 이들을 일러 拂菻 사람이라고 한다. 漢나라 때는「大秦」이라 하였고, 唐나라 때는「拂菻」이라 하였으며, 明나라 때는「如德亞」라고 불렀다. 지금 조정에서는「猶太」라고 하는데, 사실은 하나이다.「大秦」이라고 부른 것은, 省 정부의 수도를 가리켜 말한 것이고;「拂菻」이라는 것은, 옛 國都를 가리켜 말하는 것이며;「如德亞」,「猶太」라고 말하는 것은, 옛 국가명을 지칭하는 것이다.

何以知其爲拂菻人也? 景教古經之文, 卽拂菻古文, 名曰「希伯來文」. 希伯來者, 拂菻人之古祖也. 凡來中國傳教之士類皆兼通四國文字, 曰希伯來文, 以古經本用希伯來文所書者; 曰希利尼文, 以本經本用希利尼文所書者; 曰拉丁文, 以經解多出自拉丁文者; 曰本國文, 以授學必由本國文字始. 故凡通希伯來文者, 入豫省古禮拜寺, 一望而知其爲猶太人, 以其壁上用希伯來文大書阿羅訶天誡十條, 譯其文卽曰:

　拂菻 사람임을 어찌 알 수 있는 것인가? 경교 구약(舊約)의 글은, 즉 拂菻의 고문(古文)이며,「히브리文」이라고 부른다. '히브리'라는 것은, 拂菻인들의 옛 조상이다. 무릇 중국에 와서 선교하는 지식인 계층은 모두 4개국의 문자에 능통한데, '히브리文'이라고 하면, 옛 경전이 본래 히브리

문자를 사용하여 쓴 것이고; '그리스文'은 신약(新約)이 본래 그리스 문자로 쓴 것을 말하며; '라틴文'이라는 것은, 경전 해석이 라틴 문자에서 많이 나온 것이고; '본국文'이라는 것은, 가르치는 데에 반드시 자국 문자로 시작한 것을 말한다. 그러므로 무릇 히브리文에 정통한 사람들은, 하남성 옛 예배사에 들어가면, 그들이 유태인임을 한눈에 알 수 있고, 그 벽에 히브리어 큰 글자로 쓰여진 阿羅訶 하나님의 훈계 10조를, 번역할 수 있으니 즉 가로되:

我耶和華卽爾之阿羅軒, 導爾出埃及, 脫爾於賤役者, 余而外, 不可別有阿羅軒. 毋雕偶像, 天上地下, 水中百物, 勿作偶像象之. 毋拜跪, 毋崇奉, 以我耶和華卽爾之阿羅軒, 斷不容以僞阿羅軒匹我. 惡我者禍之, 自父及子至三四世; 愛我守我誡者福之至千百世. 爾阿羅軒, 耶和華之名, 勿妄稱; 妄稱者, 罪無赦. 當以安息日爲聖日, 永誌勿忘. 六日間宜操作, 越至七日, 則耶和華爾阿羅軒之安息日也. 是日, 爾與子女, 僕婢, 牲畜, 及遠人主於爾家者, 皆勿操作, 蓋六日間, 耶和華造天地海萬物, 七日止, 故耶和華以安息日爲聖日, 而錫嘏[272]焉. 敬爾父母, 則可於耶和華爾阿羅軒所賜之地而享遐齡. 毋殺人, 毋行淫, 毋攘竊, 毋妄證, 毋貪人第宅, 妻室, 僕婢, 牛驢, 與凡屬於人者.[273]

나 여호와 즉 너의 阿羅軒(하나님)은, 너희들을 인도하여 이집트에서 구

---

[272] 「錫嘏」: '복지를 베풀다'의 의미이다. 「錫」은 「賜」와 통함. 《尙書·商書·仲虺之誥》: 「有夏昏德, 民墜塗炭, 天乃錫王勇智, 表正萬邦.(하나라가 있었으나 덕이 부족하여, 백성들이 도탄에 빠지므로, 하늘이 곧 왕에게 용기와 지혜를 주시어, 만방에 올바름을 나타내셨다.)」「嘏」, '복지(福祉)'. 《淸史稿·樂四》: 「萬國歡心仰紫宸, 皇天錫嘏懿純.(만국이 기쁜 마음으로 궁전을 우러렀고, 하늘이 완벽하고 순수하게 은혜를 베푸셨다.)」

[273] 이 단락의 經文은 「Delegates' Version」에서 인용했으며, 다만 「阿羅軒」이라는 말이 기독교에서 사용하는 「上帝(하나님)」혹은 「神」의 번역을 대체한다. 「阿羅軒」의 번역은 뒷 문장 본서 3권 51쪽 각주 479 참고.

하여, 노예에서 벗어나게 하였으니, 나 이외에, 다른 하나님은 있을 수 없도다. 우상을 조각하지 말라. 하늘 위와 땅 아래, 물속의 모든 사물을, 우상으로 만들어 모방하지 말라. 무릎 꿇어 인사하지 말고, 숭배하지 말며, 나는 여호와 즉 너의 하나님이니, 거짓 하나님으로 나에게 필적함을 절대로 용납하지 않노라. 나를 미워하는 자는 화를 입히리니, 아버지와 아들로부터 삼사 세에까지 이를 것이며; 나를 사랑하고 나의 훈계를 지키는 자는 천백 세에 이르기까지 복을 주리라. 너의 하나님, 여호와와의 이름을, 함부로 부르지 말라; 함부로 부르는 자는, 죄 사함을 얻지 못하리라. 안식일을 마땅히 거룩한 날로 삼고, 영원한 뜻을 잊지 말라. 엿새 동안은 마땅히 일을 하고, 일곱째 날로 넘어가면, 즉 여호와 네 하나님의 안식일이로다. 이날은, 너와 자녀, 남녀 종, 가축, 그리고 멀리서 와서 너의 집에 머무르는 자들, 모두 일하지 말라. 대저 엿새 동안, 여호와께서 천지와 바다 만물을 창조하셨고, 일곱째 날에 그치셨으니, 그리하여 여호와는 안식일을 거룩한 날로 삼으시고, 복을 베푸셨도다. 너의 부모님을 공경하면, 여호와 하나님께서 하사하신 땅에서 장수를 누리리라. 살인하지 말라. 음행하지 말라. 도적질하지 말라. 거짓 증언하지 말라. 남의 집, 아내, 남녀 종, 소와 당나귀 및 무릇 타인에 속한 것들을 탐내지 말라.

此十誡, 卽記在景古經出埃及記第二十章一至十七節之文是已.

이 열 가지 계명은, 경교의 구약 출애굽기 제20장 1절부터 17절까지의 문장에 기록되어 있다.

再觀其萬歲牌旁之希伯來文, 左書景古經申命記六章四節, 譯其文曰: 「以色列族聽之哉!以色列乃拂箖舉國十二族祖之父 爾之阿羅軒耶和華, 惟一而已.」右

書申命記十章十七節文曰: 「蓋爾之阿羅軒耶和華, 乃諸神之主, 萬王之王, 巨能可畏之阿羅軒, 不偏視人, 不受私獻.」

다시 그 만세패 옆의 히브리어를 보면, 좌측에 경교 구약 신명기 6장 4절이 쓰여 있으니, 그 문장을 번역하면: 「이스라엘 족속은 들거라!^{이스라엘}은 拂箖 전국 열두 족 조상의 아버지이다. 너의 하나님 여호와는, 유일하시다.」이다. 우측에는 신명기 10장 17절 문장이 가로되: 「무릇 너희의 하나님 여호와는, 모든 신 가운데 신이시며, 만왕의 왕이시니, 크고 능하시며 두려우신 하나님이시며, 사람을 편애하여 보지 않으시고, 사적인 뇌물을 받지 않으신다.」라 쓰여 있다.

索其經卷, 則仍用羊皮寫摩西五經. 更有先知馬拉基, 撒加利亞書, 叩其禮節, 則仍受割禮, 守踰越, 張幕等節. 其儀文詳著景古經出埃及記, 利未記二書之中, 禮繁不能備錄.

그 경권을 탐색해 보면, 즉 여전히 양가죽으로 모세오경을 썼다. 또한 선지서 말라기, 스가랴서가 있고, 머리를 땅에 대고 절하여 예절을 지키며, 여전히 할례를 받고, 유월절과 장막절 등을 지킨다. 그 의례문은 경교 구약인 출애굽기, 레위기 두 선지서에서 자세하게 묘사하고 있는데, 예절이 복잡하여 상세히 기록할 수가 없다.

凡通景古經之人, 遊至其寺, 觀其禮拜, 守節諸禮, 恍若猶太之匿於中國焉. 考其初來時, 尚在景尊臨世之前, 猶未知本國有彌施訶已經降臨之事. 其來不止一家, 俱由大秦, 波斯, 西域一路而來, 入籍中國二千年, 其文字經典, 教化禮俗, 班班可考. 足證今日之景經, 非泰西人所能臆造者, 誠以希伯來文, 普天之下, 除猶太人外, 無有用其文者, 蓋俱以繙繹而得之矣!

무릇 경교 구약에 능통한 사람이, 그 예배당에 가서, 그들의 예배를 보면, 여러 예절들을 지키는 모습이, 마치 유태인이 중국에 숨어 있는 듯하다. 그들이 처음 왔을 때를 고찰해 보면, 예수가 아직 세상에 임하기 전이었으니, 본국에 예수가 이미 강림한 일이 있었음을 아직 알지 못하였다. 그들이 온 것은 한 집안이 아니었고, 모두 大秦, 페르시아, 서역으로부터 한 루트로 와서는, 중국에 귀화한 지 2천 년이 되었으니, 그들 문자의 경전과 교화 예속 등은, 확실한 자료가 있어서 고증할 수가 있다. 오늘날의 경교 경전을 충분히 증명해 내는 일은, 서양인들이 억측하여 만들어 낼 수 있는 것이 아니니, 실로 히브리어로 되어 있는 것이라서, 천하에, 유태인을 제외하고는, 그 글을 쓸 수 있는 사람이 없으니, 모두가 번역하여 얻어 낸 것이다!

至豫省人何以稱爲挑筋敎, 則別有故. 按景古經創世記三十二章記以色列將有事於阿羅訶, 齋宿之夕, 神遊象外, 遇彌施訶未臨世之神, 遂苦纏乞恩, 神勉許之, 遂志得意滿; 神擊而警之, 傷其髀之巨筋. 故以色列之子孫, 凡牲畜髀之巨筋, 必剔去不忍食.[274] 故俗人不知底蘊, 妄以爲敎名耳.

---

[274] 「按景 … 忍食」, 성경 창세기 32장 「이스라엘」이 허벅지 힘줄을 맞은 일은 창세기 32장 22-32절 참고: 「밤에 일어나 두 아내와 두 여종과 열한 아들을 인도하여 얍복 나루를 건널새, 그들을 인도하여 시내를 건너가게 하며 그 소유도 건너가게 하고, 야곱은 홀로 남았더니, 어떤 사람이 날이 새도록 야곱과 씨름하다가 자기가 야곱을 이기지 못함을 보고, 그가 야곱의 허벅지 관절을 치매 야곱의 허벅지 관절이 그 사람과 씨름할 때에 어긋났더라. 그가 이르되: 『날이 새려 하니 나로 가게 하라!』 야곱이 이르되: 『당신이 내게 축복하지 아니하면 가게 하지 아니하겠나이다.』…. 그가 이르되: 『네 이름을 다시는 야곱이라 부를 것이 아니요, 이스라엘이라 부를 것이니; 이는 네가 하나님과 및 사람들과 겨루어 이겼음이니라.』 …그가 브니엘을 지날 때에 해가 돋았고, 그의 허벅다리로 말미암아 절었더라. 그 사람이 야곱의 허벅지 관절에 있는 둔부의 힘줄을 쳤으므로 이스라엘 사람들이 지금까지 허벅지 관절에 있는 둔부의 힘줄을 먹지 아니하더라」.

하남성 사람들이 어찌하여 도근교라고 칭하였는가에 대해서는, 달리 이유가 있다. 경교 구약 창세기 32장의 기록에 따르면 이스라엘은 阿羅訶에게서 장차 일이 있을 것이라 했는데, 재숙(齋宿)(*譯者註: 제사나 의식에 앞서 하루 먼저 재계하고 홀로 거처하며 경건함을 표함.)하는 밤에, 정신이 혼미해졌더니, 메시아 강림 이전의 신을 만났고, 마침내 고통에 휩싸여 은혜 베풀어 줄 것을 간구하였으니, 신이 가까스로 허락하여, 결국 만족함을 얻었다; 신이 그를 공격하여 경계하며, 허벅지의 큰 힘줄을 다치게 하였다. 그리하여 이스라엘의 자손들은, 무릇 가축의 넓적다리에 있는 큰 힘줄을, 반드시 제거하고 차마 먹을 수 없게 되었다. 그러므로 속인들은 속사정을 모르고서, 함부로 教名이라고 여기는 것이다.

조로아스터교 神의 원류에 대한 고찰(火祆考原)

稽波斯之古祖, 本與印度同源, 聚族而居於赤道北二十五度至四十五度, 經線自北京偏西五十四度至七十二度之間. 繁衍數百年, 當韋陀韋陀書名, 譯言智慧。未著竹帛之時, 分族而居於印度, 所有祖訓, 皆爲口授, 俗美風醇. 至黃, 農之世, 各著竹帛, 各尊之. 日入而息, 節其勤勞, 誰慰之? 善者, 心廣體胖, 永膺福祉, 誰賞之? 惡者, 憂戚枯槁, 永罹禍敗, 誰罰之? 我思維之, 其乃歐拉密之所爲乎!

페르시아의 옛 조상을 살펴보면, 본래 인도와 같은 뿌리로서, 적도 북위 25도에서 45도 사이에 그 족속들이 모여 살았고, 경위로는 베이징에서 서쪽으로 54도에서 72도 사이에 있었다. 수백 년 동안 번성하였으며, 韋陀(Veda)'韋陀'는 책 이름이며, 번역하면 '지혜'라는 뜻이다.가 아직 서적으로 저술되지 않앉을 때, 소규모 족속이 인도에 살았는데, 선조의 유훈을 가지고 있어서, 모두 입으로 전수해 주었고, 풍속이 아름답고 순수하였다. 황제 헌원씨와 염제 신농씨 때에 이르러, 각각 책을 저술하여, 숭앙하였다. 해가 저물면 쉬어, 부지런함을 절제하면, 누가 위로해 주는가? 선량한 자가, 마음이 넓고 몸이 넉넉하면, 영원히 행복을 얻게 되는데, 누가 그것을 칭찬해 주는가? 악한 자는, 근심하고 슬퍼하여 바싹 시들게 되며, 영원히 화를 당하는데, 누가 벌하여 주는가? 내가 그것을 생각해 보니, 그것은 곧 歐拉密(아후라 마즈다)가 하는 것이라!

其論善惡之源, 則以陰陽爲本, 謂自陽出者爲善, 自陰出者爲惡, 各有大神統之, 如部曹然. 陰陽二主, 直如兩君, 戰爭不息. 同一人也, 一則愛如子女, 一則嫉如仇敵. 二君各有六部大臣; 大臣各有小屬, 分司萬事. 神各有名, 事各有主. 善神之主, 名阿密帝; 惡神之主, 名阿施幻. 世間萬善皆由阿密帝發生, 萬惡皆阿施幻作俑. 及其究竟, 阿密帝之所作, 萬古長存; 阿施幻之所爲, 一敗塗地. 人之生也, 必殫竭心力, 務合阿密帝之神, 無爲阿施幻所害, 方可以超凡入聖, 免地獄而享天堂之福. 此祚阿樂士理學之大署, 玩其旨趣, 頗類易之卦爻, 又若宋儒之理欲, 獨理理欲欲, 皆以神鬼統之爲異耳.

그 선악의 근원을 논하자면, 陰과 陽을 근본으로 하는데, 陽에서 나온 것을 善이라 하고, 陰에서 나온 것을 惡이라 하며, 각각 큰 神께서 그것을 통치하시니, 마치 각부 사관(司官)의 모습과도 같다. 음과 양의 두 주인은, 두 군주처럼 대립하여, 전쟁이 끊이지 않는다. 같은 한 사람이라도, 하나는 자식처럼 사랑하고, 하나는 원수처럼 질시한다. 두 군주는 각각 여섯 부의 대신이 있는데; 대신은 각자의 작은 소속이 있어, 만사를 분담하여 관장한다. 神은 저마다 이름이 있고, 일은 각각 주인이 있다. 선한 神의 주인은, 이름이 阿密帝(스펜타 마이뉴)이고; 악한 신의 주인은, 이름이 阿施幻(앙그라 마이뉴)이다. 세상의 모든 선은 阿密帝에게서 발생하고, 모든 악은 阿施幻이 작용한다. 그 결말에 이르면, 阿密帝가 한 것은, 만고에 길이 남으며; 阿施幻의 소행은, 여지없이 패하여 다시 일어날 수 없는 지경에 이른다. 사람의 생애는, 반드시 심혈을 기울여야 하며, 阿密帝 신에게 힘써 맡기고, 阿施幻에 의하여 해가 됨이 없어야, 비로소 범속을 초월하여 거룩함으로 들어가, 지옥을 면하고 천국의 복을 누릴 수 있다. 이 조로아스터의 理學의 대략은, 그 취지를 감상해 보면, 주역(周易)의 점괘와 꽤 유사하며, 또한 송유(宋儒)에서 말하는 천리(天理)와 인욕(人欲)과도 같아서, 오로지 천리를 가지런히 하고 인욕을 바라니, 모두 귀신이 통치하는 것을 기이하게 여길 뿐이다.

及其後人數典忘祖, 漸以阿密帝爲歐拉密, 若中國之漸以天訓理者然. 又其後, 以日爲巨光之首, 衆陽之宗, 事太陽如古人事無形之歐拉密. 再其後, 直以火爲發光之原, 竟以火爲宗. 火祆者, 卽後世以諸異端混淆, 祚阿樂士之道之敎也. 東周以來, 世守其道, 雖與婆羅門[275]比鄰, 而祚阿樂士之所謂惡神者, 正婆羅門家所敬畏之神; 雖與佛弟子往來, 而彼則以爲非其敎之本旨; 雖與景敎往來, 而拜太陽, 事諸神之俗, 景古經早已嚴禁. 蓋震於祚阿樂士之名, 而不知注解諸家日離古道也久矣! 迨至李唐之世, 波斯爲回敎亞拉伯人所倂, 國人竟畏服回敎, 至今猶若是也. 而拜火之家尚有數萬, 常爲回敎人所窘, 蕩析離居者數矣!

---

275 「婆羅門」: '옛 천축국(天竺國)을 일컬으며, 「身毒國」 혹은 「摩伽陀國」이라고도 부른다. 《新唐書・天竺國》: 「天竺國, 漢身毒國也, 或曰摩伽陀, 曰婆羅門. (天竺國은 漢나라 때의 身毒國이며, 摩伽陀라고도 부르고, 婆羅門이라고도 한다.)」

그 후손들이 제도나 사적(事蹟)만을 열거하고 조상의 업적을 잊은 것을 언급하자면, 후에는 점차 阿密帝를 歐拉密(아후라 마즈다)로 삼았으니, 이는 중국이 점차 하늘의 교훈과 이치로 삼은 것과 같다. 또한 그 후에, 태양을 거대한 빛과 여러 陽의 으뜸으로 삼았고, 태양 섬기기를 옛사람들이 무형의 아후라 마즈다를 섬기는 것과 같이 하였다. 또 그 후에는, 바로 불을 빛의 원천으로 삼더니, 마침내는 불을 근본으로 삼았다. 火祆(조로아스터교 神)은, 즉 후세에 여러 이단들이 혼입되어, 조로아스터교의 가르침이 되었다. 東周 이래로, 대대로 그 道를 지켰으니, 바라문교(婆羅門教)와 가깝기는 했지만, 조로아스터의 이른바 惡神이라는 것은, 바로 바라문교가 가장 경외하는 신이니; 비록 불교와 왕래는 하였지만, 그들은 그 가르침의 본래 뜻이 아니라고 여겼으며; 비록 경교와 왕래도 있었지만, 태양을 섬기는 것과 여러 신들을 섬기는 풍속이 경교의 구약에서는 일찍부터 엄하게 금지되었다. 무릇 조로아스터라는 이름에 흔들렸고, 주해를 가하는 여러 학자들이 날로 옛 道에서 멀어지게 됨을 잊은 지 오래 되었도다! 李氏 唐朝 시대에 이르러, 페르시아는 회교 아라비아 사람들에게 병합되었는데, 나라 사람들이 마침내 회교를 두려워하였고, 지금에 와서도 이와 같다. 그러나 불을 숭배하는 사람들이 아직 수만 명이 있으니, 늘 회교도들이 곤혹스러워하고, 뿔뿔이 흩어져 떠나는 자들이 헤아릴 만하도다!

바라문교 원류에 대한 고찰(婆羅門考原)

考印度古祖肇基於羲, 農之世, 繁衍於恆河之間, 乃教化所自出之族也.

伊古以來, 世有哲人, 造文字, 傳家學. 始自唐虞, 成於殷商, 厥書名曰「四韋陀」,[276] 韋陀者, 譯言智慧也. 四者, 言韋陀有四大部也. 考韋陀之道, 皆從地腰司[277]說起, 地腰司譯曰神天. 其首曰「訓頌之韋陀」, 即神天之聖訓, 讚頌之宏辭也. 二曰「悔罪禱告之韋駝」, 乃古人對越自治之心法. 三曰「祭祀樂章之韋陀」. 四曰「祭義祭法之韋陀」.

인도의 옛 조상은 복희씨(伏羲氏), 신농씨(神農氏) 때에 기초를 닦았고, 갠지스강 사이에서 번성하였으니, 교화로 스스로 일어난 민족이었다. 고대 이래로, 세상에는 철인이 있었고, 문자를 만들어, 대대로 학문을 전하였다. 당요(唐堯)와 우순(虞舜) 때부터 시작하여, 은(殷)과 상(商)이 되었고, 그 책을 일러 「사위타(四韋陀)」라 하였으니, 위타(韋陀)(*譯者註: 산스크리트어 Veda의 음역.)는 번역하면 '지혜'라는 말이다. '四'라는 것은, Veda에 네 개의 큰 부분이 있다는 것이다. Veda의 道를 살펴보면, 모두가 디야우스(Dyaús)로부터 시작할 수 있는데, 디야우스는 천신(天神)이라고 번역한다. 그 첫째는 「교훈과 찬송의 Veda」(*譯者註: 리그베다.)라고 하는데, 하나님의 성스러운 교훈과 찬송의 웅장한 말들이다. 둘째는 「죄를 뉘우치고 기도하는 Veda」(*譯者註: 사마베다.)인데, 옛사람들의 스스로를 초월하는 心法이다. 셋째는 「제사 악장의 Veda」(*譯者註: 야주르베다.)라고 한다. 넷째는 「제사 의식과 제사 법식의 Veda」(*譯者註: 아타르바베다.)라고 부른다.

夏, 商以前, 無所謂婆羅門也. 遐稽往古, 印度絕無廟宇, 亦無偶像, 設

---

276 「四韋陀」: 현재 '吠陀(베다)本集'이라 부른다. 《梨俱吠陀(리그베다)》, 《娑摩吠陀(사마베다)》, 《夜柔吠陀(야주르베다)》, 《阿闥婆吠陀(아타르바베다)》가 있으며, 《梨俱吠陀(리그베다)》가 가장 중요한 부분이다.

277 「地腰司」: '디야우스(Dyaús)'. 吠陀(베다) 중의 하늘의 신'. 그 아내와 헤어질 때 세상이 생기는 것으로 묘사되었다.

壇宰牲祭天而外, 別無所事. 長子主祭, 未嘗有祭司族也. 有商之世, 民類
漸分, 祭司輩出, 事神講道. 傳韋陀者, 疏韋陀者日多, 而婆羅門興焉. 婆
羅門者, 譯言登道岸也.

夏, 商 이전에는, '바라문'이라는 말이 없었다. 먼 옛날을 고찰해 보면,
인도에는 사원이 전혀 없었고, 우상 또한 없었으며, 단을 세우고 가축을
잡아 하늘에 제사를 지내는 것 외에는, 별도로 행한 일이 없었다. 장자가
제사를 주관하였으니, 아직 사제의 무리가 없었다. 商나라 때에 이르러,
백성들이 점차 나뉘고, 사제가 배출되면서, 神을 섬기고 道를 설파하였
다. Veda를 전하는 자와 주해(注解)하는 자가 날로 많아지면서, 바라문교
가 흥하게 되었다. '바라문'이라는 것은, 번역하면 '道의 피안에 오르다'라
는 뜻이다.

自婆羅門興, 而韋陀之書日多. 論神道, 則有曰「花羅尼」者, 謂天印度
也. 曰「彌達立」, 謂日印度也. 曰「仁達立」, 謂晝印度也. 更有風神, 火神,
海神, 湖神之類.

바라문교가 흥기한 이래로, 베다의 서적들이 날로 많아졌다. 神들을
논하자면, 「花羅尼(Varuna)」라는 신이 있으니 '하늘을 주관함'을 말하는
것이다. 「彌達立(Mitra)」이라 하는 신은, '날을 주관한다'는 의미이다. 「仁
達立(Indra)」이라는 것은, '낮을 주관함'을 말함이다. 또한 바람의 신, 불의
신, 바다의 신, 호수의 신 등이 있다.

論造化之道, 又與古韋陀異, 謂太初之時, 有神曰「波綿」[278]者, 實爲無

---

278 「波綿」: 현재 「原人」(Purusha)이라 부르는데, 유명한 시편 「原人歌」는 그것이 네 계급
이 있는 인류와 대지의 만물로 변화하는 것을 묘사하고 있다.

始, 無終, 無限, 無量之神, 分精化氣, 布成天地萬物. 一讚生動物, 令巴牙
巴諦爲之宰. 三讚生婆羅門, 巴馬南諦爲之宰. 五讚山川河海顯露, 巴納
諦爲之宰. 七讚生聖賢, 大諦爲之宰. 九讚生人祖, 阿地諦爲之宰. 十一讚
生四季, 阿達瓦爲之宰. 十三讚生月, 年爲之宰. 十五讚生刹帝力人, 仁達
爲之宰. 十七讚生家禽, 必喝爲之宰. 十九讚生吠奢人, 戍駝羅人, 晝夜爲
之宰. 廿一讚生騾馬, 類阿六那爲之宰. 廿三讚生飛蟲, 令步山爲之宰. 廿
五讚生野禽野獸, 華如爲之宰. 廿七讚生三統, 華蘇多諦多裁三位爲之宰.
廿九讚生草木, 書墨爲之宰. 卅一讚生駁雜, 上下旬爲之宰. 卅三讚生平
安, 得所巴拉摩醯帝仁爲之宰.

　　창조의 道를 논하자면, 또한 고대의 베다와는 다르니, 태초의 때에,
「波綿(Purusha)」이라 부르는 신이 있었는데, 실로 시작도 없고 끝도 없이
무한하며 헤아릴 수 없는 무량(無量)의 신이었으니, 정기를 나누어 氣로
만들고, 흩뿌리어 천지 만물을 이루었다. 첫 번째로 동물을 낳음을 찬미
하고, 파아파체(巴牙巴諦)로 하여금 주재하게 하였다. 세 번째는 바라문을
낳음을 찬미하고, 파마남체(巴馬南諦)가 주재하였다. 다섯 번째는 산천과
강과 바다가 드러남을 찬미하고, 파납체(巴納諦)가 주재하였다. 일곱 번째
는 성현을 낳음을 찬미하고, 대체(大諦)가 주재하였다. 아홉 번째는 인간
의 조상을 낳음을 찬미하고, 아지체(阿地諦)가 주재하였다. 열한 번째는
사계절을 낳음을 찬미하고, 아달와(阿達瓦)가 주재하였다. 열세 번째는 달
(月)을 낳음을 찬미하고, 해(年)가 주재하였다. 열다섯 번째는 크샤트리아
(Kshatriya)를 낳음을 찬미하고, 인달(仁達)이 주재하였다. 열일곱 번째는
가축을 낳음을 찬미하고, 필갈(必喝)이 주재하였다. 열아홉 번째는 바이
샤(Vaiśya)와 수드라(Śūdra)를 낳음을 찬미하고, 낮과 밤이 주재하였다. 스
물한 번째는 노새와 말을 낳음을 찬미하고, 류아육나(類阿六那)가 주재하

였다. 스물세 번째는 새와 곤충을 낳음을 찬미하고, 보산(步山)으로 하여금 주재하게 하였다. 스물다섯 번째는 들짐승을 낳음을 찬미하고, 화여(華如)가 주재하였다. 스물일곱 번째는 하늘, 땅, 사람의 三統을 낳음을 찬미하고, 화소, 다체, 다아(華蘇, 多諦, 多我) 세 분이 주재하였다. 스물아홉 번째는 초목을 낳음을 찬미하고, 서묵(書墨)이 주재하였다. 서른한 번째는 박잡함을 낳음을 찬미하고, 상하순(上下旬)이 주재하였다. 서른세 번째는 평안을 낳음을 찬미하고, 득소파랍마혜제인(得所巴拉摩醯帝仁)이 주재하였다.

　婆羅門之論人類也. 以婆羅門爲從波綿頭上生出, 故世主教化祭祀, 尊貴非常. 以剎帝力爲從波綿肩膊所生, 故世主國政, 或君或臣, 皆爲二等人矣! 以吠奢爲波綿大股生出, 故世主商賈百工之事, 是乃三等人也. 以戍馱羅爲從波綿脚下生出, 故以耕耘服役勞苦爲事, 則爲四等人矣! 之四類者, 對面吳越, 畛域嚴分, 慶弔不通, 婚姻不結, 微特以士, 農, 工, 商四途爲別也.

　바라문(브라만)교는 사람의 종류를 논하고 있다. 브라만(Brahman)은 푸루샤(Purusha)의 머리에서 태어났으니, 그리하여 대대로 교화하고 제사하는 일을 주관한다. 크샤트리아(Kshatriya)는 푸루샤의 어깨에서 낳은 것으로, 대대로 국정을 주관하니, 군주이든 신하이든, 모두 두 번째 등급이다! 바이샤(Vaiśya)는 푸루샤의 허벅지에서 생겨났고, 대대로 상업과 기술직을 담당하며, 세 번째 등급이다. 수드라(Śūdra)는 푸루샤의 두 발로부터 태어났기 때문에, 밭을 갈고 김을 매며 다양한 천업에 종사하는데, 네번째 등급의 사람이다! 그 네 가지 유형은, 吳나라와 越나라처럼 대적하여, 경계가 엄격히 나누어지며, 경사와 애사에 서로 교통하지 않고, 혼인을 맺지도 못하니, 단지 사·농·공·상(士農工商)의 네 가지 길로만 구별

된다.

婆羅門未興之前, 印度古風男女一體, 其後日漸偏視重男輕女. 丈夫死,
妻當爲之殉節, 翁姑子女皆爲緩圖.[279] 自傳韋駝之家, 有波綿之說, 而輪
廻之道亦興.

바라문교가 흥하기 전에, 인도의 옛 풍속은 남녀를 동일한 몸체로 보
았으나, 그 후로 나날이 남자를 중시하고 여자를 경시하였다. 남편이 죽
으면, 아내는 마땅히 정절을 지켜 죽어야 했고, 시부모와 자녀는 모두 천
천히 일을 도모해야 한다. 스스로 Veda를 전하는 가문에는, 푸루샤의 설
이 있지만, 윤회의 길도 또한 흥하다.

婆羅門之巨典有曰《馬弩律例》者, 爲古書之傑出, 已及輪廻之道. 其書
首論地腰司化成天地萬物, 次論國家教育人才, 三論人類婚配當分種類,
四論倫常之理, 五論服食起居喪制之節, 六論道士修行之淸操, 七論政事
之綱紀, 八論君使臣, 臣事君之道, 九論明刑弼教, 十論苦修贖罪之課程,
十一論出輪廻, 超死生之術. 所謂馬弩者, 譯言體道之謂, 故印度人以馬弩
爲名者衆矣! 考其道尚近古韋駝, 然雜波綿之說者, 亦已不少.

바라문의 법전에는 《마누법전》이라고 불리는 것이 있는데, 걸출한 古
書로서, 이미 윤회의 道를 언급하였다. 그 책은 처음에 디야우스(Dyaús)
가 천지 만물로 변화하는 것을 논하였고, 둘째는 국가의 교육 인재를 논
하였으며, 셋째는 사람의 종류별 등급에 따라 혼인함을 언급하였고, 넷

---

279 남편을 화장하는 불 속으로 처가 투신 순사하는 힌두교의 관행을 '薩蒂(Sati)'라 하며,
보통 친구의 압력하에 과부는 반드시 남편과 함께 불에 타거나 묻히게 되는데, 현재
이미 법률로 명확히 금지되어 있다.

째는 사람이 지켜야 할 도리를 논하였으며, 다섯째는 복식과 일상생활 그리고 상제(喪制)의 예절을 논하였고, 여섯째는 도사의 수행에 청렴한 정조를 말하였으며, 일곱째는 정사(政事)의 기강을 논하였고, 여덟째는 군주가 신하를 부리는 것과 신하가 군주를 섬기는 道를 언급하였으며, 아홉째는 법을 가르치고 알게 하는 것을 논하였고, 열 번째는 고행과 속죄의 과정을 논하였으며, 열한 번째는 윤회를 벗어나고 생사를 초월하는 비술(祕術)을 논하였다. 이른바 '마누'라는 것은, 번역하면 '바른 길을 몸소 행한다'는 의미이기 때문에, 인도인들은 이 '마누'를 이름으로 하는 사람이 매우 많다! 그 道를 살펴보면, 아직 옛 Veda에 가깝기는 하지만, 잡다한 푸루샤의 설도, 또한 이미 적지 않다.

周初, 婆羅門分爲兩大支: 一名山支訶, 一名月各. 山支訶之祖, 名各必力, 其道雖原於韋陀, 然去創造之理, 直以天地萬物爲自然而有. 故其道皆具相生之理, 謂太初之時, 先有根本, 續生靈明, 靈明生知覺, 知覺生五行, 五官, 五體, 心思主宰, 心思主宰生靈魂, 靈魂是奧妙之物, 常生不死, 無論落在何等形模, 卽合該形模之用, 不論何種生物, 總無窒礙. 而五行則與中國不同, 一曰淸氣, 二曰濁氣, 三曰火, 四曰水, 五曰土. 凡靈魂與體質合而生萬物, 萬物者, 無論飛潛, 動植, 金石, 鬼神皆是. 惟人本具八樣才能, 一曰鎭靜, 二曰堅強, 三曰超妙, 四曰聰明, 五曰達權, 六曰變化, 七曰曲成, 八曰起滅. 但旣入軀殼, 則必竭盡智力, 方能超出三界. 不然, 必入輪廻, 難免生, 老, 病, 死之苦.

周나라 초기에, 바라문은 양대 지류로 나뉘어졌다: 하나는 '상키야'이고, 또 하나는 '요가(瑜伽)'이다. 상키야의 시조는 이름이 '가비라(Kapila)'이며, 그 道는 비록 베다에서 기원되었지만, 창조의 이론과는 떨어져 있어서, 천지 만물은 바로 자연적으로 있는 것이라 하였다. 따라서 그 道는 모두 상생의 이치를 가지고 있어서, 태초에 먼저 근본이 있었고, 뒤이어 신령이 생겨났으며, 신령이 지각을 낳고, 지각이 오행, 오관, 오체, 마음을 낳아 주재하였으며, 마음은 영혼을 낳고 지배하며, 영혼은 오묘한 것으로서, 항상 살아 죽지 않고, 어떠한 형태로 떨어지든지 간에, 그 형태의 사용에 부합되며, 어떠한 생물을 막론하고, 늘 방해가 없는 것이다. 그러나 五行은 중국과 달라서, 하나는 맑은 기운, 둘째는 탁한 기운, 셋째는 불, 넷째는 물, 다섯째는 흙이라 한다. 무릇 영혼과 형체가 합쳐져서 만물을 낳는데, 만물이라는 것은 새와 물고기, 동물과 식물, 쇠붙이와 돌, 귀신을 막론하고 모두 이러하다. 오로지 사람만이 본래 여덟 가지 재능을 가지고 있는데, 하나는 평정함, 둘은 강인함, 셋은 고결함, 넷은 총명함, 다섯은 권세에 도달함, 여섯은 변화, 일곱은 전심 전력을 다함, 여덟은 생겨남과 없어짐이다. 그러나 육체에 이미 들어가면, 반드시 지력(智力)을 다해야만, 비로소 삼계(三界)를 넘을 수 있다. 그렇지 않으면, 반드시 윤회에 들어가서, 생 · 로 · 병 · 사의 고통을 피하기가 어렵다.

月各派之祖, 名巴但罩力, 與各必力同時, 見山支訶一門論天地萬物自然而生, 並無主宰, 意大不然, 謂天地之間形形色色, 皆有造化之主爲之創始, 尊造化之主曰阿盧譯, 卽三位一體, 至尊至榮之意. 三位者, 天印度, 日印度, 晝印度是也. 論人之心性, 則有八病, 八治之道. 何謂八病? 曰嗜慾, 曰偏僻, 曰魯鈍, 曰自滿, 曰苟且, 曰嗔恨, 曰幻想, 曰怠倦. 何謂八治? 曰忍耐, 曰莊敬, 曰鎭靜, 曰養氣, 曰恬退, 曰忘情, 曰思道, 曰抑躁. 執八治以馭八病, 而下手工夫, 第一級, 不害物, 不貪圖, 不奸婬, 不盜竊, 不誑語. 第二級, 知足安貧, 淸心寡欲, 讀書明道, 磨煉身軀. 第三級則爲坐功, 四體呼吸皆有理法, 調攝久之, 則軀殼聽命, 爲吾心之所欲爲. 此巴但罩力

道學之大畧也.

　요가 학파의 시조는, '파탄잘리'라 하며, 가비라(Kapila)와 동 시기에, 상키야 학파의 '천지 만물은 자연적으로 생겨나 주재자가 없다'는 말을 보고서, 뜻을 크게 달리하여 말하기를, 천지 간은 형형색색이, 모두 창조의 주인이 창시한 것이라고 하였고, 창조의 주를 존숭하여 阿盧(Elohim / אליה)라고 번역하였으니, 즉 삼위일체, '지극한 존귀'와 '지극한 영광'의 의미이다. 삼위란, '하늘을 주관함', '날을 주관함', '낮을 주관함'을 말하는 것이다. 사람의 심성을 논하자면, 여덟 가지의 병과 여덟 가지 치료의 법이 있다. 무엇을 '八病'이라고 하는가? '탐욕, 궁벽함, 우둔함, 자만, 구차함, 분노, 환상, 게으름'이다. 무엇을 '八治'라고 하는가? '인내, 정중함, 평정함, 품덕 수양, 깨끗이 물러남, 감정 억제, 道를 생각함, 조급함을 억누름'을 말한다. 八治를 견지하여 八病을 다스리기 때문에, 시작하여 공을 들이는데, 첫 번째 단계는, 사물을 해치지 않고, 탐내지 않으며, 간음하지 않고, 도적질하지 않으며, 거짓말을 하지 않는 것이다. 두 번째 단계는, 안빈 지족하며, 맑은 마음으로 욕심을 줄이고, 독서로 道를 이해하고, 몸을 단련하는 것이다. 세 번째 단계는 즉 좌선하는 것으로서, 사지로 호흡함에 모두 이치에 맞도록 하고, 그것을 오래도록 섭취하면, 몸이 곧 명령에 따르게 되니, 내 마음속에 하고 싶은 대로 하는 것이다. 이것이 파탄잘리 道學의 대략인 것이다.

　波綿, 山支詞, 月各三派, 皆淵源於韋馱, 然歷夏, 商, 周, 不過三代, 而異端之說, 層出不窮, 則以好論鬼神之過, 去古韋陀敬天之道遠矣! 去古雖遠, 且中梗於佛, 道, 回回, 然至今猶鼎足而立於印度之間, 則以其淵源久遠故耳.

푸루샤, 상키야, 요가 세 파는, 모두 韋馱(Skanda)에서 기원한 것이지만, 그러나 夏, 商, 周 3대를 지나지 않아, 이단 지파들이 끊임없이 출현하면서, 귀신 논쟁을 즐겨 했던 잘못으로, 고대 베다의 敬天의 道에서 멀어져 버렸다! 비록 옛것으로부터 멀어졌고, 또한 도중에 불교, 도교, 회교에 가로막혔지만, 지금까지도 인도에서 여전히 정립할 수 있는 것은, 그 연원이 오래된 까닭이다.

詳考婆羅門之道, 無異宋儒太極[280]理氣[281]之說, 其有所異者, 則婆羅門無物不可以爲神, 無神不可以爲物, 故天下偶像之多, 未有甚於印度婆羅

---

[280] 「太極」: '천지가 혼돈하여 불분명할 때'를 지칭한다. 宋儒 周敦頤(1017-1073)의 저작으로《太極圖說》이 있다. 그 내용은 주로 우주의 생성을 상세히 해석하고 있는데, 無極에서 太極으로 陰陽이 생기고, 陰陽이 변화하여 五行이 생기며 만물을 기른다는 것이다.《太極圖說》:「無極而太極. 太極動而生陽; 動極而靜, 靜而生陰 … 分陰分陽, 兩儀立焉. 陽變陰合, 而生水火木金土. 五氣順布, 四時行焉.(無極이고 太極이다. 太極이 動하여 陽을 생성하고; 動이 極하면 靜하나니, 靜하여 陰이 생성된다 … 陰으로 갈리고 陽으로 갈리니, 양 儀가 맞서게 된다. 陽이 변하고 陰이 합하여, 水·火·木·金·土를 생성한다. 다섯 가지 기운이 순차적으로 펴지어, 여기에 四時가 운행하게 된다.) 周敦頤 著, 朱熹 注,《太極圖說》(臺北: 廣學社, 1975年) 참고.

[281] 「理氣」: '理'는 '복잡하게 얽혀진 사물의 條理'를 지칭하는 것이고, '氣'는 즉 '극히 미세하여 말로 설명하기 어려운 物質'을 말한다. [宋] 張載(1020-1077)는 《正蒙·太和篇第一》에서 「太虛即氣」를 말하고 있는바:「知虛空即氣, 則有無, 隱顯, 神化, 性命通一無二(虛空이 곧 '氣'인 줄 알면, 有와 無, 은밀함과 드러남, 神과 化, 性과 命은 하나로서, 둘이 아님을 알게 된다)」. [宋] 黎靖德의《朱子語類·卷一·太極天地上》에는 宋代 理學의 집대성자인 朱熹(1130-1200)의 말이 기록되어 있다.「天下未有無理之氣, 亦未有無氣之理…. 或問:『必有是理, 然後有是氣, 如何?』曰:『此本無先後之可言. 然必欲推其所從來, 則須說先有是理. 然理又非別爲一物, 即存乎是氣之中; 無是氣, 則是理亦無掛搭處. 氣則爲金木水火, 理則爲仁義禮智.』(천하에 理 없는 氣는 없고…. 어떤 이가 묻기를:『반드시 '理'가 있어야 그런 연후에 '氣'가 있다는 것이 무엇입니까?』가로되:『이는 본래 선후를 말할 수 없는 것이다. 그러나 반드시 그 '氣'의 유래를 미루어 말하면, 먼저 이 '理'가 있다고 말해야 할 것이다. 그러나 '理' 또한 별개의 一物이 아니며, 곧 '氣'가 그 가운데에 존재하는 것이다. 이 '氣'가 없으면 '理' 또한 실릴 수 없는 것이니, '氣'는 '金·木·水·火'이며, '理'는 '仁·義·禮·智'이다.』)」 또 「如陰陽五行錯綜不失條緖, 便是理(가령 음양과 오행이 어지럽게 뒤섞여 있으면서도 그 질서를 잃지 않는 것이 곧 '理'이다)」라 말했다.

門者, 而壞人心術之速, 敗壞風俗之烈, 亦未有甚於崇拜主宰, 禽獸, 昆蟲,
兇煞之神者.

바라문교의 道를 자세히 살펴보면, 宋나라 유학자들의 태극의 理氣說
과 다름이 없는데, 다른 점이 있다면, 바라문에는 신이 될 수 없는 사물
이 없고, 사물이 될 수 없는 신이 없으니, 그러므로 천하에 우상이 많음
이, 인도의 바라문보다 심한 것이 없다. 그러나 나쁜 사람들의 신속한 계
략과, 풍속을 해치는 맹렬함이라도, 또한 주재자, 짐승, 곤충, 흉악한 귀
신을 숭배하는 것보다 심하지는 않다.

석가모니 고찰(釋迦牟尼考)

當中國東周之際, 印度列國之時, 北印度內巴之地有王子生, 姓釋迦, 名
文^{或曰迦牟尼}, 刹帝力人, 瞿曇族也, 是爲佛教之始祖.[282] 考其生年, 言人人
殊, 奉佛諸國, 有以爲周莊王時人者, 有以爲昭王, 襄王時人者, 年代相去
甚遠, 莫可紀其詳實, 姑闕而不論.

중국 東周 시기, 인도 열국의 때에, 북인도 네팔 땅에서 왕자가 태어났
으니, 성이 釋迦이고, 이름이 文^{또는} ^{迦牟尼}이라 불렸으며, 크샤트리아
(Kshatriya)로서, 구담(Gautama)족이니, 이가 바로 불교의 시조인 것이다.
그의 생년을 살펴보면, 말하는 사람마다 다르니, 부처를 섬기는 여러 나
라들 중, 周 莊王 때의 사람이라고 여기는 이가 있고, 昭王, 襄王 때의 사

---

282 「姓釋迦 … 之始祖」: 현재 학계가 공인하는 석가모니의 이름은 悉達多 · 喬達摩(싯달
타 · 고타마)이며, 「喬達摩(Gautama)」는 또한 「瞿曇」으로 번역하여 쓰기도 한다. 「釋
迦」는 그 族名이고, 「牟尼」는 수행자에 대한 존칭이다. 「刹帝力(크샤트리아)」은 그 카
스트 계급을 말한다.

람이라고 하는 이도 있으니, 연대가 매우 멀기 때문에, 그 상세한 사실을 기록할 수 있는 이가 없어, 잠시 여지를 두고 논하지 않겠다.

釋迦文生七日而母卒, 王命其母之女弟育之. 及長, 嚴守婆羅門教規, 聰明好學, 愛靜惡囂, 常於綠陰深處, 恭默思道. 其父見其終日夢夢不悅, 爲娶隣國之女, 名勾巴者, 德容俱備, 琴瑟甚敦, 然終不以靜好之緣, 稍易其淸淨之心.

釋迦文은 생후 7일 만에 모친이 돌아가셨으므로, 왕이 모친의 여동생에게 그를 키우라고 명령하였다. 장성하여, 바라문교의 규율을 엄수하였으며, 총명하여 배우기를 좋아하였고, 고요함을 좋아하고 소란을 싫어하였으니, 늘 나무 그늘 밑 깊은 곳에서, 삼가 정숙하게 道를 사색하였다. 그의 아버지는 그가 종일토록 얼이 빠진 모양으로 우울해 하는 모습을 보고는, 이웃 나라의 딸을 그의 아내로 맞이하였으니, 이름이 勾巴라는 여자로, 품덕과 용모를 모두 갖추어, 금슬이 매우 돈독하였지만, 그러나 결국 좋은 인연으로써, 그 청정한 마음을 바꾸지는 못하였다.

年十九, 遊於四門, 見生, 老, 病, 死之苦, 發大慈悲, 思解脫, 瞥見一人, 沿門托鉢, 氣體豐舒, 問其御曰:「彼何爲者?」曰:「此修士也.」充然自得, 饑寒不足以累之. 釋迦文頓悟, 決計棄家, 作寒士, 訪道, 思必得所以度萬民之苦厄者. 歸告老父, 闔人弗之許, 反禁之, 一夕, 突起出宮, 乘車北去, 馳驅絕力. 比及天明, 抵雙樹下, 遣御旋歸, 持手釧指環以爲信. 乃作寒士, 派訪名師, 遇賢者數人, 盡有其學, 仍以爲未足, 遂偕五人, 隱於僻靜去處, 爲人跡所不到者, 究竭韋駄, 思所以自度, 度他之術, 惡衣粗食, 禁口持齋者六年. 私欲仍未淨盡, 乃去而之他, 五人亦別去. 久之, 恍若有神告以救

世之術, 大覺, 曰:「得之矣!」遂易名爲佛. 佛者, 照徹之謂, 謂照通萬象, 心地光明之謂也. 於是決意以斯道覺世人. 返伯拏城, 隣國之境也, 此地原是文人淵藪, 乃傳道焉.[283] 先度前偕五人而證道果, 一阿湿婆, 二跋提, 三摩訶, 四憍陳如, 五十力迦葉. 繼而信之者愈衆, 國主必沙喇延之, 至拉各力京城傳道, 信者益衆, 得高弟子不少. 旋以世子弑父, 佛亟去之, 之北鄙, 有巨賈捨高樓, 爲佛與諸弟子食宿講道之所. 續徙勾沙拉國, 沙法底京都數年, 其國君亦受業於門, 如是者十二年. 歸宗國省父, 衆見其道非常, 妻與姨母首信之, 舍富貴而入清淨法門. 其後刹帝力人多信之, 再返拉各力, 其王當國人之前, 痛悔認罪, 皈依佛法. 佛週遊印度列國傳道, 從之者常百數十人. 五十年來, 未嘗少懈一日, 力乏不能復行, 仍止於前離俗時所止之雙樹下, 氣絕而終, 得年七十九歲.

　열아홉 살이 되어, 四門(*譯者註: 불경에는 석가모니 浄飯王 태자가 네 문을 나서 天帝의 감화를 받아 출가하여 도를 닦았다는 전설이 있음.)을 돌다가, 생로병사(生老病死)의 고통을 보고는, 큰 자비심이 발하였고, 해탈에 대하여 생각하고 있었는데, 한 사람을 언뜻 보니, 문을 끼고서 걸식을 하는지라. 심신이 풍족하고 여유가 있었으니, 그 시종에게 물었다:「저 사람은 무엇을 하는 사람인가?」가로되:「이곳의 수도사입니다.」만족한 모습으로 스스로 얻고 있으니, 굶주림과 추위가 그를 지치게 하지 못하는 듯하였다. 釋迦文이 문득 깨닫고는, 집을 버리고, 가난한 선비가 되어, 진리를 찾으면, 모든 백성의 고통을 구제할 수 있는 법을 얻으리라 생각하고 결심하였다. 돌아가 늙으신 아버지께 이별을 고하니, 아내가 허락지 않고, 반대하였는데, 어느 날 저녁, 돌연 일어나 궁을 나와, 수레를 타고 북쪽을 향하여, 전력으로 내달렸다.

283　일반적으로 붓다가 법륜을 처음으로 옮긴 곳은 현재 인도 경내 동북방 바라나시(伯拏勒斯라고도 함)城 부근에 있는 것으로 알려져 있으며, 현재는「鹿野苑」이라는 불교 성지로도 불린다.

날이 밝을 때에 이르러, 한 쌍의 나무 밑에 도착하였고, 시종을 돌려보내며, 차고 있던 팔찌와 반지를 주며 전하는 말을 남겼다. 곧 가난한 선비가 되어, 유파별로 유명한 스승을 방문하여, 현자 여러 사람을 만났는데, 그 학문이 다 갖추어져 있어도, 여전히 부족하다 여겼으니, 결국 다섯 명과 함께, 조용한 곳에 은신하였고, 인적이 닿지 않는 곳에서, 베다(Veda)를 힘껏 궁구하여, 자신과 타인을 제도하는 방법을 생각하였으며, 조악한 옷을 입고 거친 밥을 먹으면서, 6년 간 묵언(默言)으로 정진결재(精進潔齋)하였다. 사욕이 여전히 다 깨끗해지지 않으니, 곧 거기를 떠나 다른 곳으로 갔고, 다섯 사람 또한 이별하여 떠나가 버렸다. 오랫동안, 마치 神이 세상을 구원할 방법을 알려 주시는 것 같았는데, 크게 깨달아, 말하였다:「얻었노라!」그리고 이내 이름을 '부처'로 바꾸었다. 부처란, '광명을 어둠에 두루 비추게 한다'는 의미이니, 만상을 철저히 비추어, 마음이 밝아짐을 이르는 것이다. 그리하여 이 道로써 세상 사람들을 깨우치기로 결심하였다. 바라나성으로 돌아왔으니, 이웃 나라의 경계로서, 이곳은 본래 문인들이 많이 모이는 곳이니, 거기서 道를 전하였다. 앞서 제도(濟度)하기 전에 함께 했던 다섯 比丘가 道의 성과를 증명하였으니, 왑빠(阿溼婆), 밧디야(跋提), 마하나마(摩訶), 꼰단냐(憍陳如), 다사발라(十力迦葉)였다. 뒤이어 믿는 자가 더욱 많아졌고, 국왕 빔비사라(必沙喇)가 그를 초빙하였으니, 라자그리하(Rajagrha)城에 이르러 道를 전하였고, 믿는 자들이 더욱 많아졌으니, 수준 높은 제자들을 많이 얻었다. 오래지 않아 세자(世子)가 부친을 시해하였기에, 부처가 시급히 거기를 떠나, 북쪽 변방으로 갔는데, 거상(巨商)의 높은 가옥이 있었으니, 부처와 여러 제자들이 숙식하며 설교하는 곳이 되었다. 뒤이어 코살라(勾沙拉) 왕국으로 이주하였고, 슈라바스티(沙法底) 수도에서 수년 동안, 그 국왕도 그의 문하에서 수학하였으니, 이와 같이 한 것이 12년이었다. 고국으로 돌아와 부친을 찾아뵈었고,

무리가 그의 道의 비상함을 보고는, 아내와 이모가 먼저 그를 믿어서, 부귀를 버리고 청정한 법문(法門)으로 들어갔다. 그 후 크샤트리아(Kshatriya) 사람들이 많이 믿었으니, 다시 라자그리하(Rajagrha)로 돌아왔는데, 국왕이 사람들 앞에서, 통회하며 죄를 뉘우치고는, 불법에 귀의하였다. 부처가 인도 열국을 주유하며 설법하였으니, 그를 따르는 사람들이 항상 수백 명에 이르렀다. 50여 년 동안, 하루도 게을리하지 않았는데, 종국에 힘이 부족하여 다시 움직일 수 없게 되자, 여전히 이전에 속세를 떠났을 때의 두 나무 아래에 머물렀고, 숨이 끊어져 생을 마감하였으니, 나이가 일흔아홉 살이었다.

考佛生平立心制行, 慈祥愷惻,[284] 悲天憫人, 誠爲當代聖哲. 言足以顧行, 行足以顧言, 非如諸弟子之僞經, 記天上地下, 惟我獨尊之矯誣也. 若考其道, 則必自婆羅門始, 考其同, 辨其異, 方可免諸弟子之僞經蒙混. 當釋迦牟尼生時, 婆羅門早分三教, 佛己詳究三教之典籍師承, 仍未愜意. 迨悟道時, 別有會心, 故所傳之道, 常與婆羅門齟齬.

부처의 생평 및 도덕 규범의 수립을 결심한 내용을 살펴보면, 그 마음이 자상하고 측은하며, 세상을 비탄하고 백성의 질고를 긍휼히 여겼으니, 실로 당대의 성현이 되었다. 말을 함에 행동을 충분히 고려하였고, 행동함에 말한 바를 충분히 실행하였으며, 마치 뭇 제자들이 위경(僞經)에 기술하듯, 천상천하 유아독존이라 주장하는 기만을 범하지 않았다. 그의 道를 고찰해 보려면, 반드시 바라문교로부터 시작하여, 그 공통점을 고찰하고, 그 차이점을 판별해야만, 비로소 뭇 제자들의 위경의 허구를 면할 수 있다. 석가모니가 태어났을 때, 바라문은 일찍이 세 종파로

---

284 「愷惻」: '온화 선량하고 불쌍히 여기다'의 의미이다.

나뉘어져 있었고, 부처는 이미 세 종파 전적의 전승을 상세히 연구해 보았지만, 여전히 만족스럽지는 못했다. 도를 깨달았을 때에, 달리 이해한 바가 있었으므로, 따라서 그가 전하는 道는, 항상 바라문의 주장과 맞지 않았다.

韋駄四書, 無論先聖所作, 後人所續, 婆羅門人皆以爲神天訓示之書. 佛不肯盡信, 謂其文理諸多矛盾. 婆羅門謂人是四類, 佛法平等, 無有高下. 婆羅門祭祀獻如許禮物; 佛謂無庸, 但悔罪禱告足矣! 婆羅門謂上下人等, 惟予命是聽; 佛謂人當斟酌, 擇其善者從, 其不善者改.

베다 四書는, 옛 성인들이 만들었든, 후손들이 뒤를 이었든 간에, 바라문 사람들은 모두 천신께서 훈시하신 책이라고 여겼다. 부처는 이를 다 믿으려 하지 않았고, 그 문리(文理)에 많은 모순이 존재한다고 주장하였다. 바라문에서는 사람이 네 부류라고 하였지만, 佛法에서는 모두 평등하므로, 지위의 고하가 없다고 말하였다. 바라문의 사제들은 꽤 많은 예물을 바쳤었는데; 부처는 그럴 필요가 없다고 하였으며, 죄를 뉘우치고 기도하는 것으로 충분하다고 했다! 바라문은 사람에게 상하의 등급이 있으며, 오로지 내가 명하면 이것을 들어서 절대 복종해야 한다고 말했는데; 부처는 사람이란 어떤 일을 마땅히 헤아려서, 그 선한 것을 선택하여 따르고, 선하지 못한 것은 고쳐야 한다고 말했다.

又謂婆羅門如蛛網, 自居其中坐鎭, 將百姓細縛, 不得自由. 婆羅門謂天地萬物都是由波綿發出, 故萬物形模, 全是虛假, 獨波綿神體, 是眞確者; 佛謂天地萬物固是虛假, 卽波綿亦非實有, 萬物自生自死, 死而又生, 生而又死, 永遠輪廻, 不關神造. 婆羅門謂人之輪廻, 皆由天命; 佛謂不然, 是

在人爲, 爲善自遇善報, 爲惡自遇惡報, 彼蒼不能持其權也. 婆羅門謂宇宙
之間, 無論飛潛, 動植, 金石, 雨露, 有情, 無情, 皆入輪廻之理; 佛謂生物
輪廻, 死物否. 婆羅門謂世間有三位合一之理, 佛謂無三位, 有三理, 佛,
法, 僧是也. 婆羅門最重四韋馱書, 佛則屢加菲薄. 婆羅門祭諸天, 常日殺
馬千匹; 佛謂淫祀無益, 殺牲徒增罪孽. 婆羅門高自位置, 視戍陀羅人如牛
馬; 佛謂如是謂之刻薄, 世人以是諸端. 故婆羅門人, 莫不疾首痛心, 常思
殺之, 以洩其憤. 然印度列邦之君王, 長官, 刹帝力人恆衛護之, 得以保全
首領.

또한 바라문은 거미줄과도 같아서, 스스로 그 안에서 지키고 앉아 있
으면서, 백성을 속박하여, 자유롭지 못하게 한다. 바라문은 천지 만물이
모두 푸루샤(Purusha)로부터 나오기 때문에, 만물의 형상은, 모두 허구이
고, 오로지 푸루샤의 본체만이, 진실한 것이라고 말하지만; 부처는 천지
만물이 본래 허구이므로, 푸루샤도 또한 실제로 존재하는 것이 아니며,
만물은 스스로 나서 스스로 죽는 것이므로, 영원히 윤회하며, 神의 조화
와 상관이 없는 것이라고 말한다. 바라문은 사람의 윤회가, 모두 하늘의
명으로부터 비롯된다고 말하지만; 부처는 그렇지 않다고 말하며, 이것은
사람의 행위에 달려 있어서, 선을 행하면 선한 업보를 만나게 되고, 악을
행하면 악한 업보를 만나게 되니, 하늘이 그 권세를 가질 수 없다고 한
다. 바라문은 우주에 존재하는 모든 것, 새와 물고기, 동물과 식물, 쇠붙
이와 돌, 비와 이슬, 유정의 것, 무정의 것들을 막론하고, 모두 윤회의 이
치에 들어맞는다고 하지만; 부처는 살아 있는 생물이 윤회하는 것이지,
죽은 사물은 아니라고 말한다. 바라문은 세상에 三位合一의 이치가 있다
고 하나, 부처는 三位란 없고, 三理 즉 부처, 법, 승려만이 있다고 한다.
바라문은 네 가지 Veda書를 가장 중요하게 내세웠지만, 부처는 여러 차

례 겸손해하였다. 바라문은 하늘에 제사를 지내면서, 매일 말 천 마리를 죽였으나; 부처는 사신(邪神)에게 제사 지내는 것은 무익하며, 가축을 죽이는 일은 단지 죄업을 늘릴 뿐이라고 말하였다. 바라문은 높은 위치에 스스로 자리하며, 수드라(Śūdra) 사람을 소나 말처럼 여겼지만, 부처는 이처럼 하는 것은 박정한 일이며, 세상 사람들은 이것이 모든 일의 발단이라 생각한다고 말하였다. 그리하여 바라문 사람들은, 대단히 통한(痛恨)해하며, 항상 그를 죽이려고 생각하면서, 그 분노를 발산하였다. 그러나 인도 열방의 군왕, 장관, 크샤트리아인들이 그를 항상 보호하여 주었으니, 목숨을 보전할 수 있었다.

佛之教人修行立志也. 有五大誡: 一殺人, 二盜竊, 三奸婬,[285] 四說謊, 五酗酒. 有小誡七: 曰令色, 曰粗暴, 曰驕傲, 曰狐疑, 曰貪圖, 曰閒評, 曰殘忍. 有十勸誡: 曰孝順, 曰慈愛, 曰誠服, 曰感激, 曰謙遜, 曰勤苦, 曰鎭靜, 曰寬恕, 曰矜恤, 曰周濟. 而最關緊要者曰仁慈. 又勸人離家修道, 事半功倍, 妻子牽纏, 甚於牢獄. 又言觀天地, 念非常; 觀世界, 念非常; 觀靈覺, 卽菩提^{謂自見佛性也}. 又言當念身, 中四大^{謂地, 水, 火, 風也}. 各自有名, 都無我者, 我旣都無, 其如幻耳. 稽佛生平所傳之道, 其乖謬處極乖謬, 其精到處極精到, 其堅忍處極堅忍, 其擺脫處極擺脫, 自是一代偉人, 不妨瑕瑜互見.[286]

부처의 교화와 수행, 입지에는 크게 다섯 가지의 경계해야 할 것이 있다: 첫째는 살인, 둘째는 절도, 셋째는 간음, 넷째는 거짓말, 다섯째는 술

---

285 「婬」: '남녀 간의 부적절한 성관계'를 지칭하며, 「淫」으로도 쓴다.
286 「瑕瑜互見」: '장점과 단점이 서로 마주함'을 비유한다. 출전 《禮記·聘義》: 「瑕不揜瑜, 瑜不揜瑕, 忠也.(허물은 광채를 가리지 않고, 광채는 허물을 가리지 않으니, 이것이 忠이다.)」 揜은 「掩」과 통한다.

주정이다. 작은 경계로는 일곱 가지가 있다: '아첨, 난폭, 교만, 의심, 탐욕, 한평(閑評), 잔인'. 또한 열 가지 권계(勸誡)가 있다: '효순, 자애, 심복(心服), 감격, 겸손, 근면, 진정, 용서, 긍휼, 구제'. 그러나 가장 중요한 것은 인자(仁慈)라고 한다. 또한 집을 떠나 도를 닦으라 권하였는데, 작은 노력으로 큰 효과를 거둘 수 있으니, 아내가 끈덕지게 따라붙으면, 감옥보다도 심한 것이다. 또 말하기를 천지를 바라보고, 영원히 존재함을 생각하고; 세계를 바라보고, 영원히 존재함을 생각하며; 영혼 즉 보리(菩提)스스로 佛性을 보는 것를 관조하라 하였다. 또 우리의 몸이, 완전히 네 가지 원소땅, 물, 불, 바람와 합쳐서 이루어졌음을 생각하라 말하였다. 각자 이름이 있으나, 모든 無我의 것들은, 내 자신이 이미 無이니, 환영과도 같을 뿐이다. 부처의 생평이 전하는 도리를 고찰해 보면, 그 터무니없는 점은 매우 틀린 것이고, 정교한 것은 극도로 정교하며, 참고 견뎌야 하는 곳은 극도로 참고 견뎌야 하는 것이고, 벗어난 곳은 극도로 벗어나 있지만, 스스로가 한 시대의 위대한 인물이니, 장점과 단점을 함께 보아도 무방하리라.

　　然稽其經典則甚異, 以皆諸弟子之所爲, 又皆灰爐之餘所掇拾,[287] 師說多門, 輾轉依託, 層出不窮, 眞僞難辨. 天下各敎之經, 其眞僞混淆難考, 未有甚於印度婆羅門, 釋氏二敎之書者. 緣其著書, 人名, 朝代, 甚屬渺茫; 卽至書名, 亦難分別. 而佛經則更難稽覈, 大都託始於佛, 無論釋迦文佛, 佛道, 佛弟子, 佛門中所覺之妙理, 皆可以名爲佛, 或冠以如是我聞, 或不冠皆可. 故其法門甚多, 有如法相宗,[288] 無相宗, 圓敎,[289] 法性,[290] 觀敎,[291]

---

287 「掇拾」: '채취하다'. '掇'은 '선택하다'의 의미. 《宋史 · 歐陽脩》:「周, 漢以降金石遺文, 斷編殘簡, 一切掇拾, 研稽異同.(周, 漢 때에는 금석을 내려 글을 남겼으므로, 떨어지고 빠져서 온전하지 못한 책들은, 모두를 채취하여, 그 다름과 같음을 연구하고 조사하였다.)」
288 「法相宗」: 불교 종파 중의 하나이다. 玄奘이 인도에서 유가행파(瑜珈行派)의 典籍을 공

終教,[292] 頓教,[293] 瑜伽,[294] 密教[295]之類, 茲不具論.

　　그러나 그 경전을 고찰해 보면 심히 다른 점들이 있으니, 모두가 여러 제자들의 소행으로써, 또한 모두 잿더미의 남은 곳으로부터 수습한 것들이며, 스승이 여러 부문을 말하였으나, 여러 사람을 전전하고 의탁함이, 끊임없이 나타나서, 진위를 판별하기가 어렵다. 천하 각 종교의 경전은, 그 진위가 혼동되어 고찰하기가 어려움이, 인도 바라문교와 불교보다 심한 것이 없다. 그 저서들에 근거하면, 인명과 왕조는, 매우 묘망(渺茫)할 뿐이며; 책 제목에 이르러서도, 또한 구별하기가 어렵다. 그리고 불경은

부한 후 귀국하여 창립하였으며, 心識(인식 · 식별하는 마음의 작용)을 모든 현상의 이치로 강조하여「唯識宗」으로도 불린다.

289 「圓敎」: 중국 불교는 그 종파가 따르는 경전의 교법을 최고의 궁극적이면서도 원만한 교법으로 칭하므로, 이를 '圓敎'라 한다. 가령 華嚴宗은《華嚴經》을 圓敎로 하며; 天台宗은《法華經》과《大般涅槃經》을 圓敎로 삼는다.

290 「法性」: 불교의 종파명으로서「法性宗」이라고도 한다. '眞如不空'을 상세히 해석하면, 모든 존재는 法性이 인연을 따라 일어난다는 것이다. [齊] 周顒〈答張融書難門律〉:「般若所觀, 照窮法性.(반야로 관찰한 바를, 모든 현상의 본질을 비추어 궁구한다.)」소위 「法性」이란 '모든 현상의 본질'을 가리키는 것이다.

291 「觀敎」: 불교 종파 중의 하나로서「中觀派」라고도 부른다. 주로 용수(龍樹)의 사상에 의존하여, '모든 현상은 개념이 가상으로 세워진 것으로서 결코 진실된 성질이 없다는 것'을 주장한다.

292 「終敎」: 불교 華嚴宗의 判敎學說은 중생이 모두 성불할 수 있는 경전, 가령《楞伽經》등을 五敎 중의 세 번째인「終敎」로 분류하여 해석했다.

293 「頓敎」: 아마도「禪宗」을 지칭하는 듯하다. '佛心宗, 達磨宗, 無門宗'이라고도 한다. 보리달마(菩提達磨)를 初祖로 하며, 심성의 본원을 탐구하여「見性成佛」하고자 하는 大乘 宗派이다. 중국 13宗 중의 하나이며, 일본 13종 중의 하나이다. 중국은 예로부터 특히 坐禪者들의 계열을 禪宗이라 하였으며, 天台와 三論 두 계열을 포함하지만 達磨宗에 국한하지는 않았다; 唐 중엽 이래로 達磨宗이 흥성하자 禪宗은 곧 達磨宗을 지칭하게 되었다. 佛光大辭典 참고.

294 「瑜伽」: 불교 종파 중의 하나로서 彌勒, 世親, 無著을 初祖로 하며, 모든 외부 현상은 다 허황되고 오직 心識만이 실재하는 것이라고 주장한다.

295 「密敎」: 불교 종파 중의 하나로서 현재 중국어 용어로는「티베트 불교」를 가리키며, 기타「金剛乘」,「眞言宗」,「秘密敎」등의 개념은 서로 완전히 동일한 것은 아니다. '삼밀가지(三密加持)'란, 즉 수인(手印)으로 契를 맺고, 眞言을 독송하고 本尊을 觀想하며, 空義와 止觀의 세계로 들어가는 수행방법을 말한다.

고찰해 보기가 더욱 어려운데, 대부분이 부처로부터 시작됨에 의지하고 있고, '석가모니불, 불도, 불제자, 불문'에서 느끼는 심오한 도리는, 모두 '부처'라고 이름할 수 있는 것이니, 이처럼 내가 들은 대로 글자를 앞에 붙일 수도 있고, 혹은 붙이지 않아도 모두 가능한 것이다. 불교의 법문은 심히 많으니, 예를 들어 법상종, 무상종, 원교, 법성종, 중관파, 종교, 선종, 유가, 밀교 등이 있으므로, 여기서 다 논하지는 않겠다.

然最要之關鍵, 先辨南北兩宗. 南宗小乘,[296] 北宗大乘.[297] 小乘之經, 如《四十二章》,[298]《佛本行集》[299]等. 大乘如《華嚴》,[300]《金剛》[301]等. 此就中

---

296 「小乘」: 小乘이라는 이름은 본래 大乘 불교도들이 원시불교와 부파불교(部派佛教)에 대해 부르던 폄칭(貶稱)이었으나, 훗날 학술계에서 그것을 계속해 사용하면서 좋고 나쁨의 의미가 사라져 버렸다. 그 교리는 주로 '스스로 해탈을 구하는 것(自求解脫)'을 목표로 삼기 때문에, 따라서 스스로 조절하고 제도하는(즉 번뇌의 제거, 수행으로 얻는 결과와 깨달음) 聲聞과 緣覺의 도리로 인하여, 大乘에서의 자신과 남을 동시에 이롭게 하는 菩薩道와는 구별된다.(佛光大辭典 참고)

297 「大乘」: 일반적으로 小乘 불교도들이 원시불교와 기존의 부파불교(部派佛教)에 대해 부르던 폄칭이었으나, 만일 부파불교(部派佛教)의 입장에서 보자면 大乘은 결코 불교라 할 수 없다. 그러나 思想史의 발전으로 본다면 小乘은 바로 大乘의 사상적 기초가 되었다. 佛光大辭典 참고.

298 「四十二章」: 불교 경전 중의 하나이며, 42장으로 인하여 얻어진 이름이다. [漢] 明帝 劉莊 시기(58-76)에 迦葉摩騰과 竺法蘭이 함께 번역하였다. 이 경전은 비록 인도 불전에 보이지 않아 僞經으로 간주되지만, 중국 불경 번역의 효시이기 때문에 그 중요성이 있다고 하겠다.

299 「佛本行集」: 불교 경전 중의 하나로서 隋나라 闍那崛多가 번역하였고 총 60권이다. 이 경전은 梁 武帝가 華林園에서 불교 경전을 모아 편집한《大藏經》내의 藏經 중의 하나이다.

300 「華嚴」:《大方廣佛華嚴經》이며, 약칭하여《華嚴經》이다. 중국 불교 華嚴宗과 法相宗이 중시한 典籍이다. 주요 번역본으로는 [唐] 般若가 번역한 40권본; [唐] 實叉難陀가 번역한 80권본; [晉] 佛陀跋陀羅가 번역한 60권본이 있다.

301 「金剛」: 즉《金剛般若波羅蜜經》이며, 약칭하여《金剛經》이라 한다. 불교 전적 중의 하나로서, 중역본은 구마라습(鳩羅摩什)의 번역본이 가장 유명하며, 내용은 주로 般若의 空義를 강조하는 것인데, 그중 소위「般若」는 '空理를 깨달을 수 있는 지혜'를 말한다.《大智度論・卷十八》:「答曰:『摩訶, 秦言大; 般若, 言慧; 波羅蜜, 言到彼岸.』」(답하여 말하기를:『摩訶란 秦나라 말로 '크다'이고; 般若는 '지혜'를 말하며; 波羅蜜은 '피안에 도달함'을 말한다.』)

國繙繹者言之. 初著佛經時, 本用山西止文;[302] 佛教行至獅子國^{即今之錫蘭島},
則用巴里文.[303] 繹小乘經, 多本巴里文; 繹大乘經, 多本山西止文^{即梵文}. 尊
小乘之國不用大乘; 尊大乘之國, 兼備小乘. 緣大乘乃後起晚出之經, 雖尊
之, 而未能盡去小乘者.

그러나 가장 중요한 관건은, 먼저 남과 북 두 종파를 분별하는 것인데,
남종 소승과 북종 대승이 있다. 소승의 경전은, 예를 들면,《四十二章》,
《佛本行集》등이 있다. 대승은《華嚴》,《金剛》등이 있다. 이것은 중국의
번역자가 말한 것을 취한 것으로서, 불경을 처음 지을 때, 본래는 산스크
리트어를 사용하였고; 불교가 사자국^{지금의 인도} 실론에 전파되고서는, 팔리
(Pali)어를 썼다. 소승의 경전을 번역할 때는, 대부분 팔리어를 사용하였
고; 대승의 경전은, 대부분 산스크리트어^{즉 범문}를 사용하였다. 소승을 존
숭하는 나라는 대승을 따르지 않지만, 대승을 추존하는 나라는, 소승을
함께 갖추고 있다. 대승에 근거하여 나중에 늦게 나온 경전들은, 비록 경
전으로 받들기는 하나, 소승을 완전히 물리칠 수는 없는 것이다.

至其分宗之故, 則以佛之在印度, 雖爲獨樹一幟, 然究其實, 不過若中國
之有老子耳! 其胎息總不能盡去文, 武之道, 如曰慈, 曰儉, 曰不敢爲天下
先, 何莫非仁義禮之宗旨, 佛之於婆羅門亦猶是也. 如輪迴證空之道, 婆羅
門早有其說, 諸大弟子雖誦法乃師之遺言, 然幼服婆羅門教, 終不能不取
材於婆羅門經籍; 猶中國之治黃老者, 終不能不講詩書禮樂也.

종파가 나뉘게 된 까닭에 대해서는, 부처가 인도에 있었기 때문에, 비

---

302 「山西止文」: '僧伽羅文(Sanskrit)'을 가리키며, 이는 고대 인도 방언의 일종으로서 여러
    경전들이 사용하고 있다.
303 「巴里文」: '巴利文(Pali)'이며 古인도 방언 중의 하나이다.

록 독자적으로 일파를 형성하였지만, 그러나 실체를 따져 보면, 중국에
老子가 있는 것과 다를 바 없을 뿐이다! 그 태아의 호흡이라는 것은 결코
文과 武의 道를 떠날 수 없는 것이니, 가령 자비를 말하고, 검약을 말하
며, 감히 천하의 선두가 될 수 없음을 말하는 것이, 어찌 仁·義·禮의 宗
旨가 아니란 말인가. 바라문에 있어서의 부처도 또한 이와 마찬가지인
것이다. 예를 들어 輪迴와 證空의 도는, 바라문에 일찍이 그런 설이 있었
으므로, 여러 대제자들로서는 비록 법을 낭송하는 것이 스승의 유언이기
는 했지만, 그러나 어렸을 때 바라문교에 들어가면, 평생 바라문교의 경
적에서 내용을 취하지 않을 수 없는 것이니; 마치 중국의 황제(黃帝)와 노
자(老子)가, 평생 詩·書·禮·樂을 말하는 것과도 같다.

考佛生平未嘗作經, 其經皆諸弟子所作, 参以己意, 視爲故常, 其取材於
婆羅門, 或多或少, 或華或實, 早具分宗根蒂. 其行於信奉之國, 或文或野,
或大或小, 尤爲分宗定局. 佛棄世後, 婆羅門威逼其徒, 佛門本無偶像, 而
諸弟子反媚婆羅門天神, 佛祖以下先賢, 亦可任意立像崇拜, 腳跟先自不
穩. 至周沒時而婆羅門之難大作, 凡印度之廟宇僧院佛經焚燬殆盡, 僧徒
被逐如鳥獸散, 印度之地, 幾於靡有孑遺. 然諸佛弟子早經分散各國傳教,
至此而佛教益以蔓延.

　부처의 평생에는 경전을 지은 기록이 없으니, 그 경전들은 모두 제자
들이 만든 것으로서, 자신의 뜻을 채워 넣는 것을, 일반적 관례로 여겼으
며, 그 소재는 바라문에서 취하였고, 많은가 적은가, 화려한가 실질적인
가 하는 것으로, 일찍이 종파 분화의 뿌리를 가지고 있었다. 신봉하는 나
라에서의 행함은, 우아한가 소박한가, 대승인가 소승인가 하는 것이, 특
히 종파를 나누는 데 결정적 요소가 되었다. 부처가 세상을 떠난 후, 바

라문은 부처의 제자들을 위협하였으니, 불문에는 본래 우상이 없었지만, 여러 제자들이 바라문교의 천신에게 도리어 아첨을 하였으며, 부처 이하의 선현들이, 또한 마음대로 상을 만들어 숭배할 수 있었기에, 그 행적이 먼저 스스로 안정되지 못하였다. 周나라 멸망 때에 이르러 바라문교의 난이 크게 일어났으니, 무릇 인도의 사원과 절에서 불경이 거의 다 타 버렸고, 중들이 새와 짐승처럼 쫓겨 흩어졌으니, 인도 땅에는, 거의 아무것도 남지 않게 되었다. 그러나 여러 불제자들이 경전을 일찍이 각국으로 분산시켜 포교하였기 때문에, 이때에 이르러 불교의 이로움이 세상에 널리 퍼지게 되었다.

新莽時,[304] 印度有王者興, 名各彌沙, 篤信佛法, 搜羅佛經餘燼, 大會南北佛徒, 薈萃遺書, 考辨眞僞. 惜乎南北僧徒, 各尊所聞, 不能衷於一是, 由是遂分南北, 南信小乘, 所謂希那衍是也; 北信大乘, 所謂摩訶衍是也. 北宗雖尚大乘, 亦未盡去小乘, 不過以爲人天小果, 有漏之因, 不止如漢宋兩學之以訓詁, 義理分門[305]也. 竊嘗考之, 小乘之經, 去佛未久, 故多眞; 大乘之經, 去佛漸遠, 故多僞. 且大乘旣分之後, 續出者尙亦不少, 觀其文辭意義, 甚不相類, 如讀《四十二章經》, 大都老實說理, 末章自視雖若絕世高人, 然究不類華嚴之空中樓閣, 金剛之支解, 色身之幻也. 佛如有知恐亦以爲過高之論矣! 自分宗而後, 若錫蘭, 暹羅, 緬甸, 安南之屬, 皆宗小乘, 二千年來未嘗大改. 若中國之與日本, 高麗, 蒙古, 伊犁, 西藏之屬, 則並

---

304 「新莽時」: '新나라 王莽의 재위기간'을 가리킨다. 연호는 始建國(9-14), 天鳳(14-20), 地皇(20-23)이다.

305 「漢宋兩學之以訓詁, 義理分門」: 漢代의 經學 연구는 훈고와 고증에 치중하였고, 따라서 淸代의 漢學者들은 訓詁의 방법론으로 학문을 하였으며, 이를 「漢學」이라 하고 「樸學」, 「考據之學」 혹은 「訓詁之學」이라고도 하였다. 宋代의 經學家들은 義理의 소통에 치중하면서 性命之學을 겸하였고, 따라서 明代의 王守仁(1472-1528) 등 義理를 중시한 경학가들은 그 학문을 「宋學」, 「理學」, 「性理學」 혹은 「道學」이라 불렀다.

尚大乘; 二千年來, 別戶分門, 宗派極多.

新나라 王莽 때에, 인도에 왕이 흥기하였으니, 이름이 各彌沙였다. 그는 불법을 깊게 믿었기에, 남은 불경들을 찾아 수집하고, 남과 북의 불도들을 크게 모았으며, 남겨진 책들을 끌어 모아, 진위를 분별하고 고찰하였다. 애석하게도 남북의 승도들이, 각자 들은 바를 추종하므로, 하나로 모아지지 못하였고, 이로써 마침내 남과 북으로 나뉘어졌으며, 남쪽은 소승을 신봉하여, 소위 希那衍(Hinayana, 소승불교)이라 하였고; 북쪽은 대승을 신봉하여, 이른바 摩訶衍(maha-ya-na, 대승불교)이라 하였다. 북쪽 종파가 비록 대승을 숭상하기는 했지만, 또한 소승을 완전히 배격하지는 않았으니, 人天小果(*譯者註: 인간이나 천상의 福과 報를 초래하는 業.)가 有漏(*譯者註: 타락이 있는 것.)의 원인이라고 차마 여기지는 않았으며, 이는 단지 漢과 宋의 두 학문이 訓詁와 義理로 나뉜 것과 같지는 않다. 그것을 살며시 살펴보면, 소승의 경전은, 부처로부터 멀어진 지 오래되지 않았으므로, 참된 것이 많은데; 대승의 경전은, 부처로부터 점점 멀어졌기 때문에, 거짓이 많다. 게다가 대승이 갈라진 후로는, 뒤이어 나오는 부류가 적지 않았는데, 그 문장의 의미를 보면, 다른 점이 매우 많아서, 예를 들어《四十二章經》을 읽어 보면, 대부분 솔직하게 이치를 말하고는 있으나, 끝 부분 장에서는 스스로를 절세의 달인인 것처럼 여기고 있으며, 그러나 궁극적으로 華嚴의 공중누각, 金剛의 支解(*譯者註: 팔다리를 하나하나 찢는 형벌.), 色身(*譯者註: 빛깔과 형상이 있는 부처의 육신.)의 환상과 같은 부류는 아닌 것이다. 부처가 만일 이를 알았다면, 아마도 역시 지나치게 높은 이론이라 여겼을 것이다! 종파가 나뉜 이후로, 스리랑카, 태국, 미얀마, 베트남 같은 나라가 모두 소승을 따랐으나, 2천 년 동안 큰 변화를 보지 못하였다. 중국과 일본, 고려, 몽골, 신강(新疆), 티베트 같은 나라들은, 또한 대승을 숭상하였으니; 2천 년 동안,

파벌들이 각자 나뉘어져서, 종파가 매우 많아졌다.

奉佛之國以西藏爲最, 經最多, 亦最貴. 經分三類名:「三藏」, 一曰毗尼,
備述修行立志之道, 二曰阿比曇, 備述佛氏平生之言行, 三曰阿比達摩, 備
著性理格致之道, 共分十七部, 每部百餘本, 天下各教之經, 未有多於佛教
者, 爲其人皆可以成佛, 則皆可以說法故也. 然經教雖如此之盛, 而西藏,
印度皆有極大難事. 西藏擧國男女信佛, 而人類將絶, 不得已兄弟數人共
娶一妻, 苟且敷衍, 孕育人類, 斯亦無可如何之, 極思西藏古風不如是也.
而印度以戒殺之, 故死於蛇虎者, 昔年歲常數萬人, 佛法之窮, 一至於此,
可畏也哉!

부처를 섬기는 나라는 티베트 지역이 가장 많고, 경전도 가장 많으며,
또한 가장 가치가 높다. 경전은 세 부류로 나누어:「三藏」이라 이름하였
으니, 첫째는 비니(毗尼)라 하여, 수행 입지의 道를 상세히 서술하였고, 둘
째는 아비담(阿比曇)이라 하여, 부처의 일생 동안의 언행을 자세히 기술하
였으며, 셋째는 아비달마(阿比達摩)라 하여, 性理를 파고드는 道를 상세하
게 저술하였으니, 모두 17부로 나뉘며, 각 백여 권씩으로서, 천하 각 교
의 경전을 다해도, 불교의 경전보다는 많지 않으며, 그 사람들이 모두 성
불할 수 있음을 말하는 것이니, 즉 모두가 說法을 할 수 있는 까닭인 것이
다. 그러나 경전의 가르침이 비록 이렇게 성대하기는 하지만, 티베트와
인도는 모두 매우 어렵고 큰 일들이 있었다. 티베트는 온 나라 남녀가 부
처를 믿지만, 그러나 사람이 곧 끊어질 듯하여, 부득이하게 형제 몇 명이
함께 한 명의 아내를 얻어서, 그럭저럭 버티면서, 인류를 낳아 기르지만,
이것은 또한 어찌할 도리가 없는 것이니, 티베트의 옛 풍속은 이와 같지
않았음을 몹시 그리워하고 있다. 반면 인도는 살생을 금하기 때문에, 뱀

이나 호랑이로 인해 죽은 자가, 예전에는 매년 항상 수만 명에 이르렀으나, 佛法의 궁진함으로, 여기에까지 이르렀으니, 가히 두렵도다!

무함마드 고찰(謨罕墨德考)

陳宣帝大建四年,[306] 謨罕默德生於亞拉伯國之墨克京城, 系出於哥累斯, 乃貴族也. 溯其開族之始祖, 名易司馬儀景古經名「以實馬利」,[307] 乃拂箖始祖亞伯拉罕[308]之庶長子也. 亞伯拉罕老而無子, 納妾夏甲生易司馬儀, 十有六年而嫡子以撒生, 皆中國夏時人也. 其後易司馬儀生十二子, 徙於拂箖之東南, 支派繁衍, 竟成亞拉伯地主, 屢有王侯間世而出.

陳 宣帝 大建 4년, 무함마드는 아라비아의 수도 메카에서 태어났고, 쿠라이시 부족에서 났으며, 귀족이었다. 부족의 시조를 거슬러 올라가 보면, 이스마엘경교 구약의 이름은 「以實馬利」은, 바로 拂箖의 시조인 아브라함의 서장자(庶長子)이다. 아브라함은 늙어서 자식이 없었는데, 첩 하갈을 얻어

---

306 「大建」:「太建」의 誤記이다. 陳나라 宣帝의 연호인 太建(569-583)이다.《陳書 · 卷五 · 宣帝項》:「高宗孝宣皇帝諱頊, 字紹世, 小字師利, 始興昭烈王第二子也…. 少寬大, 多智略. 及長, 美容儀, 身長八尺三寸, 手垂過膝. 有勇力, 善騎射.(高宗 孝宣황제의 이름은 頊이며, 字는 紹世, 어릴 때의 이름은 師利로서, 始興 昭烈王의 두 번째 아들이다…. 어려서 성정이 관대하였으며, 지략이 많았다. 장성하여 용모가 아름다웠으며, 키가 8척 3촌이었고, 손을 내리면 무릎을 지났다. 용기와 힘이 있었으며, 말타기와 활쏘기를 잘하였다.)」

307 「以實馬利」:「이스마엘」(Ishmael). 아브라함(본명 아브람)과 그의 처 사래(후에 사라로 고침)의 여종 하갈이 낳았다. 사래가 연로하여 임신하지 못하므로 아브라함과 그 여종이 동침하기를 원하여 이스마엘을 낳았으니, 이 이름의 의미는 「하나님께서 들으셨다」이다. 창세기 16장 2-12절.

308 「亞伯拉罕」: 성경에서 하나님과 언약을 맺은 의인으로서, 하나님은 그 후손의 수가 별처럼 많을 것이라고 약속하셨다. 현재 유대교, 기독교, 이슬람교 등에서 모두 아버지로 모시고 있으나, 그 전통은 서로 상이하다.

이스마엘을 낳았고, 16년이 지나 적자(嫡子)인 이삭을 낳았으니, 모두 중국 夏나라에 해당하는 시기의 사람들이었다. 그 후 이스마엘은 열두 명의 아들을 낳았고, 拂菻의 동남쪽으로 이주하였으니, 지파가 번영하여, 마침내 아라비아의 지주가 되었고, 왕후들이 여러 차례 나왔다.

至謨罕黙德生時, 父母雖貧而族戚多富貴, 二歲父亡, 四歲母亡, 祖馬泰勒撫之. 八歲祖父又亡, 伯阿蒲搭勒繼撫之. 十二歲從伯學賈於大秦, 入景教會堂, 主教非利斯善遇之. 二十歲時, 族中有兵事, 阿蒲搭勒爲將, 謨罕黙德從軍, 大勝, 族人敬之. 二十五歲時, 墨加有富商死, 商婦急欲得一精明人司商事, 謨罕黙德受聘, 爲之經商於大馬色諸地, 出入於猶太, 大秦之間, 備聞景門新, 舊兩教論說. 謨氏以經商公正, 人敬禮之, 故商之婦遂嫁焉. 而謨氏驟富, 然不役志於商, 蓋有大欲存焉. 以其夙聞各教之論, 欲將亞拉伯, 猶太, 景尊三教之道合而別創一教, 故三十八歲時, 謝世事, 入山精思教法, 愼之又愼.

무함마드가 태어났을 때, 그의 부모는 비록 가난했지만 부유한 친척들이 많았는데, 두 살에 아버지가 죽고, 네 살에 어머니가 사망하자, 할아버지 무딸립이 그를 돌보아 주었다. 여덟 살에 할아버지가 또 돌아가시자, 큰아버지 阿蒲搭勒(아부 탈리브)이 이어서 그를 돌봐 주었다. 열두 살에 큰아버지를 따라 大秦에 가서 장사를 배웠는데, 기독교 회당에 들어갔을 때, 주교 非利斯(비리사)가 그를 후대해 주었다. 스무 살 때에, 종족에 전쟁이 있었는데, 아부 탈리브가 장수가 되자, 무함마드가 참전하여, 대승을 거두었으니, 종족들이 그를 존경하였다. 스물다섯 살 때에, 무함마드 가문의 한 부유한 상인이 죽자, 그의 부인이 급히 똑똑한 사람을 얻어 장사하는 일을 맡기려 하였는데, 무함마드가 고용되었고, 그는 그녀를 위해 다마스쿠스 여러 지역에서 장사를 하면서, 유대 지역과 大秦 사이를 드나들었고, 이때 기독교의 신·구 양교의 교리를 상세히 들었다. 모함메드는 장사 운영에 공정을 기함으로써, 사람들에게 존경을 받았으니, 상인의 아내가 마침내 그와 결혼하였다. 그래서 무함마드는 갑자기 부유해졌지만, 장사에 뜻을 두지 않고서, 보다 큰 야망을 품고 있었다. 그는 일찍이 각 교의 교리를 듣고서, 아라비아, 유대, 기독교 세 종교의 교리를 합쳐서 별도의 종교를 만들고자 하였고, 따라서 서른여덟 살 때, 세상의 일을 버리고, 산에 들어가서 교법을 깊이 생각하며, 신중에 또 신중을 기했다.

部署旣定, 歸告其妻, 以天神奉眞主明命降經, 令謨罕默德受命爲先知, 經名哥蘭, 譯卽天命. 其妻始而疑, 繼而篤信. 其後, 中表兄[309]信. 其後, 嫡堂兄阿蒲搭勒子阿里信. 又一僕信, 免爲僕. 又其後一富人信, 名阿蒲北格, 富而有權, 遂宴哥累斯族, 傳天命, 勸族衆信; 談論之次, 意大相左, 至終譁然而散. 謨氏失望, 出勸衆民, 斥及偶像邪神, 攖[310]衆怒, 幾不免; 阿蒲搭勒護之, 免於難; 哥累斯族長强阿蒲搭勒, 使棄姪, 謨氏不爲動; 伯終護之, 信者漸衆. 墨克長官出令禁止. 又二年, 伯死, 官禁驟嚴, 謨氏又失望; 妻死, 乃續絃於望族. 妻父信道, 貴而有權. 謨氏再衍升七天會先聖, 受命於帝庭, 敷佑四方之說以告人, 聞者愈不信. 謨氏不復能安於故土, 西北去八百里, 居默德那, 有景門異端會黨甚衆, 遂與謨氏合. 默德那大臣阿蒲亞伯接謨氏於家, 爲之建會堂, 時在唐高祖武德六年, 謨罕默德五十有

---

309 「中表兄」: '사촌형제들'을 가리킨다. 「中表」: '아버지의 여자 형제의 아들', 그리고 '어머니의 형제자매의 아들'이다.

310 「攖」: '죄를 범하다'의 의미이다. 《孟子·盡心下》: 「虎負隅, 莫之敢攖.(호랑이가 벼랑을 등지고 버티어, 감히 가까이 가지 못하게 되었다.)」

三歲矣! 是年七月十六日, 爲回歷之始. 惟時黙德那居民信者極衆, 然民俗強悍善戰, 謨氏因之, 而修哥累斯族之怨, 大勝其徒, 遂以爲受命之徵, 謨氏益神其說. 自時厥後, 文武並用, 終謨罕黙德之世, 有亞拉伯之地而君之, 得年六十有三歲.

계획이 이미 정해지자, 돌아가 그의 아내에게 고하였고, 천사를 통해 알라(Allāh)의 밝은 명을 받들어 경전을 받았으니, 무함마드로 하여금 명을 받아 예언자가 되게 하였고, 경전의 이름을 코란(Qur'an)이라 하였으며, 이는 번역한즉 '하늘의 명령'이다. 그의 아내가 처음에는 의심하였으나, 뒤이어 독실하게 믿었다. 그 후, 사촌 형제가 믿었다. 그 후, 아부 탈리브의 아들 즉 사촌형 阿里(알리)가 믿었다. 또 한 명의 종이 믿음으로써, 노예 신분을 면하였다. 또 그 후에 한 부자 阿蒲北格(아부 바크르, Abū Bakr)이 믿었으니, 부유하고 권력이 있어서, 곧 쿠라이시 부족에게 주연을 베풀어 주면서, 하늘의 명을 전하여, 종족의 많은 사람들이 믿도록 권하였는데; 서로 담론을 나눌 때에, 뜻이 크게 어긋나서, 종국에 이르러 떠들썩하게 흩어져 버렸다. 무함마드가 이에 실망하여, 나가서 백성들에게 권고하였는데, 우상과 사악한 신을 배척함으로, 무리의 분노를 촉발하였고, 거의 피할 수 없는 상황에서; 아부 탈리브가 그를 보호해 주어, 재난을 면하였다; 쿠라이시 부족의 족장이 아부 탈리브를 강제하여, 조카를 버리라 했는데, 무함마드는 이에 동요되지 않았으며; 큰아버지가 끝까지 그를 보호해 주었으니, 믿는 자가 점점 많아졌다. 메카의 장관이 금지령을 내렸다. 또 2년 후, 큰아버지가 죽었고, 관가의 금지 조치가 엄격해지자, 모함메드가 다시 낙심하였는데; 아내가 죽고나서, 곧 명문 귀족에게 다시 장가들었다. 장인도 믿음을 가졌으며, 부유하고 권세가 있었다. 모함메드가 다시 7일간 올라가 옛 성인을 만났고, 천제(天帝)의 조정에서 천자(天子)가 되어, 덕교(德教)를 베풀어 사방을 보우하라는 명령을 받았음을 사람들에게 알리니, 듣는 사람들이 더욱 믿지 않았다. 무함마드가 다시는 고향 땅에 안주할 수 없었기에, 서북쪽으로 800리를 가서, 메디나에 거주하였는데, 기독교 이단의 무리들이 너무 많았지만, 결국 무함마드와 어울리게 되었다. 메디나의 대신인 阿蒲亞伯(아포아백)이 무함마드를 집안으로 영접하였고, 그에게 회당을 건립해 주었으니, 때는 唐 高祖 武德 6년이었으며, 무함마드의 나이가 53세였더라! 이 해의 7월 16일이, 회교력의 시발점이다. 이때 메디나의 거주민 중에는 믿는 자가 극히 많았지만, 그러나 백성들의 풍속이 워낙 강하고 용맹하게 싸움을 잘했기 때문에, 무함마드는 이에 의지하여, 쿠라이시 부족에게 원한을 갚았고, 그 무리를 크게 무찔렀으므로, 마침내 명을 받은 징표라 여겼으며, 무함마드는 그 말을 더욱 신비롭게 여겼다. 이로부터 그 뒤로, 문무를 병용하게 되었으며, 마침내 무함마드의 세상이 되었으니, 아라비아 땅에서, 그를 군주로 삼게 되었고, 나이가 63세였다.

溯其立教之始基, 道甚簡約, 擧其大綱有六: 一, 眞主至尊至大無匹, 世人當一心體認崇拜讚美者, 二, 信哥蘭經[311]爲天降眞經, 三, 信謨罕默德爲至貴先知, 四, 信謨罕默德能賜人今生來世快樂福祉, 五, 施濟同道中人, 六, 禁口守齋.

종교를 세우게 된 근원을 거슬러 올라가면, 교리가 매우 간단명료하여, 그 대강을 들자면 여섯 가지가 있다: 첫째, 알라는 지고 지존하여 필

---

311 「哥蘭經」: 이슬람교의 중요 전적(典籍)으로 총 30권이며, 오늘날 일반적으로 「코란」(Qur'an)이라 한다. 이는 신자가 선지자 무함마드의 생전의 이야기를 모아 책으로 만든 것이며, 이 책의 내용은 모두 그들이 신봉하던 유일신 알라가 그에게 계시한 내용을 모은 것이라고 생각하는 것이다.

적할 이가 없으니, 세상 사람들은 마땅히 한 마음으로 찬미자를 깊이 이해하고 숭배해야 한다. 둘째, 코란(Qur'an)은 하늘이 내리신 참된 경전임을 믿어야 한다. 셋째, 무함마드는 지극히 귀하신 예언자임을 믿는다. 넷째, 무함마드가 사람들에게 금생과 내세의 즐거움과 복을 주실 수 있음을 믿는다. 다섯째, 같은 종교를 믿는 사람들을 구제한다. 여섯째, 단식하며 사움(ṣaum)을 지킨다.

謨罕默德旣死, 後之格立夫^{譯言「代理回敎至尊」之稱}, 爭城掠地, 續增滅逆命之敵, 爲奉天討罪; 戰死疆場, 爲升天捷徑. 蓋此時謨民, 眞以謨罕默德爲奉天討罪之眞命天子矣! 然其道實善中人之欲, 故能久假不歸,³¹² 亦惟其有眞道一, 二綱, 故足以彌縫罅漏.³¹³ 考謨氏初立敎之時, 擯棄古景經, 別創特命. 其後攻服諸大國, 則有聲名文物之邦. 其道簡陋, 不能濟文人學士之問難,³¹⁴ 乃勦襲³¹⁵景經之理, 脫化而出, 助伸其說. 執景經以考謨敎諸書, 其原變瞭如指掌. 然謨敎終能服波斯, 印度諸大國士人之心者, 則以土木偶像之神,³¹⁶ 究不敵上帝之名故也.

무함마드가 죽자, 그 뒤를 이은 칼리프^{번역하면「이슬람교의 지존을 대리」하는 이름이다.}가, 도시를 다투어 땅을 약탈하였는데, 명을 거역하는 적을 계속해서 멸하는 것이, 하늘의 명을 받들어 단죄하는 것이었으며; 전장에서 전사

---

312 「久假不歸」: '오랫동안 타인이 소유한 것을 내 소유로 여겨 왔다'. 《孟子·盡心上》: 「堯舜, 性之也; 湯武, 身之也; 五霸, 假之也. **久假而不歸**, 惡知其非有也.(堯임금과 舜임금께서는 타고난 본성대로 하셨고; 湯왕과 武왕께서는 몸으로 실천하셨으며; 五霸는 빌려와서 가장하였다. 오랫동안 빌리고 돌아가지 않았으니, 어찌 그 소유한 것이 아님을 알 수 있었겠는가?)」
313 「彌縫罅漏」: '빈틈을 메꾸어 구멍을 메우다'. '사물의 결함을 보완함'을 비유하고 있다.
314 「問難」: '질문하고 논쟁하다'.
315 「勦襲」: '남의 작품이나 구상을 베껴서 자기의 것으로 삼다'라는 의미이다.
316 「土木偶像之神」: 기독교에서는 금, 돌, 나무 등 재질로 조각한 가짜 神은 입으로 말할 수 없고, 귀로 들을 수 없으며, 눈으로 볼 수도 없고, 걸을 수도 없는 우상인 것이다.

하는 것이, 하늘로 올라가는 지름길이었다. 무릇 이때부터 무함마드의 백성들은, 정말로 무함마드를 하늘의 명을 받들어 단죄하는 진명천자(眞命天子)로 삼은 것이다! 그 교리가 실로 사람들의 욕구에 잘 들어맞았으니, 그리하여 오랫동안 타인의 것이었던 것이 내 것이 될 수 있었고, 또한 단지 그들에겐 참된 교리 1, 2강이 있었으므로, 부족한 부분을 충분히 보완할 수 있었다. 무함마드가 처음 종교를 세웠을 때를 살펴보면, 기독교 옛 경전을 내버리고, 특별한 명을 별도로 만들어 내었다. 그런 후에 여러 큰 나라들을 공격하여 복종시켰으니, 문물의 나라로 명성이 자자하였다. 그 교리가 보잘것없어, 문인 학사의 질문과 논쟁을 넘길 수 없었으므로, 경교 경전의 교리를 그대로 모방하여, 탈화하고 나와서야, 그 설을 펼치는 데 도움이 될 수 있었다. 경교 경전을 가지고 무함마드교의 여러 전적들을 고찰해 보면, 그 원류가 손바닥 보듯 명료해진다. 그러나 무함마드교는 결국 페르시아, 인도 같은 큰 나라 지식인들의 마음을 설득할 수 있었으니, 흙과 나무로 된 우상神만으로는, 결국 하나님의 이름을 대적할 수가 없는 까닭이다.

其繼謨罕默德位者, 爲妻父阿普畢格, 益修武備. 東取波斯, 大秦之地, 西取埃及, 北據日斯巴尼亞, 凡在隣封, 皆爲所倂. 遂直指歐州, 攻法國, 大敗, 乃無意於歐州, 分兵兩路, 一攻亞非利加州, 竟致全州底定. 一再分兩路, 東南攻印度而有其地, 東北攻回紇, 天山南北路, 至于沙漠. 版圖之廣, 古今中外, 未之前聞. 而各國拜偶像, 用巫術事鬼神之俗頓變. 雖以波斯, 印度, 埃及之根深址固, 亦不能不爲之折服, 則以其所託者大也.

무함마드의 지위를 계승한 자는, 장인 아부 바크르(阿普畢格)였는데, 무장 체계를 더 잘 갖추었다. 동쪽으로 페르시아와 大秦의 땅을 취하였고,

서쪽으로는 이집트, 북쪽으로는 스페인을 점거하여, 무릇 이웃 국가들을 봉하였으니, 모두 병합되었다. 곧바로 유럽을 향하였고, 프랑스를 공격하여, 대패시켰으나, 이내 유럽에 마음이 없어져서, 군대를 두 갈래로 나누어, 한쪽은 아프리카를 공격하여, 전체 대륙의 내란을 평정하기에 이르렀고, 또 한쪽은 다시 두 갈래로 나누어, 동남쪽으로는 인도를 공격하여 그 땅을 얻었고, 동북쪽으로는 회흘(回紇)을 공략하여, 톈산(天山) 남북로와 사막에까지 이르렀다. 그 광대한 영토가, 동서고금을 막론하고, 전대미문의 것이었다. 그리고 각국의 우상 숭배와, 무속으로 귀신을 섬기는 풍습이 갑자기 바뀌게 되었다. 비록 페르시아, 인도, 이집트의 뿌리가 깊고 튼튼하기는 하지만, 또한 굴복하지 않을 수 없었음은, 그 맡긴 자가 위대하기 때문이었다.

論其朝代, 自唐以後, 世歷三變, 一爲亞拉伯朝, 二爲土耳其朝, 三爲蒙古朝, 再變則分崩離析矣! 亞拉伯朝繼謨氏之位者, 三洲皆有屬地, 遷都於波斯北格帶. 久之而爭端日起, 割據自雄者, 層見疊出.[317] 最强者, 爲土耳其部.

그 왕조를 논하자면, 唐 이후, 대대로 세 번의 변화를 겪었으니, 첫째는 아라비아 왕조, 둘째는 튀르키예 왕조, 셋째는 몽골 왕조이며, 다시 변화한 후 분열하여 와해되었다! 아라비아 왕조가 무함마드의 자리를 이어, 세 대륙에 모두 속지(屬地)를 두었고, 페르시아 바그다드로 수도를 옮겼다. 오랫동안 분쟁이 끊임없이 일어나면서, 군웅의 할거가, 계속해서 이어졌다. 가장 강한 자는, 튀르키예 군대였다.

---

317 「層見疊出」: '사물이나 관점이 연이어 출현하여 끝이 없는 것 같음'을 비유하는 것이다. 「層見疊出」, 「層出疊見」으로도 쓴다.

土耳其者, 阿爾岱山之人, 族類繁衍於天山,[318] 裏海[319]之間, 始仕亞拉伯朝, 繼而代有其國, 親藩日見削奪, 西自地中海, 東至萬里長城, 已奄有其地, 是爲色柱格朝. 未久, 又更爲加司密朝, 時在宋光宗[320]紹熙元年也. 然朝代雖易, 而謨敎不衰, 此則性相近耳.

튀르키예인은, 알타이 산맥 사람들로서, 종족이 톈샨(天山)과 카스피海 사이에서 번성하였으며, 처음에는 아라비아 왕조를 섬겼는데, 뒤이어 대대로 나라가 생기고는, 종실의 친속 분봉이 날로 약탈당하였고, 서쪽 지중해로부터 동쪽 만리장성에 이르기까지, 이미 그 땅을 점유하고 있었으니, 이것이 바로 셀주크 왕조였다. 얼마 지나지 않아, 또다시 가즈나 왕조가 되었는데, 때는 宋 光宗 紹熙 원년이었다. 그러나 왕조가 비록 바뀌었어도, 무함마드교는 쇠퇴하지 않았으니, 이것은 기질이 서로 유사했기 때문이다.

旣而蒙古成吉思汗興, 正經畧中原之時, 加司密朝因通商事與蒙古失和, 掠其牲畜, 擄其欽使, 成吉思遣使理論, 土耳其人弗恤. 成吉思大怒, 遣四子率七十萬衆攻之, 王走死, 加司密朝亡. 朝代雖亡, 而土耳其强部, 固未嘗一蹶而不振也. 成吉思汗率四子分領戰勝之地, 孫忽必烈始入中國爲帝, 是爲蒙古極盛之時, 東至于東海, 西至地中海, 南至于大洋, 北至西伯利部, 亞細亞一州之地, 皆爲蒙古有矣! 於斯時也, 儒, 釋, 景, 回, 各從其

---

318 「天山」: 산맥의 이름으로 新疆省 중부에 위치하며, 최고봉이 해발 7천 미터 이상이다. 天山의 북쪽은 준가르(準噶爾) 분지로서 北疆이라 부르고; 천산 이남은 타림(塔里木) 분지로서 南疆이라 부른다.
319 「裏海」: 해양 이름으로서 유럽과 아시아 두 대륙 간에 위치한다. 현재 세계 최대의 내륙해로서 중요한 천연 수송로이다. 「裡海」, 「里海」로도 번역한다.
320 「宋光宗」: 趙惇을 말하며, 孝宗의 셋째 아들이다. 5년 간 재위하였으며, 연호는 紹熙 (1190-1195)이다.

好, 蒙古諸王入主中夏[321]者, 則尚儒; 守故土者, 則尚釋. 二家而外, 或尚景, 或尚謨, 隨境而遷. 西土奉謨教之人, 入籍中國者, 莫多於此時. 揚州路總管馬高保羅者, 世祖臣也. 建景教會堂二間於揚州, 以馬氏尚景故也.

얼마 안 있어 몽골의 칭기즈칸이 흥기하여, 중원을 경영하고 다스릴 때, 가즈나 왕조는 통상(通商)의 문제로 몽골과 불화하여, 그들의 가축을 약탈하고, 사신을 납치하였으니, 칭기즈칸이 사신을 파견하여 시비를 논하였는데, 튀르키예인들은 동정하지 않았다. 칭기즈칸이 대노하여, 네 아들을 통해 70만의 병력을 파견하여 그들을 공격하자, 왕이 죽었고, 가즈나 왕조도 멸망하였다. 왕조는 비록 멸망하였지만, 튀르키예의 강한 군대는, 굳건하여 한 번 넘어져도 떨쳐 일어나곤 하였다. 칭기즈칸이 네 아들을 이끌고 전승의 땅을 나누어 통솔하였고, 손자 쿠빌라이가 처음으로 중국에 들어가 황제가 되었으니, 이는 몽골이 가장 번영했을 시기로서, 동쪽으로 동해, 서쪽으로 지중해, 남쪽으로 대양, 북쪽으로 시베리아에 이르기까지, 아시아 전체 대륙의 땅이, 모두 몽골의 소유가 되었다! 이때에도, 유교, 불교, 경교, 회교는, 각각 그 좋은 점을 따랐으니, 몽골의 여러 왕들 중 중국에 들어와 통치한 자는, 유교를 숭상하였고; 고향 땅을 지킨 자는 불교를 숭상하였다. 두 종교 이외에는, 경교를 숭상하거나, 모함메드교를 숭상하면서, 형편에 따라 이주하였다. 서양에서 무함마드교를 믿는 사람들 중, 중국에 귀화한 사람은, 이때가 가장 많았다. 양주(揚州)의 총독 마르코 폴로는, 世祖의 신하였는데, 양주에 경교 회당 두 곳을 건립하였으니, 마르코 폴로가 경교를 숭상했던 까닭이다.

---

[321] 「中夏」: '華夏와 中國'을 말하는 것이다. 《舊唐書·陸贄》: 「夫中夏有盛衰, 夷狄有強弱(무릇 중국에는 성쇠가 있고, 夷狄의 오랑캐에게는 강약이 있다.)」

無何, 蒙古邦國分裂, 明太祖崛興, 恢復中國. 其外諸昆之國, 王於印度者享祚最久, 其餘則或爲前朝子孫, 或土著恢復, 而土耳其得地爲多. 土耳其人夙尚謨敎, 據景門尼氏會根本之地, 凡大秦, 波斯, 埃及之地, 皆爲所有. 傳至今日, 各屬雖紛然自立, 然謨氏之敎, 猶稱極盛, 火祆, 婆羅門, 佛氏, 尼氏各敎不能與之爭衡, 得免於覆滅爲幸矣!

오래지 않아, 몽골 국가가 분열되었고, 明나라 태조가 우뚝 솟아, 중국을 회복하였다. 그 밖의 여러 형제의 나라 중, 인도에서 왕이 된 자가 왕위를 가장 오래 누렸고, 나머지는 앞선 왕조의 자손이거나, 토착민이 회복하였지만, 튀르키예가 땅을 많이 얻었다. 튀르키예인들은 옛날부터 무함마드교를 숭배했지만, 경교 네스토리우스회가 뿌리를 내린 땅이므로, 大秦, 페르시아, 이집트의 땅이, 모두 그들의 소유였다. 오늘날까지 전해져 내려와서, 각 친속들이 비록 활발히 자립하였지만, 무함마드의 종교가, 유명하고도 극히 성대하였으므로, 조로아스터교, 브라만교, 불교, 네스토리우스 등의 각 종교가 무함마드교와 승패를 겨를 수 없었으니, 전멸을 면한 것만으로도 다행이라 할 것이다!

然考謨敎之來中國, 不始於北而始於南. 唐高祖初年, 早與天方國通好, 天方, 卽亞拉伯之南土. 謨罕黙德君亞拉伯時, 天方已入版圖, 天方故與中國通商於閩, 粤, 江, 浙之間, 互遣使臣, 講信修好. 謨氏臨終遺言, 願哥蘭經傳於中國, 故其後世有亞拉伯人來中國傳敎, 中國但知爲天方國人而已, 其來入籍爲民者更多, 然與回紇總無關涉也. 郭汾陽[322]借回主勝兵十萬,

---

322 「郭汾陽」: 唐나라 시기에 安史의 난을 평정한 명장 郭子儀(697-781)이며, 공훈으로 인하여 汾陽郡王에 봉해졌으므로, 세칭 「郭汾陽」으로 불린다. 太尉, 中書令, 朔方節度使 등의 직에 올랐다. 唐 代宗 李豫 廣德 元年에 郭子儀는 회흘(迴紇) 葉護王子의 도움을 받아 安祿山과 史思明의 여적들을 크게 물리쳤다.

凡葉護所領之衆，並無奉謨氏之教者；卽回人支派數萬入籍陝，甘二省之
人，亦未有奉謨教者，而末尼則有之.

그러나 무함마드교가 중국에 온 것은, 북쪽에서 시작된 것이 아니라
남쪽에서 출발한 것이다. 唐나라 高祖 초년에, 일찍이 天方國(아라비아)과
잘 통했으니, 天方이란, 즉 아라비아의 남쪽 땅을 말한다. 무함마드가 아
라비아를 다스릴 때, 天方이 이미 강역에 편입되었고, 天方은 중국의 복
건, 광동, 강소, 절강 사이에서 중국과 통상하면서, 서로 사신을 파견하
여, 신용을 중시하며 국가간 친선을 도모하였다. 무함마드가 임종할 때
유언을 남겼으니, 코란이 중국에 전해지기를 바란다고 했으며, 따라서
후세에 아라비아 사람들이 중국에 와서 선교를 하였고, 중국은 단지 天
方國 사람들이라는 것만 알았을 뿐이니, 와서 귀화하여 중국 백성이 된
사람이 더 많았으며, 어쨌든 회흘(回紇)과는 아무런 관련이 없는 것이다.
郭子儀는 회흘 수령의 힘을 빌려 10만 군대를 물리쳤는데, 무릇 葉護(*譯者
註: 옛날 돌궐, 회흘 등 민족의 관명.) 태자가 이끄는 사람들 중에는, 무함마드교를 신
봉하는 자가 결코 없었고; 回人 지파 수만 명이 섬서, 감숙 두 성(省)으로
귀화하였으나, 이들 중에는 또한 무함마드교를 믿는 사람들이 없지만,
마니교를 믿는 사람들은 있다.

至宋太祖十三年，喀什噶爾[323]主布格拉者，始奉謨教而民從之，迄成吉
思汗與其子孫，入主中夏，携來之衆，回人極多，皆奉謨教. 陝，甘兩省，唐

---

323 「喀什噶爾」: 新疆省 南疆의 서쪽에 있는 지명으로서 '漢'과 '回' 두 성으로 나뉜다. 남쪽
에 있는 漢城은 新城으로 불리고, 현재 疏勒縣에 있으며; 回城은 북쪽에 있고 舊城으로
불리며, 현재 疏附縣에 위치해 있다. 두 성은 우란우수(烏蘭烏蘇)강을 사이에 두고 서
로 바라보고 있다. 그 지역은 葱嶺의 동쪽으로서 중국 극서 변방의 요충지이다.《淸史
稿·乾隆二十八年》: 「以納世通爲參贊大臣, 駐喀什噶爾, 總理回疆事務.(納世通을 參贊大
臣으로 하여, 카슈가르에 머물렀고, 回疆의 사무를 관리하였다.)」

代入籍之回人, 見後來之回人皆奉謨教, 故亦相率而從謨教, 其早經由陝,
甘遷往別省者, 亦效尤焉. 其後謨教人以回字有歸回之義, 與教中認主之
義恰合, 故直以部名名其教, 而著書立說, 亦以回字敷衍成理, 其實亞拉伯
本無回教之名. 凡謨罕默德宗人之在中國者, 皆姓馬氏, 馬, 卽謨也.

宋 太祖 13년에 이르러, 카슈가르(Kashgar)의 군주 부그라(Bughra)가, 처
음 무함마드교를 신봉하니 백성들이 그를 따랐고, 칭기즈칸이 그 자손들
을 흥성하게 하여, 중국에 들어와 통치할 때, 데리고 온 사람들 중에는,
이슬람인들이 매우 많아서, 모두가 무함마드교를 섬겼다. 섬서, 감숙 두
성(省)은, 당나라 때 귀화한 回人들이, 뒤에 들어온 回人들이 모두 무함마
드교를 믿는 것을 보았기 때문에, 또한 서로 따라서 무함마드교를 믿었
고, 일찍이 섬서성과 감숙성에서 다른 성으로 옮겨간 사람들도, 또한 이
를 따랐다. 그 후 무함마드교 사람들은 '回'자가 '돌아간다'는 뜻이 있음으
로, 교리 중의 '주인을 인정하다'라는 뜻과 부합되기 때문에, 그리하여 부
족명을 그 종교의 이름으로 명명하였고, 책을 쓰고 이론을 세울 때도, 또
한 '回'자로 이치에 맞음을 부연하였는데, 사실 아라비아에는 본래 '回教'
라는 이름이 없었다. 무릇 무함마드 종교의 사람들 중 중국에 있는 자는,
모두 馬氏 성을 가지고 있으니, '馬'는 즉 무함마드이다.

마니 고략(摩尼考畧)

摩尼之所爲教滅絕久矣! 緣其不成一教, 只如電光石火,[324] 故史氏之所

---

324 「電光石火」: '번개와 부싯돌로 피어나는 짧은 시간의 빛으로, 눈 깜짝할 사이에 지나가
는 일'을 비유한다. [清] 紀昀, 《閱微草堂筆記 · 如是我聞四》: 「大抵如幻影泡影空花, 電光

紀, 僅誌其畧焉. 唐時波斯有名摩尼者, 當耳順之年, 欲以波斯, 佛氏, 景尊三教之道合而別創一教, 不知景之與波斯, 譬若儒之與墨; 景之與釋, 譬若儒之與佛, 實不能混. 質之景, 爲景門所擯斥; 質之佛, 爲佛法所揶揄; 質之波斯, 爲波斯所不取. 始與尼氏會吉士加監督爭辨, 繼而毅然立教, 自稱聖神, 時人惑之. 値波斯王子病, 以彼自稱聖神, 召醫王子, 不驗,[325] 治欺罔罪, 禁獄, 逃出, 擒回正法. 究其徒, 遂東奔於回紇, 南奔於印度. 回人稍信之故, 有挾摩尼入中國之事, 然非盡回人而信之也. 其至印度信者無多, 其至中國益遭白眼. 迨武宗禁佛[326]於東, 謨教盛行於西, 而摩尼亡矣!

마니교는 종교로서 멸종됨이 이미 오래 되었도다! 하나의 종교로서 성립되지 못한 연유가, 그저 전광석화와도 같았기 때문에, 사관(史官)의 기록은, 단지 그 대략을 기억하고 있을 뿐이다. 당나라 때 페르시아에는 摩尼(마니)라는 사람이 있었는데, 60세가 되던 해에, 조로아스터, 부처, 메시아 세 종교의 교리를 통합시켜 새로운 종교를 창설코자 하였는데, 景敎가 조로아스터교와 함께함이, 가령 유가(儒家)가 묵가(墨家)와 함께하는 것과 같고; 景敎가 불교와 함께함이, 유교가 불교와 함께하는 것과 같으

石火, 一轉瞬而即滅.(대저 환영, 물거품, 망상처럼, 전광석화와도 같아서, 눈을 한 번 깜짝하는 사이에 즉시 사라져 버렸다.)」

325 「不驗」: '영험하지 않고 신기한 효능이 없음'을 가리킨다. [淸] 紀昀,《閱微草堂筆記·姑妄聽之二》:「久而術漸不驗, 十每失四五.(오래도록 그 기술이 점차 영험하지 않아서, 매번 열 중에 사오를 잃었다.)」

326 「武宗禁佛」: 이 事績은《新唐書·兩稅法》에서 볼 수 있다.「武宗即位, 廢浮圖法, 天下毀寺四千六百, 招提蘭若四萬, 籍僧尼爲民二十六萬五千人, 奴婢十五萬人, 田數萬千頃, 大秦, 穆護, 祆二千餘人.(武宗이 즉위하여 佛陀의 법을 폐쇄시켰으니, 전국에서 4천6백여 사찰과 사원, 승방 4만 곳을 폐쇄시켰고, 승적에 오른 26만5천 명을 환속시켰으며, 노비 15만 명, 토지 수천만 頃을 몰수하였고, 大秦敎, 穆護敎, 祆敎의 신도 2천여 명을 환속시켰다.)」「浮圖」는「불타(佛陀)」의 별칭이다. 불교에서는 우주의 도리를 깨닫고 번뇌에서 해탈한 사람을「浮屠」혹은「佛馱」라 부른다.「招提」란 원래 승려의 거처를 가리켰으나, 후에 寺院이나 僧房에 대한 별칭으로 사용되었다.「蘭若」은「阿蘭若」으로 쓰기도 하며, 본래 '논쟁이 없는 고요한 곳'을 지칭하였다가 후에는 일반적인 불교 사원을 가리키게 되었다.

나, 이는 실로 혼합될 수 없는 것임을 몰랐던 것이다. 경교를 물어보면, 경교도들에게 배척되었고; 불교를 물어보면, 불교의 교리에 의해 조롱받았으며; 페르시아에 물어보면, 페르시아에 의해 받아들여지지 못했다. 처음에 네스토리우스회의 吉士加 감독과 논쟁을 벌였고, 이어서 의연히 종교를 창설하여, 성신(聖神)이라고 자칭하였으나, 때때로 사람들이 그를 의심하였다. 페르시아 왕자가 병을 앓았을 즈음에, 저가 스스로 聖神이라 칭하면서, 왕자를 불러 치료하였으나, 고치지 못하자, 기만죄로 다스려졌고, 옥에 감금되었으나, 도망치자, 죄인으로 사로잡아 들여 법대로 처리하였다. 그 무리들을 연구해 보면, 마침내 동쪽으로 회흘(回紇)까지 뻗쳤고, 남쪽으로는 인도에까지 이르렀다. 回人들 중 믿는 사람이 적은 까닭은, 마니와 더불어 중국에 들어간 일이 있었지만, 모든 回人들이 다 믿은 것은 아니었기 때문이다. 마니교는 인도에서 믿는 사람이 많지 않았고, 중국에 가서는 냉대를 받았다. 武宗의 불교 탄압정책이 동쪽에서 시행되는 사이에, 무함마드교가 서쪽에서 성행하였지만, 마니교는 멸망하고 말았던 것이다!